祛魔与返魅：
麦克道尔的
最低限度经验主义

刘　钢/著

Exorcism And
Reenchantment

McDowell's
Minimal Empiricism

人民出版社

目　录

导　论

　　麦克道尔整个理论的目的并不限于在一般认识论内的（方法论的）自我纠错的举措，它涉及的是整个改变我们作为认识的主体与外部世界的自然的关系这一认识的大问题。麦克道尔的理论最终所要追问的是：什么原因导致了康德在实施了其哲学的哥白尼式的革命之后，今天的哲学仍然保留了自柏拉图以来就一直存在的认识论的形式？以至于整个分析哲学和实用主义转向之后的语言哲学还带有传统的柏拉图式的认识论的痕迹？对于麦克道尔而言，这里的重要的连带问题是：带有严格的认知的理论证明和检验形式的认识论有存在的必要吗，如果它有必要存在，它应以何种方式存在才是合理的或有意义的？寻求方法论的强迫症，使现代哲学始终处于焦虑之中：一种既强烈地认为知识的真理奠基在心灵与世界的认知关系上，但又对这样的认知关系的可靠性抱有深深的怀疑和焦虑。由于总是认为作为探究者的我们与作为客观存在的外部世界不同，现代哲学强烈地感觉到了这种二元论带来一种威胁，即那种我们根本不可能有外部世界客观知识的威胁。因为感受到外部世界的客观性不可企及的威胁，我们相信，我们所做的陈述的意义是完全由我们决定的，而我们所表达的信念的真理性则不是由我们决定的（它有赖于外部的条件）。这意味着思想可以是不真实的，除非我们能在直接的因果证明的程序中找到证据。①

---

① 麦克道尔不仅把他的这一批判思想与康德哲学联系起来，他也把它与维特根斯坦的哲学联系起来。为麦克道尔经常引用的一段维特根斯坦的话是他对人类认知思维中的"强迫性的思维"的嘲笑："思想一定是非常特殊的东西。"当我们说和意指（mean）如此这般

麦克道尔的哲学对当代哲学的影响，很大一部分就在于它带有鲜明的哲学的病理治疗的特征。从这个意义上说，麦克道尔的哲学不是理论建构的，而是理论静默的。他的哲学对现代哲学各个领域的问题的讨论和研究都具有方法论变革的意义，特别是他在为其病理治疗的哲学辩护的同时所提出的最低限度经验主义（a minimal empiricism）。在这一导论中，我将首先指出麦克道尔的最低限度经验主义对现代哲学的客观的感知模式的幻觉的揭示，以及麦克道尔的最低限度经验主义反客观的感知模式所带来的争论；其次是在有关知识论的问题上，麦克道尔的最低限度经验主义抵制现代自然主义（客观自然主义）、语义推理主义（融贯论）和主观自然主义的内在原因；最后是麦克道尔为其最低限度经验主义所奠定的第二自然的自然本体论基础，以及本书所讨论的具体内容。

一

麦克道尔对现代哲学的焦虑所作出诊断是，我们的心灵与世界的关系只能从我们的心灵与经验的关系来理解，我们必须接受一种直接的经验实在论，即接受一种最低限度经验主义。麦克道尔以明确的方式提出了心灵的世界表征的问题，以抵消所有前康德的或伪康德主义的哲学错觉，即那种认为只有我们的感官能表征世界，而心灵则没有真正的世界表征能力的错觉。心灵具有表征世界的能力，被麦克道尔视为康德的知性自发性概念对我们心灵的意向性的本质的研究的结果。按照麦克道尔的理解，我们的心灵与世界的关系完全能够从我们的心灵与经验的关系来理解，在心灵与外部世界之间存在着一种最低限度经验主义。

今天，传统的认识论模式都相信经验的客观性与它的外在的被给予性

的事情是实际存在的，我们以及我们的意思除了基于事实，不会根据任何其他情况，但我们又意指：事情是这样的。但这种悖论也可以这样来表示：思想可以是不真实的。参见 L. Wittgenstein, *Philosophical Investigation*, Oxford：Basil Blackwell, 1958, 95, p.44°。

是联系在一起的，因此都区分了主体内在的感受经验与外在的感知刺激，传统认识论也因此始终为内在与外在之间难以调和的矛盾所困。而现代自然主义转向之后，有关心灵的单一性或纯粹性的观点则普遍流行于现代认识论和心灵哲学中。在这种观点中，心灵被视为外部认知材料的一种组织机制：现代认识论和心灵哲学力图避开笛卡尔的心灵的非物质性质的承诺。因此，它们都认为，心灵就是一种对来自外部自然的感应行为进行控制的机械装置，心灵的真理可以透过它在自然法则的领域中的表现（它的所有应对方式）来认定。麦克道尔批评了这种有关心灵的认知功能的客观主义的模式。在他看来，"给人类一种客观化的感受实在的模式"（objectifying mode of conceiving reality）是最不能接受的一点。① 从客观化的感知模式看，所有关于外部世界的感知感受性都是建立在直接的感觉经验之上，即都是建立在客观化的感受实在的模式之上的，人类的行为是没有表达的性质的。

经验主义和现代自然主义都因此陷入"被给予的神话"：它们把判断和概念的有效性基于感知的客观性之上。它们执迷于纯粹的外部知觉，相信经验内容只能是纯粹感知性的东西（比如眼睛的生理知觉），与主体的自我的感受无关。现代自然主义对经验内容的极端的生物主义或现象学的解释亦是一个典型。现代自然主义的观点是，我们所能接触的只是我们内在的信息处理系统所处理的内容，这就是说，我们能感受到的内容不过是我们的生物的身体作为一种信息反馈机制所提供的内容。就像计算机或相机的成像处理过程，我们与外部经验的感受关系也是一个"成像的"过程，它与我们个人的感受性经验无涉。我们身体上的感知系统完成了这个工作。这也就说，作为主体的个人并没有卷入这一感知意识的过程。比如，把整个感知感受性经验置于所谓副主体的（sub-personal）结构（即纯粹感官的感知结构）中来理解。感知感受性的经验内容是纯粹感知性的东西（类似眼睛的生理知觉），它是这一副主体的自我的感受。这里存在一个有关我们内在感知感受性机制的认知科学所描述的领域。而更高一级的主体的自我（具有自我意识的自

---

① Cf. J. McDowell, "Criteria, Defeasibility, and Knowledge", in *Meaning, Knowledge, and Reality*, Harvard University Press, 1998, p.393.

我）并不能直接拥有这些内容。因此，根本的问题是，这一副主体内的纯粹感知感受性经验如何为更高一级的主体所把握。

如果我们注意到意向性内容实际上所具有的经验实在性，就能认识到区分人的信息感受性系统与内在的处理信息的系统（像人工智能对大脑的研究所做的）是完全不正确的。这就是说，认为我们能感受到的内容不过是我们的生物的身体作为一种信息反馈机制所提供的内容是一种完全不正确的观点（因为对于人而言，不存在这样的还原机制）。大脑的感知感受性是一个思考和体验经验的过程，即使它似乎可以有它存在的样态和具体发挥功能的样态的区分。我们对外部世界的感受不是处理一种信息，而是整个地接受它们。认知科学对人脑的认知结构的划分唯一的好处是使人脑不再神秘化，不再有某种非科学的死角留下。但这并不能改变人脑的感知认知思维的性质，即不能改变它作为一种动物性的脑的思维特征。人脑不能还原为人工智能，大脑也不是像认知科学描述的那样以一种结构性（两大系统的调节控制）的方式工作，人脑认知外部世界的运作方式与一只青蛙感知外部环境的方式并没有根本的不同，它们都是以一种系统的结构性的方式运作。从这个角度看，概念性的东西早已经渗入到了出于自生物的感官机制的感受性之中。今天许多类似经验主义的和还原论的感知理论仍然陷入了老式的哲学难题之中。如果内在信息系统处理的是有关外在环境的感觉材料、一种纯粹的材料，它们储藏在特殊部位，另一个则是意识的主体，这两个部分是如何协调的？这样的划分把我们的认知机制分子化了。我们的感知感受不是获得有关事物的片段的描述，在感知感受性中，我们并非只是或只能用句子描述外部事物，我们获得了外部事物的语义内容。我们（作为一种生物存在）是语义的机器而不是句子的机器。我们的感知感受性系统并非一个信息处理系统，感知中并不存在没有语义内容的信息。感受性感知就是得到或获取语义内容，而不是处理信息内容。

上述现代知识论完全忽视或拒绝承认意向性内容的经验实在性。但是否我们的感知经验根本没有能力触及任何真正的物体的性质？换言之，我们只是纯粹被动地感知所能感受到的内容吗？关于这个问题，康德很早就作出了相应的回应。康德先验综合的概念试图表明的是，经验的感知还需要知性概念的运用，因为我们根本不可能通过一种符合论的方式或用符合论作为标准来表明什么是真实的感受性经验。我们只能认为感受性经验本身就是概念的东西，因为外部世界并非以纯然现象主义的方式呈现给我们，尽管对于主体而言，外部世界并没有超出现象之外。从这个意义上说，如果我们认为我们可以通过把感受性经验转换为直接的感知数据而对康德的先验综合理论去先验化，那就大错特错了。因为这样不仅误解了康德的经验概念，同时也错过了休谟问题。但康德并没有错过休谟问题。康德的经验概念是建立在休谟问题之上的。康德清楚地看到，从现象主义意义上的感受性经验中推不出认知的经验概念，这是一条死路，因为经验感受性不可能以一种现象主义的方式与事物"对接"。

　　从另一方面看，在语义推理主义的观念中，客观的感知没有经验主义所认为的被给予的自明性，但它们仍具有前语义的感知的意义。塞拉斯对康德的先验约束的理解是纯粹的感受性（sheer receptivity）的一种约束，因此不能取消。布兰顿继承了塞拉斯的知识概念，因此他同样把表征区分为两个方面，即作为一般生物存在的感知性反应的表征与作为说理的陈述形式的表征。① 戴维森退回到了概念的理性空间，以希望在概念的理性空间之内建构一种整体论（对塔尔斯基的真理论的运用）。但戴维森的整体论同样具有支配单个词的公理，以及习语和句子形成的模式。戴维森的整体论是一个彻底的指称整体论（referential holism）。② 语义推理主义与经验主义不

---

① 　布兰顿之所以不放弃第一层次的观察，是因为他认为，概念并非纯粹推理的，有许多概念甚至是运用了可靠的分辨式的反应能力（第一层次的观察）而非推理地建立起来的（第二层次的观察）。(Cf. R. B. Brandom, "Reply to John McDowell's 'Brandom on Observation'", in *Reading Brandom*, Edited by Bernhard Weiss and Jeremy Wanderer, London and New York: Routledge. 2010, p.321) 布兰顿认为，从一开始，塞拉斯就不是简单地放弃感知在概念思维中的作用，他放弃的是把第一层次的观察孤立起来的方式。由于第一层次的观察是非语言的感知，它与通过语言表达的感知或观察是不同的，因此塞拉斯否定了它的独立的意义（即否定了它的"被给予的神话"）。对观察的二层次的解释避免了用一种神话（理智主义的概念思维的纯粹性的神话）代替另一种神话（观察是一种"被给予的"感知的神话）的荒谬。不能认为概念在本质上是理论的，就像不能认为概念在本质上是观察的，必须排除这里的双重神话。

② 　Cf. M. Dummett, "what is a Theory of Meaning? (Ⅱ)", in *The Seas of Language*, Oxford, 1993, p.44.

同的只是：它颠倒了知识客观性的证明顺序。如果说经验主义把感知视为被给予的概念证明的条件，那么，语义推理主义则把感知视为一种被证明之物，因为对它而言，概念才是决定知识的客观性的根本。这带来了把感知印象（impressions）的经验排除在理性的逻辑空间之外的概念主义。但感知印象的经验并非与理性的逻辑空间不能兼容。这就是说，感知印象也带有概念的能力。[1] 如果我们意识到概念性的东西已经渗入到了自出于生物的感官机制的感受性之中，[2] 感受性经验就不可能没有自我的感受性意识的参与。我们所能接触的就不只是我们内在的信息处理系统所处理的内容，这就是说，我们能感受到的内容就不是我们的身体作为一种信息反馈机制所提供的内容。

对于麦克道尔而言，康德对休谟的理论的超越始终是富有教益的。休谟坚持认为，我们的感知经验根本没有能触及任何物体真正的性质，但康德指出，我们的感知经验完全不是以这种方式运作：通过确定是否触及事物的真正存的性质获得感受性经验。关键的问题在于，如果我们的感知感受性并非来自现象主义意义上的感知（比如带有预感的感受性经验），它们又是如何产生的，促使它们产生的机制是什么？

如果存在并非感知，而是可经验地感受或表述（经验地显示的）的东西，那么就没有理由认为，可为经验显示的只能是具有外部的表象的东西，因为这种观念意味着思想可以是不真实的，除非我们能在某种因果证明的程序中找到证据。麦克道尔认为，维特根斯坦正是在这种意义上批评了人们把实在视为某种思想内容之外的东西的客观主义的"真理观"。经验主义、现代自然主义和理性推理主义都犯了相同的错误：为了表明思想内容的"真"，它们总愿意把实在当作一种外在于思想内容的东西，以至于把思想内容视为是从实在中"捕获"的东西。

---

[1] Cf. J. McDowell, *Mind and World*, *with a new introduction*, Harvard University Press, 1996, p.xx.

[2] Cf. "The Content of Perceptual Experience", in J. McDowell, *Mind*, *Value*, *and Reality*, Harvard University Press, 2002, p.342ff.

二

麦克道尔的最低限度经验主义是当代哲学最有影响也是讨论最多的理论。但也有批评家认为，该理论的经验概念仍然缺乏说服力。一个最容易引起争论的方面仍然是传统认识论中根深蒂固的观念，即客观世界拥有自身的语言，它作为对象世界必然拥有其与心灵完全不同的方面，因此，我们是受制于某种因果约束的。麦克道尔的与世界、经验和判断相关的"证明程序"所做的证明空而无物，它很难令人信服，因为麦克道尔回避了或绕开了传统经验主义的难题，即感受性的事实或感知，以及它们的证明的难题。① 麦克道尔的语言哲学是建立于前弗雷格哲学的"含义"的概念之上，而不是基于"指称"这一弗雷格之后的语言概念之上。这里的经验主义要证明其是正确的，就根本不能像麦克道尔的理论那么绝对，即彻底放弃世界自身的语言（非概念的内容），特别是不能像麦克道尔那样把主体的概念的意向性混同于一种经验的态度。麦克道尔的基于"含义"的概念的语言哲学只是带来了一种激进的康德式的先验观念论。实际上，我们必须遵循弗雷格的指称的理论，只有在此基础上我们才能更进一步，即不只是讨论指称的概念，而且讨论它的命题内容。这要求我们认真对待客观的对象性的语言，即麦克道尔所拒绝的"世界自身的语言"或弗雷格的指称理论所指向的命题对象。②

---

① 布兰顿认为，麦克道尔讨论感受性经验中的事实或思想时，不是从心理学上而是从语义上去考虑的。但是这样的感受性经验仍然必须面对我们的感知会出错的难题（没有理由认为我们的感知不会出错），这也就是说，我们无法区分我们感受性感知具有真实的事实还是缺少这种事实。正因为如此，传统经验主义针对这种情况提出了两层次的认识论架构：一个方面开始于通常是真实的或不真实的感知，即构建直接的感受性感知，另一个方面是在经验外部加上一种"真理论"，即一种真理性断言，就其真实性作出判定。（"Reply to John McDowell's Brandom on Observation", in *Reading Brandom*, Edited by B. Weiss and J. Wanderer, Routledge, 2010）

② Cf. Richard Gaski, *Experience and the World's Own Language: A Critique of Johon McDowell's Expericism*, Oxford University Press, 2006.

要讨论这里的观点，我们必须首先明白，麦克道尔的最低限度经验主义拥有它自己的语义学理论。麦克道尔语义学理论是一种基于直接实在论的语义理论，它的一个基本特征就是否认我们可以对含义与指称作出区分。对于麦克道尔而言，区分含义与指称本身就是错误的，而且根本不可能有一种与含义分离的"弗雷格式的指称"。实际上，麦克道尔对这个问题有清楚的说明。因此，反对者认为他没有选择弗雷格的指称理论的指责本身是对弗雷格语言哲学的一种误解。麦克道尔认为，埃文斯在其指称理论中已经表明了这一点，指称并不能与含义分离。通常认为弗雷格的"含义"（sign）带有说话者主观的命题态度，但这并不是正确的看法。含义与指称的区分并不等于含义不再有客观的基础，即与指称对象分离。人们通过含义指向的也是真值，即指称对象，它们是两种不同的有关对象的命题态度，它们的区别不是根本的。弗雷格的单个的含义也指向一个对象，就像单个的指称指向一个对象一样。单个的含义也是指向客观对象的，不只是指称（reference）才指向对象。

但由于受罗素和其他正统的分析哲学的影响，有一种看法歪曲了这一事实，它们本身一方面不接受弗雷格对含义与指称的区分，另一方面认为，即使存在含义这样的语义内容，它也仅仅是主观心理的东西，而没有任何客观的对象的语义内容。在罗素的限定性摹状词概念中没有弗雷格意义上的含义这一概念，后来的一些分析哲学流派也把含义视为没有客观基础的东西。但弗雷格区分指称与含义走出了过于简单的指称对象的经验主义方式，他加入了在特定语境中带有说话者的理性的命题态度或判断的含义这个概念，而罗素的摹状词理论是一种描述性的理论，它只关注经验描述中的词语所指的客观性，而描述的经验又限于亲知的直接感知的经验，有关对象的判断性的推理的考虑完全被排除了。对于罗素主义而言，只有直接的感知的语言的逻辑描述有所指或有客观基础，而类似于弗雷格的含义的概念则仅仅是一种主观态度，不可能有客观基础。在麦克道尔看来，埃文斯的理论已经驳斥了这一狭隘的理解。①

---

① Cf. "Evans's Frege", in J. McDowell, *The Engaged Intellect*, Harvard University Press, 2009, p.172ff. 麦克道尔认为，埃文斯对指称的多样性的分析表明，含义同样指向单个的

　　弗雷格区分含义与指称表明了一种康德式的认知态度，因为它把认识的最小单位视为判断，而不是直接的感知。这类似于维特根斯坦的下述观点：句子是语言的最小单位，只有由它提出的言语行为才能构成语言游戏的一步。——而作为句子说出的语言无疑都带有特定说话者的命题态度。从这个意义上说，在语言的认知的使用中必然从含义这样的概念开始。含义的概念带来的一个根本的改变是，我们必须重新理解指称的概念。首先，肯定不能像罗素那样把它理解为基于逻辑的量化词汇的描述的或"指示"的真。从弗雷格的角度看，限定摹状词的直接的描述不能真正揭示对象，罗素陷入了"被给予的逻辑的神话"之中。[①] 含义不能还原为单项词的含义，即罗素的逻辑原子论意义上的描述意义，含义的客观基础是说话者所表达的世界对象，即麦克道尔所谓综合的意义上的感知经验。麦克道尔认为，弗雷格对含义与指称的区分不限于单项词，即不是在单项词的范围内区分含义与指称，它指向的是判断或指谓以及整个句子的表达。[②] 从这个角度看，句子的含义就是特定语境中说出的话语中的可表达的思想，而它的真值就是关于思想的表达的真假。弗雷格通过含义的概念所要表明的是，在实际的语言认知中，我们是通过判断或作出断言（assertion）来指称对象。由于把语言与对象的关系视为严格意义上的指示关系，罗素的描述主义的观点往往看不到这一点，因而认为弗雷格的含义的概念带来了没有客观基础的表达。含义特别具有表达事态（a state of affairs）的真实状态的意图，因此，含义的概念仍指向外部世界。

　　用麦克道尔的语言来说，意向性内容的经验实在性意味着，感知印象的世界经验处于理性的逻辑空间之中，它们并非与理性的逻辑空间不能兼

　　指称对象。我们可以把弗雷格的含义视为同样指向客观对象的，把弗雷格的语义二元论与罗素的主词判断形式的概念统一起来。尽管这不是弗雷格的通常意义上表达的观点，但也有某些证据表明，弗雷格支持这样的观点，似乎含义的理论具有客观基础，它与指称就并不矛盾，这样似乎就不需要区分含义与指称了。

① Cf. Redding, *Analytic Philosophy and the Return of Hegelian Thought*, Cambridge University Press, 2007.

② Cf. "De Re Senses", in J. McDowell, *Meaning, Knowledge, and Reality*, Harvard University Press, 1998, p.175.

容，因而是处于之外的东西。蒯因的纯粹的刺激或物理—行为主义的中立的反应（第三人称的脑的活动）并不具有独立认知的意义。因此，区分自然的感知（指称）与理性的概念（含义）既不符合弗雷格的思想，也是错误的。麦克道尔的最低限度经验主义取消了理性的对事物的认知与对事物的真实性质的感受的区别，即取消了对事物的第一性质和对所谓事物的第二性质的感受的区别。麦克道尔特别强调了这一点，这一区别与现代认知观念遁入错误的客观化的感受性模式密切相关。在区别了事物的第一性质的感受与事物的第二性质的感受的前提下，现代认识论总是以一种类似描述和确定事物的方式来看待意义的客观性（即以事物的第一性质的描述为准）。客观化的感知模式不仅影响了现代认识论对外部世界的认知的看法，也影响了它对价值问题的看法。——如果说，理性的认知观念（认识论）用理性的或科学的描述来表示带有真实的感受的认知，那么，这一点同样发生在价值理论（元伦理学）中：理性的认知观念用理性的或科学的描述来表示带有真实的内在感受的道德信念，这样的感受模式从根本上不考虑感受性中可能存在的感受的自发性。

麦克道尔的观点是直接实在论的，它并不认为质物的第二性质会影响到实在论的最朴素的实在存在。它试图调和两种关于物质的第二性质的客观性和真实性的观点。一种观点是，像颜色这样的性质，在没有感知者感知它时，它的存在与使我们产生对物质的某种经验的根本性的感知倾向性没有什么不同，这就是说，像颜色这样的感知可以真实地存在于我们的感知中；另一种观点是，我们所感知到的物质事物颜色，就存在于物质事物中，即它亦是物质的固有的属性。颜色就是事物的一种自然性质、一种促使我们可以看到它们的性质。颜色就是物质的一种促使我们看见它的性质（disposition）。但这并不是说存在一种颜色的感觉材料，是它使我们看见事物。①

概要言之，麦克道尔的直接实在论的语义学基于这样几个方面的论证之上：（1）经验概念作为"审判所"的说法暗含着感受性经验的内容必须是一种概念的东西，否则它不能成为理性概念空间的一部分。（2）感受性经验

---

① Cf. H. Robinson, *Perception*, Routledge：London and New York, 1994, p.71.

并非没有概念的内容（不存在事物的第一性质与第二性质的区别），相反，说一个人拥有感受性经验就是说他运用了概念（所谓事物的第二性质的感受同样是概念的）。（3）我们对非理性动物与人的感知和意向的区别的观点并不是奇怪的观点。实际上，动物行为学或个体生态学、生态学和动物认知理论及比较心理学都有这方面的观点，人类的感知不同于动物的感知，即不存在没有概念的纯然的感知，人的感知完全不同于鹦鹉的感知，我们是感知整体事实的语义的动物，而不是感知某种孤立的事件的句子的动物。

　　麦克道尔的直接实在论的理论论证的有效性还在于，关于人的争论并没有结束，比如，动物行为学或个体生态学、生态学和动物认知理论以及比较心理学都没有真正接受所谓"严格的自然科学"的观点；相反，它们更倾向于认为，人类的感知不同于动物的感知，即不存在没有概念的纯然的感知，它完全不同于鹦鹉的感知。对非理性动物与人的感知和意向的区别的观点并不是奇怪的观点。并没有什么明确的证明可以反对这样的观点，即人类构建理性的途径是人类作为动物的生活的一种方式。理性是作为动物的人的生活的组成部分的一种思想能力，它保证了在我们作为生物的类的一种"人类的自然领域"，即它的理性与自然的一种联系。因此，现代自然主义的自然科学的观点在这个方面仍然是成问题的，因为它排除概念自发性能力的方法过于简单，直接导向一边的解释并不能解决问题。——一个典型例子是物理主义与行为主义的还原论所带来的争执：物理主义和行为主义用第三人称的感知经验的解释替代发生在第一人称的主体身上的感知，但这种打破了理性与自然的对立的方式很难让人接受的一点是，它完全排斥了主体（作为第一人称的我）的感知自发性能力的存在以及它可能发挥的认知作用。

三

　　麦克道尔的理论的意义不只是它对传统哲学的批判（"祛魔"）的部分，它的最低限度经验主义所勾画的意义世界具有强大的哲学揭示的力量。麦克道尔的最低限度经验主义迫使我们不得不思考这样的问题，即心灵与外部世界到底构成了何种认知关系。一旦我们认为，判断是一种概念活动，是思维的自发性的表现，即我们具有掌握思维的能力，我们就面临被给予的挑战。首先，经验的概念与独立的实在是否因此失去了联系？自发性的概念本身是一种自由的概念，而这似乎又是一个威胁：我们有可能因为概念运用的自发性而使经验失去与实在应有的紧密关系。为了防止或弥补可能出现的思想与世界的脱节，我们往往会要求自己回过头来，重新寻找能证明思想与世界的关系的清晰的或自明的、不带概念的对象性的证明物。但我们很快又会发现，这种停留在具体事物之上的证明物并不能成为推理的一个证明条件，这样一来，我们不得不考虑退回到不依赖实在的具体证明的概念自发性的立场上，并抵制思想需要与实在发生某种直接关联的观点。也只有当我们放弃经验与自发性概念不相干的观念，这里的矛盾才会消失。

我们已经看到，经验主义对于经验的问题采取的是一种简单化的方式：它按照一种客观主义的方式理解外部世界的感知，因此它解决问题的方式是彻底放弃自发性概念在世界认知中的作用，即否认自发性是人类认知世界的不可缺少的能力。而且我们也看到，现代自然主义的自然科学的实在观支持经验主义的选择。在现代自然主义的经验概念中，我们可以看到物理主义或行为主义基于第三人称的认知模式。这一认知模式试图表明，即使人与一般的自然的存在物不同，但它也没有什么特殊的方面。现代自然科学从自然科学的角度理解自然，因此，对它而言，智慧并非是一种与自然不同的东西，它不过是一种神经组织或脑的自然反应而已。

现代科学主义的合理性思维把所有对象去魅化带来了两种完全不同的可理解性，一种是自然科学和现代自然主义还原论把整个自然置于自然法则（自然科学把世界视为完全受制于自然法则的一个现象世界）中理解的世界图景，另一种是反还原论力图从理性的逻辑空间理解世界的图景，即把世界置于与理性的理解中并赋予其一种意义的图景。今天的哲学仍然处于一种两极分化当中：一方面是对传统哲学的规范概念的自然主义还原，一切意义的解释都被同化于自然科学的释义（把自然科学式的解释视为准则），这意味着必须排除一切意向性的或规范性的概念；另一方面，一些哲学范式死守传统的意义理论的信念，相信意义是一个独立的领域，即相信我们仍然拥有一个具有特殊意义的（形而上学层面的）有关意向性和规范性概念的领域。麦克道尔不希望我们遁入这两极中的任何一极。还原论的自然主义在他看来是一种过于简单的"哲学"范式（因为这种还原将丧失任何意义理解的"特殊性"），而另一方面，固守独立的意义领域的反还原论则会使我们陷入理性与自然的对立之中。

戴维森的非还原论恰恰是这种内在的矛盾的一种表现：戴维森的反还原论使他把概念的心智状态依附于身体（脑）的物理状态之上，而不是把心智状态直接还原为身体的物理状态（他否认这种还原是可能的，而是区分两者）；他承认，若没有物理因果（感知经验上）的某些变化，就不会有心智上的变化，因而他认为，我们仍然必须去了解这里存在的功能上的依赖性。但问题是，戴维森的非还原论既试图在本体论上区分心与身，但与此同时又试图在它们之间建立某种依附关系（一种附随现象）。这里的非还原的物理主义自相矛盾。在戴维森这里，当他把一个或多个心智状态视为物理的脑的状态，这些心智状态却没有对身体状态带来影响，这等于说心脑之间的影响是单向的，即只有脑活动影响心的活动（使感知经验成为可能），不存在心的活动影响脑的活动的可能。

在戴维森这里，难以解决的问题是：我们如何能再把经验视为自然现象的同时，又把它看作是可以在理性空间中发挥作用的东西？即对心的活动生产影响？在这一点上，戴维森并没有因为拒绝还原论而使其关于心灵的理论免于陷入悖论。如果心智状态没有对身体状态带来影响，即不存在心的活动影响脑的活动的可能性，那么概念思维就并没有真正与感知状态结合在一起：戴维森的理论充其量只是探讨了感知经验的自然发生的可能性，他的理论完全排斥感知经验作为概念思维的基础的可能性。由此看来，戴维森理论的缺陷并非他的理性实用主义信念，而是它使概念的理性空间与经验世界的分离（心与脑的分离）的心灵哲学。从麦克道尔的角度看，感知印象是感性存在物的感性生活的基础，因此是一种自然现象，但一旦我们看到，感知印象是与经验判断的自发性联系在一起的，那么，把感知印象看作仅仅是一种自然现象（脑的活动）就是不对的。戴维森虽然反对还原论，但他还是犯了与还原论相同的错误。

　　反还原论的另一种倾向是对自然做魅力化的解释，拒绝承认一个法则的自然可以影响理性概念。在试图重新对自然做魅力化的解释中，罗蒂的自然主义面对心与物的区别时，采取的是简单地排斥法则的自然的做法：罗蒂完全把法则的自然的因果解释视为与理性的逻辑空间相互排斥的东西。这样，关于两者的统一和融合的观念也就完全不能为罗蒂所理解。在罗蒂看来，把知识和认识视为一种自然现象，即视为一种对法则的自然的因果性的解释，是传统认识论的一个主要错误。罗蒂对传统认识论的否定有它的道理，传统认识论的确犯了塞拉斯称之为的自然主义的谬误，它以某种心理性的感知和印象的认知模式为核心，把有关世界的知识和认识完全当作对法则性世界因果关系的反映过程。罗蒂正是从塞拉斯的理论出发，要求改变传统认识论对知识和认识的理解。罗蒂针对传统认识论的自然主义谬误的批评无疑是对的，但罗蒂整个地放弃认识与自然现象特有的"自然的"关联则显得极为不合理。罗蒂的反自然主义虽然是正确的，却没有一个正确的立足点。罗蒂在批评科学主义和还原论的自然主义时，有将自己拖入超自然主义的阵营的危险。麦克道尔坚持认为，放弃传统认识论基于法则的自然的因果认识模式，并不等于我们可以把知识和认知视为与自然相异的某种超自然的东西。而如果放弃自然的逻辑空间是理性的逻辑空间的某种存在前提或限制这一条件，我们所走向的认识论观念就恰恰是超自然主义的，它只能带来一种无法与道德的价值理论区分开的纯粹的社会构造论的知识论。

　　与戴维森等非还原论者相比，罗蒂观点的悖谬是相反的：这里不是心与物理的身体的附随现象，而是用心灵的语言描述身体的物理的状态，即用心智的语言描述脑的状态（混淆了两类不同的语言或用错了它们）。而戴维森等非还原论者虽然抵制了还原论（否认心智状态能还原为行为、脑的状态或功能状态），但其偏向一边的解释（附随性解释）却带来了下述疑问：非还原论的物理主义存在吗？如果我们试图讨论心的状态对脑的状态的附随关系的话。这显然是戴维森理论的一个死角。用心智的语言描述脑的状态是一种错误的应用。寻找脑的心智状态是一种典型的误用词汇，对不同范畴的词汇的误用都是一种推理谬误。后期维特根斯坦的语言批判提出了应该把思维和认识都看作是生活的一部分的观点。维特根斯坦提出这一观点的一个重要原因是，讨论心物关系及其知识论的问题是一个幻觉性的问题，因为问心灵与身体如何共处、协调并共同发挥作用或在功能作用上谁先谁后是一种错误。人类的心灵活动可以用不同的语言来描述，比如，可以用心灵的语言和用生物的语言来描述（我们完全不可能把它们一种还原为另一种）。如果我们试图用一种语言描述另一种语言必然会产生幻觉。换句话说，如果心灵的词汇被用于错误的地方，必然产生幻觉。

麦克道尔认为，如果我们从意识的经验形成史角度看，心灵和物理的身体是对同一种东西的组织，它们并不是两种不同的功能。我们的思维能力只有一种性质，它既不能归于纯粹思维的东西，也不能归于纯粹表征或感觉的方面。这也就是说，不应把认识的理性规范理解与自然的描述性经验分开，而是应把它们视为同一。必须承认一个法则的自然。而不应认为，理性空间的规范理解与自然科学对世界的揭示是完全不同的两个东西。尽管在自然科学描述中，证明和有效性的关系并没有显示出来，但我们完全可以把证明与有效性的关系视为不与自然的概念相异。如果这样做的话，认识和知识就可以表明自己也是一种自然现象。从某种意义上说，这样的区分也是对法则的领域与自由的领域的区分。但根据这里的自然主义，我们仍然可以把自然与法则的自然相等同，拒绝认为一旦这样看待自然，自然就不可能是认识和理解的主体的家园的看法。

从这个角度看，我们没有理由拒绝对意义、意向性或其他规范概念做"自然的"解释，只有反对完全排除了任何出自意义固有的本原性或"魅力"还原论的自然主义是正确的。认为意义的概念是不能被还原的超自然主义显然是错误的。麦克道尔无疑也反形而上学和理性主义思维，尽管他并不赞同从纯粹经验的层面去解释人类和社会，这就是说，尽管麦克道尔并不赞同还原论的自然主义的观点，但他也反对形而上学和理性主义的思维。从意识的经验形成史的角度看，一方面，人是社会及其文化的历史衍生物，而另一方面，社会及其文化也是由它的属人的观念构成的。因此，既不存在先验的（形而上学或宗教的）有关人的本性的观念，也不存在纯粹生物学意义上的人的观念。这也就是说，人的观念是在人类的社会交往史中建立起来，并也只能在这一社会交往关系中为我们所认识。这也意味着，不是我们的主体性意识为我们自己构想了真理性、正义等基本的价值概念，而是社会的历史过程及其内在运作机制为我们提供了这种基本的价值观念。把真理、基本的价值观念与人类所共有的或不能分离的社会性联系在一起。由于坚持这种从社会的自然本性来理解基本价值和规定基本价值观的观点而被称为开明的自然主义。它的观点的开明，与还原论的自然主义和反还原论的那种充满了拒斥的独断的观点形成了鲜明的对照。

四

麦克道尔的经验主义是一种特殊类型，它并不像传统经验主义那样把经验视为与理论结合的东西，即经由可检验的证明程序获得的东西；相反，经验被视为实际的人类实践的产物，因此，它并不直接讨论特定条件下的事实的判定。麦克道尔的经验主义与传统的经验主义的区别有两个方面：他把经验视为概念所取得的东西，因此他认为，缺少概念也就没有感受性的经验。在我们获得经验时，我们就拥有了许多概念。麦克道尔同时坚持认为，缺少基于感受性的感知经验，也就不可能有概念。反过来说也一样，只要感受性感知是真实的，也就是事实，那么由此而形成的感受性经验就是真实的、甚至就是一种思想的东西。对于麦克道尔而言，经验主义也可以是一种心灵哲学，它帮助我们确定我们的思想是否真实。为此，经验是一种途径，它提供使我们的思想对事情作出回答的可靠的方式，因此，经验乃是一个审判所。

要理解麦克道尔的经验主义需要我们彻底改变传统的认识论的思维方式。麦克道尔对经验的理解完全不同于传统认知模式的理解。传统认知模式的经验概念仍是置于康德式的认识论模式中的一种单个主体意识的概念（因而它需要一个证明的模式）。麦克道尔在批评康德的意识哲学范式时已经指出，感受性感知只有从第二自然的角度来理解才显得合理。如果我们赋予康德的认知概念以一种第二自然的性质，康德哲学就会变得有意义。在这一视角中，康德所指明的认知的自发性概念，就会被当作社会实践本身的一种自发性来理解。"我们可以把从属于自发性的实践能力视为生活过程的一部分。"① 经验和行为的主体从属于社会，因为他们是具体存在的生命，他们不能脱离所生活的时代。

麦克道尔在这里实际上促使我们去考虑这一问题，即科学的自然主义世界的祛魅进程，是否使我们完全忘记了世界本身返魅的可能性，即经验的形成史所可能带来的概念世界的返魅的可能性？不给意义的概念留下任何可解释的余地的祛魅是否与自然的祛魅的目的相悖？自然科学的自然主义所带来的一个观念的变化是，自然被视为与心灵对立的东西，即自然被看作独立于理性的逻辑空间或概念的自发性领域的实在。因此，这里的自然主义中的自然并不指任何具有发生学意义的心灵的感受性或具有初始的生活形态来源的自然，它的自然指的仅仅是一种具有自身的法则的法则性的自然（还原论的自然主义甚至把人置于这一自然中来理解）。正是从这种意义上去理解，自然主义的自然观还把自然当作思维的可能性的条件，因为它保证了思维具有可证明的客观内容。

对世界的返魅的可能性缺乏认识，即对经验的意识形成史缺乏了解，使外部世界的先验约束一直困扰着哲学并带来了一种假象，即"……心灵与世界的联合会带来一种矛盾：经验既必须在判断中对我们的心灵就事情是如何作出决定的企图负责（最低限度经验主义），又不能处于这样一种关系之中……"② 但从经验的意识形成史的角度看，事情完全不是这样，因为感知印象的世界经验早已处于理性的逻辑空间中，它们并非与理性的逻辑空间不能兼容的处于之外的东西。③ 黑格尔通过意识的经验史分析，已经克服了康德的世界与心灵的二元对立（概念与直观、现象与本体、自发性与感受

① J. McDowell, *Mind and World*, *with a new introduction*, Harvard University Press, 1996, p.111.

② J. McDowell, *Mind and World*, *with a new introduction*, Harvard University Press, 1996, p.xii.

③ Cf. J. McDowell, *Mind and World*, *with a new introduction*, Harvard University Press, 1996, p.xx. 因为缺少第二自然的概念，戴维森和塞拉斯都没有看到，"……世界给予认知的主体以一种印象可以是一种自然的发生。"（J. McDowell, *Mind and World*, *with a new introduction*, Harvard University Press, 1996, p.xx）

性、知性与理性以及自由与自然等的对立）。黑格尔所提供的意识的经验分析，系统地表明了概念的无界性。

对自然主义的世界的祛魅的单一性的后果的不满，是麦克道尔拒绝现代自然科学的那种与心灵分离的自然概念，并提议我们重新反思接受亚里士多德式的自然的概念，以及黑格尔现象学或发生学意义上的自然概念的原因。麦克道尔认为，如果我们相信，亚里士多德的伦理学具有比现代意义上的"伦理学"更为广泛的含义，包含在实践智慧的概念中的伦理，决非仅仅指现代意义上的规范的交往模式，它同样具有认识论的意义（麦克道尔持这一观点），那么，它清楚地表明了人类的理性意识（提出规范并据以展开实践的意识）正是来自人类自主的经验意识，它完全不是柏拉图式的出自经验之外的先验的构造。亚里士多德表明，与之相关的"理性"（塞拉斯意义上的"理性的逻辑空间"）是内在于生活本身的东西，它是有意识的经验的产物，它并没有任何特殊的本原的意义或形而上学的特征。

对于麦克道尔而言，亚里士多德的伦理学揭示了理性空间与自然的一种融合关系，它完全没有那种"偏向一边的理解"（sideways-on picture），即没有要么偏向纯粹的法则式因果自然的一边，要么偏向纯粹概念的理性的一边。亚里士多德的伦理学是一种自然本体论，它排除了现代自然主义的担忧，即对理性的概念是否同时是自然的担忧。亚里士多德的伦理学给我们的教益是，如果一开始理性与自然就统一在一起，那么，就不会有要求概念还原的自然主义（贫乏的自然主义）。毫无疑问，这里的自然主义是错误理解人类理性的产物。按照它的理解，似乎我们的理性一开始就处于自然之外，因此认识始终存在思想与独立的外部实在是否一致的问题。

在讨论亚里士多德的自然概念时，麦克道尔试图说明，人类的感受性经验是如何在历史的积淀中构建一个带有其自身的规范特征的世界。因为历史积淀完全是一种经验的历史积淀，这一世界完全不同于柏拉图意义上的基于理性的建构的世界。也由于他与经验的感受性有密切的关系，而经验的感受性又是与作为物质世界的自然相互作用的产物，因此，它可以被看作是一个第二自然。麦克道尔也直接把这一概念等同于黑格尔的精神现象学所试图表明的精神发生学（现象学）的"教化"中。麦克道尔提到第二自然最重要的两个方面是：个人的概念能力（conceptual capacities）和理性的社会化的本体存在。个人的概念能力是通过认知主体把自身置于理性的社会化本体存在中而获得的一种能力（它不同于身体或感官这种来自第一自然的能力）。麦克道尔的一个重要看法是，人类部分地通过拥有概念的能力而获得第二自然。概念的能力不仅是可以让我们作出判断的一种能力，同时它还是我们通过感知印象与自然发生交互关系（transactions）的一种能力。这也就是为什么对于麦克道尔而言，感知印象（impressions）也是带有概念能力的原因。[①] 重要的是，人类并没有脱离自然，但人类也不是与自然完全同化的存在物。现代自然主义乐于承认这种同一性关系，但经验概念的自发性促使我们对自身的自我理解超出了物理—生物的法则的理解。麦克道尔通过引用亚里士多德的伦理学原理表明了这样一种关系。麦克道尔认为，在亚里士多德的伦理观念中早已包含了这样的观念：伦理是作为规范而存在的，具有实践智慧（它同样是一种概念能力）的实践主体只是"张开眼睛"（凭借"实践智慧"）去发现或感受它的存在。"如果我们对亚里士多德所考虑的有关伦理品格的培养的问题有一个一般的概念，那么，我们就会明白，通过获得第二自然使理性最大限度地映入我们的眼帘的意思。"[②] 这里没有与生活脱节的超自然的思维能力。同样，理性规范也是一种规范存在，而理性认知的能力，即概念能力同样来自自然的社会生活。"我无法找到简洁的英语表达式来形容这个观念，但它就是德国哲学中所描述的教化（Bildung）这个东西。"[③]

　　麦克道尔对亚里士多德思想的回顾与他的黑格尔的精神现象学回顾目的相同。麦克道尔认为，亚里士多德或中世纪的亚里士多德主义者中并不存在知识或认识与自然的差异。对他们而言，知识就是人类运用其自然力量的产物，这并不是说他们意识不到知识的规范性质与经验描述的差异，而是他们根本没有觉得在这两者之间有什么差异。但现代自然科学出现后，问题的确变得复杂了。现在，如果说"自然主义"是一个有意义的概念，那么，它

---

① Cf. J. McDowell, *Mind and World*, *with a new introduction*, Harvard University Press, 1996, p.xx.

② J. McDowell, *Mind and World*, *with a new introduction*, Harvard University Press, 1996, p.84.

③ J. McDowell, *Mind and World*, *with a new introduction*, Harvard University Press, 1996, p.84.

的目的正是要帮助我们消除这样的焦虑。自然科学的经验描述受到自然因果律的支配，而理性的逻辑空间似乎不愿接受所有的相关解释，特别是在有关人类自身以及它与外部世界的关系的结论上。

麦克道尔借助其经验主义指出：由于缺少第二自然的概念，人们始终为陷入观念论的恐惧所困，人们害怕接受有关实在不是独立于我们的思想内容而存在的观点会使我们成为唯我论者。但从第二自然的角度看，这种恐惧是多余的。人们能思考的东西不是别的，正是可能出现的情况或一种所能谈论的东西 (the sort of things that can be the case)① 反过来也一样，可能出现的情况也正是人们能思考的东西。可思考的内容一旦处于一种证明的过程中，它也就是我们所拥有的经验，因为在证明中我们所能拥有的或处理的也只是这里的可思考的内容，而不是任何被给予的东西。拥有了这样的经验也就表达了某种事实，决不会存在拥有这里的经验而却缺少事实或不知道经验是否符合事实的情况（只有基础主义才会遁入这样的怀疑论）。

因为没有第二自然的概念，戴维森的融贯论把直接的经验感知视为偶然的和缺少意义的东西，而塞拉斯和布兰顿的表征的二层次架构的语义学抽象则使它丧失了与世界的客观的事态的联系。但人的理性的逻辑空间固然是一个自主性的领域，但却不是一个没有来源的、与人类作为自然的生物的存在及其生活形式脱节的领域。塞拉斯、布兰顿和戴维森都试图建构一种带有其自身规范约束的理性逻辑空间，这样，理性逻辑空间实际就丧失了它的两个不同的和对立的方面，即理性的方面与经验的方面。麦克道尔始终认为，理性的逻辑空间只能属于自然，如果我们保留与经验主义相关的经验概念，而这样的经验思维又必须与经验相关，那么，理性的逻辑空间实际上就是自然的逻辑空间的一部分。

第二自然的自然主义使麦克道尔的最低限度经验主义拒绝了自然仅仅是一个由法则支配的因果发生的领域的"严格的"自然科学的观点。第二自然的自然主义并不打算切断它与第一自然的关系，相反，它采取的态度

---

① Cf. J. McDowell, *Mind and World*, *with a new introduction*, Harvard University Press, 1996, p.28.

是，给予自然科学以适当的尊重，从而使自然对我们是可理解的，并接受所发生的一切或自然之所是可以由自然科学的话语来解释。这样，就能毫无问题地把经验视为自然的东西，即使它的某些特性并不能完全由科学的词汇来解释。必须承认，我们构建理性的途径是我们作为动物的人的生活的一种方式，而理性是作为动物的我们的生活的组成部分的思想。这里的第二自然的自然主义保证了感知与概念的一种联系，因为它始终把理性置于自然的世界之中来理解。

五

现在回到本书的具体讨论的内容上来。最低限度经验主义是麦克道尔把康德哲学推向黑格尔阶段，并用黑格尔的绝对观念论构建心灵与外部世界的理论的结果。本书的第一章和第二章系统地讨论了这个理论发展的逻辑。实际上，这里的系统的理论关系也从一个侧面反映了麦克道尔的哲学的一个重要的特点，即它所带有的德国古典哲学的现代转型的特征。特别是它对黑格尔哲学的当代诠释所展示的全新的理解，非常具有哲学变革的意义。更值得注意的是，麦克道尔的最低限度经验主义还是他开拓的"从康德走向黑格尔的第二条道路"（相比于哈贝马斯和布兰顿所指明的从康德到黑格尔的第一条道路）的结果。麦克道尔通过揭示黑格尔自我意识的辩证法中的概念无界论和知识的内在性的概念，以及黑格尔把主体性、互主体性与客观性置于相互牵制的历史发展关系中的思想，充分表明了他所认为的黑格尔的自然主义知识现象学的基本特征。对于麦克道尔而言，黑格尔式的自然化柏拉图主义也就是后期维特根斯坦式的理论静默主义。通过揭示这里的内在关系，麦克道尔以此表明把黑格尔哲学拉入知识论的社会建构主义（推理主义）阵营是错误的。

康德和黑格尔的哲学是最终引导麦克道尔走向后期维特根斯坦的哲学自我批判的道路的起点。麦克道尔哲学带有病理治疗的意图，他似乎有意以一种知识论批判和批判性的启蒙精神为己任，把思想的解蔽或本书称为的

"祛魔"视为哲学的最重要的功能。从某种程度上说，麦克道尔的最低限度经验主义就是对他的思想的哲学解蔽或祛魔的结果。因此，一个不容忽视的方面是，他的最低限度经验主义与他对现代哲学客观化感知模式的批判有密切的关系。由于这种密切的关联对理解和认识麦克道尔最低限度经验主义的重要性，本书第三章特别关注了麦克道尔对客观的感知模式的批判。在现代分析哲学的语境里，麦克道尔可以用一种黑格尔不可能使用的意义理论批判的方式，充分系统地再现从传统到今天始终存在的我们关于外部世界的认知理论模式的幻觉和悖谬。现代认识论仍然陷入外部世界的客观化感知模式之中，无论是经验主义和理性实用主义，它们都以某种方式把自身置入这种有关外部世界的客观化的感知模式之中：它们要么迷信没有概念的内容（被给予的感知神话），要么执着于没有内容的概念（被给予的概念的神话）。麦克道尔提出了概念无界论，意在表明，在我们的感知经验（感受性）中，概念与内容是统一的，人类的经验意识与其当下的主体性意识不能分离，经验的感受性实际上处于意识的经验之中。

摆在麦克道尔面前的任务是，如果我们意识到表征理论的缺点与积极的现象主义辩护的有限性，那么，进一步的工作必然是：我们在论证感知意识时为什么可以拒绝外部世界的因果约束，即我们何以能在拒绝这里的因果约束的前提下，证明概念与内容的统一性。特别是面对 20 世纪下半叶后出现并开始盛行的现代自然主义的物理主义与行为主义感知理论，需要以一个完全不同于以往哲学论证的方式，对概念与内容的统一的内在性经验的真实性作出证明。物理主义与行为主义寄希望的基于第三人称的脑的意识的分析理论是一条根本走不通的道路。本书第四章以讨论这里的问题开始，并转向麦克道尔对后期维特根斯坦的反私人语言论辩的回应。麦克道尔指出，维氏的反私人语言论辩完全不像一些评论家所理解的那样摧毁了主体的内在经验的世界；相反，自我指称的经验实在性、"逻辑上的私人对象"所要表明的不是内在经验的独立性，相反，它所要表明的是，内在经验是不真实的。由于接受了客观化的感知模式，一些解读尽管保留了私人语言的领域，但还是自相矛盾地把内在的感知感受性视为需要额外的"外部的"程序加以证明的东西。

　　维氏的反私人语言论辩中的"我牙疼"这个经典例子，从表面上看是在批评前语言的私人语言，但实质上并非如此。麦克道尔认为，维特根斯坦的"牙疼"论辩并没有这层含义，即他并没有试图以"牙疼"的私人性质或感性的感觉性质为由否定感觉意识的真实性（它的指称性质）。如果"我牙疼"实际上关于某物的意识（它无疑是关于某物的意识），它实际上已经动用了概念，是一种运用了概念的意识。无疑，维特根斯的私人语言论辩是病理治疗式的，但它的治疗病症是传统认识论中由来已久根深蒂固的信念迷幻，即那种认为类似于"牙疼"的个体性的感觉意识是一种自明之物的幻相，其最终的目的是消除感觉意识可以是概念性的认识的根据的幻觉。

　　内在经验的真实性的问题把我们引向了麦克道尔的第二自然的自然主义。本书第五章试图阐明这一点：无论是物理主义与行为主义的后期维特根斯坦哲学解读都把理性与自然的对立视为理所当然，它们相信后期维氏哲学的根本意图就是去解决这里的冲突，比如，把内在的私人经验还原为物理—行为的东西。祛魅后的现代世界的确使理性与自然处于一种分离的状态，但现代自然主义使这里的分离呈现为一种对立或不可调和的状态。现代自然主义完全不顾及第二自然作为一种返魅形态的存在。这是一个根本的错误。麦克道尔认为，一旦我们意识到，理性与语言是相互关联的，决不可能出现这样的情况：人拥有了说理的能力，但他的感受性却处于一种前语言的状态，以至于当他使用语言的时候再去获得说理的能力。前语言的人是不可能对理性作出反应的，语言与理性的能力是一块出现的，即不会人拥有了语言但不会说理。人们在语言状态中，也就在社会的规范状态中。如果理性概念是一个整体，一旦通过掌握语言获得理性，他（她）便是具有理性的人，即他（她）就拥有了理性空间。在这里人们已是一个知道在说理和实践中该怎么做的人，具有对继承使用原有的概念时提出批评性的辨析的能力。麦克道尔重返黑格尔—亚里士多德的自然概念，一个根本的目的就是表明自然的返魅是如何造就了我们称之为理性的、具有概念思维能力的人的，因而理性与自然并不像现代自然主义想象那样是处于完全对立和分离的状态。麦克道尔同时指出，自然的返魅也同时堵死了另一条引向理性与自然对立的道路，即超自然主义（膨胀的柏拉图主义）以自然世界总是存在某种自在自为的先验性为由把我们引向理性与自然对立的道路。超自然主义还以此把理性思维（认识论）视为能帮助我们认识自然的手段。

现代自然主义极端的自然主义态度（它完全不顾及第二自然作为一种返魅形态的存在），对于试图通过揭示返魅的特殊存在统一自然与理性的思想（第二自然的自然主义）而言具有很大破坏力。在现代哲学中，由于现代自然主义思维的影响，哲学在看待思想的客观性问题的视角上受到了严重的牵制。麦克道尔以戴维森的理论为例讨论了这个问题，这也是本书第六章的主题。不难看出，20 世纪中叶发起的实用主义转向所通往的一条道路与现代自然主义有密切关系，或者说正是应对现代自然主义的产物。为了使传统的意义分析理论摆脱其完全依赖概念分析的状况，分析哲学把集中于对意义概念的关注改为对意义的使用的关注。这里的改动可以满足两个方面的要求：一是满足意义使用的分析必然是一种客观化的语言分析模式；二是使意义理论符合实用主义的意义决定指称的社会本体论的要求。但满足这两个方面的要求最终的目的都是为了缓和意义分析与现代自然主义的冲突。蒯因和戴维森的意义理论是这一实用主义转向中的典型代表，他们的理论在分析哲学的自我变革或重建的理论思潮中具有广泛的影响。戴维森随蒯因之后，把客观化的语言分析模式与理解一个语言表达式意味着什么的问题联系起来。但与蒯因直接使用物理主义与行为主义的方式不同，戴维森一直努力的目的是建构一种明确的真理定义，即把基于纯粹的元语言或形式语言分析的真理定义应用于对象语言中。这与卡尔纳普一直希望把他心目中的"科学语言"应用于具体的经验陈述中的做法十分相似。对于戴维森而言，重要的是从作为一种表达式的语句的角度来确定语句的语义特征，而不是从心理学上的单个的词语开始的分子论的意义证明方法。一旦我们从一个相对完整的语句的角度证明语义之真值，就能跳出从心理学上的单个的词语的角度进行语义真值的证明的困境。这是一种整体论的意义证明方法，它完全不同于必然会遁入实在论的悖论之中的、从单个的词语开始的分子论的意义证明方法。在这一点上，戴维森追随弗雷格：在康德之后，弗雷格认为我们应该区分"思理"的语义学概念和"观念"的心理学上的概念。为了能够让思想得以交流，必须使思想超出个人意识的范围成为可以由语言交流和传达的东西。相比而言，观念作为一种心理学意义上的思想总是属于特定时空中的个人的（因而是因人而异的）。作为一种具有语义学意义的命题则不同，即使它在不同的语境中为不同的人所把握，它仍有相同的概念内容。这样的思考促使弗雷格把思想和概念内容视为一种超越了具体时空的存在。在反对语言的意义和指称的心理主义模式方面，戴维森以相同的方式（借助于形式语义学）发展了语言的客观化模式。

为了应对现代自然主义，戴维森把外部世界的经验感受性与概念不可分离的关系视为"经验主义的第三个教条"。戴维森这样做实际上是对现代自然主义的一种屈服，因为他同意这一观点，即概念框架一方与经验内容另一方是完全对立的，我们根本无法设想它们的统一。戴维森不想再陷入感性与知性或直观与概念的哲学争论之中。麦克道尔批评了戴维森这种应对现代自然主义的经验理论的方式，他指出，在有关外部世界的经验约束的问题上，戴维森混淆了"因果约束"与"合理性约束"。戴维森的概念框架与内容的区分并没有考虑到经验主义从古典形态到蒯因的发展过程中所产生的变化。比如，在蒯因那里，只有整体的经验概念才有可能是一种可以规定所获得的经验内容的"框架"而不是具体的感知经验。麦克道尔提出第三种先验论辩，即经验析取的可能性的理论就是为了表明戴维森的错误而提出的。

在应对现代自然主义上，戴维森反对还原论的自然主义对自主性概念的还原。对于戴维森而言，还原论基于对我们的理性空间与法则的自然的关系的错误理解之上。尽管我们拥有两套不同系统：概念的理性空间与法则的自然的领域，但这并不等于我们在两种有关世界的不同的解释，因此需要把一个解释还原为另一种解释（简单的自然主义试图把它所认为的概念的东西还原为自然的东西）。戴维森理论的缺陷并非他的实用主义的本体论信念，而是概念的理性空间与经验世界的分离。感知印象是感性存在物的感性生活的基础，因此是一种自然现象，但一旦我们看到感知印象也是与经验判断的自发性联系在一起的，那么，把我们的感知印象看作仅仅是一种自然现象是不对的。戴维森理论带来了一种变相的扭曲：一方面，感知印象成为自然的东西（因而被置于与概念不相容的一端）；另一方面，概念的自发性则成为非自然的东西（因而被从属于自成一体的理性的逻辑空间）。

　　本书第七章指出，对于麦克道尔而言，戴维森所犯的错误也表现在塞拉斯和布兰顿的理论中。尽管他们最终都选择了一种与戴维森不同的知识的混合的理论。麦克道尔不仅批评塞拉斯与布兰顿把感知置于自然法则的逻辑空间的思想，也批评了他们把概念的自发性完全理解为非自然的东西的思想。从后一个方面看，在他看来，对合理性关系作出反应的自发性行为并非一种独立于作为感性的人的"超人类的"能力，只有"膨胀的柏拉图主义"才会坚持这样的观点。的确，概念的自发性能力是一个非常特殊的东西。一方面，带有特定的自发性能力的理性空间并不是一个独立的领域，它理应是人的一种行为，但另一方面，它又不是一种能够被还原为自然行为的东西，即它不能被置于法则的自然中来理解。还原论与膨胀的柏拉图主义都不能真正厘清这里的关系，相反，它们的推论都产生了一种不能让人接受的悖论。特别是这里的膨胀的柏拉图主义并没有消除把人既视为属于自然的，同时又把某种非自然的属于归于他的悖论。对于麦克道尔而言，这并不是他所要寻找或建构的自然主义。

　　从前一个方面看，知识只能属于具有概念的运用能力的理性的人，而在这种情况下，感性中的感知作为一种纯粹"自然的反应"是不能成为知识的基础或根据。但塞拉斯仍然把表征视为知识构成中的一个额外环节，即他认为表征或感知内容可以作为推理主义的资格证明条件发挥作用。麦克道尔认为，塞拉斯对感知的理解表明他接受了康德的直观—概念的二重性学说，即接受了康德的直观包括纯粹的感官接受的一面，它来自外部对象存在的先验约束的观点；而塞拉斯的推理主义语义学则是解决这里的矛盾而提出的。在布兰顿那里，表征同样被区分为两个方面，即作为一般生物存在的感知性反应的表征与作为说理的陈述形式的表征。前一种表征纯粹是一种生物性的感官刺激性反应，它缺少任何说理或相关的陈述说明的部分，但它具有不同的观察者之间共享的特征（蒯因对感知刺激性反应的注重也是因为看重它具有共享的可交流性）。布兰顿加强了意义共享的推理的性质，他始终认为，尽管可靠的感知性刺激反应具有共享的特性，但可靠的感知性刺激性反应形成要获得可共享的语义意义，就只有对它提出推理性的资格（是否提出了观察的根据）和授权（是否表明获得了他人认可的证明）的要求。

塞拉斯和布兰顿的膨胀的柏拉图主义与达米特非常相似，而在此前麦克道尔已经对达米特的意义理论做了深入批判。在麦克道尔看来，正是一种膨胀的柏拉图主义使达米特的意义理论陷入了意义理论的认知主义僭妄。本书第八章讨论了这个问题。达米特的意义理论是弗雷格—盎格鲁—美国传统的意义理论的一种变体，它不仅否定形式语义学，而且否定意义决定指称的意义理论，它强调语言建构实质的命题内容的认知功能的重要性。① 麦克道尔的自然化的柏拉图主义基于第二自然的概念之上，它强调语言的认知功能带有第二自然的概念承诺，即它认为通过特定的历史过程发展起来的自然语言具有重要的认知意义，一种语言的认知理论（意义理论）既不能建立在莱布尼兹式的完美的语言（具有普遍性的语言）之上，也不能脱离自然语言的意义而建立在纯粹语言的认知命题之上。为此，麦克道尔批评达米特意义理论的认知转向。在与达米特的争论中，他选择支持戴维森的意义理论的出发点，即"特定的历史过程发展起来的自然语言"这个出发点。

麦克道尔认为，如果我们拥有第二自然的视角，我们会发现传统意义理论提出的"意义是如何可能的"的认知主义的问题是奇怪的（比如，达米特或布兰顿的意义理论所提出的认知性的问题）。在他看来，后期维特根斯坦哲学的意图就包括纠正意义是一个需要去探索的世界的错觉。维特根斯坦的意思是，意义早已存在，我们完全没有必要把有关意义是什么的理论强行塞进这个世界，仿佛我们是处于一个完全不适合意义的存在或显露的世界。在维氏看来，我们处于一个意义的世界，各种实践的规则或规范，惯例、数学的法则等等都有其固有的意义，因为它们都普遍地为社会所使用，因此具有明确的意义。维氏的目的就是要消除传统的意义理论所带来的神秘性，即消除怀疑论。对于麦克道尔而言，自然这个概念具有特定的意义，它更多的是指具有发生学意义上的自然这个概念，它包括具有发生学意义的心灵的感受性以及具有初始的生活形态来源的自然。尽管按照麦克道尔的理解，这样

---

① 康德之后，现代语言哲学的语言学转向的一般基础是有所区别的，一种是洪堡的德国语言哲学的传统，另一种是弗雷格—盎格鲁—美国的传统。（Cf. C. Lafont, *The Linguistic Turn in Hermeneutic Philosophy*, The MIT Press, 1999）

的自然概念并没有排除作为外部世界来理解的自然（麦克道尔并未混淆二者）。麦克道尔没有现代自然科学的那种与心灵分离的自然概念，在其论证经验概念时，他接受的是一种亚里士多德式的自然概念，亦即一种黑格尔现象学或发生学意义上的自然概念。这一自然概念的核心思想是：人类的社会实践在历史的积淀中构建了一个带有其自身的规范特征的世界和具有概念思维能力的主体；这是一个完全不同于理性主义的基于理性建构的世界和先验的思维主体。麦克道尔这里所坚持的黑格尔式的第二自然的自然主义给他的哲学带来了三个方面的改变：(1) 关注拥有特定语言和经验概念的社会实践主体；(2) 把理性概念自发性以一种黑格尔哲学的方式理解为经验自身的自发性；(3) 建构以病理治疗为目的的哲学，避开传统的探讨真理和意义的实质的方法。本书最后一章讨论了麦克道尔所坚持的所谓的理论静默主义的立场，并指出了他的理论静默主义的意义和限度。

第一章　用康德的知性自发性概念
超越心灵与世界的二元论

　　麦克道尔在其哲学变革理论中的一个重要环节是他不仅选择了对康德哲学的回归，而且把这种回归视为是通向黑格尔哲学不可或缺的一步。吸引麦克道尔的是作为黑格尔的现象学先驱的康德，而不是分析哲学所理解的作为一个现代自然主义者的康德。对于麦克道尔而言，康德哲学的哥白尼革命不只是赋予了主体以规定外部世界的能力，它还彻底打破了实在作为现象背后的隐蔽的、不可认知的实在的幻觉。这就是说，康德哲学的意义就在于它不再简单地把外部世界视为对心灵的一种因果约束，而是通过知性的经验自发性，把外部世界视为经验思想的一种合理约束。尽管康德仍为外部世界的先验来源的问题困惑（因而有时陷入了理论的自相矛盾之中），但他通过知性的经验自发性概念所阐明的外部世界的经验实在性，还是为黑格尔走向直接实在论（绝对观念论）奠定了基础。

　　康德的经验实在论影响了麦克道尔对心灵与世界关系的理解。麦克道尔认为，康德在保留自发性与受动性、感知与概念的二元关系的同时走出了二元论所隐藏的神秘世界。但麦克道尔修正和发展了康德的形式二元论，其目的是为走向黑格尔式的现象学认识论批判做准备。对于麦克道尔而言，缓解有关心灵与世界之间认知关系的认知焦虑的唯一办法就是把康德哲学推向黑格尔阶段，放弃表象具有其独立来源的先验约束，彻底铲除导致认识不确定性的焦虑根源。麦克道尔的计划包括两个部分：第一部分是根据黑格尔的理论从康德哲学中把物自体的概念从其经验理论中排除出去，强调康德在先验分析论中的以知性的自发性为核心的经验理论的意义，取消康德的先验约束，即取消康德在先验感性论中保留的本体论的沟壑；另一个部分是放弃康德与社会实践脱节的认识论的形式性，把康德的认识论纳入社会历史实践形式中，从而走出建构性的认识论的谵妄。麦克道尔在其现代哲学的病理治疗中指出，由于对康德哲学的误解，现代哲学认识论仍然沉浸在它所假定的作为探究者的我们与作为客观存在的外部世界的二元论，这带来了一种威胁，即我们根本不可能有外部世界客观知识的威胁。

本章中我将首先分析哲学的康德转向，其次，我将对康德的形式二元论的基本特征做一个简要阐述，以及康德的形式二元论是如何影响麦克道尔对心灵与世界的关系的理解，即他是如何在保留自发性与受动性、感知与概念的二元关系的同时走出二元论所隐藏的神秘世界。最后，我将指出，麦克道尔如何通过修正和发展康德的形式二元论，为其走向黑格尔式的现象学认识论批判做了准备。

第一节　分析哲学康德转向的不同意义

在分析哲学中，只关心词汇的语义关系分析的最根本的两种方案是经验主义和自然主义的，它们的认识论和本体论的形式在 20 世纪分别以新的面目出现：前者转化为一种作为语义核心的形式语义学，后者则转化为一种依赖于把新获得的逻辑词汇应用于有意识的语义学的语义理论。经验主义认为，只有现象的或观察的词汇具有真正的认识意义，即与其他词汇相比，它们具有认识上的优先性。在分析哲学形态的经验主义中，这些被认为具有真正的认识意义的词汇被当作认识论的语义内容来研究，并否定其他词汇是这种语义内容的构成物。而自然主义则把基本的物理的、某一特定科学的或类似的描述性词汇视为是在本体论上与其他词汇相比具有优先性的词汇。这样，对于认识，这两种思想就树立了认识论的、语义学的或本体论的标准。

但无论对于经验主义还是自然主义而言，它们的难处在于，当它们由逻辑的词汇来释义的时候，这些由对目标词汇表示的东西如何能通过使用基础词汇（分析项）或元词汇来加以重建就得不到回答。这也就是说，由对目标词汇表示的东西如何能通过使用基础词汇或元词汇来加以重建的问题，是用逻辑词汇所不能解释的，即逻辑词汇的使用根本不能帮助回答由目标词汇表示的东西（一种意义的赋值）如何能够通过基础词汇（一般语义值）重建的问题。经验主义在基本词汇方面求助于现象学的词汇，使它必然不能再求助于目标词汇，即不能再求助那些关于事物实际上是怎样的规范性的理论词汇。一旦它同时求助于这两种不同性质的词汇，它必然无法解释二者之间的关系，如果它只是用逻辑的词汇来解释它们的话；对于只求助物理的词汇的自然主义而言，情况也完全相同。①

　　分析哲学在实用主义变向之后开始意识到自身的问题。为了缓解或消除分析哲学的焦虑，蒯因提出对休谟式的后验综合的真理和先验分析的真理的划分的反对：蒯因希望建立一种新的经验理论，以使分析哲学向实用主义哲学转化。此后的另一个显著变化是，由于后期维特根斯坦《哲学研究》一书的持续的影响，具体的分析哲学不再抱着传统方法论信条不放。这个时期出现的塞拉斯的"标新立异的"分析哲学是一个典型。人们认为，正是从塞拉斯开始，康德和黑格尔哲学就在分析哲学的一些基本论题中复活了：塞拉斯在这一阶段主要是把康德哲学运用于科学实在论问题的探讨中。

　　随后，塞拉斯的追随者布兰顿和麦克道尔则在一种更为广泛的层面展开了分析哲学的康德回归计划。其中，麦克道尔对康德哲学的回归具有特殊的意义：在麦克道尔的康德哲学回归方案中，康德的基于知性自发性之上的经验概念被视为是终止现代哲学在经验主义和融贯论的两极摇摆的利器。麦克道尔在《心灵与世界》和《在观点中拥有世界》这两部著作中对康德和黑格尔哲学有许多专门的讨论和分析。在后一部著作中，麦克道尔讨论了为什么分析哲学的自我反省应该从重新审视康德哲学开始的原因，以及他为什么认为深入挖掘从康德到黑格尔的哲学发展轨迹，对分析哲学的自我批判是一服良药。在前一本著作中，康德哲学还被视为是终止现代哲学在经验主义和

---

① Cf. Robert. Brandom, *Between Saying and Doing：Towards an Analytic Pragmatism*, Oxford University Press, 2008, p.2.

融贯论的两极摇摆的利器。从总体上看，麦克道尔把康德视为一个巨人，一个试图颠覆传统哲学的巨人。① 康德哲学之所以对于麦克道尔具有十分重要的意义，其中一个根本原因是，康德哲学具有一种麦克道尔所追求的解蔽或揭露真相的哲学批判的意义，在他心目中，康德哲学对主客体二元论的批判，其意义一点也不亚于后期维特根斯坦在现代哲学语境中所做的类似的批判，尽管康德哲学在这个问题上仍留下了尾巴。

康德之后，整个现代认识论并没有真正从源自近代认识论的焦虑中走出来，部分原因是康德哲学本身的模棱两可性，以及休谟主义的强大的影响力，这也是为什么康德之后的整个认识论分崩离析的原因。20 世纪的认识论为三种彼此不兼容的认识论模式所支配，它们是：实证主义、康德主义和语义学传统。区别它们三者的地方是它们对待先验性的态度和立场。实证主义否定了先验性，康德通过其哥白尼革命对先验性问题做了重释，而语义学传统中的观点则是认为，先验性是存在的但不能理解为是认识者心智上的建构能力（先验性可能只是某种纯粹分析的事实）。语义学传统关注的是概念、命题和感知以及区别于我们通过语言所说的对象的内容和结构。

对它们而言，先验知识是最重要的认识论问题。自柏拉图以来的两个根本对立的观点就是先验的和非先验的。康德看到，并非所有的先验判断都是分析的，因此，在先验的观点之外必然还有后验的观点。——康德的哥白尼革命就是用先验的去解释后验的。康德把纯粹直观置于他对科学的先验解释的核心位置。实证主义不能接受康德的这种理论，它认为除了否认先验性以外（即使在逻辑中），没有别的方法可以走出先验性的矛盾。实证主义认为承认纯粹的直观有碍于科学，应把它从先验性中排除出去，因此，康德关于数学和几何学的观点就应该放弃。此后是布尔扎诺、弗雷格和罗素对康德的数学的先验真理论的拒斥。19 世纪以后，先验知识已不再可能是康德设想的那样。语义学传统的成员认为，忽视语义学是认识论处于混乱状态的原因。语义学而不是形而上学才是哲学的核心或第一哲学。正确理解先验性的

---

① Cf. J. McDowell, *Mind and World*, *with a new introduction*, Harvard University Press, 1996, p.111.

关键是对概念、命题和感知的本性和作用作出正确的理解。布尔扎诺、弗雷格、胡塞尔、罗素和早期维特根斯坦都对语义学做了研究。其中，卡尔纳普和维特根斯坦的贡献是：建构了能对先验性作出解释的意义理论。他们都希望用语义学分析的明晰性摆脱康德主义由纯粹直觉的承诺带来的观念论或心智主义的神秘性。

在传统上，经验主义是一直不重视或看轻意义的，而到 20 世纪则发展到了对意义的敌视。只有那种清晰的意义，即出自直接感知的意义，才能为一些现代经验主义所接受。经验主义也发觉缺少意义很难避免观念论。整个维也纳学派的经验主义反对意义理论，但面对可能因为忽视意义而使科学分析缺少事实的情况，卡尔纳普开始重视意义的问题，但其对任何带有形而上条件的拒斥又使他很难真正把意义纳入经验主义的理论之中。最终的结果是，逻辑实证主义完全成了一种不考虑意义的理论。从方法论上看，关于意义与信念、语言与理论，卡尔纳普提出了一种两阶段的设计。他认为确定意义的行动在原则上要先于后来的认定一个论断和形成一个信念（用这种意义来表达的论断和信念）。首先，人们对与各种表达联系在一起的意义与概念内容，使用这些表达式的论断在有关世界的论断时是如何表达为真的。在这个阶段，语言的使用者具有完全的权威性。然后人们再回到世界来检查哪一个概念的应用，哪些论断使用这用词汇是真的。在这里，整个权威是基于世界之上的，它决定哪些理论使用这些词语为真。蒯因反对这种理论，他认为，当我们在使用自然语言时，它根本不能用。我们根本不可能把语言分为两个部分，特别是不可能在使用之前确定它们的意义。所有语言的意义都只有在使用中才能确定，卡尔纳普认为概念的知识具有先决的作用，只有首先确定概念的意义，才有可能考虑应用，即判断（这也是他为什么十分重视元语言的一个原因），这里没有康德意义上的直观或经验综合的知识。

此后的分析哲学的一个引人注目的现象是：为了改变这样的局面，塞拉斯重新把康德哲学引入分析哲学的自我改造运动中，并提出了完全不同的观点。逻辑经验主义是在接受休谟主义的前提下对康德的一种修正式的引用，为了改变这一点，塞拉斯首先终结了分析哲学由逻辑经验主义以来一直维持的休谟主义阶段，因此，他把康德哲学引入分析哲学中带有颠覆分析哲学固有的传统的目的。布兰顿对此也对康德的经验概念做了辩护：他以一种康德式的方式再次区别了康德的直观与笛卡尔的表象。笛卡尔之前，对有关外部世界认识的表象功能的认识尽管有差异：表象的表征对柏拉图而言并不触及事物的本质，但表象都被视为是与事物的某种相似。而从伽利略到笛卡尔的数学化运动之后，表象更多的是被从"系统的相似性"的角度加以思考。之前的"与事物的相似性"的表征太简单了，现在需要一个更复杂的表象概念。对于笛卡尔而言，几何学公式所代表的几何式的构造更代表了表征这个概念。表征的对象被认为是一种伽利略式的可以由基本的几何学定律规定的实在的外部世界（这里不再存在简单的象形式的相似性）。现在，从主体方面看，主体是一个运用概念思维的主体，它不再是通过感官获得认识途径的主体，从客体上看，这是一个为几何学式的定律制约的实在对象，用布兰顿的话说，它们之间构成了一种整体的同型同构关系（global isomorphism）。①这样一来，尽管个别事物的表征依然存在，但它是被植入这样一种系统的同型同构关系中思考的。除非存在于这一同型同构系统的表征关系中的"表征相似性"，单个的或直接的表征的相似性是不存在的。不仅在笛卡尔的表征概念中存在这种整体的表征概念，在莱布尼茨的单子论中也同样存在（莱布尼茨的单子不仅表征它自身的世界，同时也表征整体的世界）。

但在康德那里，笛卡尔的表征被赋予了更深一层的意义。如果说笛卡尔关注于表征的语义输入的可能性，那么，康德则要求更多：他要求在语义输入中弄清楚表征的意图，即表征中的判断的因素（相关的语义内容是否具有判断的根据，即它是否还有比语义内容更多的内容）。康德的这一思想在他对他那个时代的逻辑概念的批评中表露无遗。当时的逻辑概念把判断视为寻找不同的概念的联结，它的工作类似于在已获得的不同种类的概念中确定一种关系或作出归类。在康德看来，传统逻辑过于依赖于范畴，它并没有从根本上关注于假言判断或选言判断。范畴固然可以具有某种指导意义，但只有在后两者中才真正涉及判断的问题。

---

① Cf. R. Brandom, *Reason in Philosophy*: *Animating Ideas*, Harvard University Press, 2009, p.28.

　　布兰顿还赋予了康德的判断以特殊的语义功能，以此对抗形式语义学抽掉经验内容的形式判断。传统逻辑的判断形式在论断陈述中的具体表现就是其陈述前提的空洞性。在类似"如果 Pa，那么 Pb"这样的陈述中，看起来判断是作出了，但其前件（Pa）是未确定的。因此，传统逻辑引导的判断性的陈述只在形式上有效，它并没有提供任何实质的内容。康德放弃传统逻辑的意图很清楚，他不能接受存在未作出承诺或认定的主词（概念）的逻辑，以及由此表现出来的陈述形式。康德要求的逻辑必须是对其陈述的形式作出了实质承诺的逻辑，用布兰顿的语言来表达：当我们作出判断或运用逻辑的陈述形式时，康德希望有某种授权或资格的证明，以及由此担保（负责），而不是仅仅满足于"做判断或陈述"，忽略判断或陈述的实质内容的可靠性。在传统逻辑中，判断只是起着联结概念的功能，而概念本身则是某种抽象的普遍性和一般性的东西。康德完全打破了这一传统：他把判断视为一种本身具有概念的解释性功能的认知。概念及其内容的意义只有从其是否有助于判断来确定，这也就是说，概念是判断的一种陈述。判断本身的主要特性也带有作出承诺和担当责任的意思。因此，康德在以下两个方面改造了传统哲学：第一，以规范的方式来理解判断的行为，把它视为承担一种责任或作出一种承诺。第二，把所认可的判断的内容置入统觉的综合统一体中。①康德关于判断的规范性质的基本思想也因此有多个方面的意义。

　　麦克道尔在分析哲学的康德哲学回归的运动中的角色则十分特殊，因为他并不是抱着重建分析哲学的"理想"重归康德哲学的。麦克道尔回归康德哲学的目的只有一个，即彻底打破任何方法论或建构性认识论能够拯救哲学的幻觉。因此，在麦克道尔心目中，把康德哲学视为通向黑格尔哲学的一个重要阶段，有着与布兰顿相同的回归路线的完全不同的意义。对于麦克道尔而言，回归康德首先意味着，经验主义与理性主义争论的终结，以及相关的哲学焦虑的消除。麦克道尔的康德因此不同于塞拉斯和布兰顿的康德，从某种意义上说，他所强调的康德哲学的革命性的方面是塞拉斯和布兰顿所忽

---

① Cf. R. Brandom, *Reason in Philosophy*：*Animating Ideas*, Harvard University Press, 2009, p.38.

略的。在麦克道尔看来，康德哲学的重要性可以归结为它对下述重要事实的揭露：表象并没有阻碍我们的认知，而理性概念也并没有使我们失去与经验的关联。这意味着，表象从来不是阻碍我们认识实在的障碍；相反，我们认识实在世界的真理就存在于生活在表象世界中。

在麦克道尔的康德哲学回归方案中，康德基于知性自发性之上的经验概念被视为是终止现代哲学在经验主义和融贯论两极摇摆的利器。但有两个原因促使麦克道尔在跟随康德哲学的同时又试图超越康德哲学：一个原因是康德的令人难以接受的超感知实在的先验感知刺激的理论（正是这一实在论影响了包括埃文斯、塞拉斯和戴维森在内的分析哲学家），另一个是康德哲学的形式性与抽象性，即它缺少像黑格尔哲学那样的现象学的视角和第二自然的概念，这使得康德的理论沉浸在一种构造主义的信念之中。但我将首先探讨这一主题，即康德哲学何以对麦克道尔具有如此重要的意义，然后再回到麦克道尔对康德哲学的批评以及他对康德哲学的超越的问题上来。

第二节　康德的形式二元论以及它对实质的二元论的隐秘世界的揭露

康德哲学的一个基本特点是，它既把认识论分为不同的部分，同时又把它们贯穿于一条红线之上，而这条红线就是康德的先验观念论。康德的先验观念论包括两个部分：一个是有关我们的表征经验的先验可能性的说明，另一部分是关于知性纯概念是如何必然的具有经验实在性的论证。先验观念论的第一部分是，它试图表明，所有表征内容，以及所有由此而来的认知内容都是为心灵概念能力的普遍的内在结构所决定的。对于康德而言，这里心灵的概念能力也是一种先验的能力，它使（对于认知主体而言）经验成为可能。[①] 先验观念论的第二部分要说明的是：所有人类认识的对象

---

① Cf. I. Kant, *Critique of Pure Reason*, Translated by N. Kemp Smith, Macmillan and Co, Limited, 1929, A11/B25.

不过是感知经验或"现象"（不是事物本身），但它们都能为知性纯概念（范畴）所确定，因此都具有普遍性的经验表象。这也暗示着，时空是我们的直观形式（纯粹直观），不是自身独自存在的，即不是使事物得以显示的外部条件。

康德在《纯粹理性批判》关于先验心理学的第四谬误推论中写道：

> 在揭示了谬误推论的一切欺人的虚幻以前，我首先注意我们必须辨别的观念论的两种形态，即先验观念论与经验观念论。所谓先验观念论，我指的是把一切现象都仅仅看作是表象，而不是把它们当作物自体来看待，以及把空间和时间仅仅看作是我们的直观的感性形式，而不是把它们看作是自身独立的一种自为的存在物，也并不把它们看作是物自体等一类对象存在的条件，等等的那种观念。与这种观念论相对的是先验实在论，先验实在论把空间和时间看作是脱离我们的感官知觉而自身独立存在的某种东西。因此，先验实在论把外在的现象解释为是物自体，……这种先验实在论很自然地流为一种经验观念论。①

康德因此把经验观念论（表象主义）看作是一种潜在的先验实在论（作为附带的承诺的结果），而把他的先验观念论（概念主义）视为一种同时包含了对经验实在论的承诺的理论。在康德先验观念论中包含了一种认知转换的原则：不再求助于表象的真实性的信念，即不再先验假定表象是某种实体性的东西（比如，笛卡尔意义上的"物质"，就是一种实体化的表象），而是求助于概念的经验构成的解释。

在这里，康德的先验观念论的一个显著特点是，它对二元论的处理：它不是把对象的感知视为来自对象的感知，而是一种由内在的时空直观所规定的一种感知关系。"就作为现实事物的知识的准则来说，是要求有感官知觉的，然后，我们不是必定要通过直接的感官意识到所要知道的对象。但我们必须按照表示经验中一切实在联系的种种条件的经验类比，来知觉到对象

---

① I. Kant, *Critique of Pure Reason*, Translated by N. Kemp Smith, Macmillan and Co, Limited, 1929, A369.

和某一现实的知觉的联系。"① 康德明确地肯定，在现象界范围内，我们的认知不是为单纯感官知觉所决定的东西（没有因果反映的关系）。

康德既反对"被给予的神话"（用塞拉斯的术语来说），但又没有认为我们的认识是封闭的或纯然理性推论的。康德不同于一般理性主义的地方，就是他始终避免缺乏经验的理智主义（intellectualism），这也是他让判断与直观处于互补关系之中的原因。在认识中排除被给予的神话，它所排除的只是纯然的感受的独立性，它并没有排除我们处于经验的被给予的感受状态（receptivity），即它没有拒绝我们作为自然或感性存在物的经验的感受性的"被动性"。

因此，即使康德接受了一种二元论，他对二元论的使用也仅局限在经验上：

> 我们说在经验联结中，物质（现象领域中的实体）是我们的内部感觉的来源，正如思维的'我'（在此亦指现象领域的实体）是我们的内部感觉的来源一样。进而言之，内外两方的现象，必须依据规律。即实体范畴所引入的我们所有的外部的和内部的知觉联结的规律，由这种按照规律的知觉的相互联结构造全体经验。②

康德也因此把他的先验观念论看作是"形式的"或"批判的"，从自我和世界两个方面看，它都具有其特殊的意义。从自我上看，先验观念论的自我是一个具有普遍性的内在理性形式（康德也是在这个意义上称它为"先验的"）的自我。先验观念论对自我的理解不同于洛克的经验观念论的理解。洛克把人看作是能把自己视为自我，在不同的时空中能思考和作出反思的人。但洛克的人的概念仅仅集中在人的自我意识的描述上。从康德的角度看，洛克的自我意识只是纯粹的感受性，它没有涉及辨识标准的运用或意识

---

① I. Kant, *Critique of Pure Reason*, Translated by N. Kemp Smith, Macmillan and Co, Limited, 1929, B273/A225.

② I. Kant, *Critique of Pure Reason*, Translated by N. Kemp Smith, Macmillan and Co, Limited, 1929, A378/A379.

与标准的符合问题。在时间中持续的"意识"中，无疑需要一种辨识性知识的显现。辨识的要求说明这里需要一个伴随着我的所有表象的"我"，正是在这一点上，洛克的自我意识失去了自我的主体。自我并不只是具体集中在某个对象之上，重要的是运用辨识标准对不同的事物进行感受性的认知。洛克式的意识流则没有这种明确的方式。但康德的先验观念论也把自我意识与笛卡尔的"自我"反思（我思）区别开来，对于康德而言，虽然自我意识具有其普遍的内在形式，但它仍然是与世界的意识相互关联的。至少从康德的论述中能发现，只要把自我意识置于更广泛的语境中来理解，而不是把它视为纯粹的自我指涉的、纯粹自发性的（自我为自己构造观念），自我或自我意识就不是一个空洞的纯形式的东西。

从实在世界上看，先验观念论的"现象"的世界并非一种实质的对象世界，即它不是经验观念论者的那种"直面的"、由感知而来的对象世界，它仅仅是一种限制性的经验现象，这就是说，经验感知不是作为我们知性判断的真的"证明物"；相反，它是作为知性判断自身所运用的一种自我限制条件而发挥作用。主体的认知结构与限制性的经验现象的关系，不再是一种对应的关系，而是一种规定和限定的关系，这与在经验观念论那里感知经验与自我的对立或对等的关系完全不同。

康德的先验观念论对实在世界的理解与洛克、贝克莱、休谟和笛卡尔的理解完全不同。先验观念论区分了纯粹直观与感官知觉，它也就区分了一般的自然对象和经验对象这两个不同的概念。因此，康德可以说："经验本身就是一种包含知性力的知识形态，而知性是有其自身的规则的，这规则就是呈现于知性面前的一切知识的验前条件。经验的一切对象必然要顺应这个规则……"① 无论是洛克、贝克莱还是休谟和笛卡尔都根本不做这样的区分。但一旦我们认为经验是来自对象的一种观念，我们必然会把对象视为独立于我们的经验而存在。因此，康德说：经验观念论者"……错误地假定，对象如果是外在于我们的，那么它们就必须是一些对象的感觉、它们就必须是一

---

① I. Kant, *Critique of Pure Reason*, Translated by N. Kemp Smith, Macmillan and Co, Limited, 1929, xviii.

些自为存在的东西，并独立于我们的知觉之外。据此，他们认为，我们所有的知觉表象都不足以产生对象的实在性。"①休谟把因果范畴视为感官心理印象的一种习惯性产物，就是从经验观念论的角度出发，这导致他把因果关系视为一种观念间的关系。经验观念论必然会把外在感性对象和感官自身看作是截然不同的两种东西，因而也必然会把现象看作是独立于我们之外的神秘的或不可知的存在物。

康德还用"先验实在论"这个概念批评了包括洛克、贝克莱、休谟和笛卡尔在内的经验观念论者的实在论。在康德看来，如果我们把现象和事物（物自体）混为一谈，我们必然会"把外在的感性对象和感官自身看作是截然不同的某种东西，而把现象看作是独立于我们之外的自为的存在物。"②康德揭示了经验观念论者的实在论（关于外部世界的理论）的悖谬，同时也把自己对经验表征的理解与观念论者区分开来。对于康德而言，像洛克这样的经验观念论者必然会陷入自相矛盾：一方面，洛克否认抽象实体能被我们感知，即否认我们的感觉的原因是可知的，把我们所感知的简单观念视为唯一实在可靠的知识来源（知识无非是两个观念的相符与不相符的知觉）；另一方面，为了表明这种符合具有必然性，又不得不求助直觉，因为洛克很清楚，仅仅凭借感知，即仅仅凭借简单观念的复合，我们是无法确定感官知觉是否一定与对象相符。显然，我们有可能用简单观念范围内的认识来判定我们的观念是否与对象符合，换言之，由简单观念构成的观念的复合没有必然的实在性可言。

先验观念论的基本宗旨是：心灵与世界的关系维系在人类的意向性活动的判断之上，因为人类本身就是一个充满了意向性的主体，把心灵与世界的关系视为意向性活动（判断）与意向性对象的关系。心灵与世界的关系并非一种"感知的主体"与外部世界的关系（康德从来不认为人类能以这种方式与世界发生一种关系）。对于康德而言，作为一个具有自由判断的主体，它

---

① I. Kant, *Critique of Pure Reason*, Translated by N. Kemp Smith, Macmillan and Co, Limited, 1929, A369.

② I. Kant, *Critique of Pure Reason*, Translated by N. Kemp Smith, Macmillan and Co, Limited, 1929, A371.

运用概念的能力是无界的，因为意向性充满了概念。

这也意味着，意识的综合统一并必须从知性纯概念上去理解，它要求把直观的主体经验置入客观的知性概念中。因此，康德又在"自我意识的客观统一"一节中指出：

> 我觉得，判断就是一种习惯，通过它，认知上的所与被置于统觉的客观的统一之中。这也就是"是"（is）这个系词所要表明的东西。它是用来区分所与的表征的客观统一与主观的统一的。统觉的先验统一就是，通过它，直观中的所有的被给予性都统一为一个客观的概念。所以称为客观的……①

判断是比直观更高的阶段，但它们在功能上都一样，都通过统觉获得自身的统一性。直观是在一个更基本的层次上把各种表征统一起来，而判断则是把各种给定的经验统一在统觉之下。判断的统一和直观的统一表明，在直观中形成的所有各种直观都通过统觉而最终形成一个对象的概念。因此，自发性的统觉在感觉的对象意识中发挥重要的作用。

我们看到，康德的《纯粹理性批判》第二版回应了人们对先验感性论的批评，在第一版中，直观似乎构成了统觉的对象构成的一个独立部分。康德在第二版中澄清了这一点：知性纯概念是经验的对象性构成的根本，即只有通过知性纯概念，经验的对象性构成（感知）才能成立，不存在独立于知性纯概念（范畴）的"直观的"经验的对象性构成。康德明确地表示，直观也是由判断引导的，甚至就是一种判断。在判断中把各种所得到的认知统一起来的能力也同样运用于直观中，并把各种综合的表征统一起来。康德把这种统一的能力称之为知性的纯粹概念②：

---

① I. Kant, *Critique of Pure Reason*, Translated by N. Kemp Smith, Macmillan and Co, Limited, 1929, B141.

② Cf. I. Kant, *Critique of Pure Reason*, Translated by N. Kemp Smith, Macmillan and Co, Limited, 1929, B139, B141.

在判断中把整体的统一给予各种不同的表征的功能，同样也给予在直观中仅仅是各种表征的综合的东西以一种统一形式；在最一般的意上而言，这种统一我们可以称之为知性纯概念。①

如果把直观视为对象性构成的统一性来源，我们就会遁入主观性之中，因为直观可以理解为只与事物的被给予相关，它只表明我们所感知到的事物，而与事物自身无关，这样就无法保证直观的客观性。这样的观点带来了有关心灵与世界的认知关系的革命性的理解。由于认知的对象被视为主体可辨析的现象，心灵与世界的关系是作为心灵与经验的关系来理解的。而这里的认知对象又被看作是与心灵的普遍的先验构成形式对应，因此，任何能通过我们心灵的普遍内在先验形式获得的真判断或命题，都必然是有关认知的外部对象的先验为真的判断或命题。先验观念论由此建立了心灵与经验的一种模态或同构关系。康德用"先验观念论也就是经验实在论（反之亦然）"的命题来指明这样一种关系。

显然，康德哲学对麦克道尔而言具有特殊的意义。从近代哲学开始，在有关外部世界的认知中就一直有一种焦虑，比如，近代理性主义哲学（笛卡尔）和怀疑主义（休谟）都对经验的不确定性有一种焦虑（他们的所有理论建构都是应对这些焦虑的）。具体地说，这是一种既强烈地认为知识的真理是奠基在心灵与世界的认知关系上，但又对这种认知关系的可靠性抱有深深的怀疑的焦虑症。在充满了焦虑的近代认识论之后出现的康德哲学无疑是一个转折点，因为它改变了人们对心灵与世界认识关系的看法，揭示了认识论焦虑的病理特征和病症根源。康德找到或指明了我们与世界的认知关系的一种"法理般的"事实。这个事实是：当我们把心灵与自我意识联系起来，而把"客体"视为现象，世界或实在就不是简单地以一种实质对象出现在我们的自我意识中。康德哲学因此不再为知识的客观性焦虑。可以这么说，康德是第一个试图对被近代经验观念论、怀疑主义和理性主义独断论歪曲的心

---

① I. Kant, *Critique of Pure Reason*, Translated by N. Kemp Smith, Macmillan and Co, Limited, 1929, A79/B104-5.

灵与世界的认识关系作出系统性修复或校正的哲学家。

第三节　康德的形式二元论与麦克道尔的
统一的经验概念

康德哲学的自发性概念被麦克道尔视为一个重要的起点。在他看来，康德在其先验演绎中所提出的统觉的原初统一性（知性自发性）与黑格尔的"自我意识"一样，都代表一个自发的和建构性的自我。康德把自我意识的理智活动视为解释客观的意向性的基础，已非常接近黑格尔的观念论，按照黑格尔的理解，自我意识自由的自我决定，是理解客观的观念的依据。黑格尔的"观念"的自我发展的思想，即没有主客体的对立而是直指对象的观念论就由此而来。① 在麦克道尔看来，康德通过论证知性自发性在经验判断中的概念构成作用，已经消除了感性与理性（表证与概念、对象与思维）之间的隔阂。

现代经验主义传统仍然或多或少地把康德的感受性经验混淆于被给予的感知或经验内容。即使在蒯因的整体论中，我们也能看到一个被给予的内容：它所区分的概念框架与内容的二分法中的内容仍是一种外在于概念的或与概念相异的东西。由于实在论的直觉和外部世界的可敬畏性始终存在，现代经验主义仍然认为，在判断的概念中，以及在限制我们信念的手段中，来自外部世界的信息要比自发性概念的运用更为重要。比如，埃文斯的语义外在论的外部主义要求，即它的基于"没有概念的内容"之上的外部主义要求。

从康德的知性自发性理论的角度看，分析哲学的经验主义立场所带来的表征主义的错误是显而易见的。经验主义不是站在带有自发性的（概念的）感受性这种经验之上的，因此它区分了感知的经验：作为非概念内容的信息来源与经验的概念的运用被置于不同的阶段（这实际上等于承认了被给

---

① Cf. John McDowell, *Having the world in view*: *Essays on Kant*, *Hegel*, *and Sellars*, Harvard University Press, Cambridge, Massachusetts, and London, England, 2009, p.148.

予的神话）。在麦克道尔看来，这也就是埃文斯倒向与戴维森融贯论相反的另一极的原因。尽管埃文斯与戴维森一样认为，经验是概念之外的东西，但他却认为经验的东西能给概念的自发性运用以一种约束（相信因果约束）。他认为，虽然经验外在于思想，但我们的判断却可以基于经验之上。的确，思想只有证明它与直观的经验有某种关系，即对直观作出相应的回应，才能表明其并非一种空洞的东西，但如果经验是概念之外的东西，它就不能成为我们的思维和判断的基础或根据。埃文斯求助于非概念的内容，以表明思想有某种事实的来源，而不只是存在自发性行为，但如此这般的非概念的经验又如何能成为人们规范地作出一个判断的理由呢？① 亦即非概念的东西如何能成为概念思维的理由？②

　　这里经验主义担心的是，经验表征丧失其独立的本体论地位。因此，它在强调概念知识的重要性的同时又回过头来认为经验表征具有先决的作用，尽管它意识到，只有首先确定概念的意义，才有可能考虑应用，即判断（这也是它为什么十分重视元语言的一个原因）。这里的矛盾是：经验实在与概念的联合是一种外在的联合（两阶段的衔接），它并不是真正意义上的融合。经验主义两阶段论的外在联合，在随后的分析哲学中转变为一种在感知经验与概念两极之间的"摇摆"。尽管此后分析哲学实现了其实用主义变向，但由于接受了感知经验与概念是相互对立的根深蒂固的观念，它仍然没能走出这里的"摇摆"。分析哲学的实用主义变向转向了另一极：它带来的一个

---

① Cf. J. McDowell, *Mind and World*, *with a new introduction*, Harvard University Press, 1996, p.69.

② 埃文斯相信我们与缺乏概念能力的动物分享同一种感知（布兰顿的感知的两层次的理论犯有相同的错误，即认为我们与动物有一个共同的知觉能力，尽管我们不会仅仅停留在这个层面），但他似乎忘记了这一点，尽管人具有与动物类似的感知能力，但它也仅仅是类似，在根本上两者是不同的，因为自发性贯穿于人的整体感知与思维的阶段。只有人具有自发性地运用概念的能力。比如，人对红色的感知就不同于鹦鹉对红色的感知，如果我们真正看到人的感知始终具有自发性的因素，那么就不会混淆二者。因此，与动物的感知相比，并不能使我们有理由把人的感知与知性区别开来。这就是说，直观并不能与自发性分离，就像感性不能与知性分离一样。感性活动是通过概念的能力来实现的。动物是适应环境的生物，它完全与自然融为一体。作为感性的存在物，人也同样是适应环境的生物，但与动物不同。

奇特景象是没有表征的经验内容的实在论的产生。这种实在论走向了表征的经验理论的对立的一端：它把自己蜷缩在概念的自发性的领域，排斥一个与自发性完全不相干的感知物的领域。

如果说现代经验主义理解感受性经验的前康德方式是一种退却，那么，分析哲学中的推理主义者（戴维森、塞拉斯和布兰顿等）对感受性经验本性的理解则显得过于激进。塞拉斯和布兰顿反对经验主义，乃是因为他们认为，经验概念的外部主义承诺只能带来表象主义，这样的外部"经验"只能让我们陷入被给予的神话，在这种情况下，在我们对经验思维作出判断时，经验根本不能担当审判者的角色。

在麦克道尔看来，解决这里的问题，重新思考康德哲学是一个极好的选择。康德的知性自发性理论可以帮助我们走出困境。应用康德的理论意味着我们必须避免重犯自然主义的谬误思维的错误。现代哲学都陷入了塞拉斯称之为自然主义的谬误之中，它以某种心理性感知和印象的认知模式为核心，把有关世界的知识和认识完全当作对法则性世界的因果反映的过程。这里认知模式的变异也是促使实用主义在另一个方面作出极端选择的原因。这里实用主义的错误是，如果我们只同意康德关于自发性的理论，但同时又认为概念运用的自发性领域是一个特殊的领域（因为它与概念运用的自由相关），那么，我们就看不到概念运用的自发性贯穿于整个感知性的认知活动中（我们就丧失了康德的直观与概念相统一的整体的观点）。戴维森犯了典型的自然主义谬误的错误：由于错误地认为感知感受性只是我们与外部世界的一种没有任何语义内容的自然的关联，而退回到概念的融贯论，因此付出的代价是牺牲了概念的经验实在性。

不管从哪个角度看，以上所有的矛盾和"摇摆"都源自经验与概念是对立的这一根深蒂固的观念。如果认为经验与概念是两个不同的实体，它们是相互独立的，那么，经验与自发性概念也不可能共同存在，它们必然被视为经验的两个不同的方面。但一旦消除了这里的根深蒂固的观念，放弃经验与自发性概念不相干的思想，这里的矛盾或"摇摆"也就不存在了。麦克道尔的一个基本观点是，在实现经验的感受性时，自发性是在其中的，经验具有它自身的内容，因为概念的能力早已表现在它之内了。属于知性的概念能力具有自我批评的思维能力。在这种融合的关系中，经验的主体又是"被动的"，即他并没有因为运用了概念能力和超出实在之外。当经验使我们拥有概念内容，那么也是它自身的感性在发挥作用，并非知性强行规定了感性的前概念的来源。至少通过"外部的经验"，在独立的实在作用于我们的感知的印象中也早有了概念的东西。这让我们有可能承认，存在着自发性的自由的外部约束，但又不会遁入自相矛盾之中。① 我们也以此表明，与独立的实在没有任何关系的概念运用是没有意义的，因为它并没有可辨认的经验内容。

麦克道尔把他所有针对经验主义和实用主义的批评与康德的知性自发性理论联系起来。在他看来，康德哲学具有与他所追求的哲学变革相同的目标。在抵制现代哲学在经验感知陷阱的摇摆上，康德基于知性自发性之上的经验概念能够终止现代哲学在经验主义和融贯论的两极摇摆，而且它还可以成为构建一种新的经验主义的利器。② 麦克道尔与康德一样认为，否认世界的直接的可感知的实在性必然会导致怀疑主义（经验主义和融贯论都带有这样的怀疑主义的前提）。如果有确定的感知经验，那么它必然是关于世界的。③ 这就是说，世界与心灵具有某种特殊的经验的因果关系，因此不仅我们的感知经验具有一个来源，而且它本身还是实在的。麦克道尔认为，如果我们注意到康德对传统认识论带有隐藏的世界的二元论的批判，那么，我们不难看到，康德的概念无界论统一了感性与知性，因此，对于康德而言，不

---

① Cf. J. McDowell, *Mind and World*, *with a new introduction*, Harvard University Press, 1996, p.67.

② 而塞拉斯和布兰顿回归康德哲学的目的只是为了抵制经验主义，这是一个很大的不同。

③ 麦克道尔的"最低限度经验主义"包括了康德的经验概念。麦克道尔要求像康德那样，把概念视为是面对外部世界的经验的，而不是把概念视为自足的。"对于目的旨在作出判断或对信念作出反思的思维而言，它的运用是否正确，是可以从世界的角度（从事情如何是如此这般的角度）作出回应的（is answerable to the world）。……我们如何表明这一观念，即我们的思维是可以对世界作出回应的？……思考对世界作出回应的问题，也就是思考对经验的世界作出回应的问题。也就是事情是如何在经验上可以被接受的，对事情是如何的作出回应。"（J. McDowell, *Mind and World*, *with a new introduction*, Harvard University Press, 1996, p.xii）而对经验世界的回应，也意味着对直接被给予的经验的否定。

存在概念之外的任何视角上的纯然的感知或描述性的经验。

在指出康德的哲学革命的最重要之点后，麦克道尔明确表示，他将追随康德"……把思想视为知性的一种运用。"① 针对分析哲学的病症，他提出了追随康德哲学的计划的一些具体方法，比如他写道："终止哲学在哲学的陷阱之间摇摆的方法是，像康德所做的那样，把经验的知识视为知性和感性的一种协作。"② 对于麦克道尔而言，重要的是，如果"在判断中把各种所得到的认知统一起来的能力，同样在直观中把各种综合的表征统一起来"，那么，知性与感性就不是相互对立的，而是相辅相成的，而且它们都能在一个更高层次上与理性相结合。这意味着，我们完全可以用一种康德的方式来获得自救，经验主义和融贯论所担忧的思想与表征的对立或思想与真理的对立是不存在的。

麦克道尔对康德哲学的运用具有特殊的意义：康德基于知性自发性之上的经验概念被视为是终止现代哲学在经验主义和融贯论的两极摇摆的利器，而不是仅仅当作抵制经验主义被给予的神话的利器（这是塞拉斯和布兰顿回归康德的主要目的）。这是一个重要的区别。在麦克道尔眼中，康德哲学对怀疑主义和传统二元论的批判，其意义一点也不亚于后期维特根斯坦在现代哲学语境中所做的类似的批判，因为在他看来，康德哲学具有一种非凡的解蔽或揭露真相的哲学批判的意义。

第四节　把康德哲学推向黑格尔阶段

反观康德哲学，我们不难看到，在康德眼中，人类理性的特殊命运是，

---

① J. McDowell, *Mind and World*, *with a new introduction*, Harvard University Press, 1996, p.124. 麦克道尔指的是康德这句话："心灵自己制造表现的能力，知识的自发性。"（I. Kant, *Critique of Pure Reason*, Translated by N. Kemp Smith, Macmillan and Co, Limited, 1929, A51/B75）

② J. McDowell, *Mind and World*, *with a new introduction*, Harvard University Press, 1996, p.46.

它作为一种认知的理性拥有它自身所规定的问题，这些问题是无法忽视的，但这些问题又超出了它自身的能力，所以又是无法回答的。康德因此审慎地指出："我们可以把只检查纯粹理性的来源和它的局限性的科学，视为纯粹理性系统的一种预备学科。这样的预备学科应称为批判，而不是纯粹理性的学说。它在思辨上的统一也仅仅是消极的，它不是用来扩张我们的理性的，而是用来净化我们的理性的，以及用来使它免于犯错的……"① 康德的"净化"这个词很容易让人想起麦克道尔的"清除"或"治疗"这个词。康德的看法是，人类超出人类感性的知识界限的形而上学诉求，悲剧性地扩张了人类的理性，并因此遁入了"先验幻相"之中。② 甚至导致了相互矛盾，即带来了"纯粹理性的二律背反"。③ 这些错误只有通过严格限制理论和科学的理性在现象领域中的运用才能阻止。

康德清理性的和提供治疗的理性概念，也很容易让人想起后期维特根斯坦的观点。"我们所追求的明晰性，的确是一种完全的明晰性。但这意味着，哲学的问题应该彻底地消失。真正的发现是，当我想做哲学时，它能使我可以彻底地停止从事哲学。——给哲学一种平静的发现，以使哲学不再为把自己卷入问题中的问题所困扰。"④ 但后期维特根斯坦与康德的一个关键不同是，维特根斯坦强烈地质疑超自然的理性概念，并最终通过返回我们健康的日常人类实践，以救治我们的理性的僭妄和失常，而康德则对人类理性有一个清理、改造和最终作出明证的目标。对于康德而言，我们批判性的纯粹理论理性甚至有一种合法、积极的哲学功能。康德的积极的哲学功能主要指纯粹理性的真正问题，即"综合的验前判断是如何可能"的问题。在这里，麦克道尔选择的当然是后期维特根斯坦的道路，而不是康德的道路。

---

① I. Kant, *Critique of Pure Reason*, Translated by N. Kemp Smith, Macmillan and Co, Limited, 1929, A11/B25.

② Cf. I. Kant, *Critique of Pure Reason*, Translated by N. Kemp Smith, Macmillan and Co, Limited, 1929, A293/B349.

③ I. Kant, *Critique of Pure Reason*, Translated by N. Kemp Smith, Macmillan and Co, Limited, 1929, A406-60/B432-88.

④ L. Wittgenstein, *Philosophical Investigation*, Oxford: Basil Blackwell, 1958, p.51ᵉ.

　　麦克道尔对康德哲学的回归同样包括对康德哲学的批评。根本的原因是他感觉到他完全无法接受康德的一些自相矛盾的观点，比如物自体的感知经验的先验触发观点。康德在《纯粹理性批判》中写道："知识要么是直观，要么是概念（intuitus vel conceptus）。前者直接与对象相关，是个别的，后者间接地凭借多个事物能共有一个特征与对象相关。"① 这是康德的先验感性论中的一个重要的区分，但这里的问题是，康德的"直观"应该如何理解才符合他的先验观念论。康德的著名的说法是，先验观念论等于经验实在论。——这也是康德为批评贝克莱和笛卡尔的经验观念论而提出的观点。如果这样理解，直观就不可能是与概念脱离的纯粹感知或被给予的感知，而是同样带有概念内容的对事物的一种呈示。但在康德的先验感性论中，由于假定物自体的存在，直观又可以是由感知内容构成的感觉，它在一定程度上是被动的，即"被给予的"，因为它是出自一个与实在或物自身不同但又与之有密切关系的现象，而现象是"放在我们面前的"。这样一来，康德的经验理论就仍带有他所批判的表象主义（经验观念论）的痕迹。如果康德的直观真没有命题的内容或缺少概念的因素，那么，它又是如何能与概念结合，即作为一种可以为概念所应用的直观？要么康德本人仍然陷入了"被给予的神话"的泥淖，即仍然没有真正摆脱表象主义，要么他的直观的理论独立于他的基于物自体的承诺的现象理论，因而可以完全从一个与表象主义无关的角度来思考。

　　一个根本的问题是，康德是否把感受性视为只与自主性的概念运用分离的能力？即是否康德默认了被给予性？按照麦克道尔的理解，关于外部世界是否在我们的经验中具有被给予的性质，既可以说康德承认了这一点，但也可以说他根本不这么认为。对于康德而言，经验并没有一个我们可以求助的存在于可思维内容之外的终极基础。在经验中通过感知获得的感受性实在的元素并不是外在于思想的内容之外的东西。如果人们认为感受性具有某种经验的独立性，那么等于承认经验的被给予性，而承认被给予性，也就是承

① I. Kant, *Critique of Pure Reason*, Translated by N. Kemp Smith, Macmillan and Co, Limited, 1929, B376.

认有某种超概念的存在，似乎概念还有一个处于它之外的基础。

可以肯定的是，从康德的先验哲学的角度看，被给予性是存在的，即感受性似乎又是独立发挥作用的。先验哲学的确有个超感知的实在，而感受性与它有关联，而这里的超感知的实在独立于概念活动。同样可以肯定的是，从康德的经验概念来看，康德的实在又不是处于概念的领域的界限之外。康德的经验概念包含了这一明确的观念：尽管经验与感受性相关，而这意味着，在判断和思想之外有某种合理的限制，但获得性的感受性早已使用了属于自发性的概念能力，因此我们可以合理地认为，这里的外部限制完全是理性的。康德经验概念中的感受性模式完全没有被给予的因素，它并没有陷入被给予的神话。

这也就是说，从康德的经验理论的角度看，感觉的感受性在与知性的协作中不能发挥一种独立的作用，而从康德的物自体的理论的角度看，感觉的感受性在与知性的协作中则发挥了独立的作用。在先验分析中，康德认为，"……经验并没有通过指向可思想内容的领域之外，可以接受一个我们可以求助的终极基础。在经验中，我们通过作用于感官，接受一个完全没有超出可思想的内容之外的实在的成分。"[1] 但从康德对感性来源的先验论证的角度看，事情却完全不是这样。"从先验的角度看，这里的确存在感觉的感受性的一种独立的作用。在先验理解的意义上说，它被看作是独立于我们的概念活动的。"[2] 问题是，如果把感性的时空直观视为具有某种被给予性的外部来源，这就等于认为，作为主体的直观与作为直观的外部来源是有区别的。而一个真正的主客体对等的同一关系，要求取消作为感知的特殊来源的事物自身或物自体，即取消作用于我们感知的事物与事物自身的区别。[3]

---

[1] J. McDowell, *Mind and World*, *with a new introduction*, Harvard University Press, 1996, p.41.

[2] J. McDowell, *Mind and World*, *with a new introduction*, Harvard University Press, 1996, p.41.

[3] 在这一点上，康德在其哲学中显示了一种模棱两可的立场：康德使他在先验分析中给出的经验概念与他在先验感性论中的感知的先验刺激的理论相互矛盾。麦克道尔认为，康德对超感知的实在（物自体）的超感知的刺激的承认表明康德的确有过度敬畏外在世界的情结。麦克道尔同意斯特劳逊的观点，即康德关于物自体的理论完全是多余的。物自体

　　问题是康德的先验论的视角。这一视角难以避免地会把我们拖向被给予的超感知的世界。这就是说，康德的先验哲学承认超感知的存在（物自体），物自体的超感知的实在限制了任何独立的思维，因而我们根本就不可能像康德那样，一方面把外部世界视为一种先验约束，另一方面又试图保持经验论断的独立性——一旦与超感知的实在比较，说经验拥有自身的独立的论断就显得具有欺骗性了。超感知的实在的存在也是康德遁入意识哲学的原因：在先验哲学中，作为先验约束的超感知的实在又被假定是主体的感知的来源，因而整个经验的构成被假定是受制于超感知的实在的。这表明，康德仍然认为经验的领域有一个客观的来源，即它有一个客观性的基础。但康德的这个关联是神秘的或不能证明的，既然经验的基本结构部分地是我们的经验构成的，它又怎么可能是独立于我们而存在的？①

　　麦克道尔认为，我们无法接受物自体触发感知的先验刺激的理论的理由是：物自体触发感知的先验刺激的理论并不能为知性自发性理论相容；如果外部实在并没有与知性自发的感受性分离，就不可能存在超感知的先验感知刺激，实在也不可能作为一种先验实在而存在。② 由于康德的影响，大多数现代实在论者忽视的一点是：感觉的感受性在与知性的协作中不能发挥一种独立的作用，如果知性具有自发的经验判断的能力的话。只有表象主义才会认为，感觉的感受性在与知性的协作中发挥着独立的作用（因此，表象主

　　的理论是形而上学的，它是康德理论的一个多余的部分，它只能使康德的经验理论陷入被给予的神话，因而损害他的观念论的概念的自发性的一面。显然，物自体触发最初的感知的观点，容易使人们联想到经验主义的经验被给予性的观点。而现代经验主义和推理主义之所以在这个问题上犯同样的错误也与康德哲学有关。

① Cf. J. McDowell, *Mind and World*, *with a new introduction*, Harvard University Press, 1996, p.42.

② 麦克道尔有理由这样认为，因为在康德对先验实在论的批评中，他已清楚表明了这一点。康德用"先验实在论"这个概念批评了包括洛克、贝克莱、休谟和笛卡尔在内的经验观念论者的实在论。在康德看来，如果我们把现象和事物（物自体）混为一谈，我们必然会"把外在的感性对象和感官自身看作是截然不同的某种东西，而把现象看作是独立于我们之外的自为的存在物。"（I. Kant, *Critique of Pure Reason*, Translated by N. Kemp Smith, Macmillan and Co, Limited, 1929, A371）康德揭示了经验观念论者的实在论（关于外部世界的理论）的悖谬，同时也把自己对经验表征的理解与观念论者区分了开来。

义相信感知的被给予性）。

根据康德的自发性概念，自发性给予我们一种把握世界的能力，以使我们不至于为经验所限制。但从物自体的先验理论角度看，我们的自发性能力在经验世界中并不是真正自由的，这样，康德似乎是认为，从经验上说，我们可以对经验判断作出证明，但从物自体的先验理论的角度看，我们对经验判断的证明，充其量也只不过是一种辩护（exculpation）。在麦克道尔看来，这就是康德哲学最不能让人满意的一部分。①

按照麦克道尔的理解，我们受制的是经验，而不是受制于先验性（先验观念论让我们受制于世界的先验性）。外部的因果关系只能发生在经验中：实在不是直接作用于主体的意识，因而产生一种被给予的条件，相反，它是为经验所规定的东西。从这个意义上说，先验的被动性不仅什么也说明不了，反而会破坏经验的统一性，即那种我们完全站在特定的经验条件下处理外部实在关系的经验的统一性。

被给予性的观念透露的是，世界具有一种粗暴的或强迫的约束性，它既没有证明什么，但我们又必须假定它的存在，并承认它对我们思想的约束。但如果在经验中关于世界的理性解释或规定消失了，那么我们就不能形成有关世界的任何经验的判断，即我们就不能拥有任何经验的内容。从这个意义上说，康德的先验框架反而有害于他的经验概念，而他的"思想缺少直观将是空洞的"定义也只有从其经验理论的角度来理解，否则就有把世界视

---

① Cf. J. McDowell, *Mind and World*, *with a new introduction*, Harvard University Press, 1996, p.43. 麦克道尔指出康德本人在这个问题上陷入了矛盾。康德似乎被迫坚持两套理论。根据康德在先验分析论中提出的知性自发性理论，尽管经验与感受性相关，即在判断和思想之外有某种限制，但感受性早已使用了概念能力，因此，这里的外部限制完全是理性的（不是先验的），在这里，康德的经验概念中的感受性模式完全没有被给予的因素。但在先验感性论中，康德为了忠实于物自体刺激最初的感知的理论又认为："只有在对象被给予我们时，直观才有可能发生，再者，至少对于人类而言，只有心灵以某种方式被刺激，直观才有可能。通过我们被对象刺激的模式，接受或感受表征的能力，可以称为感性（sensibility）"（I. Kant, *Critique of Pure Reason*, Translated by N. Kemp Smith, Macmillan and Co, Limited, 1929, A19/B33）康德因此认为，"……存在某种独立于感性的客体。"（I. Kant, *Critique of Pure Reason*, Translated by N. Kemp Smith, Macmillan and Co, Limited, 1929, A251-252）

为对思想的一种粗暴约束的危险。

麦克道尔认为，塞拉斯对康德的直观的理解也充满了类似错误。塞拉斯认为康德的直观包括了纯粹的感官接受的一面，它来自外部对象存在的先验约束。但麦克道尔认为，康德的直观是一种有关感官意识的概念性的能力。这就是说，它不是关于外部感官的（只有笛卡尔和贝克莱在谈这种感官意识）。直观用以证明"我们所看到的事物"的真实性，比如，它所处的环境或与之相关的真实的情境条件等。①

康德之后，新康德主义、现代经验主义或自然主义的思想仍然接受了一个独立于概念的实在，即它们仍然对概念与直观采取了两分法的解释，因此主体与客体（表征内容）被视为分属两个不同世界的东西。这样，心灵与世界的关系仍被视为一种二元性的相互对立的关系。这里的矛盾是：像带有先验承诺的康德一样，概念及其实在存在于主体的世界中，是主体的先验的构造，它与独立存在的客观实在相对应的另一种活动和另一个实在。由此我们就不得不承认，客观实在仍然是一种为超感知的实在所分割的对象，它带有永远不能为人感知所把握的部分。

为了表明经验主义和推理主义对康德哲学的误用，麦克道尔要求区分提出了感性与知性的统一性理论的康德（作为概念无界论者的康德）与仍然相信存在一个独立于我们经验的外部世界的康德，麦克道尔这样做的目的是想表明，何以作为一个真正的概念无界论者的康德要远远重要于作为一个传统实在论者的康德。麦克道尔的"分辨工作"要求他分两个部分来展开，首先，他必须表明，康德统一了感性和知性的知性自发性理论的重要性，以及它对笛卡尔和大不列颠二元论隐藏的世界的清除何以具有革命性的意义。其次，他需要证明，康德有关物自体的超感知刺激理论为什么是多余的或自相矛盾的。对于麦克道尔而言，他这样的工作有助于在元理论层次上更清楚地揭示，为什么不管是埃文斯还是塞拉斯或戴维森都同时陷入敬畏外部世界的情结，尽管他们持有完全不同的认识论立场。

---

① Cf. John McDowell, *Having the world in view*: *Essays on Kant*, *Hegel*, *and Sellars*, Harvard University Press, Cambridge, Massachusetts, and London, England, 2009, p.45.

　　对于麦克道尔而言，也只有揭开对康德哲学的误用或对康德哲学的误解，我们才有可能以康德哲学的治疗和批判的方式改变今天的整个认识论对知识的客观性的看法。为此，他更新了对康德哲学的认识。他认为，黑格尔选择一种前后一致的观念论或绝对观念论的解释是正确的，它避免了经验直观与概念的矛盾。放弃对超感知的实在（物自体）的承诺，把感知经验从"被给予的"先验性中解放出来，就可以回到一个没有超感知的实在限制的经验世界。这个"经验世界"就是一个概念的世界，因为它没有先验的"被给予的"特性，这也就是说，在概念之外并无他物，概念实在并没有一个外在的界限。在概念实在之外并没有另一个实在。在麦克道尔看来，这种理解并不是反常识的，即并不是否认或忽视实在世界的独立性，它的根本意图是打破感知经验"被给予"的被动性或先验性，恢复感知经验乃是概念活动的自主性活动的一部分的"常识"。"……如果我们把康德思想中的超感知的角色抽掉，我们就会回到实在并不是处于限定概念的界限之外的看法上。我在这里一直试图表明的是，这种看法并没有忽视实在的独立性。这种看法并不是要冒犯常识，而正是对常识的一种维护。"①

　　在麦克道尔看来，把康德哲学推向黑格尔阶段所要的另一项工作是清除康德的自然观。康德相信自然科学的实在性，拒绝怀疑主义，因此，他维护这样的观点，即自然是一个法则的领域，即一个能从自然科学的定义上获得确切理解的法则的领域。因此，康德对自然的理解完全是从自然科学的角度出发的，对他而言，自然是一个法则的领域，也就意味着，自然不是一个意义的系统。康德似乎没有意识到，如果自然仅仅是一个严格为法则决定的自然，他的自发性的概念是无法用于描述这类自然力量的具体生成过程的。换言之，如果我们对自然的思考不再有意义感受性，我们就不能在我们的经验概念中把自发性与感受性恰当地结合起来。而这也意味着，康德关于自然不是与概念分离的思想也就无法体现出来。康德的自然是一个剥离了它的历史—社会属性的赤裸裸的自然。对于康德而言，包括法则的自然在内的一般

---

① J. McDowell, *Mind and World*, *with a new introduction*, Harvard University Press, 1996, p.44.

经验世界并不是外在于概念的。概念性的东西与属于意义的可理解性的东西是有关联的，但康德若要维护这一观点，就需要考虑这里的自然并不仅仅是一个没有自身的历史—社会属性的自然。我们需要考虑，这里的自然可能是一个部分返魅的自然。这也就是说，我们需要考虑第二自然的存在，以便在看到自然的法则式的因果存在的同时看到它可能存在的意义系统。康德哲学的问题是，因为缺少第二自然的观念，虽然构建了一个正确的经验概念，但却没能把它放在正确的地方。康德缺少富有意义的第二自然的概念，这就解释了为什么正确的经验概念无法在他的思想中找到一个坚实的基础。由于缺少富有意义的第二自然的概念，康德的经验概念只能以一种被扭曲的形式存在。

由于缺少第二自然的观念，直观与自发性这对康德哲学中具有重要意义的概念就始终处于相互矛盾之中。在康德那里，直观是祛魅了的自然的产物（因为它被想象为是直面法则的自然的），而根据先验观念论，自发性则是非自然的东西，它带有先验的概念思维的特征。这里的矛盾或分裂，只能带来这样的疑问：到底是直观的感性自然的活动是思想的理性关系的主宰，还是思想的理性关系是直观的感性活动的主宰？由于康德并没有思考第二自然的问题，他无法在自然中为概念与直观的真实的联结找到一个位置。在这样一种尴尬的条件下，他除了把这种联结置于自然之外的先验框架之上别无他法。

缺少第二自然的观念也影响了康德对自我的理解。这使他的"我"或"自我意识"的概念仍显得过于抽象。康德没有意识到，一个表征式的主体的连续感受不能脱离主体的具体的生活情境条件。康德正是脱离了认知者当下的认识的历史条件抽象地谈论主体伴随的表征，他没有意识到，主体的表征是不能与具体的生命存在的生活观念分离的。① 康德没有第二自然的观念，因此，他根本不可能把认识的自主性与生活的概念联系起来。康德并没有意识到，在自然的法则的领域，认知主体的自发性行为也是一个需要自然化的

———————————

① Cf. J. McDowell, *Mind and World*, *with a new introduction*, Harvard University Press, 1996, p.103.

概念，他所提供的经验和行为的认知方式，只是表现在作为单个的和抽象的
"我"身上，即表现在一个带有伴随的表象的能思想的主体身上。"这个主体
并不能真正出现在世界之中，它充其量只是一种观点。"①

　　麦克道尔批判康德的自然概念的意图是：通过赋予康德的经验概念以一
种第二自然的性质，使康德的哲学变革的意义真正体现出来。如果加入第二
自然的视角，康德哲学中的自我意识与世界意识的关系，就能以一种正确的
形式表现出来。康德所指明的认知的自发性，就会被当作社会实践本身的一
种自发性来理解。"我们可以把从属于自发性的实践能力视为生活过程的一
部分。"② 不管怎么说，经验和行为的主体是从属于社会的，因为他们是具体
存在的生命形式，它们不能脱离所生活的时代。

---

① J. McDowell, *Mind and World*, *with a new introduction*, Harvard University Press, 1996,
　　p.111.
② J. McDowell, *Mind and World*, *with a new introduction*, Harvard University Press, 1996,
　　p.111.

第二章　用黑格尔的绝对观念论构建
心灵与外部世界的理论

　　把康德和黑格尔哲学运用于分析哲学的批判和改造计划，是由塞拉斯、布兰顿和麦克道尔组成的匹兹堡学派的一大特点，其中只有塞拉斯停留在了康德阶段，布兰顿和麦克道尔除了各自把康德哲学视为起点外，都不约而同地把黑格尔哲学视为最高阶段。布兰顿认为他的代表作《清晰明白地表达》是一本黑格尔的书，[①] 而麦克道尔则表示，就像布兰顿的代表作是他阅读黑格尔的《精神现象学》一书的"绪论"一样（撇开其他影响不论），他的著作也是阅读黑格尔的《精神现象学》一书的"绪论"。[②] 在另一处，麦克道尔在指出康德与黑格尔在他的哲学变革计划中的地位时，清楚地把黑格尔哲学视为康德哲学的完成。[③] 但麦克道尔与布兰顿不同，他并没有把黑格尔视为一个提出了交互主体性理论，因而建构一种话语推论（推理）的理论的哲学家。从他的黑格尔研究和评论中可以看出，对他而言，黑格尔哲学最重要

---

① Cf. R. Brandom, "Fact, Norms, and Normative Facts：A Reply to Habermas", in *European Journal of Philosophy* 8：3, 2000, p.360.

② Cf. J. McDowell, *Mind and World*, *with a new introduction*, Harvard University Press, 1996, p.ix.

③ "我所描述的哲学计划是站在像康德这样的巨人的肩膀上的，我并把我对传统哲学的取代视为康德几乎已经完成，但并未真正完成的计划的继续。而所取得的成就最适合这里的描述的哲学家是一个我成长的传统中几乎没有被注意到的人（虽然我在之前已经几次提到过他）：黑格尔。"（J. McDowell, *Mind and World*, *with a new introduction*, Harvard University Press, 1996, p.111）

的方面是建构了理性与自然之间的中介，提出并系统论证了彻底的概念无界论的思想（主客同一性理论）。

麦克道尔的康德—黑格尔回归有两个重要目的，一是通过使用康德的知性自发性概念抵制经验主义和实用主义融贯论，二是他希望通过把康德哲学推向黑格尔阶段，把康德的知性自发性概念融合于他的第二自然概念之中。分析哲学的经验主义传统与现代自然主义形成了一种联姻，它们相互论证而加强了彼此的观点。它们在两个方面拥有相同的立场，即它们都相信感知与概念的对立和自然与理性的对立，因此，它们都试图在这种对立的模式之下寻找某种可能的妥协，尽管它们彼此采用的方法完全不同。但麦克道尔认为，这里的对立乃是一种幻觉，因此，一切围绕这一幻觉所采取的哲学的理论认识论的建构都是无的放矢的。在黑格尔的思想中，我们也能清楚地看到，黑格尔把感知与概念、自然与理性的对立视为一种假象或幻觉。解决这些哲学的未解难题是麦克道尔回归黑格尔哲学的真实意图。

康德的哲学革命的目的是用一种全新的认识论取代传统的认识论，但康德仍然保留了"认识论"这种理论理性的认知形式。但如果我们把目光转向黑格尔后来发起的哲学革命，我们会发现，黑格尔推翻了任何理论理性的认知形式。麦克道尔转向黑格尔哲学，对他而言，黑格尔哲学最重要的方面是填平了理性与自然之间的沟壑，提出并系统论证了彻底的概念无界论的思想（主客同一性理论）。黑格尔整个现象学就是要表明，理性本身并不需要一个基础，所有试图为它建立基础的努力都是徒劳的。① 黑格尔的现象学表明，对于理性而言，这里根本就没有需要弥补的空隙或欠缺的东西，因为理性亦是自然。

康德和黑格尔的哲学对麦克道尔都具有十分重要的意义，麦克道尔把黑格尔哲学视为对康德哲学的完成，因此黑格尔哲学对他的思想具有决定性的影响。正像他自己说的，他的哲学是站在康德这样的巨人的肩膀上的，但它的最终完成形式则是黑格尔的。对于麦克道尔而言，黑格尔哲学的重要之

---

① Cf. J. McDowell, *Having the world in view*: *Essays on Kant*, *Hegel*, *and Sellars*, Harvard University Press, Cambridge, Massachusetts, and London, England, 2009, p.184.

处是支撑它的绝对观念论的第二自然的现象学视角。黑格尔的现象学视角聚焦在社会共同体的规范活动之上，而不是个人的意识之上，因为它要求把一切个人的意识或概念自发性置于早已存在的社会共同体的规范世界（第二自然）中来理解。这一视角也使黑格尔特别关注由"教化"或教育带来的主体的概念能力。①

　　麦克道尔复兴黑格尔哲学的意图与他的哲学变革的意图是一致的。麦克道尔在清除康德的本体论残余后实施了一种彻底的认识论的转型，即转向黑格尔式的自然主义化的认识论。在麦克道尔的哲学变革计划中，他的黑格尔哲学释义发挥了重要的作用。麦克道尔复兴黑格尔哲学展现了他的"从康德走向黑格尔的理论静默主义的道路"，而布兰顿对黑格尔哲学的复兴则表明了他的"从康德走向黑格尔的推理主义（构造论）的道路"。在这一部分中我们将首先考察从康德走向黑格尔的两条不同道路。这一考察的目的首先是，在比较中凸显麦克道尔的"从康德到黑格尔"的思想发展道路的不同；其次，我将阐明黑格尔扬弃主客体意识的辩证法和内在真理论的思想，以及麦克道尔驱除主客体二元论所带来的多余的认识论建构的理论意图的关系；最后，我将讨论黑格尔有关主体性、互主体性与客观性相互统一的理论与麦克道尔对互主体性哲学的批判的关系。

第一节　从康德走向黑格尔的两条不同道路

　　由于后期维特根斯坦的《哲学研究》一书的持续的影响，分析哲学不再抱着传统方法论信条不放，康德和黑格尔意义上的形而上学就在分析哲学的一些基本论题中复活了：它们被运用于科学实在论的问题的探讨中。塞拉斯的科学实在论借用的更多的是康德的思想而不是黑格尔的思想，但尽管如此，塞拉斯"还是播下了日后硕果累累的黑格尔大树的种子，而且在1994

---

① Cf. J. McDowell, *Having the world in view：Essays on Kant, Hegel, and Sellars*, Harvard University Press, Cambridge, Massachusetts, and London, England, 2009, p.181.

年出版了两本被视为那十几年以后的分析哲学的最主要的著作，即麦克道尔的《心灵和世界》和布兰顿的《清晰明白地表达》这两本著作。"① 但由于麦克道尔和布兰顿在哲学基本观点上的差异，他们的"黑格尔哲学回归"具有不同的含义。麦克道尔和布兰顿都接受了黑格尔的绝对观念论就是一种概念无界论的看法，并且彼此也都接受了概念无界论，但布兰顿认为黑格尔的概念无界论是与他的推理主义联系在一起的，而麦克道尔否认了这一点，在他看来，黑格尔的概念无界论是与他的自然与理性的同一性概念联系在一起的。

基于这样的看法，麦克道尔提出了一种完全不同的"从康德到黑格尔"的思想发展方向，它与布兰顿所实施的同类发展计划完全不同。他把康德哲学推向黑格尔阶段的目的并不是为了构建一种理性的实用主义的话语推论的哲学，因为他并没有把黑格尔视为一个提出了推理主义的交互主体性理论的哲学家。从他的黑格尔研究和评论中可以看出，对他而言，黑格尔哲学最重要的方面是：通过其中介性概念清除了理性与自然之间存在不可跨越的沟壑的幻觉。

麦克道尔回归黑格尔的根本目的是重新思考我们的概念思维的性质。根据他的黑格尔式的理解，概念活动必然是一种纯粹的思维活动，它不是基于被给予的感知经验之上的。在麦克道尔看来，黑格尔的这一思想是对康德哲学的一个最根本的发展。实际上，单从康德的判断学说来看，这一点是清楚的，即在我们的经验中并不存在非概念的内容，因此，人类的概念思维的能力并不是一种受制于外在的或先验的"被给予的"感知经验的能力。一旦排除有关经验的自相矛盾的解释，我们就可更进一步，即可以回到任何感知经验都不是本原的或独立于社会—文化的历史实践的观点之上。黑格尔对康德的判断力学说的补充和改进是，他试图表明，当我们说，直接或"被给予的"单个的感知经验并不概念思维的起点，我们并不一定要走向把概念思维的规范能力先验化的先验哲学的道路，表明概念思维自身不是独立于实在的

---

① P. Redding, *Analytic Philosophy and the Return of Hegelian Thought*, Cambridge University Press，2007, p.12.

主观之物的关键因素是社会—文化的历史实践的规范。我们之所以说感知经验本身就是概念思维的表现形式，是因为任何感知经验都是从一定的社会—文化的历史实践的规范视角出发或开始的（从这种意义上说，由自在之物的刺激而"被给予的"感知从未发生过）。麦克道尔求助黑格尔，实际上就是寄希望用黑格尔式的解释排除康德哲学的内在矛盾所带来的悖论。对于他而言，黑格尔式的解释可以使我们不再面对这样一种两难的抉择：一方面是对柏拉图式的超自然的实在的承诺，另一方面是现代科学产生以后的有关自然的观点。

布兰顿回归黑格尔哲学的初衷也是因为他认为，黑格尔继承了理性主义的、推理主义版本的浪漫表达主义的传统，它抵制了表象主义的语义学范式。① 黑格尔表明，个人在社会化的理性发展进程中可以作为一个规范的意识或出现，即他（她）可以代表一种"规范立场"，而社会化的推理正是由不同的单个的人之间的推理表达开始的。另外，与布兰顿的黑格尔极为相似的是哈贝马斯的黑格尔。在哈贝马斯借助黑格尔哲学的去先验化运动中也表明了相同的思想：在他看来，我们可以把从黑格尔及其后的思想运动视为不断走向认识主体的去先验化的过程。黑格尔给予这一思想的产生以一种推动，黑格尔是第一个把康德的先验主体重新拉回具体情境中，并通过在具体情境中来理解理性，把理性"置于"社会和历史时间中。在耶拿时期，黑格尔把"语言"、"劳动"和"相互承认的关系"当作中介性物提出，通过它来塑造和改变人类精神。

布兰顿对黑格尔哲学的解读符合从辟宾到哈贝马斯的黑格尔解读的传统。辟宾认为黑格尔与康德一样表达了一种现代的理性自我立法的模式，根

---

① "……杜威和詹姆斯、早期海德格尔和后期维特根斯坦，每一个都以自己的方式抵制了表象主义的语义学范式。但他们中没有一个最终提供了一个在结构上足够充分的和定义上足够明确的可替代的范式：要么可以代替由模型论（model theoretic）在发展表象主义时所做的那种真正的语义学的工作（包括可能世界的语义学所做的工作），要么为逻辑词汇的特殊功能提供一种解释。而在我看来，黑格尔继承的理性主义的、推理主义版本的浪漫表达主义的传统，正是作出了给出这种替代范式的保证。"（B. Brandom, *Articulating Reasons*: *An Introduction to Inferentialism*, Cambridge, Mass.: Harvard University Press, 2000, p.34）

据一种相互承认的模式，社会的人在社会的规范权威中获得对伦理的理性概念的相互认同，因此，对于黑格尔而言也是如此，伦理的理性是建构性的，即自我立法的，它并非被给予的自然的东西，或自出于某种超自然实在的神秘之物。黑格尔对康德的立法模式做了修正：不是实践理性来立法，而是处于真实的生活中的实践者的相互承认来立法。这不只是为伦理理性立法，还是一切理性立法的方式。在辟宾看来，黑格尔发展了康德的"反实在论的构造主义的"规范概念。除了社会中实践者的相互承认，很难有其他方式能证明规范的存在概念。对于黑格尔而言，什么可以称得上是规范的，除了社会的建构已无其他方法可以选择。

在黑格尔研究中，对人作为理性和自由的主体的特殊性质的理解是一种常见观点。在辟宾的黑格尔研究中，黑格尔的理性与自由的人被视为是处于社会状态中的：作为理性与自由的人在特定社会中为他人所承认，这里存在一种相互承认的关系。作为自由和理性的主体的人为他人所认可。正像辟宾所说的，黑格尔在这里似乎提出了一个本末倒置的问题：不是作为理性和自由的人先存在，而是一种相互承认的规范状态先存在（理性自由的主体是社会相互承认的结果）。但我能否在任何注意到或承认我之前表达我的观点呢？

因此，布兰顿又指出，在这里我们应转向求助于黑格尔，即像黑格尔那样，把康德对概念的经验构成的外在描述转变为对概念的形成的内在的推理的过程的描述；这也就是说，把概念的经验构成当作一种复合的（人际间的）推理，而不是仅仅把它当作一种发生在单一的（匿名的或抽象的）思维中的思维。在黑格尔那里，概念的经验构成或经验的实在化，并非发生在抽象的思维本身的一种转化，概念的经验构成是通过推理来完成的，而推理本身就不是一种内在于个人的（intrapersonal）思维，它是社会实践中的人际间的（interpersonal）思维。在布兰顿看来，黑格尔的这种推理主义十分重要，它正是后来得到更完整的表述的塞拉斯的推理主义的前身。

根据黑格尔的模式，布兰顿指出，断言性的语言表达是用来进行推理的，即它只是推理的一种手段。"带有断言性的语力或意义说出一个句子，就是把它当作一个潜在的理由提出。断言就是给出理由，它并不一定是针对

某种特别的问题、事情或某个特定的个人而给出的理由，而是表明这样一种
看法，它的断言作为其他人的理由，是使他们的断言具有说服力的根本。断
言在本质上是适合于推理的。断言的功能就是使句子可以用来作为推理的前
提。"① 而这就意味着，如果一种社会化断言性表达的陈述必须是他人的推理
前提，那么，在社会化的语言实践中，断言的客观性通过相互的推理来表
明。这也表明，一种可以作为他人推理前提的断言，可以因为获得同意而传
续下去：一方面，一个推理借助于另一个推理而获得认可；另一方面，获得
认可的推理又可以成为新的推理的一个前提。一种断言性承诺可以为另一种
断言性承诺所承认，反过来也如此。在这一推理链中，断言性的推理并不是
空洞的或主观的，而总是客观的和有内容的。②

　　布兰顿一直强调的一点是，黑格尔并不是一个简单的实用主义者，③ 他
实际上是一个理性主义的实用主义者。黑格尔所提出的精神科学是一种理性
主义的实用主义，而且就它认为隐含的和明确表达的东西至少部分是由它
们相互的表达关系构成这一点而言，它还是一种推理的关系主义或语义整
体论。对明确表达的推理主义的理解，正是使表达能够替代表象主义所需
要的。理性主义的表达主义对明确表达（explicit）的理解是根据它在推理中
发挥的作用来进行的——所谓明确表达，指可思考的、可说的。布兰顿认为
黑格尔提出了这种观念，尽管他把概念内容的最小单位，视为是推理性地相
互关联的可判定之物的整个整体论的体系，因此他不是一个命题主义者（这
与蒯因的整体论使他不可能是一个命题主义者相似）。更重要的是，黑格尔的

① R. Brandom, *Making It Explicit: Reasoning, Representing, and Discursive Commitment*, Harvard University Press, 1994, p.168.

② "要使言语行为发挥这种作用或具有这种意义，需要对某事作出断言性的同意或承诺，把一种同意赋予或促使它转嫁给另一种同意。对这种承诺的断言性承诺和获取资格的语用学意义，取决于它们可以继承的（heritable）方式；它们的传续性是为推理式的表达所采取的一种形式，通过这种方式，它们被看作是在语义学上有内容的。"（R. Brandom, *Making It Explicit: Reasoning, Representing, and Discursive Commitment*, Harvard University Press, 1994, p.168）

③ 黑格尔哲学在美国古典实用主义时期就被当作一种实用主义的哲学来看待：杜威、詹姆士和皮尔士都把黑格尔视为实用主义的同道。（Cf. R. J. Bernstein, *The Pragmatic Turn*, Cambridge: Polity Press, 2010, p.89ff）

理性主义的实用主义，在使隐含的背景（据此任何事物据得以成为清晰明白）成为清晰明白的意义上，使逻辑与自我意识之间建立了联系，这是一个公认的黑格尔主义的观念。因为它提供了一种对意识的、智性人的意义上的感知的解释，它保证了能对相应的自我意识做作出解释。这种通过对特定逻辑词汇的应用的有关什么是清晰明白的表达的观念，使对意识的新理解成为可能。

黑格尔哲学不同于杜威那里发展到顶点的古典美国实用主义、维特根斯坦《哲学研究》中的实用主义和蒯因、戴维森等新实用主义：它揭示了经验与自然之间的语义关系，但并没有把它们之间的语义关系工具化，即没有把它们之间的语义关联视为简单的工具性的关联，而是去寻找它们之间的一种推理的关系。[1] 他对概念内容或规范的去先验化的实用主义解释是从社会、推理和历史三个方面来进行的。[2] 这就是说，黑格尔的实用主义并不是只有社会和历史的维度，它还有推理的维度；而正是推理主义的维度，使得黑格尔对概念的社会性和历史性的理解超出了一般实用主义的理解范围。

但麦克道尔拒绝这样的黑格尔哲学释义，是因为在他看来，这样的释义带有黑格尔哲学本身所反对的理性的理论建构的目的。推理主义的认识论的形式妨碍了对黑格尔哲学的本质作出正确的理解。麦克道尔的看法是：黑格尔始终是一个外在论者，即他始终没有承认意识的意向性具有某种本真的存在形式（原初的真理性）。黑格尔始终对一切最初的意识的个体性表

---

① 关于什么是"实用主义"和"理性主义的实用主义"，以及他为何选择黑格尔的实用主义哲学，布兰顿做了下述解释："实用主义有关隐含于认知活动中的规范，是由 20 世纪上半叶的三种独立的学说发展而来的：即是从杜威那里发展到顶点的古典美国实用主义、海德格尔的《存在与时间》以及维特根斯坦的《哲学研究》那里发展而来的。然而，为了揭示这些传统的洞见（通常的和补充进来的），能够应用来推动当代语言哲学和心灵哲学，我使自己回到了黑格尔原初的解释。因为与这些更新的三种社会实践的理论不同，黑格尔的解释是一种理性主义的实用主义的解释。与前三者的融合主义相反，在理解说什么和做什么的活动中，他把说理（reasoning）置于重要的位置上。"（Cf. R.Brandom, *Articulating Reasons*: *An Introduction to Inferentialism*, Cambridge, Mass.: Harvard University Press, 2000, p.34）

② 布兰顿特别指出了黑格尔的实用主义论题的这三个方面的特征。（Cf. R. Brandom, *Tales of the Mighty Dead*: *Historical Essays in the Metaphysics of Intentionality*, Cambridge, Mass.: Harvard University, 2002, p.234）

达（个体在其私人领域总是以为自己是正确的）报以不信任的态度。只有在康德的内在论中，个体性意识才能以一种本真的"观点"出现，即个体性意识能代表某一"规范立场"。黑格尔关心由教育带来的意识如何获得属于理性空间的自发性概念的能力，而不是任何独立的意识或概念能力。黑格尔认为，意识的概念自发性必须在共同体或"伦理生活"中学习获得。尽管个体性意识始终处于理论意识的发展链之中，但也只有在以上述方式与理性保持联系的情况下，人们才有可能显示他作为个体的意识。总之，黑格尔的现象学揭示了一种人们生活于其中的伦理世界，其规范是如何从作为人们的自然规范到人们作为一个特别的个体必须对他们作出承诺的规范的伦理实践过程。麦克道尔显然更愿意接受黑格尔关于主体的社会属性的看法。

的确，康德的哲学革命的目的是用一种全新的认识论取代传统的认识论，但康德仍然保留了"认识论"这种理论理性的认知形式。但如果我们把目光转向黑格尔后来发起的哲学革命，我们会发现，黑格尔推翻了任何理论理性的认知形式。① 麦克道尔认为，在黑格尔的哲学中，经验的可判定性标

---

① 当然，对于黑格尔是在何种意义上改变了认识论固有的形式的理解上是有争议的。黑格尔是否试图用一种社会性的话语推论的理论替代康德基于纯粹理性的认知概念？即是否黑格尔认为，一旦我们从社会实践的角度把康德的理性的认知概念与交往行为的前提联系起来，传统的带有理论证明的认识论就可以转换为一种依赖行动的主体相互认同的合理性实践理论？哈贝马斯、辟宾和布兰顿支持这种看法，即他们都认为，黑格尔把理性的可靠性与真实世界的客观性的理想的观念联系起来，它们都与我们有关真理的理想化的条件相关，因为客观性真理的断言是主体间的有效性的另一个方面。因此，在理想的条件下，智性世界的领域和现象世界的领域都进入了社会的制度化的交往领域建构的实在世界。纯粹理性的理念，具体化为社会交往实践的一种形式。正是黑格尔通过把规范状态理解为一种社会状态，把规范认识问题带回现实的世界（从而消除了康德的难题）：他是通过提出所有的超验的建构都是社会的制度的观点来做到这一点的。在麦克道尔看来，黑格尔哲学的不同之处是，它并没有用以一种社会构造论的方式来抵制意识的原初内在性。换言之，用社会性的理性推论模式替代康德的纯粹理性的认知模式并不是黑格尔哲学的目的。再说，如果我们认为在自然与理性之间仍需要理性推论的中介，它们之间的关系才是可理解的，我们就仍然处于传统的二元论模式之中，传统的认识论信念就并没有真正消除，它只不过是改换了一种表现形式而已。(Cf. J. McDowell, *Having the world in view*: *Essays on Kant, Hegel, and Sellars*, Harvard University Press, Cambridge, Massachusetts, and London, England, 2009, p.179ff)

准（真理）完全是内在的，即完全内在于经验的历史。黑格尔从其现象学视角所揭示的事实是：意义和真理的标准或作为评价的尺度是内在的。这就是说，它不是在经验之外构造的东西。始终处于经验中的意识（心灵或概念能力）是自身给它自己提供尺度，[①] 一个由生活本身所塑造的理性的世界早已存在。这就是说，理念世界中的"理性"早已存在，它是生活世界本身塑造的东西，不管我们是否认识或感受到它，它都"在那里"。人类的社会实践在历史的积淀中构建了一个带有其自身的规范特征的世界和具有概念思维能力的主体。历史积淀完全是一种经验的历史积淀，这一世界完全不同于现代理性主义意义上的基于理性的建构的世界。用麦克道尔的话来说，这一世界与经验感受性有密切的关系，这一世界的经验的感受性是与作为物质世界的自然相互作用的产物，因此可以被看作是第二自然。

由康德到黑格尔的思想发展阶段来引导分析哲学是一个革命性的举措，因为像布兰顿和麦克道尔这样的最前沿的分析哲学家的著作赋予分析哲学的东西（把德国唯心主义视为某种可为分析哲学所接受甚至从中吸取思想分析方法的哲学）正是早期分析哲学严加痛斥的。只要人们简单回顾一下罗素早期的一些评论，就不难看出这里存在的巨大反差：罗素跟随摩尔把对当时在英国已产生相当影响的康德和黑格尔哲学的反叛视为建立一门新哲学的开始和基本条件，他们需要一种全新的哲学、一种不再带有任何理性思辨或不再承诺任何先验性的哲学。但今天由康德到黑格尔的思想发展阶段引导分析哲学，对于麦克道尔与对于布兰顿或哈贝马斯具有完全不同的意义。这里的重要的区别是：麦克道尔并不打算"拯救"分析哲学，因此他转向黑格尔哲学，并不是因为他认为黑格尔是一个通过提出了交互主体性理论，因而建构一种话语推论（推理）的理论的哲学家。对于麦克道尔而言，黑格尔在某种程度上也是一位理论静默主义者。在他看来，黑格尔的思想至少在以下两个方面支持了理论静默主义：一个是有关意识的经验如何造成主客体意识的分离并实现二种的统一的辩证法；另一个是意识通过对存在于它自身差异性的意识形成一个尺度或标准的内在真理论的思想。黑格尔的理论静默主义哲学

---

① 参见黑格尔：《精神现象学》上册，商务印书馆 1979 年版，第 59 页。

给麦克道尔的思想带来了三个方面的改变：（1）放弃意识哲学的模式，关注拥有特定语言和经验概念的社会实践主体；（2）把康德为其物自体的理论所纠缠的知性的经验自发性概念，以一种绝对观念论的方式理解为理性概念自身的经验的自发性；（3）建构以病理治疗为目的的现象学分析，避开传统的探讨真理和意义的实质的方法。

第二节　黑格尔的意识的辩证法对主客体对立的消解

黑格尔的彻底的观念论赋予了主体绝对的自主性和自由，但如果我们脱离语境去理解黑格尔的话，我们就很难对他的观点作出正确的理解。我们可能会认为黑格尔走向的是一种反常识的反实在论。一旦我们看清了黑格尔在特定语境中的论点，我们便会发现，正是康德的半心半意的观念论使他把主体与客体置于一种不能完全对等的关系中。拓展理性智慧的自由的范围，并不是要把一切都推到主体性之上，似乎客体只能是主体活动的一种结果。康德没有把主客体置于对应统一的关系中所带来的正是绝对主体主义（这看起来与康德的本意不符）。"由于在康德的理论基础中存在一个非同化的主体性，它看起来正是一种主体性的观念论。"① 在麦克道尔看来，黑格尔对康德的批评主要由这一点开始。拓展理性的自由范围的目的是，在主客体之间建立一种对接，实现在主客体之间的平衡（康德哲学所缺少的平衡），以避免一个重于另一个或一个先于另一个。建立主客体的平衡有助于使主体看起来处于与真正的客体的交融关系之中。坚持这种平衡关系，反过来也是为了把客体紧紧地置于这一同一性的结构中，避免放弃实在的独立性，即避免把客体视为仅仅是主体的一种建构。

我们知道，康德的先验演绎的一个根本目的是证明纯粹知性范畴的客观有效性。康德的想法是，范畴的统一性既代表了主体的认知状态或能力，

---

① J. McDowell, *Having the world in view*：*Essays on Kant*，*Hegel*，*and Sellars*，Harvard University Press，Cambridge，Massachusetts，and London，England，2009，p.152.

又是一种主体认识对象的方式。但康德的计划中的一个不利因素是，他的先验感性论仍然在纯知性之外赋予对象以一种独立性，即赋予了对象与知性中的判断不同的感受性。如果真是这样，一个可以独立于知性而完全依赖感受的表征无疑会使先验哲学陷入矛盾。在后来对先验演绎辩护中（即《纯粹理性批判》的第二版），康德做了说明，他指出，对象被给予我们的感知具有一种被动性，但对主体而言，它并不意味对象是被动获得的或被给予的；相反，在感知中，统觉的自发性并没有缺席，因此，并不存在真正的被动性。在指出"时空是形式的直观"后，康德表明感知性的直观本身就是一种综合的能力。① 我们的感性所运用的时空直观也同样依赖于统觉的自发性能力，这就是说，它们并非独立于统觉的自发性的能力。康德的确没有认为外部实在能独立于我们统觉的自发性而被认知，因此他始终认为，范畴可以运用于任何外部事物的认知中，并不存在没有经过知性而能够为我们单独把握的事物。

知性被假定为是主体的一种能力，即被视为认知的一个主体性条件，康德把这种主体性条件运用于看起来似乎是独立于主体性的客观的感觉领域，意在打消人们的这种印象，即，客观对象作为一种认知的客观条件是直接作用于我们的，我们只是在此后才把知性概念运用于它们。康德试图表明，知性既是认知的主体性条件，也是客体被认知的条件。用康德的话来说就是，意识的综合统一体是所有知识的客观条件。② 康德在思想与材料、主体与客体之间的综合为黑格尔走向绝对认知的概念建构提供了支持。

黑格尔明确提到了康德赋予统觉原初的先验统一性的认知意义的重要性，他认为，康德在其先验演绎中所提出的统觉的原初统一性与他的"自我意识"一样，都代表一个自发的和建构性的自我。意识的发展最终趋向于绝对知识，对于这种意识而言，最终的意识对象也就是它的另一自我，通过对这里的另一个自我的扬弃，以达到更高的自我意识。重要的是，由于从自我

---

① Cf. I. Kant, *Critique of Pure Reason*, Translated by N. Kemp Smith, Macmillan and Co, Limited, 1929, B160n.

② Cf. I. Kant, *Critique of Pure Reason*, Translated by N. Kemp Smith, Macmillan and Co, Limited, 1929, B138.

意识出发，这里并没有真正意义上的主客体之分（如果意识总是只能意识到它自己的对象的话）。现象学的意识分析消除了一直以来人们的担忧，即认为主体意识总是有一个外部对象或客体，因而它们之间总是存在隔阂的担忧。这一直也是困扰先验哲学的一个问题，若消除这种担忧，先验哲学就不会再与怀疑主义纠缠在一起。

　　但康德本人似乎并没有真正意识到他的理论革命的真正意义。正像我们看到的，康德哲学仍然接受了一种先验约束，在它对"物自体"的理解中包含了事物自身具有一种被给予性的承诺。康德这里的"先验承诺"一直被先验哲学的批评者视为一个矛盾，一个与康德的主体性哲学不能兼容的部分。在《纯粹理性批判》的第二版中，康德仔细分析了时空纯直观的形式特性（它们与经验的时空直观的区别），意在进一步表明先验观念论把表象视为事物属性的谬误。由于先验承诺，他又把感知做了单独的处理：对他而言，感性具有特殊的性质，它仍然有其特殊来源。"事物自身"的概念使先验哲学仍把感觉视为一个独立的领域。

　　这里的矛盾是，康德一直试图通过表明知性范畴可以运用于被给予的感知来证明它们的客观性，因为他十分清楚，只有我们的感知和经验直观才能在知性的纯概念中赋予某种意义。但根据他的理论（先验感性论中的论述），我们的感性又独立于事物自身和统觉，这样一来，这里就有了一个不能与客体同化或保持同一的主体性概念，即那种不是黑格尔意义上的处于主客体的对应和同一关系之中的主体性概念。① 在先验演绎中，康德所要表明的是，在要求我们的经验对象符合知性纯概念上，主体并没有额外地被给予了什么（不存在被给予之物），只是涉及我们的世界的时空构成的本性的时候，主体才被给予了什么（存在被给予性）。由于先验演绎中的主体性与先验感性论中的主体性具有完全不同的性质：前者完全是自主的自发的，后者则存在被动的被给予性，康德不仅遗留了一个不在主客体的同一性关系中的主体，他还带来了一个同样不在同一性关系之内的客体，一个不在知性概念

---

① Cf. J. McDowell, *Having the world in view*: *Essays on Kant*, *Hegel*, *and Sellars*, Harvard University Press, Cambridge, Massachusetts, and London, England, 2009, p.151.

所规定的范围之内，却能给予我们某种的事物的材料的客体。

一个真正的主客体对等的同一关系，要求取消康德作为感知的特殊来源的事物自身或物自体，即取消作用于我们感知的事物与事物自身。黑格尔的理论认为，康德哲学本身区分作为经验对象的事物与作为事物自身的事物是于事无补的。取消康德二元式的区分，要求把我们感觉的时空直观置于知性的自发性（自由）的领域。康德把感性的时空直观视为具有某种被给予性的外部来源，这就等于认为，作为主体的直观与作为直观的外部来源是有区别的。黑格尔的绝对观念论正是意识到这里的区分于事无补，因而试图用彻底的观念论来消除康德先验演绎中的矛盾，从而把感性的时空直观彻底统一在自发性统觉的统一性之中，解除经验的理论与先验演绎的理论之间的冲突。

撇开康德哲学的内在矛盾，可以这么说，康德的哥白尼革命实际上已经揭示了在判断中把各种所得到的认知统一起来的能力，同样是在直观中把各种综合的表征统一起来的能力。知性的纯粹概念就是康德所说的这种统一的能力。① 判断是比直观更高的阶段，但它们在功能上都一样，都通过统觉获得自身的统一性。直观是在一个更基本的层次上把各种表征统一起来，而判断则是把各种给定的经验统一在统觉之下。判断的统一和直观的统一表明，在直观中形成的所有各种直观都由统觉而最终形成一个对象的概念。因此，自发性的统觉在感觉的对象意识发挥重要的作用。麦克道尔在此分析时指出，黑格尔的"观念"的自我发展的思想，即没有主客体的对立而是直指对象的观念论就由此而来。②

黑格尔的自我意识分析中有关主人与奴隶的辩证法正是他用来表明"观念"的自我发展的。因此，并非像一般所认为的，主人与奴隶的辩证法与一种交互主体性的分析有关，相反，主奴辩证法是有关意识的经验如何扬弃主客体意识的分离并实现二种的统一的辩证法。黑格尔在自我意识这一部分中并没有表达一种交互主体的哲学，即黑格尔的主奴关系并非一个交互主

---

① Cf. I. Kant, *Critique of Pure Reason*, Translated by N. Kemp Smith, Macmillan and Co, Limited, 1929, B139, B141.

② Cf. J. McDowell, *Having the world in view: Essays on Kant, Hegel, and Sellars*, Harvard University Press, Cambridge, Massachusetts, and London, England, 2009, p.148.

体的辩证结构。主奴关系描述的是单个的人的自我意识的结构，即意识面对一个可经验的外部世界时，如何摆脱它构成的"外部性"，并确认作为统觉的自我，即自我意识。随着意识与生活的紧密结合，意识的斗争就不再仅限于意识的内部，它还拓展至生活世界，发展为一种实践的结构。麦克道尔关于黑格尔主奴关系理论的分析打破了一般的黑格尔解读的观点（一般的黑格尔解读都把主奴关系的理论理解为一种不同的主体意识相互承认的交互主体的关系理论）。

麦克道尔的解读是有道理的，因为对于黑格尔而言，重要的是，我们应通过意识的经验的历史或它的经验来分析意识，而不是抛开意识的经验的历史单独地谈意识。康德的统觉便是一个典型，它从根本上是一个与意识的经验无关的意识概念。黑格尔认为，寻找统觉或我思的意义，不应仅仅从统觉开始，而应从意识的经验开始。由统觉的意识分析开始会把我们引入缺少意识的经验支撑的主体性观念论（唯心论）。一个根本的不同是，黑格尔从意识分析转向了意识的经验分析，从而消除了与意识分析相关的知识的客观性的焦虑。在《精神现象学》的"自我意识"一章中，黑格尔对自我意识的分析体现了他与康德的不同：黑格尔的意识分析是典型的意识的经验分析（或意识的经验史分析），而不是一般的意识分析，黑格尔正是通过意识的经验分析真正走出了认识论的主客体的矛盾。

黑格尔从意识的经验史中揭示，主体与世界是相互制约的：一方面，没有主体对实在如此这般的内容的获取，实在世界并不能呈现自己；另一方面，得益于实在的呈现，主体获得了相应的经验内容。正是从这种为黑格尔现象学所揭示的相互制约的同构关系中，我们看到了概念的实在性，即看到了经验是向实在的自我呈现的一种开放。在这里，经验是主动的又是被动的。说经验是被动的，因为它在与世界的关系中是一种具体的感受性（receptive）；说经验是主动的，是因为它带有自发的概念运用和判断。感受性的经验内容不仅仅是概念的，它还是命题性的，即与外部实在直接相关，它们两者并没有分离，即不存一个属于外部实在，一个属于内部的概念的分离。

黑格尔的意识的经验分析在处理意识总是关于某物的意识这一命题时，不再纠缠于纯粹意识本身，而是去寻找主我意识与对象意识的一种平衡。自我意识尽管是完全自发或自主的，但对象或客体并没有因此消失，如果没有对象或客体的存在，自我意识就成为"我意识我"的"意识"了。意识的经验在这里充满了辩证法：自我意识是纯粹自我，它不能容许非我的存在，但它似乎又离不开一个"他者"，即作为对象的客体。但自我意识若要作为一种真正的自我的意识，它又必须扬弃作为他者的对象；把它者扬弃不等于消除它者，因为所谓扬弃只是在一个不同的层面上使它者作为非异己之物存在。因此，我们可以这样理解，自我意识面对着的是两个客体或两个对象。在意识的经验中，这两个客体处于不同的阶段。"总体的感知的世界"是客体作为自我意识的客体的第一个阶段，它是进入意识中的、原初作为独立存在的实在客体。而客体的第二个阶段实际上就是自我意识本身，因为它现在完全是作为一种为意识所意识到的东西。客体的这两个阶段（对于自我意识而言）是相互对立的。由于自我意识中总是包含着"它性"的存在，黑格尔的自我意识作为一种真正的对象性的或经验的自我意识具有双重身份：在意识的经验中存在的，首先是作为原初的独立存在的实在客体，其次才是意识的自我意识本身，即那个完全作为一种为意识所意识到的东西。客体的这两个阶段（对于自我意识而言）是相互对立的：第一个阶段中的客体是一种否定性的东西，而客体的第二阶段则正好相反，它是一种肯定的形式——自我意识在这个相互对立的发展关系中，表现为扬弃和为了成为自我意识而对自我的再次确定。

从这个角度看，作为自我意识的概念活动必然是一种纯粹的思维活动，它不是基于被给予的感知经验之上的。实际上，单从康德的判断学说来看，这一点已很清楚，即在我们的经验中并不存在非概念的内容，因此，人类概念思维的能力并不是一种受制于外在的或先验的"被给予的"感知经验的能力。①

---

① 麦克道尔认为，黑格尔的意识的经验史分析，揭穿了一个一直困扰着我们的假象，即"……心灵与世界的联合会带来一种矛盾：经验既必须在判断中对我们的心灵就事情是如何作出决定的企图负责（最低限度经验主义），又不能处于这样一种关系之中……"（J. McDowell, *Mind and World*, *with a new introduction*, Harvard University Press, 1996, p.xii）

黑格尔通过意识的经验史分析，克服了康德所揭示的所有的有关世界与心灵的二元对立（概念与直观、现象与本体、自发性与感受性、知性与理性以及自由与自然等的对立）。黑格尔的意识经验分析，系统地表明了概念的无界性。黑格尔的意识经验分析提供了一个更真实的认识论范式；意识的经验分析，实际上也是一种语义经验分析，它是一个康德哲学没有涉及的领域。黑格尔的意识经验分析消除了人们一直以来的担忧，即认为主体意识的外部对象或客体总是某种异己的东西，它们之间总是存在隔阂。因此，黑格尔的自我意识的辩证法具有这样两重意义：1. 客体可以作为自我意识的客体来理解（也必须这样来理解），在自我意识中，作为自我意识的客体，客体不再与自我意识有何不同（自我意识的对象就是自我意识本身），它完全属于自我意识；2. 主客体的对峙并不存在，相反，它们相辅相成，一个只能根据另一个来理解（或说明），换言之，作为一般意义上的经验可触及的世界，不再会带来主客体之间的鸿沟，因为这一独立存在的实在已成为自我意识的对象。

相比之下，今天的认识论中的经验感受性概念严重损害了哲学，它们使哲学处于一种荒诞的分裂当中。如果注意到自发性是心灵和知识的本性，我们就不会认为感性与知性是分离的，相反，我们就会看到它们的统一。黑格尔的自我意识表明，意识总是关于某物的意识，知识本身就是感性与知性的一种协作，不存在与对象感受性分离的知性（概念）。这意味着自我意识尽管完全是知性自发的，但感性对象或客体并没有因此消失。

第三节 黑格尔的内在真理论

我们已经指出，麦克道尔并没有接受布兰顿所采用的黑格尔的推理表达主义视角，他坚持的是一种黑格尔的历史—现象学的视角。这一视角强调黑格尔围绕教化概念的社会化模式的重要性。在麦克道尔看来，黑格尔以教化为核心的社会化模式很好地揭示人与自然的一种动态的（发展的）关系。在这一动态关系中，理性以一种自然的方式历史地形成，这就是说，它不是一种主体内在意识或先验能力。从这一自然的理性发展史角度看，脱离社会的以个人自我意识为轴心的世界认知模式实际上并不存在。

麦克道尔认为，在《精神现象学》一书的"导论"中，黑格尔多次谈到了标准或作为评价的尺度的内在性：黑格尔指出，作为尺度的东西是内在的，这就是说，它不是在经验之外构造的东西。如果始终处于经验中的意识是自身给它自己提供尺度，[①] 那么，意识的转变就只是意识意识到它自身内的差异性的结果。这也就是说，意识通过对存在于它自身的差异性的意识形成一个尺度或标准，以用于改变自己。意识的改变就是意识与它自身的一种比较的结果。意识的改变并不是出自任何外部实在的原因。只要意识是处于经验中的，它自身就有知识环节的规定性。意识也正是通过经验表现为"一个另外的意识的意识"而使自己获得知识环节的规定性。黑格尔关于这个问题的一段著名的话是："意识在它自身就是为一个另外的意识的意识，或者说，它一般说来其自身就有知识环节的规定性；同时，这另外的一个，对意识而言不仅是为它（意识）的，而且也存在于这个关联之外，也就是自在的，即是说，也是真理环节。"[②] 麦克道尔引用了黑格尔这段话，用以证明黑格尔并非一个简单的反实在论的构造论者。[③]——而布兰顿、哈贝马斯和辟宾的黑格尔解读都把黑格尔视为一个反实在论的构造论者。

黑格尔关于自由的个体与相互承认的关系是否还拥有更多的内容和意旨？布兰顿、辟宾和哈贝马斯等一些黑格尔研究者都注意到，黑格尔谈论的理性和自由的主体是使用自然语言的个体，这多少表明黑格尔关注的人处于特定历史中，并为特定的规范状态制约。而一切社会的规范状态都来自历史，是交往共同体持续的发展过程的结果。而个人的规范状态不能与社会的规范状态分离，个人的规范状态也就是一种社会的规范状态。可以肯定的是，作为个体的人不只是生物的，特定的动物性的人的概念并不能完全说明人。所有成熟的个体的人都是一个自由的主体。因此，人类并不完全受生物

---

① 参见黑格尔：《精神现象学》上册，商务印书馆 1979 年版，第 59 页。

② 黑格尔：《精神现象学》上册，商务印书馆 1979 年版，第 59 页。

③ Cf. J. McDowell, *Having the world in view*：*Essays on Kant*，*Hegel*，*and Sellars*，Harvard University Press，Cambridge，Massachusetts，and London，England，2009，p.174.

的自然因果条件的制约或支配。由此而言，人的自由是对理性的一种反应，而不是任意的行为。进而言之，人类的自由并不是一种与生俱来的能力，作为自由的主体，人类也是理性的主体，它表现为一种规范状态。因此，要理解处于规范状态的理性和自由的人，我们就必须理解它处于其中的社会状态。

但布兰顿、辟宾和哈贝马斯都把共同体的伦理规范的构造主义模式运用到对黑格尔的认识概念的解释中。他们都相信，在黑格尔的精神现象学的"理性"一章中，黑格尔表明了一种相同的构造主义的认知观念。比如他对主观性与客观性的讨论，他对理性与"事物自身"的关系的揭示。辟宾认为，黑格尔在这一章中提出了一个能动的中介概念。用黑格尔的术语来说，在关于什么能够确认的成果（deed）方面，个人并不能作出自己独自的判定，虽然个人对此总是希望作出评价，但作为一种成果的东西又总是显现为是某种社会性的东西，它为不同的人们所承认，而决不可能为个人所证明。因此，这里存在一种张力关系：社会认可的与个人确证的成果的张力。原初的自发性的主体丧失了他原先拥有的权力，他不再具有关于什么是成果的判定权力。所做的东西的意义是什么或具有何种意图也不是我所能决定或作出判断的。只有具体社会中实践的共同体中的实践者共同的决定才能表明什么是已经成功完成的成果。这包括怎么做，实践的规范是什么，以及如何运用这些规范。①

麦克道尔对这种解释提出了质疑。语言与理性的能力是一块出现的，即不会有人拥有了语言但不会说理，以至于需要一个语言的交往共同体的相互认定才能证明其在语言说理这样的情形。人们掌握了语言也就掌握了说理。这就是说，理性空间是一个整体，它不可以随意分成几个部分。交往和相互认定的模式的缺点是，它假定了语言能力只是理性的初步阶段，在它之上还有说理等更高阶段。从某种意义上说，掌握了语言也就是拥有了理性概念，前语言的人就不可能有理性（难以想象一个前语言的人能有运用理性的

---

① Cf. Robert B. Pippin，*Hegel's Idealism：The Satisfactions of Self-Consciousness*，Cambridge：Cambridge University Press，1989.

能力）。总之，决不可能是人们先拥有理性，然后再学习语言后，回过头来，再拥有先前已经具有的理性能力。

也就是说，构造主义的相互认定的模式违背掌握了语言的人具有自我认定能力的事实：如果理性概念是一个整体，一旦通过掌握语言获得理性，他（她）便是具有理性的人，即他（她）拥有了理性空间。在这个时候，他（她）也就不再需要一个"老师"来给予指点了（否则就是什么也没掌握）。而交往共同体的相互认定模式却恰好暗示掌握了语言的人是不成熟的，因而需要他人告诉在实际的语言实践中该如何做。人们在语言状态中，也就是在社会的规范状态中。在这里人们已是一个知道在实践中该怎么做的人，这还包括人们具有对继承使用原有的概念时提出批评性的辨析的能力。相互认同的模式与人类实际掌握一种语言的状况不同，人们掌握语言并不是用来表明彼此之间的相互认可，即相互确定彼此都能说同一种语言。这种相互认可或相互不认可的假设是先验的，它根本不符合经验的情况。

这里仍然是那个自相矛盾的反经验的问题：没有人承认或认可的情况下，我说一种语言，比如英语，我算是在说英语吗？一旦我拥有了理性并因此能说一种语言，我一定是在周围的人的认可下才表明了我是在说一种语言吗？既然我已掌握了一种语言，再讨论他人对我的语言能力的认可就显得十分荒谬了。这等于说我拥有使用语言表达思想的能力，但却仍然需要他人来证明（除非我掌握的不是真正的语言或是某种原始的私人语言，才能假定我的语言能力需要共同体的他人验证的问题）。的确，如果语言是理性的，它本身就是理性空间的一部分，掌握语言与拥有理性是同一回事，那么，说一种语言能力是他人认定的就完全不合理了。我们完全可以承认一种语言的表达而不必考虑他人的授权的问题。在这里，相互认可的模式只能表达一种奇怪的怀疑主义。成为一个语言的说话者实际也就是成为一个自由的个体，但与此同时，作为语言的说话者也就是作为拥有理性空间的主体。理性具有自己的理性空间，作为真正的理性是一个整体，没有任何人可以说他的表达出自理性空间，除非他掌握的是真正的理性。只有主体拥有真正的理性，才能说主体表达了理性所能表达的某种东西。

进一步的分析可以首先以伦理实践为例（这本身也是黑格尔对康德构

造主义批判的一个焦点）。从伦理实践上看，语言的问题同样关乎于理性，这就是说，真正的理性具有某种伦理意义上的自觉性，它并非被给予的东西。那么，这里的问题是，伦理的理性是如何获得的？康德提出了构造主义的理论，康德认为，伦理的理性既不是自然的或超自然东西（某种神秘的被给予的东西），也不是直觉主义想象的由实在的直觉而来的东西，我们通过运用实践理性自我立法，以此来决定什么是伦理的理性。但对于黑格尔而言，构造主义行不通，因为它的自我立法完全是形式性的东西，而且康德根本无法提供实质性的内容。理性的规范力量对我们的影响不是出自实践理性的主体，而是出自生活在特定的和具体的历史情境中的参与者（只有这里的参与者才能形成理性的规范力量）。

像辟宾的黑格尔研究一样，一般的黑格尔解读都认为，黑格尔继承了康德规范的力量来自自我立法的传统，所不同的是，他用一种基于特定历史条件下的参与者的相互认同的"构造主义"代替了康德的理性构造主义。我们似乎也有完全的理由这样认为，因为黑格尔不可能同意自然主义的模式，他甚至也不可能接受亚里士多德的建构伦理理性的方式。的确，黑格尔也不会同意把伦理理性与超自然的实在联系起来的直觉主义。所以，黑格尔与康德的唯一不同的是他反对基于实践理性的理性自我立法，他认为可行的是处于生活在特定历史条件中的人的相互承认。

这种理性的规范概念的黑格尔解释代表了一种较为普遍的观点，即认为黑格尔在康德之后，把理性的规范概念由基于个人的实践理性意识的认定阶段，推进到由社会主体的人在具体的社会实践中相互认定的阶段。但麦克道尔认为，这种对黑格尔的规范概念的解释并没有人们所认为那种说服力。生活共同体的参与的模式无疑有助于我们了解主体的人对理性规范作出回应的机制，但这种看待问题的方式一定是正确的吗？具有理性能力使我们不再是生物的个体，而是成熟的人，这里边显然包括了一种成长的过程：我们由一种形而上学意义上的人类学阶段进入另一个人类学阶段。处于这一个阶段的人能在理性的空间中找到自己的位置。这里的理性是可以从实在论的角度来理解的。前批判的实在论当然是不能接受的，因为在康德之后我们已经不可能接受理性的规范世界具有某种独立于社会和人的来源的观点。但这并不意味着理性的规范世界不能作为某种实在的东西存在。比如，我们可以说，理性的规范随着人类的理性的成熟和社会实践的积累，已经积淀为某种社会的实在。而作为一种社会实在的东西，从某种意义上说是独立存在的。上述对黑格尔的解释之所以是错误的，是因为它只看到理性规范世界的一面，而没有看到它的另一面。在作为理性主体的人对理性的规范作出认定的同时（主体通过彼此相互承认显示成熟的理性规范意识），他们本身所处的并非一个真空的世界，相反，这个世界早已具有了理性的规范概念。因此，这里存在着一种张力：作为具有理性规范意识的主体的人自我认定，与独立于他们而存在的理性的规范世界。按照麦克道尔的理解，黑格尔有意识地使这两种规范的力量保持某种平衡。黑格尔由此提出了一种特殊形式的有关理性的规范概念的实在论的解释，这就是说，黑格尔的模式完全不是那种只讨论理性的规范意识的相互认定，因而只承认理性规范的社会性的社会构造主义的模式。

黑格尔提到的意识的三个阶段，以表明意识如何在这种张力关系中实现突围，即成为自我意识。首先，意识在作为另一种意识的意识的第一阶段是满足欲望。在这个阶段，意识完全受制于必然性，它并没有因此获得真正的生命，它只是抽象地作为一种为它的意识而存在，即受制于生命的抽象性，它自身还不是作为一个真正的意识的中介而存在。因此黑格尔说，"它并不是走出死的理论而投身于生命里去，而毋宁只是投身于它自己的无生命的意识里去。它意识到自己只是个空虚的和外来的必然性，只是个死的现实。"① 对于黑格尔而言，这是一个讽刺：意识原本是去寻求生命的，但它所获得的却是死亡。从活的存在走向无生命的必然性只是一个过渡，它不是一个中介，因为作为中介的东西一定是被中介的双方合而为一的，因而一定是一个环节对另一个环节的意识。

只有意识知道自己是必然的东西，作为一种过渡的抽象性才让位给中介。黑格尔称之为"心的规律"的东西指的正是这种已经获得了普遍性意义、因而且有中介作用的意识形式。这是自我意识的新形态，个体性的人已

---

① 黑格尔：《精神现象学》上卷，商务印书馆 1979 年版，第 242 页。

不再是动物性的东西，这就是说，它不再只追求个别的快乐，比如它拥有了人类福利这样的目标。个体性由此体现了人类的某种普遍性的心的规律。

但心的规律面对的是一个独立的实在，而且它成为了一种普遍的势力。心的意识很快就意识到与之相对的现实性的存在，而这带来的正是对它们之间的对立的意识。"现实性即活生生的法则，而它取得这一经验，正是由于它实现了自己的心的规律。"① 但在这种情况下就出现了黑格尔称之为的"心的自大狂"的意识：在与现实性的对立中，它怪罪现实性毁坏了心的规律、颠倒了心的规律的秩序。心的自我意识由此陷入混乱之中；每一个心的意识都怪罪现实并始终想保持自己的心的规律，心的规律由此失去了普遍的意义，并表现为不同的个体之间的争吵或争斗。

黑格尔提到的意识的第三个阶段也是意识弥补这里的矛盾的过程。在德行的意识里，个人私有的个体性受到了约束，并最终得到了舍弃。对于德行而言，世界的进程不再是被个体性颠倒的普遍秩序，它是获得某种共有性的东西。德行由前面的两种意识而来，但它要扬弃它们实现自身，它的目的是通过扬弃，将颠倒的世界进程重新颠倒过来。从而显露出它的真正的本质。这种真正的本质在世界进程那里还只是潜在的，它还不是现实的，因此，黑格尔认为，德行对于这种真正的本质仅只有一种信仰罢了。② 德行把这种信仰提高为直观，以克服世界进程的现实性，但德行永远只是个体的人的行为，它代表的是一种与世界进程的普遍性相反的个别性，虽然它们拥有相同的目标。因为"普遍的东西为了它自己取得生命，能够运动，就需要个体性原则，并在个体性原则中取得它的现实性"。③ 从这个角度看，德行仍是没有现实性的理论，一种没有取得现实性的善的想法。意识从中获得的教益是，它迅速摆脱了潜在的没有取得现实性的善的想法。意识在这种斗争中（德行与世界进程的目的）取得经验，知道世界进程并不像它当初看起来那样坏；因为世界进程的现实性就是普遍的东西的现实性。这个经验同时又表

---

① 黑格尔：《精神现象学》上卷，商务印书馆 1979 年版，第 248 页。

② 参见黑格尔：《精神现象学》上卷，商务印书馆 1979 年版，第 254 页。

③ 黑格尔：《精神现象学》上卷，商务印书馆 1979 年版，第 255 页。

明，通过牺牲个体性以求善是行不通的，"个体性的运动就是普遍的东西的实现。"①

这个问题在伦理规范的世界与在经验真理的世界是一样的。黑格尔在《精神现象学》"理性"一章中的"对自然的观察"与"对自我意识的纯粹自身及其与外在现实的关系的观察"两部分中深化了他在导论中提出的意识经验的历史性以及真理尺度的自我设置问题。在"对自然的观察"一节中，黑格尔批评了他称之为"地貌学式的"有关无机自然的观察。在他看来，对观察的知识的误解是，认为观察是直接的有关事物的反映。黑格尔认为，在我们似乎在使用听觉视觉或嗅觉感受事物时候，我们实际上已规定了它。这就是说，观察完全不同于"看见"某个东西（比如看见烟盒边上的一把小刀），观察并不是获取一个感性的这个，而是具有普遍的规定性，它获取的是事物的共相。类似于发现宇宙或自然外部与内部的真相的观察（黑格尔提到了新的星体和黄金等自然物质种类的发现）都不是简单的直接的观察，它们都带有概念的普遍规定性。自我的概念必须作为一种中介物发挥作用，一旦我们把具有自我概念的主体限于观察的领域，而又没有运用自我的概念，所观察得到的东西便只是某种纯粹地貌学或颅相学意义上缺少规定性的东西。从这点上看，黑格尔是明确地否定了没有自我概念的中介的观察。

自我意识的目的就在于实现它的自为存在，从而将它自身视为另一个独立的存在。它的第一个目的是要意识到它自己是在另外一个自我意识里的个别的存在，或使另外这一个自我意识成为它自己。类似于自我意识从伦理的实体和思维的静止存在中上升到成为它的自为存在一样。它不会停留在某种自为的状态中。黑格尔分析了意识的不同阶段，以表明意识在作出真理性分辨时的不同状态，或者说意识是如何在其不同的发展阶段自我设置其真理尺度的。总之，一切有关黑格尔的真理构造论的解释都是不确切的，这种解释偏离了黑格尔在"导论"中提出的经验的观点，因此是不恰当的。是什么东西促使我们的意识从一个阶段转向另一个阶段？黑格尔明

---

① 黑格尔：《精神现象学》上卷，商务印书馆1979年版，第259页。

确地指出，意识改变的原因不是别的，而是我们在实践中没有达到应有的标准或不符合固有的评价尺度的失败的经验。这就是说，不符合要求的失败经验是我们意识变化的原因。因此，有某种标准或尺度在经验的意识中已经存在。

第四节　黑格尔与互主体性哲学的幻觉

随着语言学的转向，认知的权威性从主体的私人经验转向了语言共同体的公共实践。当然，当交往性的句子取代了"对象的表征"时，所发生的并不是简单地对知识的表征形式的摒弃。向达成理解的交往形式的转换确定了社会交往的优先地位，它同时也意味着，一种语言共同体的成员作为有责任的主体相互承认。借助于交往的社会化，他们成为了交互主体关系网的一员，作为这样的一员，他们彼此必须作出回应。由于这种可回应性必须通过理性来兑现，给出理由和要求理由的游戏推论的实践也就构筑了日常交往的基本条件。

布兰顿正是在这种意义上引用了达米特对意义的认知的解释：当我们既知道作出断言的条件，又知道参与者接受断言所可能产生的后果，我们就理解了一个断言性的语句。此外，布兰顿跟随塞拉斯认为，这种涉及一个表达式的应用的可能的情境条件和后果的证明，为建立在语言表达式的意义内容之上的"实质的"推理关系所支持。① 社会的优先性是理论家采用第二人称态度，并从交往中的另一个参与者的视角，对说话者的话语进行分析的方法决定的。在这里，布兰顿遵循实用主义的传统，后者通过展开一种行动的主体的视角对相关的现象进行分析，跳出了对象性的心智主义的陷阱。因此，像"真理"是什么或意味着什么的描述性的问题，已为我们做什么的行为性问题所替代——比如，强调我们采纳真的陈述或提议他人采纳，或一般地发

---

① Cf. R. Brandom, *Making It Explicit：Reasoning，Representing，and Discursive Commitment*，Harvard University Press，1994，pp.102-116.

现它有用等等。

布兰顿集中于讨论推论中的言语行为，为一种语言的语用学分析奠定了方向。可以称为好的理由的东西依赖于得自于主体间性的逻辑和概念的语义规则。这可以从一个语言共同体的实践中看出。这种分析的最终的决定是"是"或"不是"的立场，参与者以此相互对有效的论断作出回应。因此，布兰顿通过引证由相互的"记分"调节的交往行动的交换的例子来分析语言。每一个参与者通过比较自己的记分和对每一个人记了多少分的跟踪，对他人的有效性论断作出评价。这种语用学的方法遵循着维特根斯坦的观点：人们做什么的实践的知识先于明示的主题性的知识，正如一个语言共同体的社会实践先于个体的说话者的私人的意向性。

在布兰顿之前，实际上戴维森也已初步谈到了一个由说话者的共同体构建的意义关系。戴维森谈到了非心智的外部世界的知识、他人的心智的知识和我们自己心智的知识的关系，认为它们既是完全独立的（一个不能代替另一个），又是不能分开的，即这些知识相互依赖。戴维森的理论强调了客观性与主体性的关系，但与此同时，客观性又不只是不同主体对外部世界不同反应的构成之物。因为主体在认识非心智的外部世界，形成有关的信念时，必须意识到这里存在一个区别，即事物客观的是怎样的和它显得是怎样的区别。这一区别的原因是，关于事物的知识和信念从自我或心智上看，它首先是一种心智状态，而这心智状态表明这里一定存在一个隔阂，即心智认为事物是怎样的和事物实际是怎样的区别。这是认识外部事物的一般步骤，要获得对客体的认识的客观性，有赖于主体的心智这一途径，没有别的选择，主体与客体是相互依赖的。这里的主体若真的要获得事物的客观性知识，还必须把它自己与互主体性联系起来，即直接与他人的心智关联。因为按照戴维森的看法，主体在以心智的方法表达事物时使用语言概念，而语言本身是公共的东西。也只有通过语言，我们才能把我的心智观念向他人传达，从而让他人理解我的观念，反过来也一样，我们通过语言才能理解他人的心智。这里的我和他人的理解的相互依赖性，要求我们把客观实在视为在我们和其他对话者之间所具有的共同基础的对象。①

　　但把主体性、客观性和互主体性贯穿起来的知识论模式有没有它错误的地方？根据麦克道尔的看法，客观性必然与主体性和互主体性分不开，但无论是布兰顿还是戴维森都错误地理解了三者的关系：他们在处理主体性、客观性与互主体性的关系时把互主体先验化了，即把互主体性置于一个决定性的位置上。而这意味着我们只有通过互主体性才能获得一种客观性，即对事物是怎样的和看起来是怎样的作出分辨。在这种情况下，主体不可能有客观性的概念，除非他理解他人的心智中的观念。没有互主体性的真理，也就没有客观实在的概念。这样的观念实际上打破了主体性、客体性和互主体性相互依赖的平等的关系，他们的解释使它们之间的关系完全不能融贯。实际上，如果三者的关系是融贯的，即相互依赖的，那么就没有理由认为，我们可以首先获得互主体的概念（比如，无论在布兰顿还是在戴维森那里，他们的解释都使得互主体性似乎是一个首先可以获得的概念）。② 不可否认，他们正确地否定了主体性的意向性具有本真的真理性的意识哲学的观念，即他们用互主体性概念正确地否定了康德的先验哲学的一个错误的前提：主体性的意识的意向性具有本真的存在形式（原初的真理性）的可能性，但互主体性被先验化的结果却使主体性失去了与外部实在产生亲知的知识的可能性，它显得不是一个独立的实体性存在。实际上，如果它们三者是不能分离的，那么，我们要么同时拥有这三个方面，要么同时没有拥有它们（决不可能首先拥有其中的一个）。

---

① 正是基于这样的认识，戴维森指出："如果起点解释是正确的，至少大体上是正确的，那么我们就必须承认，客观的真理和错误的概念，必然会在解释的情境中出现。对于被认为是正确的句子和事实上是正确的句子之间的区别，对于交往的人际关系体系的存在而言是根本性的，……因此，在实际为真和认为是真之间，信念的概念可以清除它们之间的相异之处，我们正是在这种关联中理解了信念。……除非一个人知道犯错误的可能性，否则他就不可能有一种信念，而这要求把握真理与谬误——真理性的信念和错误的信念——之间的不同。但我认为，这种不同只能出现在解释的语境中，它迫使我们关注于一种客观的公共真理的观念。"（D.Davidson, "Thought and Talk", in *Inquires into Truth and Interpretation*, Clarendon Press Oxford, 1984, p.170）

② Cf. J. McDowell, "Issue in Davidson", in *The Engaged Intellect*, Harvard University Press, 2009, p.154.

布兰顿的错误实际上从他的社会构造论所提出的黑格尔哲学的客观性理论中已经反映出来了。麦克道尔注意到了这一现象，他通过批评社会构造论的黑格尔解读揭露这一观念的矛盾，他在批评布兰顿的推理主义（他称之为"有意图的推理主义"）时指出了布兰顿的这一错误的观念。他在批评戴维森的知识论（融贯论）时也运用了这一观点。在麦克道尔看来，摆脱这一错误的唯一途径是正确认识黑格尔哲学关于意识的现象学，因为也只有黑格尔的意识现象学指出了一条正确理解有关主体性、互主体性和客观性之间的关系的道理。

麦克道尔试图通过考察黑格尔的理性概念运动的现象学来表明黑格尔属于历史狡计的东西，即理性的概念运动是如何使主体性、互主体性和客观性三者交互制约并相互促成的过程。在他看来，这里的相互关联正是通行的黑格尔研究所忽略的一个很重要的方面。首先，我们不能认为意识在任何一个阶段都知道它本身在做什么，这就是说，并不存在意识通过概念的正反两极的自我运动以实现它的目的这回事，相反，意识是被牵制的。然而，与此同时，在"自在自为地实在的个体性"一节中，黑格尔又提出了这样一个问题：理性的概念运动意识作为在概念的自我实现的运动中一个主体性因素如何成功地突围？即被卷入概念的运动之中的意识如何保存自身作为意识的主体性的特性？意识显然意识到它受制于理性的决定性的力量，但意识并没有因此失去了它的自由，意识也只是在某个特殊的环节中被视为一种中介物，这就是说，它并没有从根本上被贬为一种完全被动的东西。

意识原先是被当作主观片面的意识（它存在于心、想象和言词等等臆造的存在之中）而被置于某种工具性的环节之中的，但黑格尔认为，在经历了一个宏大的进程之后，意识获得了它特殊的形态："自我意识现在以纯粹范畴本身为它的对象，或者说，它现在就是这种已经意识到它自己的范畴。"[①] 正因为如此，一切存在方面的限制已不能限制意识的行动，因为意识的行动在这里已完全成为了一个对自身的关系的行动，可以限制它的那种他物的关系已经扬弃掉了。

---

① 黑格尔：《精神现象学》上卷，商务印书馆 1979 年版，第 261 页。

　　黑格尔要我们明白的是，此时这里的意识只能是一种自我意识（主体性的意识的"意识"），这也就是说，意识仍是个体性的意识，因此，意识又处于一种特殊的关系（圆圈）之中：一方面，意识是内在的，在没有以行动的方式展现出来之前，意识似乎不能确定它自己是什么，但另一方面，既然它是一种意识，"它又必须在行动未发生以前就已经有这个行为摆在自己面前，当作完全是它自己的行为。"意识在这里好像处于一个圆圈中，在这个圆圈中，每一个环节都以别的环节为前提。它要行动，又必须首先假定它已经意识到了目的（为了要行动，它必须首先有一个目的），但意识到一个目的又必须假定它是处于行动中的（它只能从行动里认识出它的原始本质）。这样意识似乎找不到它的起点。黑格尔因此仍然把自我意识看作是带有抽象的普遍性的东西。现在，唯一的办法是意识在行动中实现自己。不管怎么说，有一点是明显的，即只有行动才能赋予它现实性，用黑格尔的话说就是，它必须使自己成为它自己的"作品"，因为它只有在它的作品中才能体验到它自己是什么东西。但意识很快意识到，它所努力做的一切实际上也只是它自己所能做的事情，这就是说，它根本不能代表任何其他的个体的意识。在这种情况下，意识要获得其客观性，就必须表明它具有某种可以被使用的客观性。在这里，意识显然是处于一个共同体之内的，它不得不进行某种协调或协商。在这里，意识（主体性）与共同体的实践方式（互主体性）产生了不可分离的关系。

　　黑格尔在谈论自我意识的这节中指出了共同体实践的重要性，因为它关乎于个体性意识的自我实现的问题。意识在个体性自在自为的阶段所面临的问题已完全不同，原初的意识带有它特定的本原意义，它是自我决定的，即它可以自由地运用自己的能量并决定自己的行动。但意识作为一种成果或其自身的作品，则被置于整个个体性的存在之中，因此，它也就被置于一个完全是异己的实在性之中。它整个地被从其原初的自为存在中抽拉出来，并被塞进了一个由原初的本性决定的相互对抗的实在中。它被封闭在这种"事情本身"的普遍运动中失去了自己。黑格尔在这里描绘了意识在其自我实现中的毫无意义的争斗，它鲜明地再现了在充满他人的行动的世界中意识的自我实现的困境。麦克道尔认为，黑格尔对意识的自我运动特殊矛盾的揭示，为他后面提出的结论提供了有力的支持。黑格尔在论理性的意识的这一部分的最后一段指出："理性的自我意识通过其自身的活动而实现。"① 这就是说，除非在一个社会全体人民构成的"伦理生活"的条件下，任何一个自我意识都不能实现它自己，或作出它想做的业绩。只有在一个理想的共同体的生活条件下，个体性的自我意识作为中介才能发挥作用。自我意识在社会共同体中的自我实现或发挥中介作用，即它所做的一切并不是以他者的同意或授权的方式实现，这里并没有这种构造主义的解释认为存在的相互承认的关系。尽管在共同体的参与性活动中，人们不可能独自行动，人们运用概念的能力只有在共享的实践中才能发挥出来，但这并不意味着，一个人的行动由另一个人的行动促成。这里的问题并不是在实践中的概念的实践运用，如果人们用概念把握某物不能让他人信服，那么，人们就会怀疑它是否把握了某物或某事情。

社会构造主义者在分析黑格尔的理性意识这一部分时认为，黑格尔的理论是对传统中的个人中介性的观点的否定。传统哲学错误地把内在的意向性与外在的表达区分开来，并把自我视为一个内在的纯粹先验的原因。但社会构造主义者又认为，黑格尔的意识理论基于意识的原初性之上，因此他实际上也肯定了内在性，但黑格尔的理性意识最终又要摆脱内在性。因此，摆在黑格尔面前的唯一选择是通过共同体内相互的规范实践的约束走出意识的内在性。麦克道尔同意，在黑格尔之前，传统哲学过于看重主体的内在意向性的方面，正是黑格尔最为系统地试图改变这一状况，但他不同意社会构造主义者有关黑格尔哲学是在首先肯定了意识的内在性的前提下寻找它外在性的综合（因此，黑格尔选择了一种社会构造）。麦克道尔认为，社会构造主义者的观点暗示着黑格尔哲学承认存在着一个意识阶段，然后才出现对意识的内在性的抵制。这就是说，承认意识的最初的意向性是内在的，迫使黑格尔用以一种社会构造论的方式抵制意识的原初的内在性。②

① 黑格尔：《精神现象学》上卷，商务印书馆 1979 年版，第 232 页以下。
② 参见麦克道尔对社会构造主义的黑格尔解读的评论。(J. McDowell, *Having the world in view*：*Essays on Kant*，*Hegel*，*and Sellars*，Harvard University Press，Cambridge，Massachusetts，and London，England，2009，p.179ff)

　　黑格尔的互主体性概念不是一个先验的认知的概念，它本身并不具备真理性，互主体性是一个历史实践的概念，它在生活实践的历史中为真。互主体性共识是以实践的方式在伦理生活中以纵向性（时间）结构形成的一种共识，而不是通过不同的主体的对话的横向性（相互承认）结构形成的一种共识。我们必须从这种反程序主义对话模式的历史实践视角去理解黑格尔的互主体性的概念，以及他对主体性概念的批评。就主体性这个概念而言，黑格尔批评单个人的意识，乃是因为单个人的意识缺乏历史规定性，而不是因为它缺少意识的本真性。他始终没有否认单个人的意识的意向性具有某种本真的存在形式，他批评的是单个人的意识的抽象性和主观性。也正是基于这一理论观点，黑格尔才对一切最初的意识的个体性表达（个体在其私人领域总是以为自己是正确的）报以轻蔑的态度。"某人写的是无法让人留有印象的诗，他就没有理由在心里认为，他内心有好的诗，只是没有很好地表达出来。""内心的诗"是神秘的东西，真正有意义的诗是写出来的诗（写出来的诗就是接受者的审美经验的一部分，它不是一种意向性的东西）。不错，任何一个表达出来的东西首先都是存在于内心的形式，但成为共同的经验、感受或思想的东西与内心的形式是完全不同的。"……个体在实现他的意向性时，他给予了它具体特定性，但他却并不知道这一切是如何形成的。"①

　　麦克道尔并不认为黑格尔对理性意识形成史的分析带有某种矛盾或悖论，尽管黑格尔在揭示意识的外在社会性的本质特征时又不得不承认意识原初阶段是内在的、是一种内在的意向性（意识的原初的内在性）的东西。在他看来，黑格尔实际上所要表明的观点是清楚的，并不存在自我意识的行为直接决定或带来规范事实的情形，规范事实或（用黑格尔的术语）人的业绩（Tat）与他的所作所为（handlung）之间的区别与对立是正相反对的。现实（实现了的规范存在）总是隐藏着认识以外不知道的那一个方面，它完全不把自己的本来面目呈现于意识之前。它似乎有意"不让儿子意识到他所杀的那个冒犯者即是他的父亲，——不让他知道他娶为妻子的那位皇后即是他的

---

① J. McDowell, *Having the world in view*：*Essays on Kant*，*Hegel*，*and Sellars*，Harvard University Press，Cambridge，Massachusetts，and London，England，2009，p.180.

母亲。"① 历史理性的狡计就是，人们的所作所为，即自我意识的意向性并不是它的业绩的直接来源，它们之间存在一种诡异的关系：面对摆在面前的业绩，意向性的自我总是否认这是他的所作所为，即他并不认为眼前的一切是他意向的结果。

大多数黑格尔哲学研究在把黑格尔视为一个构造主义者的同时忽略他的历史辩证法的部分。从构造主义的角度看，黑格尔的精神现象学表明，个体性的意识如何能作为一种规范立场为其他的意识所承认。这就是说，社会构造主义的解释认为，黑格尔鲜明地表达了这样观点，即什么是客观性的或理性的，只有在交互的规范确证中才能判定，对客观性和理性的判定必须在构造主义的语境或条件下进行。我们的意识是不断发展的产物，每一个阶段意识都修正了前面阶段意识自我表达的规范立场。一些研究者因此认为黑格尔以此方式给出了一个有关客观性和理性的先验的规范论证模式。但黑格尔的现象学明确地带有其特有的现象学的立场，它揭示的是意识在其所作所为与现实性（业绩）之间的"陌生"或异己的关系。这就是说，从总体上看，黑格尔的"现象学的发展系列与逐步渐少自我设置的规范态度的片面性没有任何关系"② 即使在"精神"阶段，理性意识具有了自在自为的自我发展和修正能力，黑格尔真正关心的也不是这一形式特性。麦克道尔认为，黑格尔真正关心的是由教育带来的意识，如何获得那属于理性空间的自发性概念的能力。黑格尔显然认为，意识的概念自发性是必须在"人民的伦理生活"中学习获得的。但如果人们非反思地沉湎于伦理世界，那么概念的自发性的能力就根本不能体现出来。但自发性也不是表现在他对其出身于其中的社会规范的反对。关键的是，人们必须意识到，他只有在他生活于其中的伦理生活中获得与理性的一种联系，他不可能在其他任何地方得到它。只有在以这种方式与理性保持联系的情况下，人们才有可能对他从中发现的理性概念持某种批评的态度。——黑格尔关心的是意识与伦理生活的关系，而不是讨论伦

---

① 黑格尔：《精神现象学》下卷，商务印书馆 1979 年版，第 25 页。

② J. McDowell, *Having the world in view*: *Essays on Kant*, *Hegel*, *and Sellars*, Harvard University Press, Cambridge, Massachusetts, and London, England, 2009, p.181.

理生活的意义，即是说他并不关心在古典的生活形式消失之后规范消失的问题，他关心的问题是，一种人们生活于其中的伦理世界，其规范是如何从作为人们的自然的规范（人们似乎不需特别去认识它）到人们作为一个特别的个体必须对它们作出承诺的伦理实践的过程。这一过程中的个体对伦理规范作出承诺的要求在前一阶段是不存在的。在早期的伦理生活中，规范从来没有失去它特定的情境性，即伦理规范的情境性是与非反思的无个体性概念的意识完全结合在一起的。当个体性在伦理生活中出现，不只是对个别的或具体的规范的承诺者，当更普遍的（形式的）出现时，意识便进入了黑格尔的精神阶段。但精神阶段只是黑格尔哲学的憧憬，他更关心的是伦理生活与个体规范态度的关系。

麦克道尔认为，有一点是肯定的，即黑格尔并不想用现象学分析取消任何个体性意识的批判的态度，尽管个体性意识始终处于理论意识的发展链之中。再者，黑格尔虽不否认在理性意识的现象学发展中，意识本身在其更高阶段具有规范批判的态度或能力，但黑格尔并不认为，任何规范批判的姿态或能力可以把我们引向终极的规范概念（绝对真理），对他而言，理性意识的规范批判的姿态消除了一切简单化的意识表现形式（主要是一些工具性的知识形式），它所能达到的"真理"也只是临时性的东西："真理不过是所有参与者都为之酩酊大醉的一席豪饮，而因为每一个参加豪饮者离开酒席就立即陷于瓦解……"① 黑格尔的观点很明确，在理性意识的现象学发展中，或在人类智慧的发展过程中，没有任何概念的把握是终极的。实际上，认为理性意识的概念反思能达到不变的真理，这一看法本身就违背了反思这一理性思维形式的基本特征。规范的反思能力无疑是理性意识的更高阶段，但它也只意味着进入精神阶段的意识具有把个体性意识与伦理生活结合起来的能力，并且有能力和义务（通过与他人的共同协商）去思考被认为是理性的东西是否真正是理性的。

关键的问题是，黑格尔并不认为我们有能力去建构某种真理性的或正确的概念形式。从整个现象学所表达的意思看，并不存在我们为自己立法

① 黑格尔：《精神现象学》上卷，商务印书馆 1979 年版，第 30 页。

的情形，即不存在这样的情形：在共同体中有无数的或许多的"规范立场"，通过彼此的协商制定规范。实际上，黑格尔早就明确指出了意识的有意识活动与现实存在的矛盾：意识的所作所为（Handlung）与业绩（Tat）的不一致，意识根本不能决定眼下的实在是其直接表达要求的结果。如果单个的规范观点根本就不是实在存在或业绩的直接原因，也就不存在不同观点的相互规范约束构造它们自己的规范实在的情形（社会构造主义的前提和根本）。

因此，黑格尔的精神现象学的最终目的是走出片面的强制性的规范概念，以便实现具有规范建构意义的规范概念。必须看到的是，对于黑格尔而言，实在的规范并不像某些实在论认为的那样消极。似乎它的要求只在于我们能够现实地面对它。比如，在习惯以后，我们必然由一开始所感受到的规范负担变为积极的接受，即获得"遵守它们的知识"（observational knowledge）。这显然是一种极为消极的观点，它的可信性也极让人怀疑。一旦我们拒绝这一立场，我们多少就可以想象这样的看法，即规范并非一定是外在异己的东西，它完全可以是我们的一种理想，我们根本不是在一种被动状态中接受它们。这就是说，我们接受一种规范并不是我们的"反抗现实的棱角"被磨平了。

黑格尔的现象学并不担心我们是否能接受一种规范，它担心的是，我们有可能从伦理生活外部去寻找接受一种规范的理由或从外部去接受一种权威，而不是通过发现我们一直就生活在一种理性空间中，从而从我们自身的理性意识中去感受规范的存在。对于黑格尔，即使在规范实践中，我们也完全是自主的，我们属于我们自己。相比之下，布兰顿和戴维森的互主体性认知模式都带有怀疑主义的前提，他们的模式的不同之处是，它借助于两个话语者的相互认证，而不是一般外在论所讨论的那种刺激和感应的模式。因此，这个模式可以不使用外在对象的客观性这个概念，而直接把主体间的相互认证所获得的同一性当作对象的客观性来看待。这样的模式要求一个外在于或不同于业已存在的伦理—社会交往模式的形式的交往模式的存在，这一形式的交往模式完全超越了主体性的本体存在，因为如果个人是否同样获得外部事物或事件的感知或刺激需要展开相应的语义交流来确定，他（主体）也就失去了他的主体性。在形式的交往模式中不可能有其他的方式能帮助我们确定意义的客观性。换照戴维森的刺激—感应模式，只有在这种词语的意义范围内才能展开交流：一个语言使用者才能理解另一语言使用者对词语的使用，并有可能达到理解的共识，从而获得对意义的同一性的认同。①

　　与黑格尔所表明的基于主体、互主体和客观性的真实的交互关系之上的认知模式不同，形式化的或构造主义的认知模式认为，只有从对话者的视角出发或采用对话和交流的模式，我们才有可能指称对象或意指对象，不存在单个人的指称和意旨（在这种情况下，我们无法确定意旨或意向性指向外部对象的真实性）。因此，在这一形式化或构造主义的认知模式中，客观实在或对象的语义内容并不是刺激和感应可以直接获得的，因为它并不认为我们对外部世界所感受的刺激和感应构成与外部世界的一种直指的关系，因此，语言的语义外在性并不表明它具有一种直指的意义，相反，它的外部性指的是，不同的直指关系构成的可重复性的关系。这样，形式化的或构造主义的认知模式实际上也就没有像黑格尔那样看待客观性这一范畴，因为它把客观性建立在交互的推理之上，并由此否定了客观性的直接的经验的实在性。

―――――――――

① 这里的交流只能是指称性的交流，即交流必须总是"关于"（about、of）某物或某事件的交流。

第三章　客观化的感知模式批判

我们看到，黑格尔的精神现象学分析是基于绝对观念论之上的，其目的旨在克服心灵与世界的二元论。黑格尔表明概念是无界的，即表明在概念之外别无他物，决不存在概念与其所包摄的内容在来源上不同的二元论。绝对观念论的基本思想是，心灵不是面对一个作为它物的世界或独立于世界而存在，而是处于世界之中，心灵作为个客观事态的感受器而卷入世界。但现代认识论都坚持客观化的感知模式，这带来了经验主义的"没有概念的内容"，融贯论或推理主义的"没有内容的概念"。麦克道尔认为，如果我们不承认概念世界的自主性，以及不了解我们的感知经验的语义实在性，我们就不能使任何知识的信念变得可理解。如果不存在与概念分离的经验，即不存在经验主义相信存在的作为非概念表征的语义内容的经验，那么同样也不可能有受制于概念的经验。如果经验是概念的东西，那么它本身就是自发性的活动。从语义经验主义出发，麦克道尔认为，理性的空间本身也是经验的，它不是一个独立于经验的自成一体的领域，它是一个具有其自身的自然的发生过程和历史的领域。感知作为一种经验本身就是实在的，因为它同时也是概念的产物。因此不存在基于感知的经验是真或假的问题，相应地也不存在基于确定了的感知的真之上的思想的真是否为真。传统认识论两部分的划分正是基于概念的世界是受外部（感知）限制的。这些都是伪认识论的问题。

心灵与自在的外部世界的二元论不只是从正面带来了经验主义的表象主义或基础主义所深陷其中的客观主义的幻觉（被给予的神话），而且反过来使哲学遁入了主观主义的幻觉：认为经验感受性只是偶然的东西的幻觉，经验感受性被视为不能反映任何有关外部世界客观性的纯然主观的东西，我们只能从语言的语用实践中建立有关外部世界知识的客观性。实用主义虽然反对因果证明理论，但它以退回语言语用的领域作为回应的方式实际上是默认了心灵与世界的二元性的存在。从达米特的反实在论到塞拉斯—布兰顿的推理主义，以及戴维森的融贯论，意义的内部主义释义与证明完全挤掉了任何经验的外部主义证明的诉求。

　　一直以来，怀疑主义者始终认为，人类行为（感性经验）是无法确定真伪的。在客观化模式的制约下，尽管经验主义在处理外部世界的认知关系时采取了直接的感知的立场，但仍然为怀疑主义所纠缠，经验主义的表征的理论始终受到幻觉理论和认识论（证明理论）的威胁。怀疑主义的根本依据就是：感知可以是确实的，但无法分辨真假，它们只是外部世界的一种反映，作为感知—反映，它们不可能有区别，它们是高度一致的，我们无法分辨它们的对错。在这一章中，我将首先揭示现代认识论的经验概念何以陷入了没有概念的内容的尴尬，以及它的相反的一种选择：没有内容的概念作为经验反思的起点的悖谬，其次我将讨论麦克道尔为了打破经验的分裂状态和谬误运用而提出的概念无界论，以及他的直接实在论的立场。

第一节　没有概念的内容

　　在传统经验主义中始终存在这样的观念，经验内容是基于先于判断或概念的被感知的内容构成的，没有被感知的内容，也就没有相关经验的判断或概念。但麦克道尔的看法是，人类固然与一般动物拥有某些相同的感知，即世界的确可以以一种直接的非概念的方式作用于我们和一般动物（声音、气味、大小等），但在有意识的经验条件下，人类感知世界的方式却不以这样的直接性为基础，而是一开始就赋予一般的感知以一种概念的性质，在这里，感性与知性始终是结合在一起的：对于我们而言，即使是对颜色的感知，也运用了知性概念。麦克道尔用"概念的无界性"，以及"概念之外别无他物"的术语来表示不存在独立于概念的纯粹的感官"内容"以及相应的外部世界。麦克道尔还认为，当康德区分概念与直观时，他也不是要表明直观是某种独立于概念的纯粹感知（康德不是简单地接受经验主义的感知概念）。要知道，康德称为直观的东西一般并非指的经验，它指的是知性的概念能力对感性事物或表征的处理。"给予判断中的不同的表征以统一性，也是给予直观中的仅仅是一种综合的不同的表征以一种统一性的功能。就最一般的表达而言，我们把这种功能称为知性纯概念。"① 康德清楚地表明，直观需要运用知性的能力，从这一点上看，它不是独立于概念的纯然感知，没有运用知性，我们就根本不知如何（也难以）把我们感知与感知的对象联系起来。② 当然，这仅是康德的观点，但在麦克道尔看来，它至少表明了，人类获取有关外部世界的经验是与它的认知实践的方式联系在一起的，而人类认知实践的方式从来都是主动的或有意识的，它绝不是在一个静态环境中发生的知觉感应过程。

麦克道尔对康德的先验观念论持保留态度，按他的说法，我们应像先验分析论中的康德那样，把经验的知识理解为感性与知性的统一。一个关键因素是，我们还必须认为，知性早已存在于感性之中，经验是一种印象，它是通过世界作用于我们的感知，以及感受性的结果促成的，但这些印象本身早已具有概念内容。③ 但分析哲学在实现其休谟转向后，经验主义重新占据了分析哲学的中心位置（分析哲学的另一种特征是自然主义）。因此，从罗

---

① I. Kant, *Critique of Pure Reason*, Translated by N. Kemp Smith, Macmillan and Co, Limited, 1929, A79, B104-5.

② 康德把直观与知性概念结合起来，并判断的方式加以运用，这无疑已经避免了任何被给予性的神话。由于直观的内容完全都是作为推论的内容来理解的，因此，它与传统经验主义想象的那种不在这一推论范围的"直观"完全不同。关键的是，直观的内容也必须是能够以语言表达推论的方式加以说明的东西。——直观是把一切感受性的东西转变为可以成为某种观点的东西（康德的纯粹直观的时空并不是经验的时空），因此，直观并不是经验主义意义上的感知，而是使感受性成为一种观点的能力。正因为如此，直观的内容不是被给予的，它本身不带被给予的内容。但如果我们把它与经验主义意义上的感知混淆起来的话，那么，它就难以与被给予的神话区别开来，人们就会把它混同于被给予的神话中的那种被给予性。

③ Cf. J. McDowell, *Mind and World*, *with a new introduction*, Harvard University Press, 1996, p.46.

素到蒯因，以及从德纳特到埃文斯，经验内的内容的重要性不是表现在它与外部实在具有的联系，而是表现在它作为一种没有概念内容的感知的纯粹性。埃文斯认为，在判断的概念中，以及在限制我们信念的手段中，信息体系的操作是比理性的概念的相互联系更根本的方面（因此他明确地区分了两者）。这就是说，信息体系的操作要比自发性概念的运用更为重要。特别在感知和记忆方面，外部信息十分重要，我们在这一点上与动物没有什么区别。

麦克道尔同意经验在知识的审判和裁定中不可或缺的观点，但他也认为，类似蒯因的"经验审判所"这样的概念不可避免的是"自然主义谬误"的产物，因为如果经验感知或刺激只是纯粹自然的发生，它本身很难被视为具有经验的意义，作为一种自然发生的事件，它完全是塞拉斯的理性逻辑空间之外的东西。麦克道尔认为这样的感知经验概念是奇怪的或不合常理的。从麦克道尔的第二自然和黑格尔式的现象学视角看，感知经验不是一个没有任何概念或先于概念的纯粹感知，经验是一个当我们试图把某种东西当作评判标准时所必须进入的空间。在麦克道尔看来，塞拉斯为了抵制这里的自然主义谬误而引进了理性的逻辑空间领域。塞拉斯表明，如果人们认为作为一种自然发生事件的感知能成为一种评判标准，他就陷入了自然主义谬误，即"没有概念的内容"的悖谬。蒯因的经验主义理论所遁入的正是这样一种悖谬。蒯因把经验与感觉神经末端的刺激联系起来，这使他的经验评判标准陷入了自然主义的谬误。

埃文斯把感受性的经验视为信息体系，它所拥有的内容是非概念的，当人们对经验作出判断时，人们才开始运用概念的能力，也只有在这个阶段，概念内容才能发挥作用。但是麦克道尔一直认为，感受性的经验早已是概念的，即它已经运用了概念，非概念的内容本身并不存在。在经验判断中并没有引进新的内容，它本身就基于概念性的感受性经验之上。对于埃文斯而言，感受性的知识能称为一种经验，也只有非概念内容能够输入思想、概念运用以及说理的系统中。但麦克道尔认为，埃文斯的论点的基本前提本身并不能成立，即他的所谓的信息系统并不真正具备认识的意义，因为正像"内部的经验"无法证明一样，埃文斯所谓由信息构成的"外部的经验"也无法证明。内在的经验不是概念能力的表现，它从根本上仍然像"牙痛"这样的内在知觉一样不能概念化。外在的或由外部而来的感知也一样，一旦它不是作为概念能力的一种表现。而纯粹是埃文斯意义上的非概念内容的"信息"，它同样是不能被证明的。外在的经验只能是运用了概念思维（对事物作出判断的行为）的结果。

麦克道尔并不否认存在着外部的约束，但他坚持认为，要理解这里的约束，必须从感受性（perception）上去理解，感受性不是一个与自发性的概念运用分离的独立的阶段，即它不是单独发挥认知作用的。但埃文斯把感受性理解为信息系统中的感知的因素，而且他认为，感知的系统产生自己特定的内容，它完全独立于任何自发性的运用。这样，埃文斯就把感知的信息系统与判断自发性分离，把各自视为不同领域中东西，自发性的判断只是后来才运用这些成分。

没有自发性的概念运用是不存在的，不谈自发性却谈概念运用，无异于玩文字游戏。① 认为经验涉及概念运用能力，也就是告诉我们，经验具有思维的特征。但把自发性的概念应用与经验分开，自发性实际上就被排除在经验之外了。这也意味着，那些被认为没有运用判断和思维的经验根本不能出现在自发性的领域。但如果内容是非概念的，一切称之为表征的东西都不过是幻觉而已。从蒯因到戴维森，后经验主义尽管实现了实用主义变向，但它们仍然或多或少地把康德的先验约束混淆于"被给予的"的感知或经验内容。由于是有语义外在性实在论的诱惑太强，在蒯因的整体论中仍有一个被给予的内容，即它所区分的概念的框架与内容的二分法中的"内容"仍是一种外在于概念的或与概念相异的东西。麦克道尔认为，经验早已具有概念内容，因此，即使在经验感受性的世界，我们也没有走出概念之外。必须看到，根据麦克道尔的第二自然的概念，经验是被动的，因为我们始终处于某种概念的体系之中，这好像是说我们不能净身走出来，以迎接经验的感受性。卷入经验中的概念能力自身并不代表自主性的全部，即自主性并不只是

---

① Cf. J. McDowell, *Mind and World*, *with a new introduction*, Harvard University Press, 1996, p.52.

卷入经验内容中的概念应用的能力，自主性的概念有比特定情境中应用概念的能力更多的含义。

现代经验主义（作为分析哲学的一种主要形式）之所仍然为主客体分离的魔咒所困，主要是因为它仍然把感知与概念分开：一方面是思维主体的概念，另一方面是被给予的感知经验，因此，概念判断没有感知的真实性，它只能基于直接的感知。在这种情况下经验主义把我们与世界的关系视为一种因果约束的关系，即一种给予与被给予的关系。在这里，世界是被给予我们的，规定性的概念判断不能凌驾于这一被给予性之上；不仅如此，概念判断也只能由直接的感知而得以获得其确实性。① 经验主义似乎因此得了一种强迫症，因为它始终认为感知必然是概念判断的基础，把感知视为一种在概念思维之前存在的无须证明的初始之物（被给予之物），而且概念判断只能基于直接的感知。由于实在论的直觉和外部世界的可敬畏性始终存在，现代经验主义仍然（就像它的传统理论一样）认为，在判断的概念中，以及在限制我们的信念的手段中，来自外部世界的信息要比自发性的概念运用更为重要。②

现代经验主义或自然主义的思想，接受了一个独立于概念的实在，即它们仍然对概念与直观采取了两分法的解释，因此主体与客体（表征内容）被视为分属两个不同世界的东西。这样，心灵与世界的关系仍被视为一种二元性的相互对立的关系。这里的矛盾是：概念及其实在存在于主体的世界中，是主体的先验构造，它是与独立存在的客观实在相对应的另一种活动和另一个实在。由此我们就不得不承认，客观实在仍然是一种为超感知的实在

---

① 麦克道尔特别指出，现代经验主义传统仍然或多或少地把康德的感受性经验混淆于被给予的感知或经验内容。即使在蒯因的整体论中，我们也能看到一个被给予的内容：它所区分的概念框架与内容的二分法中的内容仍是一种外在于概念的或与概念相异的东西。由于实在论的直觉和外部世界的可敬畏性始终存在，现代经验主义仍然认为，在判断的概念中，以及在限制我们信念的手段中，来自外部世界的信息要比自发性的概念的运用更为重要。比如，埃文斯的语义外在论的外部主义要求，即它的基于"没有概念的内容"之上的外部主义要求。

② 受到麦克道尔直接批评的埃文斯的语义外在论的外部主义要求，即它的基于"没有概念的内容"之上的外部主义要求也是一个典型。

所分割的对象，它带有永远不能为人的表征或感知所把握的部分。从埃文斯列举的常识的观点看，外部世界是作为一种提供"信息数据"的对象，由此构成的关于世界的非概念内容不能取消，这种语义外在性的承诺与经验主义的传统观念仍保持了某种一致，"被给予的神话"以另一种更隐蔽的方式重新显现了。表征主义的焦虑是，它始终不相信这一点，即被埃文斯视为神圣的、独立于概念的外部信息数据（那些可以帮助形成关于外部世界的索引结构和主体的概念的指示关系或直指）可以通过第一人称的形式显现，即它不相信，表征可以通过第一人称的指示（回指）来表示，比如，"这里"、"那里"或"那时"与"现在"等种种标记反身记号（token-reflexive signs）来表达。表征主义的怀疑使它最终还是把客观的或独立的（非概念内容的）信息数据视为独立的直指的东西（没有概念的内容）。受外部的指示关系或非概念内容限制是必然的。今天，所有相信表征的被给予性的现代认知研究都遵守这一条道路，不管它是带有物理主义的，还是带有行为主义和现象主义视角的认知研究。埃文斯的指称理论所要告诉人们的仍然是这样一种事实，即在人类的思想活动或认知过程中，非概念内容发挥着根本性的提供信息数据的作用，缺少了它，许多关于世界的实际情形的知识便建立不起来。埃文斯理论的根本目的就是要表明非概念的内容不能取消，它是独立于概念内容的，即它是被给予的，不能还原为任何自发性的直观。埃文斯通过人类在外在的颜色、自我概念的形成和自我在社会空间中的定位等方面详尽地论证了他的观点。特别是他关于颜色的非概念特征的论证，似乎表明了他的观点的正确性。因此，有关被给予的神话的问题并没有结束，在《心灵与世界》的第三讲中，麦克道尔专门回应了埃文斯的颜色如何在非概念内容的性质上发挥作用的问题。

在这里，麦克道尔通过后期维特根斯坦的思想来揭示这种依然无法放弃与概念相对的外在世界的习惯性思维的虚幻性。维特根斯坦曾谈到了这样一种悖论："当我们说和意指如此这般的事情是实际存在的，我们以及我们的意思除了基于事实，不会根据任何其他情况，但我们又意指：事情是这样的。"①

----

① Wittgenstein, *Philosophical Investigation*, Oxford: Basil Blackwell, 1958, 95, p.44ᵉ.

这就是说，其实在人类的实践中，思想总是基于事实之上的，但我们又奇怪地对我们的思想抱有强烈的怀疑，我们又总是想通过强调"事情是这样的"，以显示我们的思想是一种事实。在维特根斯坦看来，这多少有些可笑吧。我们总是担心，"思想可以是并非真实情况的东西"；这样的顾虑阻止我们把在一般情况下（实际的实践中）的思想视为具有非凡能力的，而总是相信，我们要通过意指（比如，建构基于表征的真理论）才能表达一种事实。这就是维特根斯坦接下来说的，我们只相信意指（而不相信实际的实践中的思想），因此我们总是刻意地去意指，"我们觉得似乎通过意指实在，我们才能在网中捕获它。"①

对于麦克道尔而言，维特根斯坦所表达的意思也可以用黑格尔的更明确的方式来说（虽然维特根斯坦并不一定喜欢这样的说法）：在我们可以意指的事物或一般而言我们可以思想的事物，与实际情形中的事情之间并不存在本体性的沟壑，即在心灵与世界之间没有沟壑。我们似乎可以这样认为，"当我们真实地去想，我们所想的东西就是实际情形中的东西。由于世界就是所有实际情形中的东西（像他曾经说过的那样），在这种思想与世界之间就没有沟壑。"② 这一点不必去怀疑，尽管思想会出错而有可能与世界不相吻合，但真实的思想与世界没有任何隔阂。只有这样理解，我们就可以从唯我论或观念论恐惧症中解脱出来，而不会总是担心我们自己的思想不能与现实事物一致或忽略了实在的存在。我们可以不再认为，思想只是头脑中的材料的构成物，它与唯我论的主观成见联系在一起。

麦克道尔的目的只有一个，即打破这样的观念，认为实在与思想是对立的或思想只能表征或"意指"，实在是不能表达的。在麦克道尔看来，把实在作为一个限制思想（概念）的"外在的"对象，是导致一系列的"被给予的神话"的原因。在这一点上，甚至连康德都不能完全幸免；只有到了黑格尔，似乎才真正改变了这种情况，因为后者明确地认为，概念与客观对象

---

① Wittgenstein, *Philosophical Investigation*, Oxford：Basil Blackwell, 1958, 428, p.127ᵉ.

② J. McDowell, *Mind and World*, *with a new introduction*, Harvard University Press, 1996, p.27.

是统一在理念中的。这虽然是一种仍然带有形而上学争议的说法，但它彻底终结了"被给予的神话"。然而，在现代认知心理学中，我们仍然看到了种种理论强调被给予的非概念内容在人类认知中的重要功用。由于人们认为黑格尔式的统一本体论的解释充满了形而上学的争议，因此人们相信黑格尔似乎完全回避或有意排除了那些发生在认知心理过程中的经验内容的作用。

最后，一个值得注意的现象是，在以理性主义的实用主义者自居的塞拉斯和布兰顿那里，同样存在着"没有概念的内容"的尴尬。在所谓的匹兹堡学派中，塞拉斯仍然接受了一种被曲解了的康德的先验约束，即塞拉斯仍然认为有一个独立的外部对象，因此塞拉斯还是保留了所谓的概念界限之下的纯粹的感知之物。布兰顿的推理主义语义学追随塞拉斯对表征做了二层次划分。塞拉斯和布兰顿都接受了康德的直观包括了纯粹的感官接受的一面，它来自外部对象的先验约束，因而他们的推理主义语义学完全是为解决这里的矛盾而设置的。他们的理性逻辑空间也因此独立于感受性经验。比如，在布兰顿那里，表征的东西是作为一般生物存在的感知性反应而存在的，它们本身不属于理性的概念范畴。尽管布兰顿始终认为，可靠的感知性刺激反应只有通过推理性的推论（把它们置于概念的推理之中），即置于塞拉斯的"提出理由和要求理由"的话语形式中才能发挥命题认知的作用，他仍然强调了表征的语义意义所具有的作为推理内容的非概念的性质。

对于麦克道尔而言，这样的推理主义语义学完全不能接受。麦克道尔主张对经验主义重新作出解释，而不主张用推理主义取代经验主义。因为推理主义的最大缺陷是，它使一般的概念内容失去了命题的经验意义。一旦我们认为经验的表征是非实在的，那么，我们就会认为证明和辩护的理性逻辑空间带有其自身的规范约束，它可以独立于自然的逻辑空间。一旦出现理性的逻辑空间与自然的逻辑空间脱节，理性的逻辑空间便会丧失它与经验方面的关联。

认为主体的探究具有真实性，即它可以回答世界的问题，对于现代哲学而言并不是一个新的观念。罗蒂也常援引柏拉图的理论来区分知识与意见，以及实在与现象，把这些区分视为客观性的形而上学谬误。但柏拉图与后来遁入了主客体二元论的现代主流认识论不同，他并不认为现象是帮助我们认识世界的途径，因此也不认为因为现象的有限性而存在一个隐藏的世界（超出了现象之外的隐藏的世界）。当罗蒂认为柏拉图的认识论带来了追求客观性知识论的传统时，他并没有看到这里存在的一个根本区分。对于现代认识论的影响，并使之陷入困境的并不是追求知识客观性的认识论传统（那个经常被视为与亚里士多德的经验的实践哲学对立的求真的知识论传统），而是柏拉图以后出现的带在隐藏的对象世界的主客二元论。在麦克道尔心目中，笛卡尔和大不列颠的认识论，以及由此产生的现代正统的分析哲学都属于这一范畴，它也就是杜威批判的那个在隐藏的世界与试图认识这一世界的平凡的人之间调解的祭司哲学。罗蒂否认哲学可以告诉我们世界是什么，即他不认为哲学掌握着经验知识的可能性的秘密。在麦克道尔看来，要真正消除现代主流认识论的矛盾，就必须深入揭示它的主客体二元论所携带的隐藏的世界的概念的悖论。因此，对于麦克道尔而言，不是认识的客观性问题，即不是我们是否应履行有关世界客观性的求真，而是哲学的理论或话语是否把我们引入一个虚幻的世界。

在没有概念内容的经验主义和现代自然主义思维中，主客体二元论的咒语束缚了它们对理性与自然的关系的理解，它们倾向于认为两者是相互对立的，与它们深信感知与概念是相互分离的一样。自然主义还原论的信念是一个典型。自然主义的还原论（麦克道尔称之为"贫乏的自然主义"）的信念成了现代自然主义知识论病症的根源。还原论否认理性的逻辑空间是自成一体的，即否认它有着不同于以自然科学的经验描述为主体的逻辑空间。因此它们否认概念可以与感知相结合。概念被视为理性逻辑空间中的判断，而它是与经验内容不相关的，因为经验内容不在理性的逻辑空间之内，它只存在于法则的自然的逻辑空间之中。现代自然主义与经验主义一道坚信存在着没有概念的内容。但拒绝理性的逻辑空间的自主性使它们陷入了一种焦虑当中：一种既强烈地认为知识的真理奠基在心灵与世界的认知关系上，但又对这样的认知关系的可靠性抱有深深的怀疑的焦虑，因为它相信只有实证的自然科学才能给我们某种答案。

第二节　没有内容的概念

　　概念的无界性同样意味着概念并不是一种局限在理性逻辑空间中的推理。塞拉斯的一个引人注目的观点是，知识的概念是处于规范的情境条件下的。我们把经验的认知置于规范的判断或推理之中，因此，认知是在理性的空间中来实现的。这意味着，对塞拉斯而言，与世界发生一种联系，也只能处于规范的情境中。但必须注意的是，塞拉斯对经验的理解基于他的反被给予的神话为前提，这一点与后来的戴维森反对"概念与内容"的二分法（他称之为经验主义的第三种教条）类似。但塞拉斯和戴维森理解经验概念的方式是不正确的，他们只把经验作为传统经验主义的类型加以抨击，而没有建构新的经验概念。戴维森只是把经验主义当作不合适的东西，而没有消除经验主义。塞拉斯认为，我们之所以放弃经验主义，是因为理性的空间是自成一体的（sui generi），它与"经验的描述"发挥作用的理性的空间不同。戴维森也有类似的思想：戴维森把理性空间视为一种"合理性的建构性的理想"（the constitutive ideal of rationality）。

　　经验主义的自然主义谬误带来了经验内容到底如何可能的困惑，推理主义和融贯论对经验内容则做了过激反应，他们把经验内容视为完全不可能的事，即他们把有关外部自然的感知印象视为完全不能解释的东西，对他们而言，感知印象的观念仅仅是一种自然现象的观念，对此我们根本无法作出解释。为主客体二元的咒语束缚的典型表现是：在把经验视为没有概念的纯粹感知的同时，必然会把概念视为纯粹推理的，即视为一种没有内容的概念。① 极端的内部主义拒绝直接的感知经验，彻底蜷缩在概念思维空间中。

---

① 但在当代分析哲学中，由于逻辑经验主义仍有很大的影响，事实的概念内容被区分两个不同的方面，它带来了两种不同的理论：一个关注于概念的观察使用，另一个关注概念的逻辑使用，即一个把概念的观察使用当作概念最重要的方面，而另一个则把概念的逻辑使用当作概念的最重要的方面。福多和德雷斯克代表了第一种理论类型，该理论把人们对"红色"、"正方形"这类词语的使用视为一种非推理的反映，即它们仅仅指红色或

推理主义者塞拉斯和布兰顿认为，在我们对经验思维作出判断时，经验根本不能担当审判者的角色，只有语义推理才拥有真实的语义内容（因此，他们都要求对直接感知经验做推理主义的转换）。融贯论者戴维森只相信"一个信念的真依赖于另一个信念的真的融贯论"，戴维森因此不再相信存在任何有意义的信念与经验的关系。如果说现代经验主义理解感受性经验的前康德方式是一种退化，那么，分析哲学中的推理主义者和融贯论者对感受性经验本性的理解方式则是一种逃避。感知印象是感性存在物感性生活的基础，因此是一种自然现象，但一旦我们看到，感知印象也与经验判断的自发性联系在一起，那么，把我们的感知印象看作仅仅是一种与概念格格不入的自然现象就是不对的。从这个意义上说戴维森陷入了理性与自然对立的幻相之中。

蒯因指出了认识论的两个教条，一是认为存在一种关于经验世界的陈述，二是认为在我们的经验陈述中存在分析和综合的陈述方式，而这两种认识方式是分裂的：分析的陈述完全通过意义来证明，而综合的陈述则不只依赖意义，而且它还依赖对世界的描述。关于第一个教条，蒯因要纠正是，经验世界绝不是一个存在于我们之外的独立的世界，传统的主客体二元论相信，我们根据外部世界的描述获得经验意义。但蒯因认为，经验的意义是作为整体的科学的一种存在，因此，我们关于世界的陈述，所要接受的是来自整体经验的检验，而不是一种个别的验证。但蒯因对经验主义教条的批评仍

正方形的事物。其关注点在于那些可靠的不同的反应倾向（类似于单个的"马"指示复数的"马"这种可靠反应倾向）。福多和德雷斯克的语义学理论采用了这种方法，他们的这种方法可以视为古典经验主义有关概念内容的理论的当代的翻版。另一种方法把概念的逻辑内容视为是我们一般理解概念内容的关键。这种方法来源于把根岑对逻辑的联结的意义的具体阐述：它引入和消去两种规则来表示一个表达式的应用的情境条件（circumstances）和后果（consequences）。达米特是这一理论传统的主要代表，皮克库克和布兰顿也是这一理论的追随者。这一理论可以说继承了传统理性主义对概念内容的理解，但它提供的是一种逻辑主义解释的理性主义版本。这是逻辑经验主义之后的两种截然不同的对概念内容的本质特质的解释，各自都排斥与自身对立的另一端，它们完全不像早期逻辑经验主义那样同时赋予概念内容以感知的和逻辑推理的两种属性内容，比如，像卡尔纳普的新康德主义的逻辑经验主义解释那样（在对待概念内容的态度上，蒯因和戴维森也并没有真正走出逻辑经验主义，即他们仍然默认了概念内容的双重性的承诺，而布兰顿和麦克道尔等人则代表了另一条路线，它从根本上否定了这一承诺）。

是不彻底的，因为他还是保留了一个独立于经验的外部世界，尽管他反对经验主义的直接经验或原子式的单个经验的存在。这也是为什么蒯因认为，整个科学的真理既是基于语言或概念之上的，也是基于外部经验之上的。用麦克道尔的语言来说，蒯因把刺激性的经验感知（量的或自然科学上的数据显示的）视为我们与经验联系的方式，这样就剥夺了经验理性的空间与信念（世界的把握）的联系。这样，经验就被逐出了证明的领域，它也因此处在理性的空间之外。"如果我们试图假定，我们对概念自主性的运用，是受制于经验过程的因果影响的，关于它并没有合理的解答，那么，'概念自主性'就很难是一种关于经验世界的概念，即一种按照事物在经验世界中是怎样的，正确或不正确地采用的关于经验世界的立场。而如果我们失去有关经验的概念，那么，'概念自主性'能够发挥某种作用的想法就没有什么意义了。"① 蒯因的理论的缺点是它仍然没有真正走出传统的主客体的二元论的模式，由科学构成的经验的整体仍然是相对于外部的经验的，蒯因就仍然保留了传统的二元论的世界模式。蒯因试图通过经验整体论的概念自主性抵制被给予的神话（直接的经验的感知性），但因为基于一种实在论的直觉，他又把指称的外在性视为是自然存在的东西。蒯因的思想看起来像是一种笨拙的组合：他试图拒绝危险的被给予性而又不明确地拒绝给予的外部性。的确，在蒯因对整体论的阐述中，他一直试图维护经验的外在性，即给予的外在性，并且维护外部实在的作为"经验的审判庭"的作用。

麦克道尔认为，塞拉斯攻击经验主义的被给予的神话，却使经验丧失了作为判定知识的法庭的功能，同样地，戴维森攻击他称之为"经验主义的第三个教条"，即概念框架与经验内容的二元论，也促使他把经验主义不再视为有意义的理论。同样，戴维森从其融贯论信念理论的角度攻击他称之为"经验主义的第三个教条"，即概念框架与经验内容的二元论，也促使他把经验主义不再视为有意义的理论。② 戴维森把经验主义当作概念框架—经验

① J. McDowell, *Mind and World*, *with a new introduction*, Harvard University Press, 1996, p.134.

② Cf. J. McDowell, *Mind and World*, *with a new introduction*, Harvard University Press, 1996, p.xvi.

内容的二元论予以拒绝，并认为自己是被迫放弃经验主义的。他相信理性的逻辑空间自成一体，它完全不同于包含了经验描述的自然的逻辑空间，在戴维森看来，"合理性的构造性理想"自成一体，因为它不能与描述性的经验并存。

戴维森没有意识到，他所做的努力虽然消除了传统的二元论，却带来了内部主义与外部主义的对立。换言之，戴维森铲除了概念与经验内容的二元对立（他称之为的"经验主义的第三个教条"），但他的实用主义的语言理论却没能避免概念与经验现象的冲突。内部主义与外部主义的经验感受性概念严重损害了分析哲学，它们使哲学处于一种荒诞的分裂中。按照麦克道尔的理解，如果我们注意到自发性是心灵和知识的本性，我们就不会认为感性与知性是分离的；相反，我们就会看到它们的统一。感性与知性的统一意味着，经验是带有感受性与自发性的。这里的感受性是与概念能力结合在一起的，即一种带有概念思维能力的感受性。这就是说，经验是感受性的东西，也正因为如此，它满足了需要某种外部性或自由地运用概念的经验需求，尽管属于自发性领域的概念能力早已存在于经验中发挥作用了。①

麦克道尔认为，戴维森对经验主义的概念框架—内容的二元论的批判固然是正确的，即戴维森拒绝把经验的实在世界视为思想的界限，拒绝思想的概念框架（语言）与经验内容的二分法是正确的，但他放弃讨论它们却是错误的。麦克道尔认为，戴维森正确地看到，在表明概念的自主性和经验的感受性共同构成我们的知识的基础方面，蒯因的理论的论证方式是不成功的，因为它仍然落入了传统二元论的思维陷阱，但戴维森却错误地认为，从概念的自主性与经验的感受性的二元组合方面探讨知识的构成是不可能的。然而，概念的自主性与经验的感受性的组合可以是知识的构成，条件是概念的自主性能够对经验的感受性作出某种反应。而根据戴维森观点，经验的感受性只能在理性的空间的外部产生某种作用，因此，处于理性空间的概念是无法与它所提供的东西发生任何关系的（在戴维森这里，经验的感受性仍然

---

① Cf. J. McDowell, *Mind and World*, *with a new introduction*, Harvard University Press, 1996, p.24.

被当作传统经验哲学中被给予的感知）。这也就是说，戴维森对经验的感受性的理解太陈旧：他把它直接当作一种直接感知或表象的东西予以拒绝了。塞拉斯的推理主义的一个革命性的贡献是，他从理性的空间接纳的或处理经验的感受性，他因此区分了感知的直接与间接性：它从根本上否定了直接的感知的认识意义。这就是说，塞拉斯区分了直接的被给予的感知与进入了理性空间的间接感知。"感知"（impression）就其传统经验主义所赋予的特性上看，它是被动的，正是这种"被动的被给予性"所暗示的现成的经验内容或意义，在塞拉斯的理论中被视为一种被给予的神话。塞拉斯要强调的是，经验的感受性具有完全不同的性质，即它表现在概念的自主性运用（推理）中的特性。因此，整个经验的过程是一种不断的"显示"（appearing），而不是一种连续的感知。

麦克道尔拒绝了内部主义，因此，布兰顿推理主义的内部主义承诺以及他的一系列的自我辩护受到了麦克道尔的质疑。布兰顿的推理主义不能接受可错性，它严格地依赖相互间推理的前提—后果的完善程序，而这正是麦克道尔反对的一点，在他看来，布兰顿迷恋理性空间的内在性结果（把理性空间视为一个封闭的内在的结构），这使他只相信理性空间之内的推理性证明。麦克道尔以同样的方式拒绝了塞拉斯的内部主义立场。他认为，塞拉斯的内部主义把感知印象的概念置于认识论之外来说明，就像戴维森把经验主义当作概念框架—经验内容的二元论予以拒绝一样是错误的。他们都认为，理性的逻辑空间是自成一体的，它完全不同于包含了经验描述的自然逻辑空间（塞拉斯），或者说"合理性的构造性理想"是自成一体的，它不能与描述性的经验并存（戴维森）。

麦克道尔反对用任何形式的内部主义取代经验主义的做法。在他看来，经验主义带有直接的因果证明次序的经验概念是不可取的，但这并不意味着我们可以放弃经验的概念。塞拉斯并没有对经验主义作出新的理解，他采取的是直接放弃带有外部主义世界关联的经验概念（他把表象主义当作一种语义外在性予以抛弃）。麦克道尔强烈地认为，这种理解经验概念的方式是不正确的，我们不能只把经验作为传统经验主义的类型加以抨击，而放弃建构新的经验概念。"我们考虑思想直接指向事物是如何的观念，必须开始于对经验世界的可回答性。"① "……对于目的旨在作出判断或对信念作出反思的思维而言，它的运用是否正确，是可以从世界的角度（从事情如何是如此这般的角度）作出回应的（is answerable to the world）。"② 现在，我们如何表明这一观念，即我们的思维是可以对世界作出回应的？……思考对世界作出回应的问题，也就是思考对经验的世界作出回应的问题，也就是事情是如何在经验上可以被接受的，对事情是如何的作出回应的问题。

推理主义、融贯论原本是应对还原论焦虑的一种理论，它坚持区分理性的逻辑空间与自然科学描述为主体的逻辑空间，但它认为理性的逻辑空间是与感知印象的经验不兼容的，它甚至因此把经验主义当作一种威胁，这样的立场使理性的逻辑空间失去了它与自然的逻辑空间的关联。麦克道尔承认，理性的逻辑空间是自成一体的或独特的，但他认为，理性的逻辑空间实际上也是自然的逻辑空间的一部分，因此，我们没有理由认为它是外在于感知印象的经验内容的。

推理主义企图不仅包含对一种非概念的感知的承认（而这是与它反对被给予的神话的初衷相矛盾的），而且使感受性经验自我表达的可能性和真实性丧失了。在推理主义中，理性空间不再是自然的东西（它表现得完全与我们的概念思维的自然存在的方式相对立），它所描述的社会实践中的感知经验的认识并不是真正的认识形式。麦克道尔认为，离开语言的社会生活实践去抽象地思考语言的名称与载体的关系是没有意义的。一旦分析哲学按照塞拉斯的思想路线向康德和黑格尔阶段演变，或接受类似的实用主义变向而转向概念主义和融贯论，必然会带来了新的问题。这里的问题是：如果认识单位是判断，感觉经验没有独立的、具有完全的认知意义的语义意义，它不能与认知的更高阶段（命题内容的确定）发生联系，那么如何表明感受性经验本身是真实的？这里存在的一个危险是，我们有可能遁入否定感受性经验的真实性、把判断的概念思维活动置于根本性的位置上的内在论。换言之，

---

① J. McDowell, *Mind and World*, *with a new introduction*, Harvard University Press, 1996, p.xii.

② J. McDowell, *Mind and World*, *with a new introduction*, Harvard University Press, 1996, p.xii.

我们有可能接受怀疑感受性经验真实性的怀疑主义前提，从而剥夺经验判断的经验主义的特征。完全拒绝被给予的感觉经验也有可能遁入缺乏经验内容的理智主义。也就是说，回避感觉经验的来源同样会威胁到语言实践的客观性，或陷入另一种"被给予的神话"之中：完全相信判断的概念运用的客观性，认为判断的概念运用本身就是世界的可理解性的条件，它是语言实践的客观性的保证，从而走向一种没有限制的构造论。

第三节　概念无界论

在上述讨论中我们已经看到，麦克道尔完全否定了非概念的内容这一仍为塞拉斯和埃文斯有条件地保留的范畴，因为他不再接受感知或表征内容参与知性的概念应用的自主性活动这一说法，而是力图像黑格尔那样彻底消除概念与任何当下的感知的直接关系。按照麦克道尔的看法，经验感知中带有自发的能力，它本身便是有意识的或推理的，惟其如此，我们才能把它视为是关于世界的一种经验感知。这里的情况完全不像埃文斯保守地想象的那样，在经验感知中首先是获取信息内容，然后再转向概念。而是从一开始，经验感知在获取信息内容时就是概念的或推理的。[①] 这也就是说，指示词的指示关系不可能是直指的，它们在一开始便是推理。[②]

不可否认，实在是独立于我们的思想的，但不能因此认为概念有一个

---

① Cf. J. McDowell, *Mind and World*, *with a new introduction*, Harvard University Press, 1996, pp.47-51.

② 布兰顿后来特别强调了这一点："直指（deixis）是以回指（anaphora）为前提的。没有记号能够具有指示的意义，除非其他的记号具有回指的基点的意义；把一个表达式当作指示词使用，就是把它当作一个特别种类的回指的初始物来使用。"（R. Brandom, *Making It Explicit*: *Reasoning*, *Representing*, *and Discursive Commitment*, Harvard University Press, 1994, p.462）这就是说，没有独立的直指的指示关系，回指才是指示词指示事物的方式和结构，而回指作为一种重复的记号是推理的。但对于麦克道尔而言，区分直指与回指本身就已经把直指视为某种独立的存在了，这是自相矛盾的。关于麦克道尔在这个问题上与布兰顿的区别，参见本书第七章。

边界，即有某种属于外部实在的东西在限制着它。① 看起来是属于外部世界的"事情是如此这般"的描述实际上是经验的概念内容。但如果主体没有弄错的话，这里的概念同样是可察觉的，一种可察觉的事实，它属于可察觉的世界。麦克道尔认为，他"所致力于发展的观点恰恰是一种能够帮助我们承认，独立的实在给我们的思想以一种合理的约束，而承认这一点，又不会陷入在证明与典型的求助被给予性的辩解之间的混淆之中。"② 对于麦克道尔而言，他这样的选择避免了在融贯论与被给予性之间的"摇摆"。麦克道尔始终认为，他否认在概念领域之外有个感知的实在，与他承认实在独立于我们的思想（作为我们的思想的一种合理的约束）而存在并不矛盾。关键的是，不能认为思想内容是实在之外的东西（尽管实在是概念的一种合理的约束），即不能把实在视为思想之外的存在。

虽然在犯错时，我们可以发现实在似乎是思想之外的独立存在，但这不能理解为思想与实在是分离的。实在作为某物（事）之为某物（事）的存在（比如四季的周而复始），又表现为它正是我们所谈论的某物或某事。真理主义（truism）或真值语义学满足于世界的本体性构成，因此，它致力于区分这里的不同。按照它的看法，存在某种与我们所能谈论的东西不同的东西。另一个极端是，由于恐惧观念论，人们极难接受有关实在独立于思想内容而存在的观点。但人们能思考的东西不是别的，正是可能出现的情况或一种所能谈论的东西，反过来也一样，可能出现的情况也正是人们能思考的东西。这意味着在能够出现的事物或可谈论的东西与可思考的东西之间存在着一种模态的关系。世界在某种意义上说就是一种可谈论的对象，因此，我们能够承认的独立的实在并不外在于概念内容或思想内容，这就是说，概念或可思考的内容之外并没有它物，如果我们把感受性和事实理解为只是概念的应用或一种自主性的行为，这看起来的确像是一种忽视外部实在的观念论，但实际上不是。

---

① Cf. J. McDowell, *Mind and World*, *with a new introduction*, Harvard University Press, 1996, p.26.

② J. McDowell, *Mind and World*, *with a new introduction*, Harvard University Press, 1996, p.27.

麦克道尔认为，说经验是被动的，意思是说它是一种处于具体的社会实践中的认识活动，即不是一种单个的或脱离整个具体行动的单个经验。在这里，看似被动的感受性始终带有概念运用的自发性。因此，我们只能说，实在的限制来自具体思考活动的外部，而不是来自我们认为可思考的内容的外部。这也就是说，对于麦克道尔而言，实在的独立性只表现在它作为存在一种类似于康德意义上的先验的约束物。我们说实在独立存在，也只是认为它是这样一种约束，而不是说实在与可思想的内容是分离的或它是思想内容的一种限制（划定了思想的界限）。

我们把经验看作是被动的，但这并不等于我们会认为在经验中概念的运用是被动的。概念的能力必须是在经验中的一种运用：具有在各种经验实践情境条件下作出调整的能力，否则，我们将无法辨认。麦克道尔一再强调，经验是被动或者说始终是处于特定实践情境中的（我们不能走出特定的情境，包括实在的限制条件），但经验中的概念使用则始终伴随着自发性。即使在有关事物的第二性质的感受上也是如此。比如一个红色的概念绝不是直接感知的结果，我们不是通过感知获得红色概念，如果缺少在特定条件下的恰当的比较，红色就不可能作为一个概念为我们所把握（这就像鹦鹉有颜色的感知，但它没有红色的概念一样）。即使颜色的概念被动地来自对象的刺激，因此它在很大程度上是被动的，但概念的运用仍不可缺少，否则就没有颜色的概念。

麦克道尔的任务是，既要否定被给予性，但又必须表明我们的感受性与世界的关系。我们可以从他的颜色的概念的推论看出他的基本推论方式。在麦克道尔看来，即使像颜色这样事物的第二性质也并非是被给予的，尽管我们必须承认，红色，首先是看起来是红的，这就是说，红色不可能是一种内在的经验，但看起来是红的还不是一个红的颜色的概念的感知，但颜色是一种"外部经验"，我们不能视颜色为内部的经验。我们只能去考虑区分"红色本身"（being red）和"看起来的红色"（Looking red）。

把红色视为一种外部经验，并不等于认为，红色就等于"看起来是红色的"。红色的感知必须是一种概念，否则，我们就无法区分鹦鹉的红色感知与拥有概念运用能力的人的红色感知的不同。因此，对于麦克道尔而言，在红色概念中并不存在首先是看起来是红色的，然后再据此形成红色的概念的过程。红色的概念作为一种外部的经验，一开始就是与概念运用的自发性联系在一起的。即便红色是所谓的事物的第二性质，我们不得不承认事物的表象的方面，但即使这样，"我们也必须承认，可经验的世界是作为积极的思想的主题而存在的，它本身是为可经验地显示的东西合理地限制的。"①"没有心灵的事物"是不可思议的。贝克莱曾认为"存在就是被感知"，对于麦克道尔而言，存在并非感知，毋宁说，存在是可经验地感受或表述（经验地显示的）的东西。不能认为可为经验显示的只能是具有外部的表象的东西（这是一种贝克莱式的谬误）。从这个意义上说，因此，我们应放弃对事物的第二性质或第一性质的划分，因为一旦我们把外部世界视为只能被运用了概念推理和自发性判断的经验显示的东西这一点而言，这种划分就没有任何意义了。

因此，在经验中，外部世界对我们感受性或感知的冲击不是偶然的。戴维森的初始解释的错误正在于它不是把世界与思想的关系通过理性的概念中介来理解，而仍然假定了它们之间的一种偶然联系，因此，这里仍然存在着一个分界：外部世界与人们思考时所运用的概念。这样一来，我们在探究概念内容及其使用能力时，我们就会遁入世界与概念的二元论，并被迫作出选择。我们知道，戴维森作出了选择，用麦克道尔语言来说，戴维森的选择的是一种单向的模式（sideways-on picture），即他完全倒向概念一边，他把概念视为完全独立于实在的东西（戴维森坚持概念唯名论）。在如何理解他人（不同的语言传统或同一种语言传统中的他人）言语的解释模式中，戴维森运用的正是这种模式。这样的模式所带来的仍然是一系列的对立：世界被置于概念的外部，或概念仍为外部世界限制。这意味着在经验中形成概念的内容有可能是不能相互理解的，因为它来自概念与世界的一种偶然的联系（它们之间没有必然的同一性关系）。对此，麦克道尔评论道：戴维森使具有实质经验内容的概念，以及作为判断内容的潜在决定因素的概念成为了某种神

① J. McDowell, *Mind and World*, *with a new introduction*, Harvard University Press, 1996, pp.32-33.

秘的东西。①

　　对于麦克道尔而言，感受性的真实性能保证我们的经验与实在不是毫无关联的（如果我们正确理解这一概念的话）。感受性与被给予的神话不同的是，它把自发的概念能力视为贯穿于整个经验的判断和感知的过程中。因此，它不像被给予的神话那样保持了经验与外部实在的关联，却使经验内容丧失概念的自发性。如果直观的知性概念本身不是推论的，那么，它必然是与判断的知性概念的运用相结合的。康德的直观对知性概念的运用无疑已经避免了任何被给予性的神话，尽管康德的直观内容似乎是被给予的，但由于直观的内容完全都是作为推论的内容来理解的，因此，它与传统经验主义想象的那种不在这一推论范围的"直观"完全不同。关键的是，直观的内容也必须是能够以语言表达推论的方式加以说明的东西。直观是把一切感受性的东西转变为可以成为某种观点的东西（康德的纯粹直观的时空并不是经验的时空），因此，直观并不是一种感知，而是使感受性成为一种观点的能力。正因为如此，直观的内容不是被给予的，它本身不带被给予的内容。但如果我们把它与感知混淆起来的话，那么，它就难以与被给予的神话区别开来，人们就会把它混同于被给予的神话中的那种被给予性。

　　从人类学或发生学的角度看，人类的感官是适应外部世界而生成进化而来的，它本身也是自然的自我呈现的一部分，因此，它所能感受到世界如此这般的内容，不仅是我们关于世界的一种经验，也是向世界的一种"开放"，这里似乎存在一种世界与经验的同构关系。麦克道尔在这里表明了一种直接实在论的立场："如此这般的内容"是世界呈现自己的方式，但它也是构成我们的经验内容和判断的来源，因而它又是概念的内容。我们的经验通过对事情是如此这般的内容概念性的处置，使自身向实在的自我呈现开放，而经验的这种特性表明，我们的思想是受制于实在的自我呈现的特性的。

---

① Cf. J. McDowell, *Mind and World*, *with a new introduction*, Harvard University Press, 1996, p.35.

经验的主体与世界是相互制约的：一方面，没有经验主体对实在的如此这般的内容的获取，实在世界并不能呈现自己，另一方面，得益于实在的呈现，经验主体获得了相应的经验内容。正是从这种相互制约的同构关系中，麦克道尔得出了经验是被动的，是一种具体的感受性（receptive）的结论。但与此同时，对于麦克道尔而言，经验又是主动的，它带有自发的概念运用和判断，经验绝非没有概念的内容，相反，它本身早已带有概念的内容，或者说它本身就是概念内容。从这个意义上说，概念是无界的。黑格尔哲学的一个重要特征就是它坚持一种概念无界论，而这正是麦克道尔要从中吸取教益的地方。"对于绝对观念论而言，拒绝认为概念实在有一个外部的界线是根本性的，而这一点也是我们可以开始引用这一哲学雄辩的最重要的方面。比如，可以考虑一下黑格尔的下述评论：'我是自由的，因为我并不处于他者之中。'这一表达正是我试图表明的那种图景，其中概念是无界的；在它之外并不存在任何东西。这一观点与维特根斯坦的下述评论相同：'除了基于事实，我们以及我们的意义不会停留在任何地方。'"①

第四节　直接实在论

实在论的难处在被达米特系统的批评之后已经清楚地显示出来了。一个根本的问题是，在实在论那里，存在确定句子为真的要求，但它并没有把如何获得句子的真值条件的知识与关于什么是句子的证明的知识区分开来。实在论没有意识到，不存在彻底的可证明性，即并没有结论性的证明，因此，这里始终存在有关句子何以为真的解释性要求：句子在何种条件下为真，在何种条件下能获得有关句子的证明形式。实在论的意义解释违背了句子的意义必须表现在句子的使用中这一规则。但达米特由此构建的反实在论的证明方法又走得太远，其中的一些要求是站不住脚的。比如，并没有

---

① J. McDowell, *Mind and World*, *with a new introduction*, Harvard University Press, 1996, p.44.

理由认为，对任何类型的句子的解释都必须有一个可以明确作出证明的情境的条件。

麦克道尔的直接实在论（direct realism）避开实在论难处的一个举措是，它把感受经验中的具体的感知与语言联系起来，因为他认为，我们的感知经验是通过生活实践中的活的语言来表达的，因此它是与语言联系在一起的。从这个意义上说，我们的感知经验不是非语言的感官的感知，它与非语言的动物的感知完全不同，即我们并非与动物分享同一种感知经验，尽管从具体与事物关联的意义上说，我们与动物共有一种类似的感知，但只有人类具有感知经验（与布兰顿和塞拉斯的看法不同，麦克道尔否认存在一个我们与动物分享同一种感知刺激的感知阶段）。麦克道尔特强调作为"智人"（sapience）的人类与作为"感官的"（sentience）的生物的区别，并强调我们绝不可能通过生物性的感知获得我们所能理解的感受性经验，即我们绝不可能在此种感知的基础上加上理智性的理解，脱离了感知经验，我们就什么也加不上去。

根据这里的看法，我们可以获得直接的非推理的知识，因为受适当教育，我们就可以直接获得知识。麦克道尔认为语言的使用者是直接听懂他人言语的意义的，并不需要任何推理的过程，能够说一种语言，也就是能够接受他人使用语言所要表明的意义。如果这样理解，似乎他人的评论或言语所表达的都是规范的内容。似乎说话者对其所说已做了承诺，以及对其所说作出了保证，即认为它是正确的。这表明，在麦克道尔眼里，规范的事实是非推理的。

的确，感性是自然的东西，但我们不能因此把它归于生物性感知的自然领域。因为那样的话，它又如何能融入概念中或为概念所解释？因此，不能认为感性只是在感知的自然领域中发挥作用，即不能认为它是存在于理性概念之外的东西。

对感受性这一概念的全新认识使麦克道尔把经验主义的表征理论视为完全错误的，但他对表征的理论的抵制不同于罗蒂：麦克道尔在《心灵与世界》中对埃文斯的理论批评所要表明的并不是表征的经验是不可能的（罗蒂的观点），而是认为表征的经验只能作为一种融合了概念思维的自发性感受性经验才是可能的。而埃文斯的经验表征的理论是表征理论的一种极端形式，它的根本特征就是试图证明非概念自发性思维表征的独立意义。埃文斯的理论不是站在带有自发性的感受性这种经验之上的，它明显地区分了作为非概念内容的信息来源与概念的运用的不同的阶段（对于麦克道尔而言，这等于承认了被给予的神话）。而麦克道尔对戴维森理论的批评是同一种观点的不同的运用。实际上，正是把个别性的感知视为被给予的东西（对于戴维森而言，被给予的东西恰恰是没有语义内容的），戴维森因此只蜷缩在概念理性空间的一隅，否认来自外部实在的任何合理性的约束，他只承认思维与独立的实在之间的一种偶然的联系。①

　　埃文斯倒向的是与戴维森截然相反的另一极，尽管他与戴维森一样认为经验是概念之外的东西，他却认为经验的东西能给概念的自发性运用以一种约束，虽然经验是外在于思想的，但我们的判断却以经验为基础。埃文斯只在这一点上是对的，思想只有证明它与直观的经验有某种关系，即对直观作出相应的回应才能表明其并非一种空洞的东西。埃文斯的观点的缺陷是不融贯：如果经验是概念之外的东西，它就不能成为我们的思维和判断的基础或根据。因此在这一点上，戴维森又是正确的。

　　在《心灵与世界》中对康德式的意向性概念的解读中，心灵被赋予了特殊的感受能力：在麦克道尔眼里，心灵与世界具有一种完全不同于传统认识论的含义；在我们的世界的感知感受性中，心灵与世界在知性自发性中（概念）中共同发挥作用，因为在这里，属于世界的感知总是被把握或被规

---

① 实际上，20 世纪下半叶开始的分析哲学的实用主义转向的一个根本目的是摆脱自然与理性对立的观念所带来的哲学焦虑，但分析哲学的实用主义转向所采取的统一理性与自然的方式犯了一个根本的错误，即它以直接排除自然空间中的表征来统一理性与自然。因此，一个奇特景象是，它带来了一种没有表征的实在论。这种实在论走向了表征的经验理论的另一端：它把自己限制在概念的自发性领域，并排斥一个与自发性完全不相干的感知物的领域。但如果我们只同意康德关于自发性的理论，但同时又认为概念运用的自发性的领域是一个特殊领域（因为它与概念运用的自由相关），那么，我们就看不到概念运用的自发性是贯穿于整个感知性的认知活动中的，我们就丧失了康德的直观与概念相统一的整体的观点。

定的东西，而属于心灵的知性概念又总是为感知内容所充满。① 麦克道尔试图表明，康德式的意向性概念并不是一种空洞的知性自发性，它是心灵的自发能力，而并不是任何主观任意的东西（它与任何形式的唯心主义的信念不相干）。在麦克道尔对现代认识论的批判中，他的"被魔"工作的很大一部分是扫除一些不恰当的自然主义信念。在他看来，我们之所以无法接受一种更为积极的心灵与世界的概念与这里的自然主义信念相关。而在当代认识论中，控制着我们有关心灵与世界的关系的主流观念仍然为自然主义的。

自然主义接受了自然科学的自然主义对理性与自然的两分法，因此，它接受了直截了当的客观化的感知模式，并试图把一切属于理性的逻辑空间的东西还原为可为自然的逻辑空间所容纳的东西。但客观化的感知模式是对具有心灵的人类感受能力的一种误解，人类的感受能力固然是自然的东西（作为自然的身体的一部分），但它又不只是自然的东西。在人类的整个实践历史中，作为心灵的一种能力的感受性能力早已拥有了其第二自然的特性，即那种由文化造就的感受能力。因此，与还原论的看法相反，客观化的感受性模式是不存在的，属于第一自然的存在于人类的感知领域里并不是一种简

---

① 麦克道尔在《心灵与世界》和《以一种观点看世界》等后期著述中重新探讨了从罗蒂和塞拉斯以后的意向性理论，其中的一个令人瞩目的举措是他对康德的知性的经验自发性理论的全新诠释。塞拉斯曾经试图把康德哲学引入其分析哲学的重建计划中，其中的一个根本目标是用康德的概念判断的理论抵消长期以来制约分析哲学的休谟主义的因素。这即所谓的把分析哲学由休谟阶段推向康德阶段的计划。麦克道尔支持塞拉斯的康德哲学转向，因为把理性概念的逻辑空间置于中心的位置是彻底打破经验主义的被给予神话的关键，但他对塞拉斯的理性逻辑空间的康德解释持反对态度，因为在他看来，塞拉斯对康德的知性的自发性概念做了错误的理解：塞拉斯认为康德的自发性只能在理性的逻辑空间中发挥作用，这样，他就在把理性的逻辑空视为独立自主的同时，排除了经验内容在其中存在的可能性。这导致了塞拉斯的知识论就以一种混合的或原子式的形式出现。麦克道尔因此特别强调康德的自发性概念并不是一个与感知分离的或只能在理性逻辑空间中发挥作用的能力，相反，康德的自发性带有经验特性。在感受性经验的世界中，我们是被动的，我们不可能逃脱这里的被动性，但在这种被动性中，概念的自发性仍然在发挥着作用。塞拉斯反对经验的被给予性的方式是把感知与概念分开并赋予前者以充分的思维的自发性能力，在这种区分中，概念没有经验的自发性。但麦克道尔认为，康德的自发性概念在知性概念的判断环节中本身就是一种经验的自发性，它是一种在被动的感受性中概念化所予的对象性经验的能力。

单的自然的东西。我们可以这么说，仅仅作为动物的生物不能拥有外部的经验，尽管它拥有自然的感知能力，动物没有自发性的知解力，没有把经验归于自己的概念思考的能力，因此也不能作出任何感知经验的描述。这一点确定无疑：客观世界只有向有自我意识的主体开放，即向一个能把感知经验归于他自己的主体开放；也只有在主体有能力把经验归于自己的情况下，这里的经验才可能是有关世界的一种意识。没有概念能力的生物意味着没有关于客观实在经验的自我意识。

还原论的自然主义受到诟病的是它只按"法则性的自然"来处理概念思维的东西，弃绝带有理解的自发性的概念思维。[①] 而一般经验主义受批评的地方就是它接受了被给予的神话，把感知感受性视为认知评价的根本性的尺度；融贯论受到批评则是因为它的所谓内部主义的立场：它虽然承认概念思维的重要性和独一无二性，但它却用推理主义的方式对表征进行概念性的转换，致使感知感受性不再是一种直接的经验，而是沦为间接的东西。[②] 对于麦克道尔而言，这三种形式的现代认识论的错误是，经验主义使概念成为了一种受约束的东西，它有赖于感知感受性的真实性，还原论的自然主义干脆取消了这里的区别：概念被从感知感受性中拿掉了；而融贯论的反向性思维则带了表象主义与推理主义的对立（它从一开始便假定存在非概念的感知感受性，即所谓纯然的感知，而概念推理则是纯概念的）。

现代自然主义、融贯论或语义推理主义都坚信，经验概念所包含的表征是非概念的、是一种纯粹表象的内容。即认为，我们经验的一个根本特征，或者说经验之为经验的一个基本条件是它拥有"非概念的内容"。在这里，麦克道尔所要表达的一个根本看法是，我们必须放弃从传统哲学到今天都被视为理所当然的经验的外部因果约束的观念，因为并不存在这样的因果约束。这并不是说不存在一个客观的外部世界，而是说外部世界根本不是以一种先验的方式独立于我们而存在。麦克道尔认为，外部世界所给予我们的

---

① Cf. J. McDowell, *Mind and World*, *with a new introduction*, Harvard University Press, 1996, pp.73, 108, 67.

② Cf. J. McDowell, *Mind and World*, *with a new introduction*, Harvard University Press, 1996, pp.14, 15.

约束是一种合理的约束，外部世界并不是心灵的影像。自发性属于知性的概念能力，但它并没有因为运用了概念能力和超出实在之外。当经验使我们拥有概念内容，那么也是它自身的感性在发挥作用，并非知性强行规定了感性的前概念的来源。至少通过"外部的经验"，在独立的实在作用于我们的感知印象中，也早已有了概念的东西。这让我们有可能承认，存在着与自发性协调一致的自由的外部约束，但又不会遁入自相矛盾之中。① 我们也可以以此表明，与独立的实在没有任何关系的概念运用是没有意义的，因为它并没有可辨认的经验内容。用麦克道尔的话来说就是，我们的心灵与世界的关系只能从我们的心灵与经验的关系来理解，在这一点上，我们必须接受一种最低限度经验主义，因为我们讨论心灵与经验的关系，就不能不讨论心灵与世界的关系。

在科学的自然主义和还原论的自然主义的双重压迫之下，今天的知识论中的一种复杂景象是，经验主义的表征理论并没有因为分析哲学的实用主义转向而消失。像埃文斯和德纳特这样的极端表征理论的产生很说明问题。而另一方面，由于实用主义的退缩（坚持理性的逻辑空间的自成一体性），实用主义的理论根本不讨论任何表征的问题！当然，蒯因试图把实用主义的概念自发性理论与行为主义的表征理论加以联系，但行为主义的表征理论的第三人称的性质使它仍然与作为主体的（第一人称的"我"）表征脱节。表征的问题始终没有得到解决。麦克道尔把感知或感受性经验视为概念所取得的东西，因此他认为，缺少概念也就没有感受性的经验。在我们获得经验时，我们就拥有了许多概念。麦克道尔同时坚持认为，概念和经验内容是所做的一种努力的两个方面，缺少基于感受性的感知经验，也不可能有概念。因此，他坚持一种语义经验论。

麦克道尔所坚持的观点完全不同于塞拉斯之后另一种避开被给予的神话的方式，即布兰顿区分感官的因果刺激与概念性回应的方式。该种方式认为，感官的因果刺激与概念性的回应的关系是，环境的刺激带来了或造成了

---

① Cf. J. McDowell, *Mind and World*, *with a new introduction*, Harvard University Press, 1996, p.67.

感知性的判断，因此感官刺激的东西根本不能作为一种证明，即用以证明感知性判断，相反，感官刺激的感知只是促使概念的经验判断作出回应。没有什么可以用来作为我们经验判断的证明，除了我们的概念推理，经验判断的证明只能来自另一种推理，一种信念只能出自另一种信念，这类似于戴维森的观点。但麦克道尔并不认为感知经验与判断有关，他并没有把感知经验与任何基于信念的判断过程联系起来。对于麦克道尔而言，假设感受性感知真的进入了需要判断的环节，也是已有的感受性经验才是决定判断是否成立的因素。

感知经验是感知事实的直接显示（尽管并非每一个情形都如此），对于麦克道尔的感受性经验而言，这意味着如此这般的事物可以是感受性经验的内容。在某些理想条件下，我们可以真切地看清事物，即事实似乎是直接呈示于我们面前的（麦克道尔在其所谓经验析取的理论中表明了这一点）。感受事物的心灵所感受的就是真实的事物（不容怀疑）：

> 在没有被误导的特殊经验中，人们获得的东西就是事情是如此这般的。如此这般的事情就是经验的内容，它同时也可以是一种判断的内容：如果主体决定从表面上去看待经验，它也就成为了判断的内容。所以它是概念的内容。但如果人们没有被误导的话，如此这般的内容也是世界呈现（layout）自己的一个侧面：它表示事物是怎样的。所以，感受性的概念性结构运作的观念，使我们可以把经验视为是向实在的自我呈现的一种开放（openness）。经验使实在的自我呈现对主体的思想施加一种理性的影响。①

概念的思维能力由感受性开始，对经验世界作出回答必须经得起经验的检验，而这里的检验又是感受性能力的世界作用于我们的过程。乍一看，麦克道尔似乎把自己置入一个相互的困境之中：他强调了经验的自发性本

---

① J. McDowell, *Mind and World*, *with a new introduction*, Harvard University Press, 1996, p.26.

性，即经验是充满了自发性的概念内容的，但经验又并非是处于感知的感受性之外的纯粹概念的东西（推理主义或融贯论往往这样来看经验），即经验又必须接受"通过感受性的经验直接作用于我们的经验"的检验要求。这样一来，麦克道尔何以解释感知的感受性与概念的统一？在传统经验主义者的眼里，感知与概念是不同的，这似乎是一个基本的常识。感知是非概念的，而概念必然是某种非感知的东西，但麦克道尔却试图消除它们之间的差别。

为什么只要感受性感知是真实的，也就是事实，那么由此而形成的感受性经验就是真实的、甚至就是一种思想的东西？答案只有一个，即麦克道尔讨论感受性经验中的事实或思想时，不是从心理学上而是从语义上去考虑的。由于相信析取的概念所作出的直接实在论的证明，麦克道尔并不认为这样的感受性经验仍然必须面对感知会出错的难题（只有幻觉理论或感知材料理论才会认为这里存在棘手的感知感受性会出错的难题）。这也就是说，感受性经验自身完全可以对我们感受性感知具有真实的事实还是缺少这种事实作出区分，这里并不存感知感受性会出错的问题。因此，在麦克道尔眼里，经验主义的经验证明理论是多余的。传统经验主义针对感受性经验提出了两层次的经验证明理论：一个方面开始于通常是真实的或不真实的感知，即构建直接的感受性感知，另一个方面是在经验外部加上一种"真理论"，即一种真理性断言，就其真实性作出判定。而且麦克道尔清楚地看到，在认识论上，这样的设置必然会带来争议，比如，人们有理由认为它的真之断言仍是一种幻觉，而且它还会带来了怀疑主义。

麦克道尔拒绝经验主义，是因为他并不怀疑感受性感知的真实性或它的认知意义；他拒绝经验主义也是因为他并不认为经验证明理论本身对感知的本质特征作出了正确的说明。在他看来，经验主义本身理解感受性经验的方式已表明它对感受性感知与世界的关系的假定本身是错误的。这就是说，经验主义自身包含了对直接的世界的感知客观性或真实性的怀疑（这是它构建两层次理论的原因）。明白了这一点，我们也就不难理解为什么在麦克道尔的经验概念中，如此这般的事情就是经验的内容，它同时也可以是一种判断的内容。

这里完全没有不同的逻辑空间的区别，因此也没有被感知之物与所感知之物的区别，或戴维森所说的那种"被认为是真的"与"事物实际上是真的"之间的区别。经验的主体与世界是相互制约的：一方面，没有经验主体对实在的如此这般的内容的获取，实在世界并不能呈现自己；另一方面，得益于实在的呈现，经验主体获得了相应的经验内容。

不难看出，直接实在论使麦克道尔不像传统经验主义者那样把经验视为与理论结合的东西，即经由可检验的证明程序获得的东西。麦克道尔的经验概念与传统的经验主义有两点不同。首先，从康德理论出发，他把经验完全视为一种概念的获得，因此他坚持认为任何缺少概念的东西都不是经验的东西，即认为没有概念也就没有感知经验。麦克道尔也认为，任何认知的东西只要缺少感知经验，它也不可能是一种概念的认知。这就是说，他在这里承认了一种语义经验主义的观点。概念的使用与感知经验是同一种活动的两个方面。这显然不是理性主义的观点。其次，对于麦克道尔而言，感知的经验也是对经验事实的一种直接和重要的展示（直接实在论）。这也就是说，一旦具体的如此这般的事物可以成为感知经验的内容，事实就显得十分清楚，这是一种我们经验的内容，因为可感知的心灵包括了它所感知的东西。

第四章　内在经验的真实性

　　走向黑格尔的绝对观念论，还要求麦克道尔对下述问题作出澄清：如果接受一种黑格尔式的绝对观念论或直接实在论，那么，就必须证明，绝对观念论并不是一种不可理喻的唯我论或传统意义上的唯心主义。这就是说，麦克道尔必须证明，绝对观念论或直接实在论如何能在证明思想与经验外部关系的同时清除经验主义和现代自然主义所带来的悖论或矛盾，这也就是说，他必须在排除客观的感知模式之后表明内在经验的真实性。

　　首先，一个极为重要的方面是：麦克道尔指出，后期维特根斯坦的私人语言论辩以及怀疑论论辩的主旨并非构建新的意义证明的模式，相反，它走向的是彻底的病理治疗式的理论静默主义的哲学。这就是说，后期维特根斯坦的私人语言论辩的目的是让哲学重新确定它与常识的关系，它并不像克里普克、赖尔、布兰顿等人的解读所认为的那样，后期维特根斯坦自然主义的根本目的是试图澄清这样一种事实，即我们在传统的意义（知识）证明理论中无法证明的知识，完全可与通过阐明认知在具体生活实践形式中的"自然的"表现来证明。克里普克、赖尔、布兰顿等人的解读暗含着维特根斯坦对个人的感受性经验的实在性的否定，它使我们相信，维特根斯坦也是一位特殊的社会构造论者或实用主义的融贯论者。

　　麦克道尔的后期维特根斯坦释义明确提出了对这一解读的反对。想驳倒这一带有后期维特根斯坦哲学名义和光环的理论，就要求麦克道尔必须表明直接实在论的知性的经验自发性的感知模式，何以能或是一种真实可靠的感知模式。从当代认识论的角度看，这不仅需要麦克道尔证明感知感受性的实在性，它还要求麦克道尔证明物理主义与行为主义的经验概念是完全错误的。因为直接实在论并没有放弃经验主体感知的主体性地位，即它并没有真正放弃主体的"经验感受"。而为了证明感知的这种主体性地位，麦克道尔必须证明物理主义与行为主义的基于第三人称之上的脑神经感受模式是错误的。此外，麦克道尔还需对直接实在论与实用主义融贯论和概念推理主义实在论的区别作出令人信服的说明。当然，这里还有一个麦克道尔不得不回答的问题，即后期维特根斯坦的反私人语言论辩是否否定了感知感受性的真实性的问题。

麦克道尔首先回到了一种积极的现象主义的立场，他通过支持经验析取的理论把内在经验从幻觉理论中拯救出来，并揭示了客观的感知模式所支配的经验主义的表征理论的缺陷，以及现象主义的辩护的有限性，然后，麦克道尔揭示了物理主义与行为主义彻底否认第一人称意义上的感知的悖谬；在此基础上，麦克道尔对维特根斯坦的私人语言论辩的意义做了新的解读，从而证明了他关于自我指称的实在性的基本观点。

第一节　表征理论的缺点与积极的
现象主义辩护的有限性

从洛克、康德到弗雷格，在外部世界的感知真实性的问题上，我们似乎看到了一个巨大的转变，但关于感知经验真实性的问题并没有像想象的那样一劳永逸地得到解决。由于弗雷格与含义理论相对的指称理论存在的不确定因素的原因，后来的分析哲学并未完全接受以划分含义—指称为原则的语义二元论，而是接受了以指称为核心的语义一元论（表象主义的形式语义学）。

从历史上看，对感知的认识首先遇到的是经验观念论。在洛克提出了他的经验观念论后，各种经验观念论盛行，但也暴露了许多问题。对经验观念论，贝克莱早已提出了不同的看法。贝克莱接受了洛克的经验观念论的基本观点，但否认我们可以由此获得实体性的知识（有关外部世界的存在的知识）。康德针对经验观念论做了深入的批评，认为经验观念论必然会带来先验实在论，他因而转向了他称之为经验实在论的研究。弗雷格在开始他有关语言与外部世界的关系的思考时也拒绝了观念论，并提出了一种语言实在论的立场。他试图表明，世界并不像观念论所认为的一定存在于我们经验到或感知到的观念之中，即使我们没有经验到和感知到，世界也以某种方式存在。在语言分析中，弗雷格认为，字和词语表达的是含义（sense）而不是一种感觉观念，而洛克则把字和词语视为纯观念的东西，即它们仅仅表达一种观念（ideas）。观念是存在于个人脑子或感知经验中的，而含义则不是，从在某种意义上说，它是一种客观的东西，它代表一种潜在的思想，因而能为不同的人所把握。语言实在论的理由是，人们很难否认这一点，即人类通过不断积累了一些思想，它为人类共有，它与产生于个别人脑中的感知观念不同。

但弗雷格的这一思想并没有被普遍接受，人们发展的是弗雷格的形式语义学，而这里的形式语义学是表象主义的。从后来分析哲学的发展来看，经验主义与现代自然主义联姻后表明它仍然是最顽强的一种认知理论。在经验主义的表征概念中，表征的定义可以分为三种不同的等级：表征的最强定义认为，表征不仅反映了事物的第一性和第二性性质，而且反映了事物的直接的相似性。弱形式的表征定义则认为，表征主要是反映了事物的第一性质。最弱形式的表征定义认为，表征只能反映事物的第二性质，而且其对事物的第一性质的反映也只是一种"结构上同型"，即只是在结构上相类似。经验主义的表征理论问题很多，对表征理论的反对始终存在。反对表征理论首当其冲的理论是认识论的理论。认识论的理论的看法是：如果我们相信感知感受性的真实性，我们将失去在信念上对事物的认知。如果我们所能感受到的只是感觉材料，那么，就没有理由认为我们可以相信外部物理世界的真实性，我们就被感知和理性都无法刺破的"感知之幕"挡在了真实的物理世界外部。表征的理论所面对的挑战还有感知感受性的幻觉理论。幻觉理论认为，在我们的感知中，事物并不一定呈现它的真面目，我们对事物的感知经常处于某种假象或幻觉中（物体的大小、形状或颜色会因距离、环境而改变等等）。在日常思维中，我们似乎已经习惯了这种现象，对之不以为然，但从哲学认识论角度看，这里却存在重要的认识的问题。从认识的角度看，关于这种感知幻觉的存在说明了，我们的感知不管它如何真切，都并不是直接感知独立于我们心灵而存在的事物，它也不能真正清楚明白地感知这样的事物。

在哲学史中对感知的欺骗性有大量论述。在这样的问题中，形成了两种现象主义的观点，一种是现象主义的怀疑论，它认为，我们的感觉材料是无法解释的，它们也不需解释，解释意味着我们试图探究它们背后的原因。这是一种非分之想。感知感受性经验的真实与不真实的证明超出了我们的能力范围；另一种是为抵制怀疑论而产生的思想，即否定怀疑论的结论，但不再相信外部事物是独立于我们的感知而存在，比如贝克莱关于此看法的著名论证中所表现出来的现象主义立场。

怀疑论的一个引人关注的论点是，我们在感知感受性理论上犯了幼稚实在论（naive realism）的错误，我们相信外部世界是独立存在的，而我们的感知可以真切地把握这一外部实在。休谟是一位现象主义的怀疑论者。休谟指出，我们找不到任何证据可以表明，心灵内部的感知是由外部事物引起的，因为外部世界与心灵世界是如此的不同。笛卡尔也指出了我们的感知相互矛盾的性质。因此，感知是不可靠的。尽管笛卡尔的怀疑论是弱形式的，因为他相信求助于理性我们可以找到产生幻觉的理由，并因此把可靠的感知与不可靠的感知区别开来。因此，笛卡尔转向讨论梦幻的欺骗性，甚至谈到了魔鬼的干扰。我们甚至可以认为，洛克也有感知会欺骗的思想，这就是说，他有可能也借助了"感知幻觉"的理论，因为洛克关注过感知的相对性，比如水在不同的手中感觉的冷暖的差异，并因此指出了基于心灵之上的事物的第二性质。在他看来，感知是我们对同一盆水产生温度差异的原因，因为我们的感知完全是身体的感官知觉，是它带来了差异。因此，事物第二性质在我们的感知中会呈现不同。但随后在贝克莱的思想中，事物的第一性质同样被视为是依赖心灵的，他取消了洛克的区别，对他来说，感知的幻觉同样有可能存在于事物的第一性质的感知中。

在 20 世纪早期的哲学认识论中，幻觉理论仍然存在。人们重新开始思考这一问题。关于现象，在哲学上形成了下述争论：在许多情况下，我们在对外部事物的感知中，我们所感知的事物的不同的可感性质不同于事物本身固有的不同的可感性质。因此，我们所感知到的事物的可感性质，不同于事物在恰当的感知中所能感知到的可感性质。① 从哲学的角度上看，如果感知到的事物具有不同的可感性质，那么这些不同的可感性质就有可能不是指向同一个事物。由此形成的一个常见的怀疑论的观点是，如果扩大范围，即假定我们所有的全部感知所能感知的只是不真实的表象而不是真实的事物，那么，我们的感知就不能把握真实的事物。

一些现代认知科学的关注者重新开始考虑如何有可能作出分辨的问题。其中，引人注目的是，现象的原则同样被引向了幻觉的原则，并有了更为详尽的阐述。C. D. 布洛德用"感知物"（sensum）这个词来形容在感知与外部事物的感知关系中，感知本身所感知到的东西；而 G. E. 摩尔则使用了"感觉材料"（sense datum）这个词来表明感知的可感知之物，即感知感受到的东西。② 摩尔和其他一些哲学家对感知感受性的内在矛盾做了大量分析。这些分析都表明，尽管我们拥有看起来是完全真实的感觉材料（感知总是感知到某种可感性质），但我们又总是清楚地发现，感觉材料与我们所感知的对象并没有同一性关系。在这种情况下，人们认为，直接实在论（direct realism）是不可能存在的，因为我们所直接感觉到的事物的可感性质与我们所感知事物所拥有的可感性质并不相同。这里的不同带来了下述认识，常识认为事物总是以它原本的样子呈现于我们知觉中的看法是不对的，这里存在着事物看起来是某种样子与事物实际是什么样子的区别，包括朴素实在论和直接实在论在内的实在观是错误的。③

感觉材料的理论似乎并不能拯救表征的理论。首先，感觉材料的理论在

---

① Cf. H. Robinson, *Perception*, Routledge：London & New York, 1994, p.31.

② Cf. H. Robinson, *Perception*, Routledge：London & New York, 1994, p.37.

③ 20 世纪早期的感觉材料的理论摒弃了朴素实在论和直接实在论，大力揭示事物看起来的样子与实际的样子的区别。一个令人惊叹的、多少具有讽刺意味的现象是，以摩尔为代表的这一理论对朴素实在论的批评非常类似于黑格尔哲学对传统的一般经验主义的批评，但黑格尔哲学又是当时摩尔所批评的哲学。黑格尔哲学抨击了一般经验主义思想中的直接感知的实在性观念，这非常类似摩尔等早期分析哲学对朴素实在论的抨击，后者相信我们的感知的真实性和直接的实在性。但感觉材料的理论的不同是它的现象主义的基础促使它把感觉材料当作认识事物的实在性的途径。

逻辑推理上是站不住脚的，感觉材料的概念是自我否定的，如果我们认为它不是事物的可感性质的反映。这就是说，除非我们感知到了事物的可感属性，否则，感觉材料的概念就无法成立，当我们谈论感觉材料时，这里存在一种不容我们作出分辨的情形，即我们不可能知道被视为一种感觉材料的东西是还是不是事物的性质，我们没有能力作出分辨。唯一可以解释的是，感觉材料作为现象中的被感知之物，它本身已经反映了事物的性质。因此，一些批评者认为，尽管感觉材料不可能就是事物的可感性质，或者说，它不可能是事物的一种直接可感性质的反映，但它却是我们接近或把握事物性质的途径。①

由于意识到感觉材料的理论在逻辑推理上的矛盾，一些理论试图采取调和的策略，即如上所述，强调感觉材料作为一种表象经验的认识价值，以消除它与朴素实在论的冲突。在这种解释中，不再认为感觉材料与实际感知的事物之间缺乏同一性，而是强调感觉材料是感知者在不同的视角下对事物的可感性质的感知，因此，我们可以把感知材料视为感知者在不同的现象条件下的不同感知。不同的现象感知条件下感觉材料的不同，只是感知视角的不同，但它们都指向事物的可感性质。

但多视角的理论也有它的悖论。如果真实的感知是基于视角的多样性，那么，首先，视角可以是无穷多的，我们不能确定多少视角能代表或能构成感知的真实性；其次，我们如何保证每一种感知都是正确的，感知的多样性并不能排除它们当中可能存在错误的感知。再说，我们的不同的感知难免有一些是幻觉（这是观察的距离等外部条件对我们的感知的影响的必然结果），多角度理论如何作出甄别？

但有必要作出下述区分：首先，在我们的感知中，哪一种产生了幻觉，即它只感知到了事物的表面的（因而是虚假的）的性质而不是真实的事物？其次，假设这样的感知幻觉并没有涵盖整个感知，那么，我们如何能给出一个结论，即什么样的感知或哪一种感知真实地感知到了真实的事物？相比第一个问题，这里的第二个问题更为重要，也更难解决，因为它涉及感知中的意向性与感受性的关系。但这里的问题有一个根本的来源，即它们都源自感

---

① Cf. H. Robinson, *Perception*, Routledge：London & New York, 1994, pp.43-44.

知主体与外部世界的一种现象关系。我们可以把这种关系称之为现象的原则（phenomenal principle）：如果有某种感知出现在主体的感知中，使主体感知到了某种特定的感知性质，那么，主体必然感觉到了什么，因而必然有某种可感性质被感知到。由此看来，基于现象原则的积极现象主义感知理论似乎能为感觉材料的真实性找到依据。

积极现象主义的感知理论抵制了幻觉理论。这种现象主义表明，并非所有的感知感受性都带有幻觉，除非从事物的第二性质或自然科学的角度看：这两个视角可以迫使我们认为感知主要与主体的幻觉相关。排除这样的视角，我们可以对感知与幻觉的关系做下述推论：

（1）在一些感知情况下，外部事物的显示与它实际的真实性质不同，这就是说，我们形成的有关它们的感觉材料，并没有反映它们的实际具有的性质。

（2）不管在何种情况下，主体都感知到了外部事物的某种可感性质，这里总有某种东西主体感受到了，并且它的确是事物具有的性质。

（3）但这种可能性依然存在，即在具体的感受中，主体感知到了某种东西具有可感的性质，而主体所感知的事物并没有这些可感性质。

（4）这要求对下述两种情况作出比较分析：在某些时候所感知的可感性质与事物实际拥有的性质的不同与某些时候真实地感受到了外部事物的性质。[1]

积极的现象主义论辩似乎带来了对感觉材料的较为成功的因果论辩，尽管改进了的因果证明总是与幻觉理论捆绑在一起的，但它多少抵消了幻觉理论的纯然的怀疑论前提。它所带来的积极后果至少有下述几个方面：首先，我们总能对外部世界有某种感知或感受，或者说，外部世界总能使我们产生一种感受。假设我们对外部世界的感知能使我们产生某种假象，那么这也说明我们的确有某种感受，而这种感受是由外部世界给予的。其次，这说

---

[1] H. Robinson, *Perception*, Routledge：London and New York, 1994, pp.57-58.

明我们能够同时对感受性经验所产生假象作出说明。我们不能说只有假象的经验是一种心灵状态或与被给予的感觉材料相关，而我们的感受性经验却与它们无关。如果产生的假象经验与感受拥有同一个来源，那么这一点无可怀疑。

在这里，表征主义所坚持的朴素实在论似乎有为自己辩护的充分理由，比如它所坚持的直接的感受必然不同于幻觉的论据，它可以强调，前者乃由外部事物激发的感受，而后者则不是，它只是人脑的主观活动。但对于朴素实在论所坚持的实在论观点而言，始终存在一些难以逾越的难点。首先，在视觉中，大脑有想象的能力，如果我们看到这一点，我们就会发现在一些情况下，大脑在外部事物刺激下的感受很难排除想象的内容，因此它的直接感知并不一定就是直接对有关事物的感知。其次，在这种情形下，一个看上去是红色的墙实际上是白色的，大脑拥有想象的功能，它能把那堵墙想象为红色的。一般的错误的感知同样是直接的感知。再次，有一点是肯定的，在我们的感知感受性中充满了主观的成分，虽然我们无法排除直接感受与外部的刺激的关系。

积极的现象主义论辩仍然存在一个明显的问题，即它仍然保留了假象经验与真实感受的区别，一旦像命题（2）那样把它们分开，就会面对这样的难题。再说，我们如何知道一种感受性中包含了假象经验？因此，人们对第一点（1）和第二点（2）都可能提出反对意见。而这里的第二点（2）最容易受到攻击。人们可能不会同意作为一种真实的外部感受既是真实的又是假象。因为这里有一个标准是清楚的，即我们要么看到外部事物，要么根本就没有，决不可能存在我们不知道这种情形的情况。

第二节 物理主义与行为主义的冒进与 麦克道尔的拨乱反正

积极的现象主义辩护的有限性迫使今天的感知理论选择了物理主义和行为主义的解释。在这之前，现象主义的信念是，要么我们的感觉是由外部物理世界引起的，并反映了外部物理世界，要么外部物理世界不过就是一组有意识的主体能把握的可能的经验。但物理主义的自然科学视角改变了问题的性质。从自然科学的角度看，人们的现象主义信念（无论它基于积极还是消极立场）是完全错误的。如果我们真的相信现象世界的事物具有在感知世界中看起来具有的特性，我们便犯了"现象主义的谬误"。因此，物理主义者拒绝现象主义的感知世界，并把这些有关感知的现象视为主观个人的完全不可传达的东西。他们格外欢迎维特根斯坦对逻辑上的私人感受或私人语言的攻击，尽管他们并不接受维特根斯坦的理论立场。物理主义的还原立场不能容忍私人感受或私人语言这样的东西。这就是说，它排除私人的感觉领域或一些主观个人的感受，要求一切观点都必须能够在物理的公共领域中展示。为了与个人感受的把握区别开来，最严格的物理主义对感知形式采用了行为主义的方法。按照行为主义的观点，感知感受性不是主观个人的一种感受，而是感知器官的一种物理上的刺激，通过它促使大脑以正确的方式回应外部事物。

物理主义和行为主义的研究对象更像是智力（intellectual）而不是感觉（sensory）。物理主义和行为主义不关注带有主观命题态度和经验感受性的感知，它们的感受性的纯粹认知的理论是物理主义的物质主义变奏的一种形式，但该形式的研究也受到了一些质疑。人们并不十分清楚，对一种信念，比如倾向性状态的研究能得出某种结论，在对感觉的感知感受性进行研究时也能得出某种结论。在这些质疑中，最低限度经验主义所提出的质疑非常具有代表性。一些持最低限度经验主义观点的哲学家（H. 费格尔等人）认为，尽管我们可以通过不同的方式，从不同的角度把握外部世界，但有一点是肯定的，在所有把握外部世界的方式中，通过感官的直接感知是一个最基本的条件，我们不可能在缺少它的情况下把握外部世界。认为我们把握外部世界不能缺少这种亲自的知识，也一直是传统的和现代的经验主义的根本信念。这里的纯粹认知的理论根本不可能接受最低限度经验主义的经验呈现的理论要求，因为它的分析基于与外部事物的呈现不同的纯粹的认知活动之上。认知科学只关注感知信念的获得，这样，对它而言，感知更多的是思想信念卷入的某种状态。由此可见，感知中信息量的大小对它而言十分重要。

这也就是说，认知科学实际上更关注概念的活动，它视概念活动为更根本的东西，感知感受乃是概念活动的产物。

物理主义和行为主义的反实在论的根本理由还集中在这一点上：由于知识牵涉到信念，而信念是一个难以真正获得其客观形式的东西，外在论的知识理论是无法单独解决问题的。知道自己在感知某个对象，只是因为我们相信我们在感知那个对象（实际上我们并不知道这个对象是什么）。我们只是感知到可感之物（感觉材料），而不是真正的对象。我们通过相信感觉材料是反映对象事物的而相信我们感受到了那个对象。我们关于外部事物的经验只是来自我们作为感知者的"经验"。我们在观察红色的东西时，我们是在感受现象中的红色的东西，而不是关注我们对红色的东西的一种反应。如果某人只是试图测试我对红色物体的认知，他应关注的应是我的反应。这种物理刺激理论的局限性是，它并不能真正处理好原始的内在心理感知经验。由于认识到其方法论上的不足，物理主义又把重心转向另外两个方面：一个方面是转向物质主义的（materialism）研究。按照这一理论，心智的状态是一种脑的活动状态，因此，"内在的经验"可以被视为一种当下的发生或创造，而不是某种抽象的东西。当我们意识到所谓"内在的原始感觉"时，我们意识到的实际上是一种脑部状态，我们并不是经验到它是一种脑部状态。我们也不是经验到它拥有某种内部的心智特性，即那些不在物理世界之内的心智表达的活动。我们完全是在一种中立的经验状态中经验到它，我们并不知道掌控它的内在性质是什么，即这些活动扮演什么角色或起何种作用。像斯马特（J.J.C.Smart）和阿姆斯特朗这样的物质主义者认为，只有通过科学才能告诉我们它是一种脑的活动事件，从而知道它所扮演的角色。

可以这么说，行为主义的策略是唯一适合于物理主义的一种策略，但行为主义的方式在应对最低限度经验主义时面对着许多难题，更不用说它面对其他理论的批评所要面对的难题了。一个最大的难题是，这种理论只能从量上（它只是从量上）探讨了感知的问题，而完全没有从质上对感知的问题作出分析，这就是说，它忽略了那些可以称为"经验的"原始感觉（raw feel）的东西。而最低限度经验主义基于两个基本条件之上：第一，概念的经验解释是有其框架的；第二，它是第一人称的，它要求呈现"我"的感知经验。

最低限度经验主义坚持的是一种感受性内容的内在论。该解释认为，感受性内容存在于经验的内在对象之中，即感受性内容并不独立于心灵。比如，幻觉的内容也是内在于心灵的。内在论在应对感受性内容的心智状态时认为，内容是建构起来的，它至少部分是通过心灵之外的途径构建的，即外在于心灵的，用它的术语来说是依赖对象的。对感受内容的最简单的内在论说明方式是朴素实在论。在这里，外在对象（可感知可感受的对象）构建了经验内容。这样的朴素实在论的解释是物理主义无法接受的。物理主义既不接受内在论关于内容的内在主义解释，也不接受外在论关于意识的心智主义的理解。物理主义要拒绝的正是洛克式的带有个人感受性特征的感受性内容。对于物理主义者而言，脑的状态不可能是任何内在化的东西，即它不可能以任何内在的方式来感知内容，并不存在任何形式的内在对象。

物理主义关注的或接受的是一般情况下的因果感知状态，而不是特定个别人在特定时空内的感知。这是一种一般化的脑神经的一种感知情况，它的表征即所谓感知器官特定的神经末梢对外部事物的反应或表征。物理主义永远是在这种意义上谈表征。用其计算机语言来说，所谓内在表征只是一种句型。关于外在事物，并不存在内在反省式的物理的东西，只存在事物的物理的性质。与感觉材料的理论完全不同，在物理主义者眼中，我们关于外部世界的知识是"主题中立的"（topical-neutral）。

的确，人们并不容易去把握对于经验而言是前概念的东西。这里有两种方式可以对经验中属于前概念的东西作出某种界定。一种是传统的观点，它坚持认为存在一个现象的领域，其中存在着一种不能还原的感知感受性现象，这一看法正是物理主义试图避免承认的；另一种方法是认为，前概念的感知存在于基本的行为反应之内，这就是说，因为我们的概念活动存在于行为反应中。因此产生了通过感知来解释概念的现象。对于它而言，只有这些行为反应达到了一个十分复杂的程度，它们才可以被称为概念。[1] 这样的看法可以称之为关于概念获得的行为主义兼功能主义的观点。行为主义和功能

---

[1] Cf. H. Robinson, *Perception*, Routledge：London and New York, 1994, p.125.

主义都以这样的方式提出了它们的心灵理论。这些关于感知的理论实际上都未真正相信感知的直接真实性，而是以一种怀疑主义的方式强调了它前概念的属性。

在物理主义和行为主义这里，心智的状态被等同于一种脑的状态。而且不管是心智状态还是脑状态都被视为一种心理状态，即都被认为缺少可靠性。物理主义和行为主义认为，无论是心智状态还是脑状态都不能像朴素实在论（表征主义）认为那样能真实地反映外部事物（这包括存在幻觉的可能性）。真正可靠的是以第三人称方式构建的相关的说理和论辩。但这样的理论面对着两种反意见。首先，第三人称方式构建使感知感受性的解释与实在论的解释的结合成为完全不可能。它们两者不能结合并不是因为感知作为一种独立于思想的东西不能为有意识的语言运用所解释，而是因为若采用释义的方式，对幻觉的释义与对感受性的释义并没有区别，即在我们采用释义的方式时，我们对它们同样无法作出区别。感知与幻觉的区别只有在第二层面上，即语义的层面上才显示了不同。

物理主义与行为主义的外在论还面临一种论证上的恶性循环：首先，如果对经验（内容）的辨识完全从概念上依赖特定情境中的一种标准的因果反应关系，那么，人们知道这一经验的内容，也只有通过知道标准的因果反应是什么才能做到。但问题是，除了通过经验，我们永远也不可能知道，我们经验是如何产生的，或者说，是什么东西促使我们有了经验。一般而言，我们无法了解外在事物，除非通过经验。我们不可能在经验和原因之间建立一种相互关系，以便帮助我们确定经验到底是什么，因为我们没有神一样的全视的眼睛（God's-eye viewpoint），因此我们也就不可能知道外部事物的经验是否内在，而不是与之相关的某种外部条件决定的。其次，如果像物理主义和行为主义认为的，我们只是知道，在一般情况下标准的神经末梢刺激的因果反应，因而获得了相关外部事物的经验，那么，这里就必须区分两种经验，由神经末梢刺激而产生的"经验"与内在的感受性经验。现在的问题是，如果我们没有内在反省的经验，我们就不能传达由神经末梢的刺激而产生的"经验"。这就是说，在缺少内在感受性经验的情况下，我们无法表达我们神经末梢的刺激反应，即告诉他人什么是感应到的因果反应，或它的

"主题中立的"性质。只有对神经末梢的刺激内在地作出某种标识，我们也才能对它作出解释。这迫使我们把意向性对象内在地置于经验中。①

在这个问题上，麦克道尔站在了最低限度经验主义的一边。最低限度经验主义对物理主义和行为主义的拒绝似乎基于常识，因为物理主义和行为主义用第三人称的感知经验解释替代发生在第一人称的主体身上的感知。在许多反对意见中，特别是在心灵哲学的反对意见中，人们抓住不放的正是这一点。物理主义和行为主义如何能把基于第三人称的观察用来解释作为意识主体的感知者的第一人称的观察？物理主义和行为主义之所以行不通，对于麦克道尔而言，至少有这样两个方面的原因：第一，对于我们人类而言，思想是理解的载体或工具。人们通过思考来理解世界。思想并不一定通过言语表达，但在思想与语言之间无疑存在一种关联。人们可以用语言来表达思想，如果人们理解语言的话。从这个意义上说，我们的认知并不仅仅提供一种信息，它还具有思想的内容（实质的命题内容）。第二，心理状态中包含了思想或命题的内容。我们的心理内在状态拥有内容，这一看法与还原论的看法完全不同，后者从一种物理主义的视角认为，心理状态中并无所谓的命题性内容，因此也没有相应的概念的东西，心理状态中只有一种倾向性（disposition）。但从前者的命题内容的视角却认为心理状态中的内容在本质上是一种概念性的内容，而不是非概念的倾向性。

我可以理解我所要理解的东西，即关于世界的内容，也只有通过我的理解这一前提条件，才能理解我要理解的内容。重要的是，最低限度经验主义可以表明经验析取的可能，而不会陷入幻觉。物理主义和行为主义都与幻觉理论的怀疑主义有关，而这里的怀疑主义似乎又建立在一个似乎不能被反驳的因素上，即在感知经验中，一个错误的或误入歧途的感知也可能会认为自己是正确的，因为在这里，一切都是同质的或不可比的，因此根本不存可分辨的标准，所以感知永远是某种不确定的前概念的东西。但麦克道尔认为，感知经验绝非一种简单的感应，相反，由于具有自发性的因素，它具有高度的分辨性或析取的特性，即感知经验要么是经验感知的主体对客观事态

---

① Cf. H. Robinson, *Perception*, Routledge：London and New York，1994，pp.138-139.

的一种呈示，要么就是看起来只是外部的客观事态对经验感知的主体的一种显示，尽管这里所显示的并非是对象自身。① 感知经验在第一种情况下具有明确的经验认知的意义，而在第二种情况下则没有。但这已经为认识客观事态或经验感知的外部世界提供了机会。而在怀疑主义不可分辨的最高共因原则（highest common factor）中，感知经验并不是对客观事态的一种呈示，感知经验只是表明，事物向我们显示的如此这般的状态。这就是说，感知经验只是表明客观事态显现于我们面前的状态，除此之外，它并不能表明它是对客观事态的呈示。这也就是说，基于"相同的直接来源和相同的效果"的不可区分论只是相对的，它不能用来描述人脑的知觉能力，它只是当下的一种感知状况。我们完全有理由认为，人脑不会完全受制于这一情境条件，因为人脑有其自身的功能，它不是一个完全为情境条件捆绑的感知机器。

从最低限度经验主义的角度看，积极的现象主义与经验析取的条件结合是可能的。如果这样来理解积极的现象主义，那么，它多少能为直接实在论提供理论上的依据。一些直接实在论者认为，我们应把人为的幻觉与真实的感受性区分开来，应该看到在正常的感受性经验与幻觉的区别。只要具体的外部世界的存在物是真实存在的，我们对它们的感知就是真的。因此，反直接实在论的观点站不住脚，所以，以所谓感受性上的"性质相似"为由否认真实的感受可以与幻觉区别开来的看法是错误的。如果按照反直接实在论的看法，那么，我们只有两种选择：要么认为我们感受到许多性质相同的感受性经验，要么什么也没有感受到，我们不知道在那些性质相同的感受性经验中哪些是幻觉。但直接实在论否认这样的看法，而是坚持认为存在着性质相似与本体上不同的区分，即相信感觉材料的真实性，相信它们与外部世界的存在之间的指称相似性。一些观点认为，尽管两种感知的直接来源相同，产生的效果也相同，因此它们是无法区分的，但并非任何情况下都如此。在一些情况下，我们实际上可以对它们的区别作出分辨。也许在大多数情况下

---

① Cf. J. McDowell, "The Disjunctive Conception of Experience", in *The Engaged Intellect*, Harvard University Press, 2009, p.231.

我们弄不清楚它们的区别，但在一些情况下，我们往往会意识到幻觉，我们有能力发现，一个物体是因为幻觉而显得是红色的和一个物体的确是红色的。

第三节　反私人语言论辩中的问题

在涉及感知的感觉材料这种主观个人的内在经验之物时，一个不能不提的理论论辩是后期维特根斯坦的反私人语言论辩。一般认为，维特根斯坦的反私人语言论辩有一个清楚的论题：即它的根本目的是揭示感觉材料这种主观的或个人的内在经验之物一旦与语言的表达联系起来考虑就会陷入无法表明其意义的悖谬之中，因为语言的意义由词语的使用规则决定，语言无法真实地或真正地把内在感知经验表达出来。因此，一般认为，这带来了一个典型的维特根斯坦的反私人语言的逻辑：

（1）决定词语的使用规则决定了一个词的意义。这意味着：

（2）在这个规则中必须对正确地使用规则与错误地使用规则有所区分：

（3）如果一个词要表示个人的感觉，那么，正确地运用了规则还是错误地运用规则，就不存在任何区别。因此，从（2）和（3）推论出：

（4）如果一个词的目的是指示私人的感觉对象，那么，它就没有遵循真正的规则。因此，根据从（1）到（4）的推论：

（5）如果一个词的目的是指示私人感觉对象，那么，该词就缺乏意义。①

这里的第（3）条指出了在私人感觉领域运用规则的悖谬。因为既然私

---

① H. Robinson, *Perception*, Routledge：London and New York，1994，p.96.

人感觉是个人的，那么，我们指向它的语言就很难说它是遵循某种语言使用规则还是没有遵循规则（讨论它必然会陷入这的困境）。这就是说，如果一个词是用来指示私人的感觉对象，那么也就不存在正确地使用还是似乎是正确地使用的区别。① 人们对第（1）条的理解似乎没有什么争论，语言的使用有它的规则，即它必然有一个遵循规则的前提，但这条规则也有多余的感觉，我们不可能按照自己的喜好使用语言，这似乎是老生常谈。这里的第（2）条很好地说明了第（1）条中遵循规则的一般意思。关键的还是这里的第（3）条，如果一个词用来指示私人的感觉对象的，那么也就不存在正确地使用还是似乎正确地使用的区别，而这同时也意味着，如果不存在是否正确地使用一个词的情况，也就不存在是否正确也遵循一种规则的情况。最富有争论的是这里的第（5）条。我们或许可以这样认为，维特根斯坦在这里是使用了归谬法来表达他的意思，即表明他认为私人语言不可能存在的命题。它暗示着，讨论私人语言的真实性问题可能不会受到任何限制（怎么谈都不存在对错），因为这里似乎根本不存在一个可以用衡量或限制讨论的标准。因此，在这个领域不存在真正的有意义的推论。

但关于维特根斯坦在解决私人语言的悖论方面持何种立场也存在不同的理解。对维特根斯坦的立场的解释有两种基本观点：一种较弱的或传统性的观点是，维特根斯坦承认个人的内在感知经验在逻辑上作为一种私人对象的存在，他所要表明的只是，我们无法知道其是否具有确切的含义。因为基于感觉材料的证明是不确定的，我们无法知道（无法证明）不同的感觉是不是指向同一个对象。另一种强的观点则认为维特根斯坦坚持一种唯名论立场，他的私人语言论辩的根本目的是想表明，只有表明语言指称的是同一个对象，我们才能表明我们是在谈论一个对象。这就是说，私人的或公共的感觉或语言所指是语言共同体决定的，而语言共同体无法探究私人语言，即无法"进入"由感觉材料所表达的私人的语言，因此，我们必须放弃由该论辩

---

① Cf. H. Robinson, *Perception*, Routledge：London and New York，1994，p.97. 这里的意思也维特根斯坦在《哲学研究》第 258 小节中所表达的观点。(L. Wittgenstein, *Philosophical Investigation*, Oxford：Basil Blackwell，1958，p.92ᵉ)

显示的整个问题，完全回到语言理论，探究语言的世界所可能有的描述的功能特性。①

强的解释导向的是行为主义和物理主义，它的完全的选择性的性质（它已把私人语言排除在外）超出了可解释或需要解释的范围。而弱的解释则保留了私人语言（作为逻辑上存在的对象），试图寻求一条针对私人语言的语言释义的方法。最有影响的弱的解读无疑是克里普克的社会构造论的解读。该解读认为，维特根斯坦展开私人语言论辩，目的是揭示个人感知（私人语言）的不可传达性和无意义，以及显示语言共同体的语言交流在形成和判定意义方面的重要性（在摆脱怀疑论方面）。因此，维特根斯坦表明了这一点：个人不可能表达某种感知或拥有某种命题态度，除非个人把自己的感觉和思想置入语言中，遵守语言使用和交流的规则。从某种意义上说，不管这样的解释是否符合维特根斯坦的本义，弱的解读似乎有一个好处，即它避免了不能解释或没有解释的尴尬。

但这种弱的解释能站得住脚吗？这里存在的一个明显问题是：这样的解释有重回幼稚实在论的危险，因为它必须假定我们的经验感受性是真实的，不管是关于外部的知觉还是内部的知觉，它必须否定我们会陷入幻觉的可能性。可以肯定的是，逻辑上的私人对象不是一个容易讨论和分析的领域，如果我们希望探究这一领域，必然面对种种悖谬的情形。这也正是它被称为一个"逻辑上的"存在的领域的缘故。但一个"逻辑上"存在的对象似乎表

---

① 从维特根斯坦的一些言论来看，有理由认为他坚持一种严格物理主义的立场。比如，他不相信"我牙疼"这句话能有任何的真值或客观意义。他显然断然否定了第一人称表达的个人的感受性经验。即使在公共语言中人们可以听懂这句话，但也无法判定它到底是真的还是假的。但在具体讨论他的私人语言的问题之前，有一个问题要首先弄清楚，即维特根斯坦的私人语言论辩的目的是什么，它要证明的是什么。的确，一般的看法是，维特根斯坦的目的要证明，逻辑上的私人感觉对象是不存在的，因此从根本上说，在人们的语言实践和经验生活中，没有私人语言的存在的可能。如果这种解释是正确的，那么，维特根斯坦就是一个行为主义者，或者与否定了私人的主观领域的存在的顽固的物理主义者无异了。但也有证据表明，维特根斯坦并没有在意识中排除逻辑上个人的领域的存在，而是认为逻辑上私人领域中感受性经验的真实性是在公共语言的使用中来判定的。如果这样理解，维特根斯坦就并没有否认逻辑上的私人领域的存在，只是强调私人领域依赖于公共领域（个人的感觉材料有赖于通过公共的语言交流的使用）。

明，它必然会有它存在的某种性质，关于这个领域的讨论和哲学探究不是无的放矢的，这里存在一个真实的领域，它有它自身特定的性质。如果是这样的话，那么必然存在指示和描述这个领域的正确的和错误的方法之别。这意味着，我们至少可以对逻辑上的私人领域的基本性质作出说明。但这样一个私人的领域如果是可辨认的，即意味着它具有某种特殊性质能被辨认出。克里普克的弱的解释提供了一个研究的视角。按照克里普克的独特理解：词语的意义是由规则决定的。规则决定了我们可以前后一致地使用词语。遵循规则就是以同样的方式使用一个词，以及确认作为使用一个词的标准的同一个语境。这常常意味着，辨认同一个事物和同一个所要指称的对象。因此，要确定一种意义和要求有做同样事情的标准，以及有能够判定同样的事物。

在解决这个棘手的问题时，克里普克提醒我们注意的是，归根结底，是私人理解规则的问题，而不是理解私人语言的问题。遵循规则本身带有私人的性质。我们对规则的理解是内在的和心智的或私人的。他认为，维特根斯坦为此考虑了以下情况：如果在某些情况心智或某种内在性构成了我们对按规则使用词语的理解，那么，要么我们完全为词语吸引，按词语的字面意思理解，要么是特别留意按照适当的方法运用词语，即在我们使用某个特别的词时，按照"做相同的事"的原则，按规则适当地使用它。在考虑适当地使用某个特别的词语时，某种直觉抓住了我们，使我们按直觉去理解"做相同的事"的规则。因此，维特根斯坦排除了以下三种情况：我们运用的解释不是我们所理解的；我们不会去运用我们的理解力；我们的心智是有限的，因此，我们心智直观把握的内容不可能决定可以在不同情况下使用的规则的内容，按照语言使用能力，它无法完全确定什么是做同样的事。①

我们完全可以这样认为，理解一个规则并不是由心智的或内在决定的。克里普克认为，维特根斯坦还考虑了下述可能性：由于意义要求有"做同一种事情"的标准，而且这里的标准不可能是内在的，因此，"做同样的事情"的标准就必须由社会实践来建构。拥护一致的所有判断的正确与否，只能是社会一致同意的结果。也正因为如此，"认为是遵守一种规则并不是遵守一

① Cf. H. Robinson, *Perception*, Routledge：London and New York, 1994, p.106.

种规则。因此，不可能'私下地'遵守一种规则：否则，人们认为在遵守一种规则就与遵守一种规则无异了。"①显然"私下地"或"私人地"遵守规则并不一定是遵守规则，因为在没有他人的检验或他人的证明的情况下，人们完全有可能把自认为的规则当作规则。它甚至或出现把违背规则的行为当作遵守规则的行为来看待。

克里普克在谈到维特根斯坦遵守规则问题时的一个最著名的说法是，遵守规则的问题的关键是，一个人怎么证明自己的行为是符合规则的，如果缺少他人的认可，自我证明是行不通的。这就像在算术演算中，我怎么表明我使用的加是普通的加，而不是克里普克的加。只有在我知道错误（违背规则）的可能性是什么，而他人也指出存在这种错误的可能性是什么，才能表明我的表达遵守了一种规则。证明一个独自表明的表达是遵守了规则还是任意的或主观的，最好的方法是求助于意义使用中的惯例或借助他人的批评性的检查，除此之外，别无其他方法能表明哪一种规则实际上被运用了。传统哲学的内在论的证明，即用一种规则证明另一种规则的方法会带来规则证明的无限倒退，它本身亦是一个悖论。维特根斯坦提出不能私人地遵守规则已非常清楚地表明了他的观点：只有在意义的使用过程中我们才知道什么是遵守规则，内在的规则证明不能证明这一点，个人也无法独自证明这一点。

与克里普克关于后期维特根斯坦的私人语言的解释相似的，还有包括从达米特、赖特、布兰顿到哈贝马斯等人所持的观点。他们的解释都认为，维特根斯坦的方法是把可作出比较的句子或词语的意义，看作是从不同实践者言语行为的对话中显示出来的。"句子的意义并不是心灵之物"，它只是一种存在于语言中的东西。因此，去了解一种意向性就是去了解句子在一种语言系统中的作用。这也就是说，实践者隐含的知识（意向性内容）只有通过语言才能表现出来。但隐含的知识不仅仅是"隐含的"（如果它仅仅是隐含的，我们就不能称它为一种知识），它还是一种可显示的（manifest）知识。在《哲学研究》的某些段落，维特根斯坦把对语言的掌握视为一种心灵的意向的显示的条件（否则我们将不知道何为心灵意向），即我们心灵中的记

---

① L. Wittgenstein, *Philosophical Investigation*, Oxford: Basil Blackwell, 1958, 202, p.81ᵉ.

忆只能通过语言来显示；没有掌握一种语言，我们将不能表达任何意向，我们也不知道什么是记忆。维特根斯坦用下面这个例子来表明，我们为什么不能把一种意向归于没有掌握语言的动物："我们说一只狗害怕它的主人打它，但是我们不说，一只狗怕它的主人明天会打它。为什么不说呢？"① 维特根斯坦这个例子的意思是，在充满了意向性的理解与知识之间存在一种密不可分的关系（由于狗没有"语言的知识"，它就没有"明天"的意向性观念；或者说，即使狗有这样的时间关系的观念，即隐含的知识，它也无法显示出来）。除了假定每一个说话者都隐含地把握了语言的由词语构成的句子用法的规则以外，我们就无法解释他理解和使用语言的事实。②

　　一般认为，支持这里的弱的解读的社会构造论的证明还有维特根斯坦对传统的意义解释理论的驳斥。维特根斯坦指出了意义解释存在的悖论，即无穷倒退的悖论。③ 维特根斯坦通过"遵守规则"和在实际事例中"按照规则做"的方法瓦解了怀疑论和无穷倒退的悖论。维特根斯坦理论的反怀疑论方法表明了一种共同的实践惯例和主体间性交流形式存在的重要性。如果把

① L. Wittgenstein, *Philosophical Investigation*, Oxford：Basil Blackwell, 1958, 650, p.166ᵉ.
② 一方面，作为具有理解能力的主体（人），他拥有属于他自己的隐含的知识；另一方面，也正因为他是一种语言的生物而不是非语言的生物，所以他又能把自己的隐含的知识显示出来。因此，说话者的理解作为一种意向的表达必然是某种隐含的知识的显示，这里的"隐含的知识"首先是关于语言的知识的。对于达米特而言，这也表明，一个积极的维特根斯坦与完全走向行为主义的消极的维特根斯坦是不同的。但这样说并不是要肯定心理主义；为了避免误解，达米特特别提出了隐含的知识的显示性要求（manifestation requirement）："把隐含的知识归于某人，只有当他在适当的情况下，能够充分把那种知识显示出来，才是有意义的。"（M. Dummett, "The Philosophical Basis of Intuitionistic Logic", in *Truth and Other Enigmas*, Harvard University Press, 1978, p.224）
③ "属于我们的悖论是：没有任何行为的过程可以由规则来决定，因为每一个行动的过程都可以是按照规则给出的。答案是：如果任何事情都可以按照规则作出，那么，作出它们也可以做的是与规则相冲突的。所以，这里既没有符合规则也没有与规则相冲突的事。这里可以看到一个误解，从我们作出论辩的过程中，我们一个接一个地作出解释的纯粹的事实来看，好像每一个解释都至少能给我们暂时的满足，直到我们想到这种解释背后的另一种解释。这些事实表明，存在一种不是用解释来把握规则的方法，它显示为是一种我们可以称之为'遵守规则'和在实际事例中'按照规则做'的方法。"（L. Wittgenstein, *Philosophical Investigation*, Oxford：Basil Blackwell, 1958, 201, p.81ᵉ）

规则性的惯例理解为某种事实性的东西会受到怀疑论的驳斥，它必然会遁入内在论证明之无限倒退悖论之中，那么，只有表明我们遵守的是实践惯例中的"同一个"规则，怀疑论就不存在了。但一方面必须把自己的意义表达向他人传达、接受他人的批评性意见，另一方面必须表明它可以获得意义的共识，即为他人所承认。这里的实践惯例始终是主体间性的，而不能是事实性的。维特根斯坦由此表明，解决怀疑论和证明的悖论的方法不能离开一种主体间性。规则的主体间性意味着规则是一种共识的结果，它的有效性是由不同的实践者相互认同决定的。缺少相互认同或相互检验的过程，我们就不能说某种规则是主体间性的，即我们就不能说存在"同一个"规则。缺少这种主体间相互的遵守规则的可能性，单个的实践者甚至不能有规则的概念。

从表面上看，与强的解读完全不同，弱的解读导向了语言的社会构造理论，但这两种理解方式又有一个相同的方面，即它们都从客观化的感知模式的角度理解心灵与世界的关系，或者说它们都假定或接受这样一种没有概念的自发性参与的感知模式，因为它们都没有从意义的表达上理解心灵与世界的一种"可表达的"感性的性质，这就是说，它们都缺乏具有概念自发性参与其中的世界的感知感受性关系（它们把"客观的"东西理解为是与心灵或思想概念不同的另一个东西）。唯一不同的是，弱的解读认为我们可以在客观化模式中为概念表达的东西建立客观的显示方法；而强的解读则以彻底的还原论的方式否定了任何与描述性的经验感受性不同的表达。在上一节的讨论中我们多少已看清了彻底的还原论的物理主义和行为主义的弱点及其理论悖谬。从这个角度看，把维特根斯坦的私人语言论辩拉向这一领域的意义非常值得怀疑。但这里寻求意义的客观性的社会构造论理论又会如何呢？

有一点是清楚的，从社会构造论的客观化感知对象的模式角度看，这里明显地存在一个意义的重建过程：后期维特根斯坦通过揭示私人语言的不可能性打破了个人直接的感知经验的意义，而相关的反私人语言论辩则予以了重建，它构建了解决私人语言的特殊方法。这一理论释义认为，维特根斯坦在其关于私人语言论辩中，把感觉材料完全视为私人的东西，他给了感觉材料的真实性或客观性以毁灭性打击，他认为，感觉材料不可能是语言的指称对象，因为它不是思想和意识的对象。维特根斯坦的论辩显示了一个关键问题，即如果感觉材料就是一种逻辑上的私人对象，那么作为公共交流工具的语言是不能讨论它的，除非我们遵守语言的理解和表意的内在规则。但弱的解读也暴露了其明显的矛盾，即它在肯定私人语言（个人的感知感受性）的存在的同时又试图把它还原为非个人的东西的矛盾。这样的还原论实际上从根本上剥夺了个人内在经验作为一个独立领域的存在。它通过"逻辑上的私人对象"所要表明的不是内在经验的独立性，相反，它所要表明的是，内在经验是不真实的（尽管它存在！）。由于接受了客观化的感知模式，弱的解读尽管保留了私人语言的领域，但还是自相矛盾地把内在的感知感受性视为需要额外的"外部的"程序加以证明的东西。在下一节中我将具体讨论麦克道尔通过对此种客观化的感受模式的意义重建计划的反驳，对这里的问题所做的回应。

第四节　自我指称的经验实在性

康德认为，自我在思考时，必然是一个伴随着其所有表象的我。但在笛卡尔的模式中，处于范畴之下的意识的统一性，被错误地等同于把作为主体的自我当作客观对象来思考或直观的活动，从而把这里的自我视为一个实体性的东西。在先验演绎中，康德提出的论点是，理解经验的可能性是内在的，因为对经验实在的把握有赖于主体有能力自己对经验实在作出描述，因此它有赖于主体的自我意识。康德意识到了认知的被动性，即它有赖于经验的直接感受性的一面，他看到，对经验实在的感知能够有伴随我的所有的表象，如果我们把"我"视为一个可指称的实体，那么"我"在时间的持续中就只是一个完全形式性或空洞的东西。但康德也不同意洛克对自我的理解。洛克把人看作是能把自己视为自我，在不同的时空中能思考和作出反思的人。洛克的人的概念集中在人的自我意识描述上。从康德的角度看，洛克的自我意识只是纯粹的感受性，它没有涉及辨识标准的运用或意识与标准符合的问题，即没有涉及在时间中持续的"意识"中，一种辨识性知识的显现。辨识的要求说明了这里需要一个伴随着我的所有表象的"我"，而洛克的自我意识在走向另一个极端的同时又失去了自我的主体。自我并不需要具体集中在某个对象之上，而是运用辨识标准对不同的事物进行感受性的认知。而洛克式的意识流流动则没有如此的方式。康德在批评洛克的意识概念的同时，也把自我意识与笛卡尔的"自我"的反思（我思）区别了开来：对于康德而言，自我意识是与世界的意识相互关联的。至少从康德的论述中还是能发现，只要把自我意识置于更广泛的语境中来理解，而不是把它视为纯粹的自我指涉的、纯粹自发性的自我，自我或自我意识就不是一个纯粹形式的东西。"我"并非像笛卡尔哲学所认为的是一种实体性（具有自我指涉的同一性）的东西。作为自我指涉的实体性的"我"与直接经验或感受世界的主体的"我"是完全不同的。康德清楚地指出，在不同时间中的自我的同一性意识，仅仅是我的思想之间的融贯性的一种形式性条件，它根本不能表明作为主体的我的各种具体特性。① 康德并不打算否定笛卡尔的我思的自我意识，但他认为，自我意识并非笛卡尔的"我思"，在他看来，超验的自我意识是摆脱笛卡尔的"我"的具体对象性的唯一方法。康德先验的自我意识是没有实质上的对象出现的，因为他看到了笛卡尔的自我深陷经验观念论的谬误之中：笛卡尔的自我面对的是个别具体的事物，它处于笛卡尔的广袤的或几何式的形体的世界的关系中，而这正是康德的先验自我意识所要去除的一种关系。康德要问的是，如果我们的自我开始于几何式的对象的广袤性，那么它又如何能够回到作为纯粹思维原点的我？

但康德要真正走出笛卡尔的自我，他就必须表明，思想和对象性意识是具体存在的人的思想的对象性意识。但由于康德坚信，认识的概念能力是非自然的东西，因此，康德在对笛卡尔的自我概念进行"祛魅"之后，并没有为自我与世界的认识的关系提供一个令人满意的解释。康德的观点是，我们对世界的认识的感知性经验连续体，是完全不同于我们作为具体生命存在对世界所做的感知。

康德的意图是表明知识的先验的性质：他力图从意识连续体的一般事物

---

① Cf. I. Kant, *Critique of Pure Reason*, Translated by N. Kemp Smith, Macmillan and Co, Limited, 1929, A 363.

的感受性的持续中演绎出抽象形式，即表明，所有的先验的自我意识都先于直观材料。① 但康德很难一方面坚持知识的先天性，另一方面讨论主体的感知的接受性。这就像他不能既批评笛卡尔的自我，同时又把自我视为具有某种先验的内在感受性的东西。另外，我们也可以说，康德既不能拒绝洛克的意识连续体，但又把主体看作是一个具有世界意识的主体。但麦克道尔也肯定了康德式的自我的指称功能，康德指出了作为陈述者的"我"在作出陈述时已经走出了笛卡尔的"我思"的自我意识的悖论（把自我当作思维的客体的悖论）。因此，必须结合语言陈述的实践去考察"我"的指称表达。

现代哲学在这个问题上并没有真正走出康德理论的混乱，它在这个问题上仍然陷入有关自我是什么的不确定性的疑惑中。后期维特根斯坦哲学之后的私人语言论辩的核心问题也与这个问题有关：是否存在一个笛卡尔意义上的我？那种非经验的直接的"我"？在关于这一问题的当代讨论和解答中仍呈现为一种对立：要么把笛卡尔的自我指谓功能完全加以排除，要么仍接受笛卡尔的出自直接的（纯粹的）自我的指谓功能。而安斯康博在其关于自我的著名的分析和讨论中保留了某种笛卡尔式的直接的自我。这就是说，安斯康博的观点仍带有笛卡尔非中介的纯粹的"我"的观点，尽管她也否认笛卡尔的纯粹的"我"的概念，但仍然认为"我"若要成为一个指称表达的主词，它必须表明自己具有直接的概念。在这个问题上，麦克道尔站在一种中间立场上，即站在了他认为的正确的康德的立场上。麦克道尔认为，笛卡尔的"我思"的概念的错误并不是它假定存在一个纯粹的或无中介的"自我"，而是认定存在一个自足的自我意识，从而把判断的语义性质归于这种自足的自我意识。② 这里的问题涉及一直以来经验主义与理性主义关于自我作为一个指称的主体到底是什么的争论。自我是自我指涉的，还是根据某物（表象杂多）进行指涉？康德在批判笛卡尔的"我思"的概念时已经指出，"我"不能把主体（我）当作一个客体（对象）来思考，"我思"只能是一种伴随

① Cf. I. Kant, *Critique of Pure Reason*, Translated by N. Kemp Smith, Macmillan and Co, Limited, 1929, A 107.

② Cf. J. McDowell, *The Engaged Intellect*, Harvard University Press, 2009, pp.192-193.

我的所有表象的思维，因此"我"是不能指称的。理性主义的心理学谬误是认为这里的"我"是可以指称的，似乎我们可以直观一个作为客体的"我"。在麦克道尔看来，这也是斯特劳逊在回应康德的相关论题中已经提的一种思想。不存在自我同一性，因为没有任何标准可以帮助我们确定它的存在，即使在言谈和思想中，我们也没有类似的标准可以帮助我们确定那个纯粹的"我"的存在。作为自我的个人的"我"，同时也是一个"他"，我们可以从第三人称的角度去审视"我"，这就是说，作为第一人称的"我"，同样是作为第三人称的"他"。

毫无疑问，维特根斯坦的私人语言论辩是针对处于自我"内在"的领域的前概念的感觉意识或经验的，即私人语言这个内在的经验的领域，但维特根斯坦并未因此否认自我的内在经验的真实性。麦克道尔认为，维特根斯坦在私人语言论辩中指出了类似的矛盾：像"我牙疼"这类私人语言，如果仅仅是基于某种前概念的行为（疼痛的外部表征）才能理解的语言，那么它就显然与带有概念的普遍性语言（具有一般的意识的普遍性）相矛盾，因此，私人语言不能是概念性的一般语言的基础（我们不能通过它来理解一般语言或由它构成一般语言的意义基础）。但问题是，我们根本不能判定有某种前概念的感觉的存在。这是一个带有自反性的命题。意识内容并非像从表面上看的那样是一种前概念或前语言的东西。"我牙疼"，从表面上看是前语言的私人语言，但实质上并非如此：如果"我牙疼"实际上关于某物的意识（它无疑是关于某物的意识），它实际上已经动用了概念，是一种运用了概念的意识（concept involving awareness）。[1] 但说一种意识"运用了"概念，并不是说作为一种个别性的感觉就不存在。在麦克道尔看来，当维特根斯坦说"某个东西"并不能在语言游戏中扮演一个角色，关于感觉，我们甚至不能说这里不存在什么，因为根本不存在是否存在某物的问题，[2] 他所要表达的意思是：一方面，没有什么脱离概念而存在的、作为概念之基础的个别的东

---

① Cf. J. McDowell, "On Strand in the Private Language Argument", in *Mind*, *Value*, *and Reality*, Harvard University Press, 1998, p.283.

② Cf. L. Wittgenstein, *Philosophical Investigation*, Oxford：Basil Blackwell, 1958, p.100ᵉ、p.102ᵉ.

西；但另一方面，即使我们无法确定某种感觉意识（比如"牙疼"这样的内在意识）为个别性的东西，但个别性东西也仍然存在。比如，"我牙疼"在这个意义上它仍有一个指称对象，特别是，它不能理解为与概念式的谓词性判断分开的意识。

从这个角度看，后期维特根斯坦释义中的现代自然主义的观点是非常成问题的。一旦我们片面地把社会共同体的语言实践置于一种绝对本体论的位置，我们必然会把自我的个人的感觉意识仅仅当作神经生理上的现象，从而否认它具有谓词般的指称性（感觉或意识到什么），并因此把任何谓词性的指称视为社会性的。现代自然主义的社会语用学的模式至少有一个明显的矛盾：社会性的指谓实践成为了一种完全没有个体性的意识的实践：个体性的意识在社会性的对话中完全消失了。如果断言是由社会证明其有效性，而不是个体所表达的内在表征来证明，那么，情况必然是这样：作为感性存在的人（sentience）的特性彻底被忽视，而人只被等同于理性的人（sapience）。麦克道尔认为，维特根斯坦的"牙疼"论辩并没有这层含义，即他并没有试图以"牙疼"的私人性质或感性的感觉性质为由，否定感觉意识的真实性（它的指称性质）。无疑，维特根斯的私人语言论辩是病理治疗式的，但它的治疗病症是传统认识论中由来已久的信念迷幻，即那种认为类似于"牙疼"的个体性的感觉意识是一种自明之物的幻相，其最终的目的是消除感觉意识可以是概念性认识的根据的幻觉。

按照麦克尔的理解，在私人语言论辩中，维特根斯坦感兴趣的是命题态度，以及如何处理感觉材料的麻烦性。就感觉材料而言，它的麻烦性是：一方面它是真实有所指的，另一方面它又仅仅是一种私人性的感受。这一麻烦在现代哲学习惯性地区分感性的人与理性的人的认知模式中被无限放大了。这不是说我们不能区分感性的人与理性的人，而是说，现代哲学误解了理性在感性生活中的作用，因而使我们陷入了对感性理解的迷惑当中：我们产生了我们可以区分概念意识与前概念意识的幻觉。我们也由此习惯性地把感性与理性视为两个不同的问题域。维特根斯坦希望我们注意，处于理性空间中的心智的生活，即所谓理性的生活，并不缺少传统认为属于心灵哲学的内容。

麦克道尔认为，通过分析"自我指涉"，可以表明存在一种"自我"与命题态度不可区分的紧密关系。根据维特根斯坦在《蓝皮书》中的看法，"我"（I，my）有两种使用方式，比如，"我摔断了胳膊"或"我长高了六公分"，以及"我看到事物如此这般"或"我认为天会下雨"。前者是"我"作为一个对象来使用（客观的用法），而后者为"我"作为一个主体来使用的用法（主观的用法）。可以有两种方式来区分这两种不同的表达类型，第一种范畴包含了对某个特定的人的承认，尽管在这种情况下有出错的可能，或者说在这种情况下它本身提供了某种出错的机会，比如在一起事故中，我可以说我伤了胳膊，我觉得胳膊疼，看到胳膊撞断了，认为这是我的胳膊，但实际上是我边上的人的胳膊。我可能在镜中错把别人额头上的肿块误认为是自己的。当我说"我牙疼"，人们也很难辨别你是否感到牙疼。但如果问"你能肯定牙疼的人一定是你吗？"这无疑是毫无意义的。这里的事实表明，我不可能把自己的疼痛误认为是他人的疼痛，就像我也不可能错误地为他人的疼痛呻吟一样。一种是客观描述性的（长了多高），一种是主观判断或感受的（我认为，天会下雨，或我牙疼）按照维特根斯坦的理解，"我牙疼"这样的陈述与某人因疼而发出呻吟声并不没有什么不同。因此，不管在什么情况下，我作为一个主词来使用，并没有指涉某个特定的个人。我这个主词决不可能表明它使用的词语所表达的东西指谓了事物的性质。这也就是说，"我牙痛"这句话只表达了一种情绪，它并没有指谓任何事物的性质。维特根斯坦肯定了"我"的描述性的用法，即承认它指称某物，他只是否认"我"主观的用法的指称的确实性。安斯康博尔把"我"的第一人称的主客观两种用法都否定了，但麦克道尔拒绝接受这一观点。① 麦克道尔用斯特劳逊的观点来支持第一人称的表达（主观的用法）同样可以是一种指称表达的观点。

麦克道尔也试图从人类经验实践史寻求答案和证明。我们可以说人类与动物分享一种相似的感知，比如有关事物的第二性质上（颜色、气味和温度等），但它们又有本质的不同，人类是以一种特殊的方式拥有类似动物的

---

① Cf. J. McDowell, *The Engaged Intellect*, Harvard University Press, 2009, p.190.

外部感知的，而这种特殊类型的感知是带有概念的自发性的，这就是说，人类并不是简单地使用它的感知，尽管我们的经验是通过对事情是如此这般的内容概念性的处置，使自身向实在的自我呈现开放。我们的思想受制于实在的自我呈现的特性，感受性这一概念能保证我们的经验不是与实在毫无关联的（如果我们正确理解这一概念的话），但感受性与被给予的神话不同，自发的概念能力贯穿于整个经验的判断和感知的过程中。只有概念内容才能充当一种证明的角色，即只有概念内容能成为我们信念的根据。动物没有概念表达的能力，因此它不可能在其感知中运用概念能力，人类虽然与动物分享同一种类型的感知，但因为人类有概念能力，它能在感知中把概念能力表现出来。因此，感知与概念并不是分离的两个独立阶段，从人类学或发生学的角度看，人类的感官是适应外部世界进化而来的，但这一过程又不是一种简单的被同化的过程，这就是说，自我始终是作为一个实在的主词而保有其概念思维的自发性。自我本身并不是自然的自我显现的结果，而是在概念的自发性的参与中感受世界。自我的感受性经验不仅是我们的关于世界的一种经验，也是向世界的一种开放或世界向我们的开放，它表明世界与经验的一种同构关系。这一同构的关系既驳斥了怀疑论又避免了理性主义的纯粹自我的概念。

麦克道尔在这个问题上始终坚持一种直接实在论的解释，即他对感知给出的是带有意向性的感知感受性的解释。麦克道尔始终认为，感知感受性本身就可以既是感知的（一种对象性的意向性意识），又是概念的（一种意向性的判断）。看起来是属于内在经验的或外部世界的"事情是如此这般"的描述实际上是经验的概念内容。这里的经验感受性是与概念能力结合在一起的，即一种带有概念思维能力的感受性，因为属于自发性领域的概念能力早已在经验中发挥作用了。[①] 虽然我们在犯错时，我们可以发现实在是在思想之外的独立存在，但这不能理解为思想与实在是分离的。实在作为某物（事）之为某物（事）的存在，又表现为它正是我们所谈论的某物或某

---

① Cf. J. McDowell, *Mind and World*, *with a new introduction*, Harvard University Press, 1996，p.24.

事。这也就是说，如此这般的事物在一个人面前的显示（mere appearance）不同于以可感知或可感受性方法呈现于某人的显示（perceptually manifest to someone）。麦克道尔认为，这两种事物显示的方法是有根本的区别的。[①] 描述的经验仅仅是显示的，但在感受性的呈现，亦即一种析取的模式中，情况就不完全如此，它们并不仅仅是有关对象的一种显示。在这种情况下，事物是被呈现于我们的，因为概念的自发性融入这一对象的呈现过程当中。这意味着，不存在经验主义者、怀疑主义者或还原论者所认为存在的不带概念自发性的客观感知模式，自我的指称具有经验上的直接实在性，有关对象事物的自我的个人经验就是有关对象的事实，而不是假象。

① Cf. J. McDowell, "Criteria, Defeasibility, and Knowledge", in *Meaning*, *Knowledge*, *and Reality*, Harvard University Press, 1998, pp.386-387.

第五章　第二自然的自然主义

　　麦克道尔的经验主义（关于内在经验的真实性的讨论）以更为明确的方式分析了经验发生的现象学上的实在性和原发性，而他针对外部感知的实在性的论证目的是打消普遍存在于分析哲学中的那种"经验内容"似乎是重要的或不可或缺的，但又难以表明其是实在的焦虑（推理主义和融贯论以一种反向的方式来打消人们的焦虑）。但由于现代自然主义的影响，经验的纯粹观察与概念的对立和冲突并没有任何缓和。另一方面，塞拉斯和戴维森固执的推理主义方式还加剧了这里的对立和冲突：塞拉斯和戴维森都认为，理性的逻辑空间是独特的或自成一体的，它与由自然科学的描述或定律规定事物的逻辑空间不同。

　　不能不承认，现代自然科学已经给了我们一个关于我们和世界的图景，传统意义上的从规范的角度审视和理解世界的方式受到极大的冲击。面对这样的情形，哲学所要回答的问题是：我们今天的世界还有什么不能还原或同化为自然科学所理解的规范事实？即还有什么意义和价值的规范理解仍然与理性的规范理解分不开？在回答这里的问题时，现代哲学和认识论陷入了极大的争论之中。今天认识论的状况很难把作为理性主体的我们的认识的基本特征说清楚，实际上，它似乎还在无意中促进理性与自然的对立。在自然科学观念的冲击下，世界的概念完全表现为一个自然因果的世界，或者说一个自然法则的领域（Realm of Law），这是一个缺乏任何意义和理解的"自然的"世界。在今天的哲学和认识论中，严格的自然主义接受了这一世界的概念，比如，类似蒯因的排斥任何非物理的理性规范释义的自然主义。

今天的哲学和认识论中的不同声音是，物理的理性规范释义必然会带来明显的理论问题：一旦意义、意向性以自然科学的方式来理解，人们自康德以来一直坚信的人的理性的自发性（spontaneity）便成为一个不能被理解或不再存在的概念。这就是说，物理的理性规范释义方式根本不能用来解释带有自发性行为的思想。就像戴维森所认为的，由合理性构造的理想制约的概念与规范的科学制约的概念是完全不同的，或用塞拉斯的话来说，这里存在两种完全不同的逻辑空间：在自然科学取得了特殊理解的逻辑空间与理性的空间。这两种空间是不能相容的，因为在理性的逻辑空间中，存在的是一种特殊的理解。但不管怎么说，现代自然科学的世界图景似乎已实现了它的一个根本目的，即实现了对世界去魅化的目的。在这样一种去魅的世界中，如果对世界理性的规范理解，真的像塞拉斯和戴维森认为的那样，作为一种理解只能处于独立的（自成一体的）理性的逻辑空间中，那么，这种理性的逻辑空间的存在只能进一步加剧理性与自然的冲突。更糟的是，这里的对立还有可能暗示，理性与自然的对立是不能取消的，我们将永远处于自然科学所展示的自然法则的现象（自然）世界与理性的逻辑空间所理解的世界夹缝中。

面对世界自我理解的困境，出现了一些同样被称之为"自然主义"的思想，它们的根本目的是揭示理性与自然的对立对世界的自我理解的危害，并在自我批判的过程中寻找走出困境的方法。我们可以把麦克道尔的第二自然的自然主义视为这种自然主义的一种。我将首先讨论现代自然主义不同表现形式，并由此转向对麦克道尔关于现代自然主义（客观自然主义）所带来的不真实的后果问题的讨论；然后我将讨论麦克道尔的第二自然的概念，以及麦克道尔的自然主义本体论作为世界的自我理解的前提的意义。

第一节 自然主义之累

尽管今天有许多哲学家都被认为是自然主义者，但其实他们的自然主义的概念是有很大不同的，这就是说，他们对"自然"一词的理解有很大的差异。一些评论家把仍试图寻求世界理解的统一性，即寻求将自然科学的世界解释与理性概念的世界解释统一起来的自然主义称为客观自然主义，而把那些认为根本不存在统一的问题的自然主义称为主观自然主义。① 对于客观自然主义而言，"自然"这个词主要指世界理解的客观性，它与自然科学对世界的理解一样带有世界指称的意义；而对于主观自然主义而言，"自然"这个词则指人类在其自然历史中对自然的应对方式。客观自然主义可以细分为自然科学的自然主义与还原论的自然主义。

科学的自然主义相信，所有生物有都受制于生物学的内在规律，人及其社会和文化制度也不例外。如果说，生物有机体是在面对一个有限资源和地域空间的世界中通过相互竞争来完善自己的有机体自组织构造，从而由低级的存在形式向高级的存在形式发展，那么，人类及其社会和文化等自组织形式也是如此。人类的行为意向、社会和文化等机制的建立无不是从适应环境的功能性要求出发的。因此，这种进化论认为，从一种纯粹功能性或实用的角度去理解人的行为意向、社会和文化等制度性机制的现实作用才是正确的。现代自然科学加强了这种印象，即使人与一般的自然存在物不同，但它也没有什么特殊的方面。韦伯在表达他对现代自然科学的看法中已经指出了这一点，他的"祛魅"（disenchanted）的概念揭示了现代自然科学对自然理解的变化。现代自然科学只是从自然科学的角度理解自然，因此，对他们而言，智慧并非一种与自然不同的东西。自然科学对自然的理解带来观念上的冲突，因为一旦我们从理性的逻辑空间角度来理解自然，所得出的结论会完全不同。

还原论的自然主义亦即麦克道尔称之为的"贫乏的自然主义"（bald naturalism）。② 这种自然主义并不直接否定自主性的概念，而是通过揭示具

① Cf. Huw Price, "Naturalism without representationalism", in *Expressivism*, *pragmatism and representationalism*, Huw Price with Simon Blackburn, Robert Brandom, Paul Horwich, MichaelWilliams, Cambridge University Press, 2013.

② Cf. J. McDowell, *Mind and World*, *with a new introduction*, Harvard University Press, 1996, p.73.

有自发性能力的主体性的活动如何发生于客观的领域，从而把它还原为或显示为与科学法则的领域不矛盾或相似的东西（亦即可以用自然法则来解释的东西）。这种自然主义认为，我们可以不必否认自发性的存在，但必须把自发性置于自然科学所描绘的领域中来理解，即我们可以通过使用出自自然科学的概念来重建理性的空间。

还原论的自然主义不仅在 19 世纪的实证主义思想中得到了充分体现，而且也是后来的各种激进表述形式的代名词：后经验主义（认知科学）、自然主义伦理学、极端的行为主义以及社会生物主义。还原论的自然主义是出自哲学传统内部的一种科学主义思想，它是哲学中反形而上学传统的激进化：它试图把哲学的一些原本属于形而上学范畴的问题彻底还原为自然科学的方法分析的问题。

还原论的自然主义既反对有关世界的超验的本体论解释，也反对任何意义上的有关人、历史和文化的超验解释。因为它认为，既然世界原本就是一个自然存在物，那么，它就是受制于自然因果律，我们对它的解释就必须像对待任何具体的物理对象那样，采用实证的科学的因果认识方法，而不能随意采用任何形而上学的或理性的因果分析方法（本体论或目的论的）。因此，必须把人、历史和文化也同样视为原始的自然的一部分，我们同样应该用实证科学的因果认识方法去解释人的行为、文化和历史。① 还原论的自然主义从反形而上学的合理动机走向一种唯科学主义的态度，而科学的自然主义则是从探究人类及其文化与自然的亲和性关系而走向一种功能主义。显然，这两种自然主义在观点上都是较为狭隘或偏执的。

自然主义转向的另一极是主观自然主义。对于主观自然主义者来说，

---

① 由此看来，麦克道尔把还原论的自然主义称之为"贫乏的自然主义"是有道理的，因为它尽管并不直接否定自主性的概念，但它通过揭示自主性的主体性活动如何发生于客观的领域，从而把自主性的主体性的活动还原为或显示为与科学的法则的领域不矛盾或相似的东西（亦即可以用自然法则来解释的东西）。这种自然主义认为，我们可以不必否认自主性的存在，但必须把自主性置于自然科学所描绘的领域中来理解，即我们可以通过使用出自自然科学的概念来重建理性的空间（J. McDowell, *Mind and World*, *with a new introduction*, Harvard University Press, 1996, p.73）。

不同世界的划分是多余的，"世界"的概念划分是一种哲学式的误导。作为社会实践的一部分科学统一于社会本身之中，我们不能认为这里存在不同的描述世界的语言或不能相互沟通交流的不同的语言模式。按照罗蒂的观点，塞拉斯区分处于理性逻辑空间的世界与处于自然逻辑空间的世界模式是不正确的，或者说是完全多余的。① 主观的自然主义并不寻求所谓解释或语句的真值条件，即客观的自然主义认为我们仍然必须考虑客观的外部世界的指称问题。我们仍然必须像戴维森那样区分被认为是真的和事物实际上为真。客观的自然主义仍然为这一问题担心，因为它始终认为，词语—世界的指称关系是无法取消的，只有明确了这里的关系，才能保障我们的世界解释的客观性。而主观自然主义坚持语义紧缩论，它并不认为存在这样的语义关系，特别是那种能够决定事物的解释为真的语义关系。它认为，只有我们知道词语的用法，就不必去考虑它的语义真值关系。按照罗蒂的看法，实用主义的主张与主观的自然主义是一样的，它们不再认为存在"被认为是真"与"实际上为真"的区别，即不再认为存在某种"使真为真"的真值条件。词汇由其使用的意义确定自身的真假，因此，必不可少的是对词语使用的意义的理解，而不是某种表征式的真值条件。

客观自然主义担心的是，我们的世界理解如何能与自然科学的世界理解一样具有它的客观性；而主观自然主义担心的则是，人类从远古的氏族社会到文艺复兴的理性社会之间的发展如果是一个连续的、没有非理性断层的统一的历史过程。对于主观自然主义而言，把我们视为自然环境下自然存在物的意思是我们不应把自己在行为方式和生理上与一般生物区分开来，即我们不应区分具有"意向性"、"意识"和"表征"能力的生物和仅仅是本能地行动的生物。实际上，问题完全可以这样来想：如果我们说乌贼有意向性意识，而草蜢没有；昆虫可以感受其外部环境，而植物则只能对其环境作出反

---

① 一些对主观自然主义抱有怀疑态度的人可能会认为，日常生活或科学实践本身的趣味并不能替代哲学的概念自发性思维，因此，我们不可能去迎合现实世界的趣味，而应多少保留概念的世界构思，即那种根据语言—世界的真值关系来表明的世界概念。这也就是说，人们有理由认为，主观自然主义者放弃哲学提供规范的世界思维的传统过于偏激。但像罗蒂这样的主观自然主义者则完全不这么认为。

应，那么，我们就应该想想，我们如何能知道这一切，我们就必须从行为和生理上找到确凿的证据和事实来表明。如果我们找不到这样事实和证据，只是说我们做不到这一点，那么，我们就是无中生有地自寻烦恼。

主观自然主义并不认为存在某种无意义的自然发展生成模式，既然我们不能以一种实证的方式明确地区分意义与意图或意识与无意识，那么，我们就该认为事物的存在都有其意义。但传统的哲学倾向于把复杂的生物进化模式视为无目的的。对于罗蒂而言，真正的理论静默主义者也必然是主观自然主义者。一些东西是不能改变的，比如生物存在的基本法则或物质世界的基本构成的性质。我们不可能改变它们，即我们不可能抱这样的希望，它是否留有某种余地，为我们以非物质的理性概念的方式作出理解。理论静默主义承认，像"实在的本性"或"真的世界"这类概念曾经发挥过的作用，但许多这样的词汇今天是完全可以抛弃的。

主观自然主义的统一的自然概念是否是替代先验的理性自然概念的最好选择？统一的自然概念无疑符合常识，但这样的观点忽视了康德观点的一些重要的部分。表征的逻各斯空间（the space of logos）是存在的，经验实在论有理由把世界视为表征的经验所能显示的世界，就像现代自然科学也依赖表征的经验以揭示实在世界一样。从这个意义上说，我们完全没有必要像罗蒂那样对表征的经验抱有怀疑。[1] 尽管完全接受一种休谟式的经验实在论也会使我们得出不正确的世界的概念，因为那样，世界会被完全视为一个没有智性秩序的自然世界。

因此，一种反对意见和质疑是，主观自然主义与客观自然主义都错误理解了自然这个概念。客观自然主义的错误是，尽管我们应该考虑自主性与相关的自然领域的关系，但重要的是，自主性在根本上还是属于理性空间的东西，不能把它置于理性空间之外。我们可以把自然等同于法则，但必须承认，如此考虑和看待的自然是一个完全"祛魅了的"自然（自然科学中纯粹为法则所制约的自然）。还原论的自然主义就是要把理性空间还原为相关的

---

① J. McDowell, *Mind and World*, *with a new introduction*, Harvard University Press, 1996, p.178.

自然的东西。但关键的不是还原主义的意图，而是它理解自然的方式，即它的自然的概念。作为一种贫乏的自然主义，还原论的自然主义把自然等同于法则的领域，因此对它而言并不存在自然的祛魅的问题，自然本身就一直拥有它的可理解性与意义。我们必须看到，被称之为法则的领域的自然是自然祛魅后的结果，但这并不意味它不再拥有理性的空间。这就是说，还原论的自然主义所理解的自然就是一个"祛魅了的"自然，如果它把理性的空间完全排除在外的话。这里的自然主义并不是真正的自然主义，至少它对自然的理解是错误的，一个明显的方面是：还原论的自然主义所理解的自然与理性空间对立。

这里的反对意见导致了开明自然主义（liberal naturalism）的产生。开明的自然主义是经验主义的一种改造形式。我们可以在实用主义那里看到它的某些现代形式。开明的自然主义无疑也反形而上学和理性主义思维，但它并不赞同从纯粹经验的层面解释人类和社会，这就是说，尽管它反形而上学和理性主义的思维，但并不赞同还原论的自然主义的观点。相反，它坚持一种现实主义或历史主义的思维，强调认识与历史的本体论关系。

开明的自然主义也与科学的自然主义对立。如果说科学的自然主义试图用一种纯粹客观的或中立的（科学的）眼光来分析人类的行为（类似于托马斯·内格尔的"没有来源的观点"一词所要表明的那种中立的无视域的"眼光"），它把人当作物体、把人类的行为视为一种在自然秩序中发生的事件：它不仅把人类的行为当作一种非道德的语言所能分析和解释的对象，而且认为，只有通过基于价值中立立场上的心理学或社会学的分析，我们才能真正洞察人类行为的本质，那么，开明的自然主义则坚持这样一种"开明的"观点：由历史和文化的积淀而形成的社会基本价值观念是我们没有理由否认的。尽管形而上学的或出自主体性意识哲学的理性主义的解释是不能接受的（它与人和社会发展的自然本性相差太远），但这并不意味着我们不可以接受下述观点：一些非自然的形而上学（在社会的历史发展过程中所形成的那种超自然的概念框架）基础可用来证明一般的道德选择和道德判断。像建立在历史和社会分析理论之上的有关本体自由的理论、人类所特有价值的直觉能力都属于这个范围。① 因为，开明的自然主义把它们都视为是在历史的自然进程中所产生的"自然的"东西。

开明的自然主义引进法则的概念的意义是，它可以用来限制智性（intelligibility）概念模式的独断性。没有理由认为自然的概念完全受制于智性的概念。因此，开明的自然主义也不同于罗蒂的自然主义：罗蒂在面对自然的法则性逻辑空间与理性的逻辑空间的区别时，采取的是简单地排斥法则的自然的做法：他完全把法则的自然的因果解释视为与理性的逻辑空间相异的东西。但开明的自然主义坚持两者的统一和融合的观念，拒绝放弃认识与自然现象特有的"自然的"关联。

开明的自然主义的重要性同样显示在这方面：通过把思维和认识视为我们生活的一部分，它避开了超级自然主义。开明的自然主义坚持认为，生命的概念就是作为生命存在物的整个活动的概念，因此是一种自然的东西。但对我们的生命中某些东西的描述的确需要理性空间中的概念。我们是理性的动物，我们的生活模式也的确只有理性的逻辑空间的理解框架才能解释。由于存在这种开明的价值观，开明的自然主义带有明显的人道主义的关怀，它要求从人的存在价值及其基本兴趣的角度来理解科学的价值，反对把科学置于人之上。这就是说，开明的自然主义强调人原本早已是一个文化和社会的人，在这一文化和社会的人的基本概念中早已存在一种可以作为我们对社会行为的评价标准的本体论的价值原则。我们既不应该拒绝这一本体论的价值原则，也没有理由拒绝它。否则，我们就很有可能遁入意识哲学的认识论困境之中：把出自意识哲学先验构想的抽象价值原则当作拥有自身的进化或生成原则的具体社会存在的自我评价标准。此外，开明的自然主义也同样否认我们可以凭借任何理性或逻辑的先验概念对基本知识的真理性作出判定，当然，它也否认那种基于主客体契合关系的经验主义的真理论。在它看来，与价值的问题一样，真理性的问题也同样必须从社会或文化的背景下来理解，

---

① 这里关于开明的自然主义一词的含义以及它与还原论的自然主义的对比，参见斯特劳逊的解释（P. F. Strawson, *Skepticism and Naturalism*：*Some Varieties*, Columbia University Press, 1983, p.40ff）。

缺少本体论所能提供的意义维度，我们同样无法对知识的真理性问题作出正确的解释。

第二节　理性与自然对立的后果

今天，面对如何揭示理性与自然的对立对世界的自我理解的危害，并在自我批判的过程中寻找走出困境的方法是一个不容忽视的问题。在这个问题上，麦克道尔作出了令人印象深刻的回应。麦克道尔的病理治疗哲学的一大任务是对科学主义兴起之后的现代自然主义思维作出修正，他特别指出了那种把自然理解为一种法则的自然，从而要么把自然的逻辑空间与理性逻辑空间对立起来，要么认为唯有法则的自然逻辑空间是唯一空间的思维的谬误。

一个根本的问题是，如果自然被视为是与心灵对立的东西，即自然被看作是独立于理性的逻辑空间或概念的自发性领域的实在，那么，这里的"自然"并不指任何具有发生学意义的心灵的感受性或具有初始的生活形态来源的自然，它指的仅仅是一种具有自身的因果法则的法则性自然。正因为现代自然科学仅仅是出自经验描述的"自然的"认知的观念，它就不可能是一种直接与理性的知识或认识论的传统一致的东西，可以说它是一种"外部的"的产物。不论是埃文斯、德纳特，还是蒯因、戴维森或塞拉斯与布兰顿，他们都受这一自然主义观念的影响。这是一种把知识和认知与自然对立起来，即把知识与自然视为两个不同东西的认识论传统。从某种角度看，现代自然科学也的确是一种"自然的"的产物，它单一的或纯粹经验描述的特性使它并不处于理性知识论的知识概念之内。今天的哲学焦虑的一个根本原因也正是因为哲学深切地感受到了这里的不融合。传统认识论中的诅咒以更极端的方式出现了：似乎我们既不应把知识和认知环节视为发生在经验描述过程中的东西，也不应简单地排斥经验描述的知识，而不管怎么做都会带来矛盾和冲突。

概括地说，现代自然主义在以下两个方面使传统认识论中的诅咒以一种极端的方式表现了出来：

——现代自然主义使感性与理性（表征与概念、对象与思维）的矛盾和对立极端化。在现代自然主义思维中，理性与自然是两个不同的实体，它们彼此独立，因此，经验与自发性概念也被视为两个不同的东西，而且也被视为是相互对立的。

——现代自然主义带来了两种截然不同的世界的可理解性概念，一种是把整个自然置于自然法则（自然科学把世界视为完全受制于自然法则的一个现象世界）中理解的世界图景，另一种是从理性的逻辑空间理解世界的图景（把世界置于与理性的理解中并赋予其一种意义的图景）。

（1）康德的知性自发性概念克服了感性与理性（表征与概念、对象与思维）的矛盾，但由于受现代自然主义思维的影响，康德之后的逻辑经验主义和分析哲学的发展并没有完全坚持康德的这条路线，因为它们担心的是，如果像康德一样承认经验的自发性必然会遇到许多难题。回顾一下分析哲学的发展史可以看到，逻辑经验主义为了防止或弥补可能出现的思想与世界的脱节，要求重新寻找能证明思想与世界的关系的清晰的或自明的、不带概念的对象性的证明物。但它很快又会发现，这种停留在具体事物之上的证明物并不能成为推理的一个证明条件，这样一来，它又不得不考虑退回到不依赖实在的具体证明的概念自发性的立场上，并抵制思想需要与实在发生某种直接关联的观点。

由于经验自然与理性概念的对立观念的冲突，分析哲学的实用主义转向首先开始倒向一极：分析哲学的实用主义转向的一个奇特景象是它完全倒向了概念的领域，并由此带来了没有表征的经验内容的实在论，这就是说，它走向了表征的经验理论的对立一端：它把自己蜷缩在概念的自发性的领域，并排斥一个与自发性完全不相干的感知物的领域。

表征主义倒向了另一极：表征主义是站在带有自发性的（概念的）感受性这种经验对立面之上的，因此它明显地区分了感知的经验，即区分了作为非概念内容的信息来源与经验的概念运用。感知的经验被置于不同的阶段（这实际上等于承认了被给予的神话）。麦克道尔在这里批评了埃文斯，认为他倒向与戴维森的融贯论相反的另一极。

如果认为自然与理性是两个不同的实体，它们相互独立，那么，经验与自发性概念也不可能共同存在，它们必然被视为经验的两个不同的方面。但一旦消除这里的根深蒂固的观念，放弃经验与自发性概念（自然与理性）不相干的思想，这里的矛盾或"摇摆"也就不存在了。

（2）现代自然主义思维所带来的矛盾和冲突是难以调和的。物理的理性规范释义必然会带来明显的理论问题：一旦意义、意向性以自然科学的方式来理解，人们自康德以来一直坚信的人的理性自发性便成为一个不能被理解或不再存在的概念。因此，人们提出完全不同的看法，在解释带有自发性行为的意向性行为方面，物理的理性规范释义的方式受到质疑。戴维森曾明确表示，由于合理性构造的理想制约的概念与规范的科学制约的概念完全不同。这里存在两种完全不同的逻辑空间：带有自然科学的特殊理解的逻辑空间与理性的逻辑空间。从一种狭隘的理性逻辑空间的角度看，正因为现代自然科学仅仅是出自经验描述的"自然的"认知的观念，它就不可能是一种直接与理性的知识或认识论的传统一致的东西，可以说它是一种"外部的"的产物。这是一种把知识和认知与自然对立起来，即把知识与自然被视为两个不同的东西的认识论传统。

有关心灵的单一性或纯粹性的观点也反映了这里的冲突和矛盾。从传统上看，笛卡尔仍然保留了理性与非物质实体的关联，但当代笛卡尔主义者则放弃了笛卡尔理论中的这种非物质的解释，它把自我视为一个对自然科学主题材料进行组织的自我，用赖尔的说法是，它乃是一种"对位机械性的"东西。这就是说，当代笛卡尔主义者对自我或心灵这个概念的理解与塞拉斯完全不同：塞拉斯始终认为，自我或心灵存在一种对照或一种双层结构，即它同时拥有理性的逻辑空间与自然的逻辑空间。从开明的自然主义角度看，这种新式的笛卡尔心灵哲学的根本错误就在于它没有作出塞拉斯式的区分，即没有采用塞拉斯的对照性的解释。①

当代心灵哲学避开了笛卡尔基于"脑后松腺体"假设的心灵非物质性

① Cf. J. McDowell, "Naturalism in the Pilosophy of Mind", in *The Engaged Intellect*, Harvard University Press, 2009, pp.265-266.

质的承诺。因此，当代大部分心灵哲学都认为，心灵就是一种内在的机械装置，它对来自外部自然的感应行为进行控制，心灵的真理可以透过在自然法则的领域中心灵的表现（它的所有应对方式）来认定；这种观点否认心灵存在于一个特殊的或自成一体的（sui generis）理性空间中的可能性（像塞拉斯所坚持认为的那样）。当代心灵哲学尽管揭示了笛卡尔理论隐藏的本体论的尴尬，比如，笛卡尔脑松腺体假设对非物质实体存在的承诺，以及它所暗示的思维的非物质性质与自然的神秘关联，但这种理论仍然犯了一种与笛卡尔相似的错误，即它拒绝把心灵视为某种具有其特殊的存在形式的理性空间的东西，而是把心灵的真理视为一种是通过思维在自然法则领域的思维内容来认定的东西。实际上，也正是当代心灵哲学的外部主义的考虑，迫使意义理论取消了弗雷格的含义与指称的区分。后弗雷格主义的一种理论倾向就是拒绝弗雷格的语义二元性划分，因为在他们看来，区分意义的含义与指称只能带来对意义理解的不透明性（不能经验实证的东西）。而这会影响我们对心灵的解释，因为意义的不透明性也就是心灵的不透明性。

自然科学对自然的理解的变化是带来观念上的冲突的根源，这就是说，今天的理性与自然的对立是自然科学及其科学主义思维的结果。自然科学促成了下述区别：一方面是理性空间的内在统一，另一方面是自然的内在统一。这里的区别类似康德的自由的领域与自然领域的区别。从纯粹自然的角度理解智慧将完全不同于从理性的逻辑空间所作出的理解。正是现代自然科学促使我们作出不同的理解。一旦发现在自然科学的理解中，自然并没有想象的那种意义，人们就试图去弥补这里的意义的丧失。与此相反，另一种极端的思想是，让具有其特殊理性空间的自然成为由自然律支配的自然的家园。

第三节　第二自然

麦克道尔在回应这里的问题时把亚里士多德伦理学作为讨论现代理性

认识困境的典范。他这么做有两个原因，一个是亚氏的伦理学是有关理性与自然的实践相统一的一个成功说明，这就是说，它成功地表明了人类的理性合理性领域（伦理）的自然起源，打消了柏拉图式的理性（认识善的理性）与自然的实践所树立的对立；另一个是亚氏的伦理学揭示了人类如何通过对社会理性合理性领域的思考，而获得概念思维的能力，因而使人类概念能力不再显得神秘。用麦克道尔的话说，在这里、、亚里士多德触及了第二自然这个领域。这个领域一方面表现在我们的语言、生产实践模式和伦理文化上；另一方面表现在我们由此形成的理性概念能力之上。对于麦克道尔而言，亚里士多德的观点在我们今天解决理性与自然的观念矛盾时具有很好的指导性意义，因为它可以帮助我们解决今天我们所面对的自然主义和超自然主义所带来的悖论。首先是在科学的自然主义中沦为因果法则的自然与概念自发性构成的理性的合理性领域的矛盾；其次是为超自然主义神秘化的人类理性的概念能力，以及由此而来的理性推论与我们的历史生活形式和世界的真实感知感受性的冲突。

　　亚里士多德在《尼各马可伦理学》一书中对柏拉图的作为理性认识对象的善的理念进行了批判："如果这种善作为不同事物的共同成分，是一种统一性，或一种可分离的、自存的东西，那么显而易见，它既不能为人所实行，也不能为人所取得。而我们所探求的，却是那种能为人所实行和取得的善。"① 正是出于对柏拉图善的理念论不满，亚里士多德提出了理论与实践的关系的问题。在亚里士多德看来，柏拉图把善当作一种与自然不同的认知对象来解释是错误的，善并不是一个理论认知的对象，而是一个社会实践的对象。我们不能认为，只要通过理性原则对善的概念或原理作出了规定，善的理念就能发挥实际作用。因此，亚里士多德又写道："也许有人认为，对理念善的认识，有益于对可行善的实行和取得。例如我们有一个理念善作为范型，就更清楚什么东西对我们是善的，看准它们，把捉它们。这种道理说起来虽然中听，然而与科学的实际并不相合。……谁也说不清，知道了这个理念善，对一位织工、对一个木匠的技术有什么益处；树立了善的理念，一

---

① 亚里士多德：《尼各马可伦理学》，中国社会科学出版社 1990 年版，第 9 页。

位将军如何就能成为更好的将军，一个医生如何就能成为更好的医生。"① 显然，对于亚里士多德来说，柏拉图给我们的只是一种纯粹概念性的有关善的理论规定，或者说他给我们的只是一种有关善的纯粹理论认识，它与具体实践中人们所需要的、能够作为实践指导性原则的善的理论完全不同。

翻开《尼各马可伦理学》第二卷，我们还可以看到亚里士多德对理性的概念能力，即德性的自然主义解释。比如他指出："德性分为两类：一类是理智的，一类是伦理的。理智德性大多数是由教导而生成、培养起来的，所以需要经验和时间。伦理德性则是由风俗习惯熏陶出来的，因此把'习惯'（ethos）一词的拼写方法略加改变，就形成了'伦理'（ethike）这个名称。"② 不管是"教导和培养"还是"熏陶"，它们都是在生活实践中进行的，这就是说，它们并没有脱离生活实践而以"理论认识"的方式进行。

亚里士多德思想解开了现代自然主义带来的迷惑。如果一开始理性就是自然的，那么，就不会有理性与自然的冲突。毫无疑问，我们的理性并不是从一开始就处于自然之外，因此不存在思想与独立的外部实在是否一致的问题，也不存在理性的自我修正的正确性或客观性的问题（修正完全也有可能只是某种地方性的观点的要求，它很难证明它的普遍性，甚至会出现如何表明修正不是某种偏见的难题。概念修正只有内部的才可行，概念可以是暂时或可修正的，但这决不意味着修正可以从外部进行）。③ 亚里士多德的伦理学这一特点决定了在亚里士多德（包括中世纪的亚里士多德主义）的思想中并不存在理性与自然的差异。对他们而言，理性概念的知识就是人类运用其自然力量的产物。这并不是说他们意识不到知识的规范性质与经验描述的差异，而是他们根本没有觉得在这两者之间有什么区别。但现代自然科学出现后，问题的确变得复杂了。如果说今天的"自然主义"这个词是一个有意

---

① 亚里士多德：《尼各马可伦理学》，中国社会科学出版社 1990 年版，第 9 页。

② 亚里士多德：《尼各马可伦理学》，中国社会科学出版社 1990 年版，第 25 页。

③ 亚里士多德在《尼各马可伦理学》一书中对柏拉图的善的理念进行了批判："如果这种善作为不同事物的共同成分，是一种统一性，或一种可分离的、自存的东西，那么显而易见，它既不能为人所实行，也不能为人所取得。而我们所探求的，却是那种能为人所实行和取得的善。"（亚里士多德：《尼各马可伦理学》，中国社会科学出版社 1990 年版，第 9 页）

义的概念名称，那么，它似乎加重了人们对这里的问题的迷惑。

对于麦克道尔而言，这一点极为重要，即"在亚里士多德的概念中，伦理要求的思想是真实的，而并非是构想或构造出来的，即不是一种从独立于观察者在伦理生活和思考中的参与的事实构想或构造出来的东西，因此，在伦理生活和思想是如何与产生它们的自然的情境产生一种关系的问题上，它不会提供偏向一边的考察。"① 仅从伦理学的角度看，一直以来，存在于伦理学内部的争论是，对伦理的理性要求从理论上是很难说清楚的，人们反对柏拉图式伦理观念中的理性要求的反自然特性。今天，麦克道尔反对他称之为膨胀的柏拉图主义，也是因为这种柏拉图主义把理性空间的结构视为是自成一体的，它由此带来了理性与自然的严重对立和矛盾。因此，麦克道尔指出，"如果我们认为理性空间的结构是自成一体的，并仅把自然等同于法则的领域，我们就陷入了膨胀的柏拉图主义。这使得我们的理性反应能力看起来像是一种神秘的力量（occult power），某种与我们作为一种处于自然环境中的动物的存在不相符的东西。"②

麦克道尔始终认为，只有从人实际的伦理生活中才可以对伦理要求是什么作出合理说明，从伦理生活中人们如何被培养起一种生活态度和方式上看，伦理的要求必然是一种自然的东西，即是一种第二自然的存在。而今天的超自然主义或膨胀的柏拉图主义则仍然认为一种理论只要被认为合乎心灵的理性原则，它就一定具有无条件的和普遍的适用性；只要正确把握它，它就能在任何情况下成为指导我们实践的理论原则。与此不同的是，亚里士多德要求把理论认识置于与实践相互制约的关系中来进行。对于他来说，意识到这一点是非常重要的。如果我们把理论置于实践之上而忽略实践给理论带来的种种问题，我们只能使理论远离具体的应用环节，并最终使它变成一种独断的或教条的东西。这一看法可以用来抵制超自然主义或膨胀的柏拉图主义理性自我辩护的独断论。

---

① J. McDowell, *Mind and World*, *with a new introduction*, Harvard University Press, 1996, p.83.

② J. McDowell, *Mind and World*, *with a new introduction*, Harvard University Press, 1996, p.83.

通过我们的伦理观念是如何形成的，亚里士多德已经清楚地显示了第二自然的存在。由于伦理生活包括了实践智慧的倾向性，因此，伦理理性必然也是这一实践智慧所造就的东西。因此，对于实践主体而言，实践智慧是他的第二自然。这也就是为什么我们可以说，在亚里士多德伦理学中，伦理的合理性要求是自发的，我们并不会感到有什么强迫性，我们也不会违背这一要求。这一伦理的要求完全自发地出自主体的第二自然。而出自主体的第二自然的东西，也就是属于人自身的东西。我们不能把伦理的理性归于自然主义意义上的祛魅的自然，因为祛魅的自然并没有理性的空间，而经由伦理的培养的人是属于理性空间的，而这里的理性空间又逐渐在改变着人的生活，由此形成的思想与习惯也就构成了人的第二自然。这样的伦理观念可以帮助我们打消任何形式的超自然主义，而且它也符合现代自然科学的科学观念，因为"第二自然不会游离于属于一般人类生物有机体的潜能之外。这也给了人类理性在法则的领域中以足够坚实的基础，以满足于现代自然科学任何相应的方面。"[1]

亚里士多德的伦理学清楚地表明了人类的理性意识内在于生活本身，它是有意识的经验的产物，它并没有任何特殊的本原意义或形而上学的特征。理性的概念能力与我们的自然的能力（作为第一自然的身体的能力）是结合在一起的。由于它与经验的感受性有密切的关系，而经验的感受性又是与作为物质世界的自然相互作用的产物，因此，它可以被看作是一个第二自然。

这里的观点很清楚地不再局限于伦理学。带有对实践智慧特定锻造的目的在内的塑造伦理的品格是这一普遍现象的一种：除了伦理的领域，投入概念的能力包括了对其他合理性领域的要求，这一投入对于人类而言是走向成熟的规范的一部分，也是为什么理性空间的结构与被视为法则的领域的自然相异的原因，但却并没有显得像膨胀的柏拉图主义认为

---

[1] J. McDowell, *Mind and World*, *with a new introduction*, Harvard University Press, 1996, p.84.

的那样是与人类非常疏远的东西。如果我们把亚里士多德有关塑造伦理品格的方式加以推广运用，我们就拥有了这样的观念，即拥有了通过获取第二自然使理性最大限度地映入我们的眼帘的观念。①

理性的要求并不是外在于我们作为生物感性的人的特定生活的，尽管我们不能根据人独立的智慧的观点来修正或提出相关的要求，但生活塑造通过提出这些要求仍能改变人的思想观念。麦克道尔认为，在通过获得第二自然让理性呈现在我们面前的说法中，塑造这个概念也就是德国哲学中所描述的教化（Bildung）这个概念。"对于此我无法想出一个简短的好的英语表达语句，但这就是德国哲学中称为教化的观念。"② 也正是在这个意义上，麦克道尔有理由认为，社会并非是缺乏思想意义的功能结构（这是祛魅后的现代社会的现代观念）或理性的合理性领域是自成一体的。富有意义的教化始终是人的社会实践的产物，因为意义并非来自自然之外的神秘的礼物。理性概念的领域本身就是作为我们已经拥有的第二自然而存在的东西。通过我们对它的感受，我们可以对它加以确认。③ 而从赫德尔到威廉·洪堡，教化一直是一个重要的文化和哲学的概念。在他们的思想中都指出了这一点：通过语言作为媒介的社会的理性合理性领域（第二自然），我们就能意识到什么是理性的东西，而使这种意识成为可能的最重要的因素就是教化。

教化的概念真正帮助我们回答了关于第二自然为什么具有跨界的性质（第二自然可以同时与理性的逻辑空间和自然的逻辑空间关联）的问题。教化的概念保证了"与内在于理性空间的人类生活现象对立的纯粹生物学，显然包括人的第二自然的习性与受训的狗。因此，这里不存在这种可能性，即

---

① J. McDowell，*Mind and World*，*with a new introduction*，Harvard University Press，1996，p.84.

② J. McDowell，*Mind and World*，*with a new introduction*，Harvard University Press，1996，p.84.

③ 麦克道尔扩大性地使用亚里士多德的"实践智能"的概念的原因不外是，"实践智慧"代表着概念运用的能力，而且"实践智慧"的存在表明理性在其领域是自由发挥作用的。对于麦克道尔而言，这一点极为重要，因为它表明，我们并不会因为接受了亚里士多德的实践概念而失去康德的理性自发性的思想。

我会认为这样的第二自然（在我们所区分的两个方面）是不受制于自然科学的理解的。"① 从这个意义上说，把与理性空间相关的人类理性活动排除在自然科学的理解之外，并不表明这些活动不是一种自然的活动。第二自然也可以包括某种自然科学的理解在内。

按照这样的理解，第二自然的教化形式确保了自然以新的方式"返魅"可能。② 韦伯的合理化理论揭示了作为法则的逻辑的理性空间所带来的自然的"祛魅"的过程，而韦伯没有看到的是作为伦理的理性空间也能（通过教化）对自然实施其特殊的"返魅"。"返魅"是建构一个属于具有理性要求的人的第二自然，但这个"自然"仍然是一种"自然的"东西。拥有自身特有魅性的第二自然并不是超自然主义者眼中的自然。因此，基于第二自然的自然主义所采取的是麦克道尔称之为的"自然化的柏拉图主义"的方法，它不提供任何建构性的替代范式。教化的概念将保证意义的自主性不是非人类的，即不是柏拉图意义上的超自然世界的神秘馈赠，它也将保证理性的规范要求不再显得是一种奇怪的要求。"自然化的柏拉图主义"除了对使用中的特定规范作出思考之外，它并不认为存在什么是真正哲学上的或规范的认识论的问题，这就是说，它认为，根本无须有专门针对规范的理性的建构性的哲学或任何使意义得以确立的规范概念。因为，正像我们已经指出的，从第二自然的角度看，理性的逻辑空间也是自然的东西，尽管它不是归属于法则性的自然的逻辑空间的东西。理性的逻辑空间是从属于或者说其本身就是第二自然（或者也可以说，第二自然是一种特殊的理性空间）。因此，在面对自然的逻辑空间和理性的逻辑空间的冲突时，所要做的不是选择一个排斥另一个，而是应该首先看清它们同属于自然的，在充分承认第一自然（法则的自然）与第二自然区别的前提下，厘清在何种意义上它们之中的一个不能替代另一个：我们在何种意义上不能把理性的空间还原为第一自然的自然空间，以及为什么我们不能把理性的逻辑空间视为非自然的东西。

① J. McDowell, "Response to Graham Macbonald", in *McDowell and his critics*, Edited by Gynthia Macdonal and Graham Macdonald, Blackwell Publishing, 2006, p.236.

② Cf. J. McDowell, *Mind and World*, *with a new introduction*, Harvard University Press, 1996, p.88.

这也就是说，不应简单地把理性的规范理解与自然的描述性经验分开，而是应该辨别它们在历史中相互作用的关系。必须承认法则的自然作为第一自然而存在的地位，避免把理性空间的规范理解与自然科学对世界的揭示直接对立起来。尽管在自然科学描述中，证明和有效性的关系并没有显示出来，但我们完全可以把证明与有效性的关系视为不是与自然的概念相异的。如果这样做的话，认识和知识就可以表明自己也是一种自然现象。我们承认，这里存在一个受自然法则制约的逻辑空间，一个为知识的理性概念所限定的逻辑空间。

第四节　第二自然作为世界理解的前提

面对现代自然主义化所带来的世界的祛魅，不只是麦克道尔、塞拉斯和戴维森作出了回应，海德格尔和罗蒂也作出了非常引人注目的回应。他们都试图对从柏拉图以来的自然—理性的二元论加以修正。他们都表明了这样一种思想：积淀于人类语言活动中的意义与思想决定了认知真理和价值规范的可能存在形式。当我们试图对参与者的规范的自我理解作出正确的评价，并同时保留先验的问题，而没有回到现代自然主义的激进或彻底的去先验化的道路上，我们就无法避免这一思考的悖论性的结果，即思考消除存在于世界之内的世界产生的能动性的悖论。但从海德格尔到罗蒂的自然主义思想本身有一个致命的缺陷：它的认知概念只关心语言对世界揭露的功能，对语言的描述功能不感兴趣，因而它只关心有关世界的整个表达活动中的自然语言的解释。尽管从某种意义上说，语言揭露世界的功能十分重要，但在排斥语言的描述功能的前提下，真正富有挑战性的工作被完全忽略了。这里真正富有挑战性的工作是：如何在实在论的视角下对规范命题作出去先验化的解释。麦克道尔第二自然的自然主义思想的重要性是它并没有简单地倒向一个方面，即它没有采取一种用一个吞噬另一个的方式来寻求心灵与世界以及自然与理性的对立和矛盾的解决，相反，它寻求的是一条统一的道路。

实用主义和融贯论模糊了外部世界与内部世界的界限，而海德格尔和罗蒂则把世界和内在世界的先验区分当作存在（Sein）和存在之物（Seiendem）的本体论区分，这都带来理论的激进转向：前者走向了概念主义；后者取消了整个认识论的问题。因此，是否有一条中间道路，它既能避免概念主义的冒进和存在论的退却，又能摆脱现代自然主义极端的还原论？

我们看到，对这里问题的回答正是整个麦克道尔第二自然的自然主义的核心思想。在对理性与自然对立的第一种后果系统的理论性回应中，麦克道尔表明应避免把自然等同于某种纯粹非本原的单一自然的观点。麦克道尔的看法是，我们应避免为了保留意义理解的某种独立性，把存在和理性的空间视为是独立的或自成一体的，因为那样会使我们回避理性的自然主义化的要求；但与此同时我们也应拒绝像科学的自然主义那样把自然简化为单一纯粹的法则性东西，这就是说，应同时避免把自然等同于某种纯粹非本原的单一自然。一旦我们寻找到一个恰当的立足点，我们就可以反过来更好地对传统的规范概念作出理解，比如，把存在和自主性视为一个自成一体的（sui generics）概念，而又不至于遁入"膨胀的柏拉图主义"。因此，必须对理性的概念自主性与自然的关系作出重新思考，以便更好地解自主性概念。有一点是清楚的，即存在和理性的概念自主性固然是自成一体的、特殊的东西，但它们又并非真正的或纯粹本源的东西；相反，它们是生活本身塑造的。自主性实践属于我们的生活模式，而我们的生活模式展现的就是我们作为生物的感性的人的方面。这样的理解避免了既把我们视为生物世界的一员，同时又认为我们拥有不同于生物本源性的神秘一面的诡异的"二元论"。①

从某种意义上说，现代世界是与自然主义思想一块诞生的，而这又得归功于自然科学的出现和它成为思想和行动的主导。不得不承认的是，现代自然科学的世界图景的存在已实现了它的一个根本目的，即实现了它对世界去魅化的目的。从自然科学的角度来理解，自然并没有想象的那种意义。今天，还原论又把具有其特殊理性空间的自然视为完全由视为自然律支配的自

---

① 麦克道尔在回应自然主义和超自然主义，即主观自然主义时表现出了其独特的立场。一方面，他把科学的自然主义和还原论的自然主义视为非理性的选择，但另一方面，他又反对理性主义的主观自然主义的倾向，即他要求明确一条不同于主观自然主义的更清楚的界线。

然家园。这里的还原论带来的是下述区别：一方面是理性空间的内在统一，另一方面是自然的内在统一。现代自然科学的发展使这两种观念完全区别了开来。①

还原论的自然主义试图把概念能力置于法则的自然领域中来理解，它这样做倒不必否认概念能力属于自发性范畴，即属于那种能够让我们掌控生活的自发性（康德意义上的自由）的范畴。但对于还原论的自然主义而言，如果我们所谈论的自发性有任何真理性的话，那么就必须显示它是法则性的自然中的东西，而不是脱离这个自然另有其特殊来源的东西。应该承认，在自然科学的范式所描述的自然中看不到构成理性的逻辑空间的那些关系，但根据这种自然主义，我们可以从早已属于自然科学所描述的自然中重建概念材料的理性空间结构。按照这种模式，自发性也可以理解是自然科学的。还原论的自然主义就是要把理性空间还原为相关的自然的东西。但关键不是还原主义的意图，而是它理解自然的方式，即它的自然概念。贫乏的自然主义的还原论把自然等同于法则的领域，因此对它而言并不存在自然的祛魅的问题，自然本身就一直拥有它的可理解性与意义。

尽管还原论的自然主义提出了富有挑战性的问题，即如果人类是自然的存在物，一旦哲学关于世界的观念和思想与自然科学的观点相冲突，那么，它就必须放弃自己的观点。但麦克道尔认为，这里还原论的问题是错误的。尽管把理性空间还原为相关的自然的东西似乎并没有什么不对，但还原主义这么做的意图却是错误的。还原论的自然主义对理性空间的理解是错误的，它完全缺少第二自然的概念，即那种理性的逻辑空间早已具有其自然性质的第二自然的概念。因此，它也错误地理解了自然的祛魅的问题。它没有意识到，祛魅后的法则领域的自然并没有失去它一直拥有的可理解性与意义，因而它与理性的空间并不是相互对立的。这就是说，还原论的自然主义所理解的自然是一个法则的自然，它的"自然"是与理性空间对立的。因

---

① 但麦克道尔提到了这一事实：在中世纪的视域中，我们今天的自然科学论题是充满了意义的（不只是实用的有效性），在它看来，就好像所有的自然都是我们的一本教书。当然，今天的社会已不会再这样认为，除了在艺术或宗教等象征性的领域。

此，一个明显的问题是：如果一种概念行为是自发性的行为，它就不能还原为非自发性的"自然的"行为。在这里毫无回旋余地，因为我们也根本不能从自然的物质内容中重建概念的自发性行为，即重建那种对合理性的关系作出反应的自发性行为。这也是为什么麦克道尔称这种还原论自然主义为一种贫乏的自然主义。

还原论的自然主义在当代哲学中具有很强的吸引力，这并不是因为它的科学主义迎合了当代哲学的趣味，而是因为它似乎是逃出概念理性空间的自闭性与被给予神话的两难困境的最好选择。只要把概念逻辑还原为法则自然中能够解释的东西，那么也就不存在我们到底应从概念的自发性一方还是从被给予的神话的一方作出选择的问题了。贫乏的自然主义要我们不必为概念内容与外部世界的关系问题担忧，只要表明我们对概念的理解是真正的自然主义的。但贫乏的自然主义这样做所付出的代价是，它整个的把概念的自发性从概念能力中清除了：自发性被还原为自然的行为。

现代自然主义对理性的逻辑空间的排斥使我们的规范性实践只能完全客观地适应于世界中可观察的事件。对于作为概念分析中介的哲学，从这种退却中不得不放弃话语和行动的主体的直觉知识，它只能寻找与法则性的经验科学的理论语言联系在一起的新语言。对此问题的应对可以在蒯因的方法中看到。蒯因清除了在卡尔纳普那里还保持的对分析与综合的区分，运用一种解释的非决定论的观点，蒯因由此走向了一种经验的整体论，他不仅克服了弗雷格意义理论的柏拉图主义残余，而且取消了意义理论本身。通过用行为主义解释的刺激—意义的概念来替代话语意义的解释学，蒯因取消了所有出自语言和语言理解的规范性的内涵意义。这样一来，具有规范的自我理解能力的说话者，即维特根斯坦使用"遵循规则"概念来重构的说话者失去了话语者的真实身份，因为基于客观化的表象所得到的假设性观点，并不是第一人称意义上的主体的自我感受或其对有意义的概念的把握。这一理论策略的聪明地方是，从参与者自身的观点出发，为走向严格的话语行为的自然主义理解之路铺平了道路。但此策略也使这种自然主义具有致命的弱点，处于交往行动中的有说话和行动能力的说话者不得不按照某种异己的规范来衡量自己的思想和行动，且从根本上只能非反思地去接受外在事物的刺激。在这种客观性的规定中，具有自发性的自我不能再认识自己。一旦我们注意到，在有能力的说话者良好的自我检查和自我理解与一种对抗性的、毫无顾虑的自我规定的不和谐中，严格的自然主义是失败的。通过话语者直觉中自己信赖的数据，语言分析的权力就被剥夺了。

显然，一旦把自然仅仅看作是一个法则的领域，出自理性逻辑空间的自发性就变得难以理解了。自发性的能力是一种理解力，它与具有意义的可理解性联系在一起，或者说，它能够理解并带来属于意义世界的可理解性（intelligibility）。我们把事物置于自成一体的理性逻辑空间中，并由此与法则的自然空间作出比较来显示这种可理解性。的确，感性是自然的东面，它是我们与一般生物共同具有的一种能力，但从另一方面看，我们不能因此把它归于法则的自然领域。因为那样的话，它又如何能融入概念中或为概念所解释？因此，不能认为感性只是在法则的自然领域中发挥作用，即不能认为它是存在于理性的逻辑空间之外的东西。

把一个属于理性逻辑空间的自发性世界（自由的领域）与法则的自然领域并置，并不是要拒绝接受"祛魅"的自然，或重新给失魅的自然以一种魅力。麦克道尔坚持他所谓的自然化的柏拉图，因此他并不赞同纯粹概念主义的观点。他认为，如果我们的感性是某种自然的东西，那么它是向外部经验开放的，而感性内容又是发生在概念内容之内的，或者说，它本身也是概念内容的构成部分，这就是说，概念内容与我们所经验到的世界并不是不同的东西。

从麦克道尔认为我们今天的自然大部分上是第二自然这一观点看，[1] 他保留了作为第一自然的自然这个概念。对于他而言，第一自然之所以是一个不能抹去的概念，除了理性概念的自我约束这一条件之外，是因为生命的概念就是作为生命存在物的整个活动的概念，因此很自然是一种带有其固有的本原性的自然的东西（自然科学的法则的自然概念是属于这一领域），它具有第一自然的所有特性。从这个意义上说，理性概念具有作为本原性存在的

---

① Cf. J. McDowell, *Mind and World*, *with a new introduction*, Harvard University Press, 1996, p.87.

一面。另一方面，我们对生命中某些东西的描述的确需要理性空间中的概念，因为我们是理性的动物。我们的生活模式也只有理性的逻辑空间的理解框架才能解释（只有受限制的自然主义才会把一切都置于法则的自然中来理解）。麦克道尔不认为思维与认知只有在法则的领域才能显示。麦克道尔接受塞拉斯所强调的命题态度以及相关的正确性概念，即他认为必须像塞拉斯那样避免自然主义的谬误，拒绝把自然科学理解的逻辑空间直接等同于理性的逻辑空间。但麦克道尔也接受现代自然科学的革命，即它带来的对理性空间概念自我理解的冲击或对世界理解的区别。

这一重要特征决定了，麦克道尔的自然本体论不同于内在的或带有形而上学承诺的本体论，比如，不同于泰勒的那种形而上学本体论。① 如果做一个比较，那么不难看出，麦克道尔的第二自然的自然主义所涉及自然本体论的概念也完全不同于海德格尔的带有超自然主义特征的本体论概念（海德格尔极端的存在的历史观念论是一种仅仅随着存在的历史观念自我揭露的改变而改变的本体论），尽管麦克道尔本人并没有试图去表明这里的差异，这里的不同还是明显地存在着。对于他而言，从概念的自发性的本原性方面来理解历史必须要求把第一自然与第二自然的关系问题纳入问题的考虑当中。

也正是基于一种扩大化的"实践智慧"概念，麦克道尔肯定了伽达默尔关于生活在其环境中的仅仅作为动物的生物与生活在世界中的人类的区别（后者能自由地引导自己的行动），并认为，这种区别非常像马克思在1844年的手稿中对人与异化劳动中的人的存在的特殊性的区别。② 马克思表明，人与一般动物的区别并不仅仅表现在道德的实践理性上，它还表现在人驾驭感性的外部世界的智慧和能力上。人并不是被动地接受外部世界，或仅仅应对世界所带来的问题。人表现得可以自由地掌控外部世界，正常的人类的生

---

① 关于泰勒的形而上学本体论，即泰勒的基于所谓的"构成性的善"之上的本体论概念，参见其代表著作《自我的根源：现代自我认同的形成》（C. Taylor, *Source of the Self*：*The Making of the Modern Identity*，Harvard University Press，1989）

② Cf. J. McDowell, *Mind and World*, *with a new introduction*, Harvard University Press, 1996, p.117.

产性活动从来都不只是应对世界所带来的问题或只是迫于生物性的需求。马克思为此批评了把生产活动还原为生物性需求的劳动，即那种使人处于动物性的人的状态的雇佣劳动。

结合了自身的思想概念的人类实践活动无疑是重要的。康德和维特根斯坦以不同的方式表达了同一种意思。他们都试图表明，人类生活及其自然存在方式早已浸满了意义（直观为概念所覆盖），它们都为概念所塑造。因此，我们的自然的历史与作为法则的自然的历史是不同的，因为它是充满了第二自然的元素的。因此，我们可以认为，第二自然是我们潜在能力的实现，尽管它不能构建有关的法则领域的中存在的事实，但它却建构了属于它自身的意义系统。因为教化，我们拥有了这种完全属于我们的自然。

第六章 戴维森反心理主义的
后果及其可能的出路

　　实用主义转向之后，整体论或融贯论成为了分析哲学的一种选择。这一选择的理论影响在于，它以因果约束的经验主义教条为由否认经验主义的概念—内容的两分法。戴维森用"经验主义的第三个教条"来指称我们与外部世界的经验关系，并由此把经验感知排除在理性的逻辑空间之外。戴维森也因此把经验视为纯粹被动的东西，拒绝接受任何主体自我经验感受性的真实性。戴维森把经验主义当作概念框架—经验内容的二元论予以拒绝，并认为我们是被迫放弃经验主义的。他相信理性的逻辑空间自成一体，它完全不同于包含了经验描述的自然的逻辑空间，因为它不能与描述性的经验并存。戴维森为此选择了旨在对日常语言中的经验感知进行客观化处理的客观化语言模式。由于在客观化的语言模式这里，感知这一外部因素并没有真正从认知的领域中删除，这带来了一个仍然是消极的后果，即心灵与世界的隔阂：我们充其量只能找到某种沟通的方式。但真正的哲学的解释方式应是消除这里的隔阂或沟壑，而不是在作出哲学解释之前把它们视为先在的或把它们视为某种先验的约束。

　　在上两章中，我们看到，麦克道尔为主体感知经验的真实性做了辩护。如果信念总是也必须是基于经验的，它并不只是推论的，那么，这里的经验的可能性恰恰证明了戴维森融贯论对经验的看法是不正确的。对戴维森而言，思想是纯概念的东西，是推理的理性，它本身并没有心理的或经验的命题内容。从这个意义上说，世界是不可能为思想所直接掌控，尽管思想在认知中是主导性的，但它必须通过"思想之外的"的感知感受性因素把握世界，这里不得不要求有一个间接的经验命题的运用过程（这等于承认，思想本身是没有经验的命题内容的）。因此，在融贯论中，我们会发现，感受性感知与思想发挥着各自不同的功用：作为感知感受性的单项词或小句子通过语义关联促成思想性的概念推理，而思想则通过自发的语义指派，在话语推论中发挥独立的推论作用。在这一章中，我将首先揭露戴维森彻底地去除经验的直接性的语言的客观化模式的本性，以便更好地认识麦克道尔批评戴维森的理论意图。其次，我将分析和探讨麦克道尔针对戴维森的理论批评，它包括为什么戴维森的经验主义批判对感知经验所做的理解是错误的，以及为什么戴维森在有关外部世界的先验约束的问题上混淆了"合理性约束"与"因果约束"。最后，我将指出麦克道尔的经验析取的概念在何种意义上推翻了戴维森的内部主义的怀疑主义的前提。

第一节　戴维森的语言客观化模式

在反对语言的意义和指称的心理主义模式方面，戴维森提出了语言的客观化问题，即理解一个语言表达式意味着什么的问题。戴维森无法接受有一个"外围"的世界作为一种约束的经验主义的观点。戴维森相信，一旦我们把语言的意向性分析与语言分析区分开来。我们就可以拥有一种与说话者的思想或意向性完全无关的纯粹的语言理论。戴维森也因此相信我们可以用（语言的）内部主义替代（现象的）外部主义。① 在蒯因的理论中，戴维森发现了他认为可能存在的对立，即一方面是融入概念框架的语言，另一方面是经验内容的对立。在戴维森看来，经验主义的"经验内容"由经验的刺

---

① 戴维森认为，有一点是不会错的，类似于意义、指称等概念，它们与语词、语句和语言本身的概念一样，是从赋予它们所具有的内容的社会交往和设置的使用规则中抽取出来的。因此，我们存在于一个由社会交往和规则构成的话语的世界，要详细了解一个人的意向和信念就不能独立于了解他的话语的意义的信念来源。他因此特别强调了这一点，"……一个人不可能有思想，除非他是另一个人的话语的解释者。"（D. Davidson, "Thought and Talk", in *Inquires into Truth and Interpretation*, Clarendon Press Oxford, 1984，p.157）

激而来，这表明，概念（概念思维）和内容（感知的经验）的二元论仍然存在。戴维森在其批评经验主义时表达了他的不满："我想要强调的是，这里的关于框架与内容，关于组织性的系统与待组织的内容的第二种二元论是不可理喻的，也是无法自圆其说的。它本身就是一种经验主义的教条，第三种教条。"① 对于戴维森而言，概念框架必须是一种语言，而且这里的语言必须是可互相翻译解释的，也就是说能为语言的使用者所理解。因此，除了语言者所使用的语言，并没有之外的概念框架。

因此，戴维森用塔尔斯基的真理论当作意义分析的榜样。在他看来，塔尔斯基真理定义的意义并不在于指出真的谓词是可以任意消除的，而是建构了一种有关真理的定义的整体论：真理谓词的确不可能有关于它的任何形式的语义定义，但真理又的确是由语句中的意义构成，换言之，由任何一个语句所构成的意义（meaning），便是一种可能存在的真理，因为我们可以事先假定，只有意义是那种能被普遍理解的东西。当然，要获得一种意义或对任何具体的语句的意义作出判定，就必须满足某种条件，如果我们把这个需要满足的条件视为真理论的要求，那么，一个真理理论的恰当定义就是它是否为语句明确地规定正确的真值条件。在戴维森看来，塔尔斯基的真理论可以用来建构这一真值条件。戴维森相信，这可以使我们拥有一种与说话者思想或意向性完全无关的纯粹的语言理论。如果说语言总是与它的使用者分不开的话，那么，要了解语言使用者的意向性或思想，也只有通过纯粹的语言理论去了解，因为思想只存在于语言中，而不是语言存在于思想中。也就是说，我们并没有一种可以帮助我们认识语言是什么的"表达思想的语言"。对于戴维森而言，借助于 T 约定才能确定句子的意义，因为只有它所显示的句子的等值关系才能说明句子意义的客观一致性。对于戴维森而言，借助类似 T—语句这样的语句来解释真理概念本身和真理性论断，也等于是把这些在传统的意义理论中显得十分复杂和难以解决的问题明确化，去除它的神秘性质。采取这种语言分析的方式意味着必须放弃传统意义理论中的"意

① D. Davidson, "On the Very Idea of a Conceptual Scheme", in *Inquires into Truth and Interpretation*, Clarendon Press Oxford, 1984, p.189.

义"这一概念，因为这一概念显然超出了这样来理解的语言理论的范围，它只能理解为是某种与柏拉图实在论相关的指称关系的产物。

戴维森把塔尔斯基的有关 T 约定的理论运用于对语言的分析，试图排除作为一种语言学研究总不可避免地会带有的那种主观性。戴维森的用意是建构一种不带任何说话者隐含的命题态度或意向性的纯粹的语言理论，以此把语言的意向性分析与语言分析区分开来。因此，我们看到，戴维森对蒯因的理解完全侧重于蒯因对词语的意义和真理的传统的实在论观点变革的方面。他认为，由于发展了一种独立于愿望、意向或信念的客观证据的语言理论，蒯因的思想是与属于米德、杜威以及维特根斯坦的传统联系在一起的。虽然蒯因并不满足于仅仅从词语的用法、目的和功能的角度的意义理论，但他还是坚持词语的意义是在社会交往或社会环境中产生的，他最为明确地提出了这样的观点：人类行为的倾向和所展示的事实是词语的意义和信念的一个向量，因此，理解一个词语的意义就是去理解说话者的行为倾向和所产生的结果。在戴维森看来，蒯因在这里已首先颠倒了人们对词语的意义和指称的真值的传统实在论的观点：如果不是某种需要我们对之下定义的对象性实体或指称决定词语的意义，而是所存在的人类的行为倾向及其事实决定了词语意义，那么，对于我们关于词语的意义的真理性判断而言，它判定标准（真理）就先于我们的判定而存在。换言之，只要词语的意义是由行为及其事实决定，就可以把由行为及其事实所构成的本体性的存在（作为一种整体的语义内容）当作词语的意义的真理。"重要的是，如果意义和信念像我们所提出的那样是相互联结的，那么，就不能在描述一种成功的理论的目标时求助于下述两种看法，即每个信念都有一个确定的对象；每一语词和语句都有一种确定的意义。"①

---

① D. Davidson，"Belief and the Basis of Meaning"，in *Inquires into Truth and Interpretation*，Clarendon Press Oxtord，1984，p.154. 戴维森的下述一段话，也能很好地说明这里所论述的问题："正像维特根斯坦坚持认为的那样，语言是内在的社会的，杜威、米德、蒯因和其他许多人则更是这样认为。这并不暗示着能够以可观察的行为定义真理和意义，也不隐含着真理和意义'仅仅是可观察的行为。但这确实意味着意义完全是由观察的行为，甚至是由可容易观察到的行为决定的。'"（D. Davidson，*Truth and Predication*，The Belknap Press of Harvard University Press，2005，p.56）

据此，戴维森借用塔尔斯基的真理论来研究自然语言的意义理论。采用这种客观纯粹的语言理论，戴维森就不必把述谓的真与外在的对象联系起来。但现在的困难不是体现在这种意义的实体性承诺上，而是表现在语言中不同的说话者之间对词语的理解差异上。只有解决了这些理解的差异，即找到它们的可能存在的共同点，词语的"意义"才能确定下来。

为此，他表达了这种观点："除非一个人知道犯错误的可能性，否则他就不可能有一种信念"，① 即我们必须首先拥有真理的概念，才能拥有一种客观的信念，我们不可能在没有任何真理概念的情况下拥有信念：信念并不是为整体的意义系统给予的。戴维森接下来转向了话语的解释，在他看来，真理的概念并不仅仅是一个形式的概念，因为区分真信念和假信念的标准只有在解释他人的话语的语境中才会显示出来。因此他又说："真理的信念和错误的信念之间的不同，只能出现在解释的语境中。"② 由于被假定存在的意向性状态同时也不能脱离语言而被理解，所以，戴维森的最终结论是："我们只是在作为他人话语的解释者的时候，我们才有思想。""……一个人不可能有思想，除非他是另一个人的话语的解释者。"③

戴维森的观点可以概括如下：

（1）除非一个人知道犯错误的可能性，否则他就不可能有一种信念。

（2）真理的信念和错误的信念之间的不同，只能出现在解释的语境中。

（3）我们只是在作为他人话语的解释者时，我们才有思想。

戴维森的第一个命题：除非一个人知道犯错误的可能性，否则他就不可能有一种信念，指出了信念的认知性问题：信念是在知道什么是错误信念的

① D. Davidson, "Thought and Talk", in *Inquires into Truth and Interpretation*, Clarendon Press Oxford, 1984, p.170.

② D. Davidson, "Thought and Talk", in *Inquires into Truth and Interpretation*, Clarendon Press Oxford, 1984, p.170.

③ D. Davidson, "Thought and Talk", in *Inquires into Truth and Interpretation*, Clarendon Press Oxford, 1984, p.143.

前提下形成的，这就是说，信念与一种真理的理论相关，没有一种真理的理论，很难解释什么是信念。戴维森的这一看法与他认为真理是一个先于我们判断而存在的概念的观点有关。这一看法显然是积极的，它表明戴维森反对像行为主义那样把语言的意义系统当作一种自足的信念模式来看待——戴维森正确地强调了这一点：不能认为说话者或语言的使用者不会犯错误。他认为，我们能把正确的信念与错的信念区分开来，而这就要求把证明的领域拓展到具体的话语解释的领域。具有真信念的话语的真理条件是，一方面它能够表明一种真语句，另一方面，语言共同体中的所有的人认为它是正确的。戴维森在下面这段话中指出了这一点：

> 一个语言交往共同体的成员依赖于对群体成员话语的解释能力，如果人们有一种（或知道有一种）对所有句子（总是相对于时间和说话者）提供了多少是塔尔斯基风格的真理条件的理论，那么说明它们的这个方法就是现成的。只要这个理论通过有限陈述的方式带有熟知的形式的定理："对于说话者 x 而言，在时间 t '下雨了'是真的，当且仅当天在 t 时间下雨了（靠近 x）"，它就是正确的。这种理论的证据基础是关系到被认为是真的句子的，即关系到下述事实："'天下雨了'在八月二十六日的早上八点钟被史密斯认为是真的，而且那个时候在史密斯身傍，的确下雨了。"完全有可能简单地考虑句子为真（当它被认为真时）而引导出一种正确的理论，只要（1）存在一种满足了形式的限制的理论，而且以这种方式与证据相一致，以及（2）正因为当那个句子是真的时候，所有人都认为那个句子是真的——只要所有的信念，至少那些可以表达的信念都是正确的。①

真语句依赖的是证据，而它的意义的正确性则依赖解释。正因为如此，戴维森认为，"对于解释的目的而言，一个 T—语句中的真理还是不够的。"②

---

① D. Davidson, "Thought and Talk", in *Inquires into Truth and Interpretation*, Clarendon Press Oxford, 1984, pp.167-168.

② D. Davidson, "Belief and the Basis of Meaning", in *Inquires into Truth and Interpretation*. Clarendon Press Oxford, 1984, p.150.

我们还需要一种解释的理论，只有 T—语句中的真句子能做到给予对象语言的句子以一种意义，它就成为了这样一种解释理论。但什么证据或"真句子"可以用来作为意义的解释，这是此种解释理论要考虑的。首先可以确信的是，根据说话者的态度来对表达的话语作出解释的理论会面对许多同样够格的理论，这会带来解释观点的竞争，因为没有一个简单的理论可以使说话者和解释者处于完全相互同意的境地。然而，如果存在一说话者的共同体，而且说话者都明显地具有相同的语言能力，理论家就能努力地寻求一种单一的解释理论，这样就会极大地缩小他为每一个说话者所做的初步理论的实际选择范围。

因此，戴维森接着指出："使解释的理论成为可能的是，我们可以构造一个私人信念结构的多元体：建构这样的信念的目的是，取消个人认为是真的句子与公共标准认为是真的（或假的）句子之间的差异。基于同样的证据（如果我们能够知道人们说的是什么，我们就可以知道他相信什么），信念的归属与解释一样是可以公共地加以确证。"① 戴维森观点的重要性在于，它要求在话语解释的公共语境中区分"被认为是真的"与"实际为真"的句子的区别，在这里，把它们区分开来的方式已不再是直接的外延性的"证据"而是一种公共的标准。

> 对于被认为是真的句子和事实上是真的句子之间的区别，对于交往的人际关系体系的存在而言是根本性的，当在个别情形中存有差异，它就必须被看作是错误的。由于不管句子是否是真的，认为句子是真的态度都是一样的，它们都直接与一种信念相对应。因此，在实际为真和认为真之间，信念的概念已准备好清除它们之间的含糊不清之处，我们正是在这种关联中理解了信念的概念。②

---

① D. Davidson, "Belief and the Basis of Meaning", in *Inquires into Truth and Interpretation*, Clarendon Press Oxtord, 1984, p.153.

② D. Davidson, "Thought and Talk", in *Inquires into Truth and Interpretation*, Clarendon Press Oxtord, 1984, pp.169-170.

不能把一般的信念与真理的概念相混淆，一种信念可能是真的也可能是错的。由于没有区分"被认为是真的"与实际为真的话语，即没有区分仅仅是被认为是真的和被正确地认为真的话语，人们（行为主义者）常常错误地认为，真理的语义概念是多余的，在认为句子 s 是真的和用 s 去做一个论断之间没有区别。信念的冗余论才有可能是正确的：相信 p 不能与认为 p 是真的信念分开的。但这种真理观念并不是语义学的观念：语言并非直接在所描述的事态或事物的图画中。它刚好走出了图画，它是画框的一部分。因为真理性的信念基于真理性的话语观念之上，而这也反过来说明了，没有共享的语言，就不可能这样。

但戴维森在把社会交往中的"共享的"语言与我们的真理观念联系起来时，还是陷入了主体性与主体间性（互主体性）的不平衡性之中。用布兰顿的话来说，戴维森的交往模式只能构成一种偏向现有的概念解释"我们"的观点的 I-we 式的不平衡的对话。这种不平衡的交往模式并不能回答不同的语言共同体之间的话语如何展开的问题。因为若只注意主体间性的"总体的"的方面，就必然会忽略它的"区域的"（local）的方面。① 从"区域的"的方面看，主体性是由主体性构成的，由不同的语言共同体中的话语者的观点构成一种观点，在这种情况下，不同的话语者是处于一种"我—你"（I-Thou）的"第二人称"的主体间性的对话模式之中。

戴维森认为，真理和错误的概念会在交往性的解释语境中显现，他显然是把能被分享的观念视为可能的真概念，而把不能被分享的视为谬误的概念，但如果是这样的话，话语的意义的辩护就仍然是不可能的一件事情。当我们把公共的标准当作一种体现了某种公意的概念时，意义的辩护就失去了它的认知特性。戴维森认为，真理与谬误——真理性的信念和错误的信念——之间的不同，只能出现在解释的语境中，它迫使我们关注于一种客观的公共真理的观念。他这么说，的确只给出了一种形式，即他没有把它变为一种真正的论证。但要真正成为一种论证，就必须有关于内容的客观表征，

---

① Cf. R. Brandom, *Making It Explicit*: *Reasoning*, *Representing*, *and Discursive Commitment*, Harvard University Press, 1994, pp.643-649.

以及有关内容的正确性评价的意义实践承认等等。只有这样，意义的辩护才真正是一种认知性的辩护。

戴维森正确地指出："没有一个简单的理论可以使说话者和解释者处于完全相互同意的境地，所以一个可行的理论必须不时地假定在这一部分或那一部分存有错误。因此，就基本的方法论而言，一个好的解释理论是获得最大限度的同意。或者说，假定句子在数量上是无限的，并假定予以更进一步的考虑，更好的词语总会更完善。"① 但如果这里最大限度地同意仅仅是某种共同的决定，那么，它事实上就仍不可能与信念区分开来，即它就仍无法证明它不是一种"仅仅被认为是真的"信念，而是一种"正确地被认为是真的"信念。这表明，他给出的作为判定错误或正确的信念的真理条件是不能令人满意的。

由戴维森的第二个命题得到的第三个命题是："我们只是在作为他人的话语的解释者时，我们才有思想。"这句话也证明了，戴维森的话语解释模式是传统的 I-we 类型的，而不是带有个人的客观表征的 I-thou 类型的。戴维森始终相信，个人的思想与信念只有通整体的信念系统才能得到确定，我们虽然有单独的思想，但只能通过整体的信念系统才表现出来。戴维森在另一处说得很明确："我们只是在语言的解释中，在信念所扮演的角色中获得一个信念的观念，因为除了适应于语言提供的公共规范，个人的态度是不可理解的。这等于说，人必须是话语（speech）共同体的一员，如果需要拥有一种信念概念的话。假定其他的态度也依赖于信念，我们可以更一般地说，只有能对话语（speech）作出解释的人，才可能拥有一种思想的概念。"② 戴维森在很大程度上还是把思想的有效性与信念系统的有效性联系起来。在这种情况下，客观表征和意向性状态就失去了与说话者的经验知识的联系。

戴维森的理论出发点不是站在带有自发性的感受性这种经验之上的，因此明显地区分了感知与经验：作为非概念内容的信息来源与经验的概念的

① D. Davidson, "Thought and Talk", in *Inquires into Truth and Interpretation*, Clarendon Press Oxtord, 1984, p.169.

② D. Davidson, "Thought and Talk", in *Inquires into Truth and Interpretation*, Clarendon Press Oxtord, 1984, p.170.

运用被置于不同的阶段。在麦克道尔看来，戴维森同意康德关于自发性的理论，他不接受简单的自然主义对自发性的消解，而是坚持认为，概念运用的自发性的领域是一个特殊的领域，因为它与概念运用的自由相关，但他却没有看到概念运用的自发性是贯穿于整个感知性的认知活动中的。这样，戴维森就产生了感知性的东西是外在于自发的概念运用过程中的错觉；他因此把自己蜷缩在概念的自发性的领域，并排斥一个在他看来是与概念的自发性完全不相干的感知领域。但这里并没有与自发性脱离的单独存在的东西，除非我们把它视为被给予之物。实际上，戴维森正是把个别性的感知视为被给予的东西而加以拒绝。戴维森因此否认来自外部实在的任何合理性的约束，他只承认思维与独立的实在之间的一种偶然的联系。但实在与思维有一种理性的或必然的关联，而决不是偶然的关联。戴维森满足于概念的融贯论，即他的语言客观化理论，他没有意识到概念空洞性的威胁，因而陷入了思想本身就是有内容的幻觉。

第二节　经验主义的第三个教条

戴维森为了走出传统知识论的二元论的困境而对概念—内容的两分法加以拒斥，实际上与如何摆脱康德的概念与直观的对立所带来的知识论矛盾相似，因为它们都触及了两种不同的知识来源。问题的关键始终是如何理解看起来完全不同的知识来源的关系。按照戴维森的看法，概念框架一方与经验内容另一方是完全对立的，我们根本无法设想它们的统一问题。但康德却探讨了这种统一，并把这种统一视为经验知识的基础，因为康德清楚地看出，如果孤立地看待概念，它便是空的或缺乏内容的；而从内容这边看，如果把它们也孤立起来，它们也只是一些没有规定性的摄取物。完全可以这么说，没有内容的概念是空洞的，没有概念的内容是盲目的。戴维森把这里的概念—内容的二元论视为经验主义的第三个教条。在他看来，只有通过排除这里的二元论，我们才能彻底地走出了它们所带来的对立和矛盾，特别是避免倒向彻底的外部主义或避免在知识论中给经验主义留有余地。

　　经验主义在认识论上仍然相信"没有概念的直观"的存在，即相信概念框架与内容是分离的，因而仍然认为认识论所要解决的问题就是如何在这种"劣境"下寻找经验客观性的证明条件。戴维森一直试图推翻这种概念框架—内容的二元论，因为他一直认为它阻挠了哲学。但麦克道尔对戴维森的整个理论批判提出了质疑，在他看来，戴维森对经验主义的概念框架与内容的二元论批评有一个严重的缺陷，即它对概念框架与内容的区分并没有考虑到经验主义从古典形态到蒯因的发展过程中所产生的变化。戴维森当然也关注当代经验主义，但如果对经验主义的当代形式的认识有误，那么所做的批评的意义也就十分有限了。比如，在蒯因那里，只有整体的经验概念才有可能是一种可以由规定所获得的经验内容的"框架"。麦克道尔认为，他对经验主义二元论的批评不同于戴维森。首先，他把二元两端之一的概念框架视为世界观（world view），而戴维森则基本上是世界观等同于概念框架。为了说明这种区别的意义，他引用了蒯因的理论来说明。蒯因在《词语与世界》一书中指出，我们可以探索世界，而人是这一世界的一部分，因而他可以对他身边发生的一切找到某些线索，通过从他的世界观中获得一种线索，我们把人所做的贡献视为特殊的东西，这种不同使人的概念具有自主性，在这一领域，我们在保留数据的同时可以修改我们的理论。

　　但戴维森把蒯因的世界观与所获得的线索，以及理论与数据的区分，视为他的框架与内容的区分。麦克道尔强调，这里的世界观或理论并不是二元论中戴维森的框架—概念。我们只能把世界观或理论视为二元性的结果性的东西。框架可以视为二元论的一方，但世界观或理论则不能归于它们之中的一方（视为与框架概念相同的东西）。另外，如果内容是从世界观中获得的，即蒯因所说的，内容是"人的捕获之网的贡献"，那么，所剩下的还有什么？还存在"与概念分离的内容"吗？

　　世界观或理论框架都可以指语言，但语言是一种带有本体论性质的东西，即它本身是作为一种具有内容的本体之物而存在的，它不可能是一种没有内容的概念。可以肯定的是，作为概念框架的东西实际上都是内容所作出贡献后的结果，即人们经验的有内容之物构成的东西（很难想象没有内容的概念框架是什么）。

由于站在了蒯因之后的新型经验主义的立场上，麦克道尔对经验主义二元论的理解与戴维森的理解也完全不同。麦克道尔不认为二元论本身可以自圆其说，而戴维森在批评它之前则假定它的理论的存在，戴维森并没有从根本上指出这一点，即二元论本身是不能前后一致或不融贯的。戴维森没有看到，世界的感知被置于概念框架中进行，概念框架被视为是空洞的，但却又被认为有能力组织感知的内容。但也只有在我们能把世界给予我们的感知视为是对经验的检验，一种能证明自己有资格进入概念框架的东西，我们才有可能认为概念框架具有规定和组织感知内容的能力。这说明概念框架从来都不是空洞的，而经验内容或感知内容也从来不是与具有判定能力的概念分离的。也只有在感知内容知道自己是否是一种概念框架内的行为的情况下，才能认为我们对世界给予的感知所作出的响应，是我们关于世界的一种响应。一旦我们把概念框架与内容分离，并以此把具有规定能力的因素归于概念框架，从而使经验不再是一种检验机制，我们也就能走出"没有概念的直观"的空洞性。

现代哲学构建了极其复杂的认识论模式，但它实际上只是为两个极其简单的假象所困扰，即：1. 经验需要某种真实性的证明（否则不可信）；2. 世界所给予我们的感知只是一种没有概念的直观。在这两种幻觉的支配下，人们首先的一个最大忧虑是，就我们经验认识而言，思想是如何具有世界的内容或具有世界的客观性的。而第二个忧虑恰恰是我们似乎根本无法表明思想带有世界的内容，因为我的关于世界的内容或世界给予我们的感知仅仅是一种无概念的直观，因此我们没办法表明它是否是有关世界的真实内容。戴维森的错误可以归于这里的两个幻觉之一，即认为世界所给予我们的感知只是一种没有概念的直观的幻觉。

戴维森把概念框架等同于一种没有内容的世界观（因而在戴维森那里，有一个"经验主义无法证明这里的世界观与内容的因果关系"的命题），而麦克道尔则认为，作为经验主义二元论之一端的概念框架是类似于蒯因指出的那种基于"人的捕获之网的贡献"（人类获得的经验）的东西，它是有内容的、具体的世界观。蒯因的经验主义之所以不同，就因为它早已超越了空洞的概念—内容的二元论。蒯因知道，我们对世界所给予的感知的自我规定的能力与我们的概念能力是共存的。戴维森的错误恰好在于他从根本上缺乏这种意识。不能认为经验主义就一定不能表明思想的概念框架是有内容的，即没有理由认为，在经验主义那里，概念框架一定是空洞的（经验主义的概念框架可以是整体的经验这个东西）。

要真正理解戴维森所指的二元论及其所带来的焦虑，还要从与戴维森不同的观点去看。有一点是戴维森所没有指出的，即二元论的焦虑暗示我们拥有一个世界观，一个能够与外部的感知并列的属于认知者的思想，焦虑正来自我们觉得我们的世界观或思想对世界的把握没有确定性，但二元论的焦虑又包含着对这一思想领域存在的怀疑。这里的奇特之处是，我们用我们的思想怀疑我们自身的思想。从这个意义上说，思想的概念领域与世界的二元性关系，并非像戴维森认为的那样必然使我们产生焦虑。比如，蒯因一方面赋予了概念以自主性（"人的捕获之网的贡献"所体现的自主性），另一方面并没有放弃外部世界这一对象性概念。这就是说，通过蒯因处理主客体的方式我们可以看出，我们需要警惕的并不是经验主义的二元论，而是关于它的种种焦虑。在麦克道尔看来，经验主义的二元论揭示的主客体的关系，从形式上看它与康德指出的自由（概念的自主性）与自然之间的张力关系并没有本质的区别。从这个意义上说，经验主义并不是那么容易被摒弃的，即使是戴维森意义上的经验主义。

戴维森批评蒯因仍然对经验主义做了某种承诺，即仍相信纯然的感觉（感知性刺激），因而陷入了概念框架与内容的二元论，并因此容易受到怀疑主义的攻击。但从麦克道尔的反对意见来看，尽管麦克道尔承认，蒯因怀疑主义通过语义怀疑主义走向感知主义仍然逃不了怀疑主义，但麦克道尔还是特别提到了蒯因的方式的不同：蒯因对世界给予的经验的神秘性祛魅，他的整体论对经验的理解，即他赋予概念框架以统一感知经验的能力给概念框架所带来的改变；以及他对世界赋予的感知经验与概念或"世界观"不能分离的关系的揭示。蒯因清楚地表明，哲学要考虑的是概念运用的自主性（自由）与自然的二元性问题，而不再是戴维森意义上的概念框架与内容分离的问题（这个问题在蒯因那里并不存在）。麦克道尔为此赞扬了蒯因的理论，因为在蒯因的理论中，思想概念或世界观总是与感知的世界相互关联的。

麦克道尔认为，不可否认，现代自然科学带来的一个改变是，我们与现象世界的关系已经可以确定为是一个因果的关系，因为现象是一个法则的世界。但在这之前，我们对现象世界的理解更多的是从意义理论的角度去看，即倾向于把现象世界置于一种合理的相互关系中来理解。尽管一开始，现代自然科学意义上的自然因果联系的法则领域，并没有明显地被看作是合理的相互关联的现象世界分开。但随后的相关区分则日益明显，以至于我们既可以把一切置于自然科学的模式中来理解，也可以把一切置于理性的合理空间来理解。当然，我们不必非得把发生于现象世界的事情置于自然科学的因果模式中来理解。这说明不存在绝对的世界给予的感知与概念分离的情形。在自然因果模式中，感知经验被视为是没有概念的，但一旦我们从合理的相互关联的意义世界去看则不然。合理的相互关联的意义世界并不是与自然法则的世界脱离的。寻找概念的自发性与经验的联系方式完全没有否定经验，它无疑可以是一条与戴维森的融贯论完全不同的看待经验的方式。

在现代自然科学的冲击下，我们与世界的经验关系发生了深刻的改变，这使得戴维森对经验主义的概念框架的二元论批评已失去了那种概括性的意义。在戴维森的理论中，由于坚持认为世界给予的感知经验一定是与概念分离的，感知经验失去了作为经验的审判所（像蒯因所认为的）的地位。戴维森通过否定被给予的神话进而否定经验在证明中的作用是不正确的。戴维森整体论的概念自发性由此与经验隔绝，或用麦克道尔的话来说，戴维森整体论的概念自发性与世界没有任何的"摩擦"。戴维森弃绝被给予神话的方式使他完全倒向了另一个极端，即完全否定信念与经验世界的关系。但戴维森把经验排除在信念的证明程序之外，必然会因缺乏经验来源而产生对信念可信性的担忧。因此这实际上带来了负面影响，因为在这种情况下人们会更迫切地要求被给予的经验证据。戴维森的理论并没有帮助我们抵制这种诱惑。相反，他看待外部世界的方式完全无助于澄清这一点。从戴维森的角度看，经验内容存在于我们的思想当中，但他又认为在我们思想的推理和证明中，经验世界对我们的影响根本不起任何作用。

戴维森认为，经验的基础主义概念只会导向怀疑论，这句话没错，因为基础主义求助于被给予的神话，因此它得不出令人信服的结论，它只能带来怀疑主义。但对怀疑主义的抵制并不能证明知识的被给予性是错误的。戴维森试图用融贯论避开基础主义及其所带来的怀疑论，并认为他这样做就同时避免了被给予的神话，但在麦克道尔看来，戴维森的理论只是一种退却，因为他的融贯论只是通过假定信念本身就具有经验的内容（以及是可信的）来逃避经验的被给予性，因此，戴维森实际上并没有否认存在外部的经验：融贯论只是把经验内容本身视为相互解释或融贯的，因而否认解释需要任何外在的经验内容。

麦克道尔在这里提到了分析哲学的传统康德哲学释义对康德哲学中的直观这一概念的不恰当理解。康德认为，概念或思想没有直观是空洞的，但分析哲学的传统康德哲学释义都习惯地把这里的直观理解为一种被给予的感知内容。但麦克道尔认为，这里的直观并非外部世界对思想简单的因果作用。分析哲学的传统解释显得不合理，因为它仍然把康德的直观与表象主义的内容拴在一起，而这样的联系必然会把康德的理论置于自相矛盾的境地。① 罗素式的感知材料虽然不再是头脑中的主观表象，它是可以通过同一律加以确定的客观的东西，但在某种意义上它又还是一种表象，因为专名或限定性摹指词仍然与带有命题内容的直接指称不同，它仍然只是一种对事物属性的确定。麦克道尔认为，这种不同是关键的，因为只有前者，即直指的指称才能表明直观不是与概念对立的或完全异质的另一个东西，而如果把康德直观当作就是对事物属性的一种限定，那么，它就完全是一种与概念对立的东西。麦克道尔认为，康德的直观在认识中并不起着一种描述的作用，它本身也是一种判断，因此，它也具有概念的命题内容。这样，我们就可以把直观看作是一种弱的概念或附属的次概念，从而避免它与概念的对立。

---

① 如果我们要放弃对康德有关直观的经验实在论的表征主义的解读，就必须修正对康德的表征（Vorstellung）这一概念的理解。实际上，从康德的笛卡尔—贝克莱的经验观念论的批评中，我们已经可以看到康德对感知经验的不同理解。很明显，康德反对把表征的内容视为经验主义传统意义上的"感觉材料的"。虽然康德仍把这里的直观视为源自他物的（intuitus derivativus），从而把它与本源的直观（例如知性直观）区别了开来，但他很清楚，直观绝不可能带有贝克莱的感知或笛卡尔的表象的成分，因为那样的话就会遁入他所批评的先验实在论中。

根据这样的分析，麦克道尔有理由认为，被给予的神话是基于我们概念受制于外部世界的信念的，但它对外部世界的理解是传统经验主义的，是所谓单个的意识分析层面上所指的世界。但概念与外部世界的关系根本不能这样来理解，外部世界作为一种先验约束（从康德哲学的意义上说）并非以一种感知的方式因果地作用于我们，相反，它只表明了思想与外部世界的一种不能分离的关系。它们之间的关系不是传统经验论的主客体关系。如果我们把概念与世界的关系理解内部与外部的关系，那么等于承认有外部的表象与内部的表征的区别。这样，我们就会把概念或思想视为外部表征的结果。

麦克道尔认为，世界对我们的作用早已存在于概念内容中。维特根斯坦在批评私人语言时已经指出，基于"内在知觉"判断是空的，它完全基于空的表征之上。它根本不能把空的表征付诸于文字。由此看来，传统经验主义的证明是基于空的表征之上的。显然，维特根斯坦对私人语言的批评也可以用来反对被给予的神话。在如何摆脱融贯论与被给予的神话之间的摇摆问题上，麦克道尔的基本提议是：我们需要保持这样一种状态，让我们始终处于一种既反映了概念能力，但同时处于被动的（基于特定的经验之中的）经验概念之内。

第三节　"因果约束"还是"合理性约束"？

戴维森对塔尔斯基真理论的运用反映了这样一个问题，即在关于外部世界的感知经验问题上，戴维森仍然以传统经验主义的眼光看待直接的感知经验。因此，戴维森接受了传统的反经验主义的观点。该观点认为，如果我们承认外部经验世界作为一个客观独立的存在，我们必然会处于它的因果约束之中。我们看到，麦克道尔反驳了这一观点。麦克道尔强调概念与外部世界的命题性关系，因为概念的命题性内涵使我们不得不对它有关世界的经验的命题意义作出回答，因此，也可以说，我们的概念是受（外部世界）约束的，但这里的约束不是因果约束，而是一种合理性约束。麦克道尔在批评康德的先验感性论中的物自体超感知的先验约束时提到了合理性约束这个概念。意思是，他否认外部世界是某种独立于我们的概念思维的实在（康德的物自体的先验刺激的概念带来这一实在），但并不否定外部世界的实在性，外部世界是处于我们与之发生关系的思维的领域之中的，它作为概念的命题性内容制约着我们的思维；而这也意味着它不可能在我们的命题性的概念思维内容之外独立存在（一个超感知的或独立于思维的实在是不可思议的）。

从上一节的讨论中我们清楚地看到了戴维森的立场：他没有把外部世界的约束从正面的、积极的含义上去考虑，即他没有认为，外部世界对概念的约束可以不是因果的约束（作为某种直接作用条件的约束），它完全可以是一种合理性约束。① 为了获得经验内容的可靠性，外部实在对我们的经验感受性的约束可以是规范的，即彻底的概念式的把握，而不是被给予的或非概念性的直接感受。如果思维不仅需要运用概念，在概念的运用上，还必须确定它的运用何以是正确的，或它是根据什么被认为是应该运用的，那么，从根本上说，经验的概念内容必须是一种规范的内容。在麦克道尔看来，归于外部世界的合理性约束由三个条件构成（1）经验的概念内容必须对思想起一种规范制约的作用；(2) 经验的概念内容必须基于相互推理的概念之上；(3) 在我们的思维与我们关于客观世界的事物的思考之间必须作出一种合理性的判定。

我们看到，戴维森正是把感知视为不可信的东西，而因此在概念的理性空间内止步不前，否认来自外部实在的任何约束。麦克道尔既反对经验主义的语义外在论也反对融贯论，这就是说，他否认存在外部世界的因果约束，但也不认为在经验上我们可以不受外部世界的约束。经验主义的语义外

---

① 麦克道尔认为，戴维森的错误正在于他在"考虑有关经验内容的解释，要求思维必须与外在于思维的实在发生一种摩擦的问题时，放弃了独立的外部世界的合理性约束，在独立的实在与思维之间，他认为它们之间只存在一种因果的联系。但这是不可能的。就像康德总是认为的，思维没有直观将是空洞的；而如果我们希望避开思想的空洞性的威胁，我们就需要认识到，直观是一直处于与我们应该思考的事情的合理性关系之中的，而不是处于与我们实际所思考的事情的因果式的关系之中的。"（J. McDowell, *Mind and World*, *with a new introduction*, Harvard University Press, 1996, p.68)

在论把外部世界与经验的关系视为一种不可或缺的因果约束，因为它始终认为概念判断只能基于直接的感知，因此它相信我们与世界的关系是一种给予与被给予的关系。麦克道尔不像戴维森那样否认外部世界可能具有的约束性。他认为，经验首先是"被动的"，即它来自具体当下的与世界的发生事件相关的感受性。这是一种不同于因果约束的"约束"。在我们的思维与我们关于客观世界事物的思考之间必须作出一种合理性的判定，因为在这里，意向性思维总是关于外在实在的某物的，它不是空洞的或不受外部世界制约的思维意向性。因此，可以说，我们的思维是整个地被拖入我们关于外部世界的世界观中的，我们在思维中不断作出调整和适应，以最终通过仔细的合理性的资格要求的检查。只有我们的思维与关于外部实在的世界观融合，我们在经验中感觉到实在才具有经验上的独立性。①

在经验中，外部世界对思想的作用是理性的或概念的。而这要求我们消除外部世界的限制。在经验中，世界作用于思想的过程本身就是通过概念发生的，否则，不可能有这样的关系，因此，实在并不独立于概念存在，在概念之外别无他物。但对于麦克道尔而言，消除概念与外部世界的界限并不等于倒向观念论或唯我论，它只是认为，外部世界与概念具有某种同一性。我们并不会因为承认这里的同一性而否定外部世界的独立存在。用麦克道尔的话说就是："我们可以消除外部的界限，而又不至于遁入观念论（idealism），以及忽视实在的独立存在。"②

戴维森有理由否认因果的约束，他所犯的根本错误是，他完全没有看到，经验内容是知性自发性的产物，或者用康德的话说，知性的自发性是一种经验的自发性，它不是"空的"的纯粹概念的自发性。从这个意义上说，我们完全没有理由把外部经验与概念置于两个完全不同的阶段，或视为不同的东西。也正是考虑到了这一点，麦克道尔才会说，在经验的被动性中充满了概念，它本身在感受中使用了自发的概念。麦克道尔的经验概念完全打破

---

① Cf. J. McDowell, *Mind and World*, *with a new introduction*, Harvard University Press, 1996, p.31.

② J. McDowell, *Mind and World*, *with a new introduction*, Harvard University Press, 1996, p.34.

了传统的理解：在传统的经验概念中（无论是经验主义还是理性主义），感知的感受性与概念的自发性是分离的、是认知的两个不同阶段，感受性总是在先，而概念思维则是后来发生的（看起来像是感受性发生后加上去的）。戴维森对因果约束的抵制以及他的融贯论的内部主义选择，延续了传统认知模式的"分裂性的思维"。在对被给予神话的经验主义与融贯论的批评中，麦克道尔指出了两者的典型错误。它们的错误正是与这里的"分裂性的思维"有关。它们都使感受性与概念分离：前者把感受性经验视为最初的、本体性的事实，后者把概念思维视为高于感受性经验的判断。在这种情况下，两者的实在论都丧失了应有的经验的直接实在性。经验主义虽然相信被给予的神话，但它仍陷入怀疑主义，因为它仍然相信在我们的感受性中存在真实的被给予的感知与幻觉（错误的感受经验）；而戴维森的融贯论就更加远离了直接的经验，因为在它否定被给予的神话的同时，是把感受性感知完全当作没有任何概念思维成分的不确定的感知来看待的：它认为感受性感知是不可靠的，只有把它们置于理性的逻辑空间或置于合理性的推理关系之中，它们才可靠。

但在麦克道尔看来，尽管戴维森基于蒯因的语言理论对经验主义的批评是正确的，但如果没有去建构新的经验概念，那么同样会使意义理论迷失方向。麦克道尔认为，戴维森所犯的一个根本错误恰恰是，他仍在传统经验主义的意义上理解经验的概念，这导致他不是去探索新的经验理论的可能性，而是选择了一种放弃经验概念的彻底的内部主义的立场：戴维森在否定了语言的意义和指称的心理主义经验模式后提出了语言的客观化问题，即理解一个语言表达式意味着什么的问题。

戴维森为了避免知识的被给予性所持有的立场并没有错，错的是他没有区分外部世界的"因果约束"与"合理性约束"，他仍然在概念与世界之间划了一个界线。我们看到，戴维森在表明融贯论立场的同时仍然认为概念是一个受限制的领域，即他仍然认为概念的世界是有边界的。与传统经验论不同的是，戴维森把概念内容视为自足的或自我证明的。戴维森用了我们不能走出我们的信念之外的比喻，他用这种方式抵制被给予的神话。"不能走出我们的信念之外"的假设使戴维森谴责了把人类大脑变成了一个生存在人造电子容器中的东西的思想。对于戴维森而言，相信缸中之脑所有信念的真实性不是一种正确的方式，而是一种错误的选择，因为它给我们的是一种不确定性，我们对我们的信念的把握并非像我们想象的那么可靠（因为缸中之脑意味着我们不能知道直接接收的信息的真假）。如果理性自发性不受制于外部世界（缸中之脑的不确定性使我们不能这样做），那么我们对自发性的运用又如何表明它反映了经验的世界？有一点是肯定的，这样的融贯论限制了我们的思维，在我们思考或寻求可能拥有的证明上，融贯论使我们受到了限制。事实上，我们可以正确地解释大脑对周围环境所作出的正确反应。

戴维森因为把外部世界的感知视为偶然的不实在的东西而转入语言的意义理论，但他的"一个信念的真依赖于另一个信念的真的融贯论"切断了信念与经验的联系。在经验中，外部世界对我们感受性或感知的冲击并不是偶然的，不仅一个信念是另一个信念的根据，经验也可以是一个信念的根据。针对戴维森的融贯论，麦克道尔的观点是，概念的逻辑内容并不是推理的前提，只有经验是带有它自身的感受性的，如果经验本身并不是信念，它就应从人与自然的关系中去理解。

第四节　第三种先验论辩：经验析取的可能性

关于我们的经验是如何可能的问题上一直存在一个咒语，即真正证明经验乃外部实在的真实反映是不可能的，因为除非我们能跨越主客体的界限，否则我们不会得到任何值得信赖的证明。当然，在认识论中这是一种典型的怀疑主义态度，康德重新思考了知识的可能性问题：康德把跨越主客体界限的可能性与先验观念论联系了起来，先验观念论依赖先天综合判断的可能性的理论。但康德之后，这里的咒语依然存在：不只是黑格尔哲学质疑先验观念论，之后的新康德主义也不满意先验观念论的解释。而到20世纪之后的整个分析哲学的变革中，改造或重建康德的基于先验观念论的外部世界的知识论也成为了一个主要的理论目标。

对康德的先验观念论的一个根本性质疑是它对跨越主客体界限获得必然的客观知识的信念。斯特劳逊在其《感觉的界限》一书中所做的批评最具代表性。按照斯特劳逊的看法，有价值并可以继承的是康德的经验理论，而试图从"跨界"的可能性提出证明的先验观念论则是应该放弃的。对于斯特劳逊而言，康德的先验观念论的必然性知识的观点要求太高，是一种不符合人类实际经验能力的观点（康德的跨界问题引出了物自体的感知刺激理论本身就超出了一般的经验论证的范围），我们所能拥有的只能是一种弱的，即仅仅局限于主体的经验感受性一方的经验的理论：我们只能在这一领域里建立或寻找知识客观性的证明途径。斯特劳逊的经验主义的方案回应了经验的客观性问题。斯特劳逊并未放弃康德的计划，即证明我们关于外部世界知识的可能性，但他明确地指出我们只能在我们对外部世界的感受性经验领域寻找证明。

关于康德哲学的（知识）的先验论证自斯特劳逊以来有大量分析，但主要还是这两种类型的观点占据讨论和分析的主流，即要么为康德的先验观念论辩护，并为其寻找可能的重建方案，要么否认康德基于先验观念论的知识的必然性证明，仅在经验范围内寻找知识与信念的认知关系，从而完全把先验论证排除在外。麦克道尔并非完全同意斯特劳逊的论证方式，尽管他完全支持斯特劳逊把与物自体的刺激理论相关的先验观念论排除在外的经验分析立场。这就是说，麦克道尔否定了带有对物自体的先验约束的康德的先验论证（这意味着他既不可能为康德的先验观念论辩护，也不可能为它寻找可能的重建方式），但他也不想完全追随斯特劳逊发展一种仅限于主体的经验世界、没有去探讨与客体世界的关系的经验知识论。

怀疑主义的一个根本的看法是否认我们的感知感受性的实在性，即否认为我们有关外部世界的感受性知识是可信的。怀疑主义认为，即使在某种非常有利的情况下，非常清晰直接的感知（比如，对眼前近在咫尺的红色球体的感知）也有可能产生幻觉。怀疑主义把我们的感知感受性视为不可靠的感受性。怀疑主义承认人类的感知经验具有一个客观的目的，即对外部世界作出感应，但怀疑主义认为，这里的感受性经验感应仅仅是一种表象。这也就是说，它的任何一种表象都存在这种可能性：它所表征的根本不是事物所显示的（没法保证所显示的表征为真）。这也就是说，人脑关于外部世界的显示尽管有一个客观的目的，即反映外部世界，但其所做的显示是无法分辨真伪的。怀疑主义的论点认为，我们的感知是无法分辨真假的，它们只是外部世界的一种反映，作为感知—反映，它们不可能有区别，它们是高度一致的，我们无法分辨它们的对错。怀疑主义的"最高共因"的概念是建立在一个似乎不能被反驳的因素上的，即在感知经验中，一个错误的或误入歧途的感知也可能会认为自己是正确的，因为在这里，一切都是同质不可比的，因为根本不存可分辨的标准。

经验就是向世界的一种开放状态，即我们把自身置于世界之内，但经验也会误导我们。一个为传统认识不断提及的问题是，既然经验会出错，那我们是如何分辨对世界的真实感知与不真实的感知？怀疑主义所谓"最高共因"指的是感知不可分辨对错的同一状态。但怀疑主义也因此把自己置入困境之中。麦克道尔认为，即使感知存在欺骗性，它会带来我们自以为是正确的幻觉，但也没有理由认为，感知经验是无法分辨真假的，我们应该说感知可以是对的，也可以是错的。对于怀疑主义的"最高共因"，麦克道尔反问道：如果没有分辨的可能性，怀疑主义用什么来怀疑，如果怀疑感知的真实性，它就没理由提出"你怎么知道你认为真实的感知是真实的？"总之，没有理由从感知经验的失败推论出感知本身不能区分真假，因而只能是假的结论。①

麦克道尔认为，康德的先验论证行不通并不意味不可能有其他先验论辩的方法。关于我们在何种情况下可以认为感知经验是真实可靠的问题，可以有两种回应。第一，客观世界只有可能向有自我意识的主体开放，即向一个能把感知经验归于他自己的主体开放；也只有在主体有能力把经验归于自己的情况下，这里的经验才可能是有关世界的一种意识。第二，没有概念能力的生物意味着没有关于客观实在经验的自我意识，但人类具有把自我和世界都显示出来的概念思考的能力。据此，麦克道尔指出，我们有理由认为，

---

① Cf. J. McDowell, *Mind and World*, *with a new introduction*, Harvard University Press, 1996, p.113.

感知经验绝非一种简单的感应，相反，由于具有自发性的因素，它具有高度的分辨性或"析取的"（disjunctive）特性。我们的感知有两种状态：感知要么是感知主体对客观事态的一种呈示，要么就是看起来只是外部的客观事态对感知主体的一种显示，尽管这里所显示的并非是对象自身。① 感知在第一种情况下具有明确的经验认知的意义，而在第二种情况下则没有。但这已经为拥有知识客观事态或感知的外部世界的知识提供了机会。

怀疑主义的错误是建立在对我们感知过于简单的认识之上的，它因而得出了在不可分辨的"最高共因"原则中，感知并不是对客观事态的一种呈示，感知只是表明，事物向我们显示的如此这般的状态。这就是说，怀疑主义仅仅认为，感知只是表明客观事态显现于我们面前的状态，除此之外，它并不能表明它是对客观事态的呈示。毫无疑问，感知具有误导性，即它会出错，一个人感觉有一个红色的立方体在她眼前，也可能在她面前根本就不存在红色立方体，她有完全有可能看错了。这只表明基于感知经验的知识会出错，而不是证明了我们无法通过感知经验认识外部世界，或通过感知经验获取有关外部世界的知识，不可能真实地反映客观事态。在这里，我们应区分两种不同的情况：一种情况是她被感知误导，认为眼前有一个红色的立方体，但实际上根本没有红色立方体存在；另一种情况是她没有被误导：当她或别人发觉她所看见的红色立方体根本不存在，这里的事物的呈现只是被误导成为了一种被认识到的事实。怀疑主义者说我们会被感知经验所误导，他这么说的时候，实际上是否定自己的命题。说我们会被感知经验误导，这已经是对感知经验的一种"析取"，它已表明感知经验具有分辨能力。当我们说"在她的面前根本不存在红色立方体，她完全看错了"，这里所做的分辨，实际上恰好证明了，我们的经验感知可以作出某种分辨。因此，麦克道尔认为，感知经验的可错性并不能表明它不能有一些更好的状态，可错性只是感知经验的一个方面，在一些条件下，它完全可以是正确的，在真正作出了"析取"的感知经验中，感知对客观事态的反映完全可以是对的。

---

① Cf. "The Disjunctive Conception of Experience", in J. McDowell, *The Engaged Intellect*, Harvard University Press, 2009, p.231.

析取的先验论证，只是表明出自感知的经验具有某种实在性，尽管感知经验也是幻觉或错误的根源。但错误是可以排除的。比如，可思考的内容一旦处于一种证明的过程中，它也就是我们所拥有的经验，因为在证明中我们所能拥有的或处理的也只是这里的可思考内容，而不是任何被给予的东西（直指性语义内容的或直接的指示关系不能构成证明的内容，它们自身也不是可思考的概念内容的一部分）。而拥有了这样的经验也就是表达了某种事实，绝不会存在拥有这里的经验而却缺少事实或不知道经验是否符合事实的情况（只有基础主义才会遁入这样的怀疑论）。维特根斯坦的那段著名言论所要告诉我们的正是这一点：一旦我们看到事情是如此这般的，我们也就看到了事实，绝不存在看到了事情是如此这般的却又缺少相关的事实的情况。①

对感知经验的析取能力的承认被麦克道尔视为一种先验论证，一种我们不得不承认的感知的固有的特性。先验论证基于这一事实，即感知经验具有它试图获得的或它认为的客观实在性，而且我们也能使感知经验所表明的客观实在性变得可理解。麦克道尔认为，尽管这种意义上的先验论证并不包含复杂的康德式的先验论证的论题，比如，先天综合的知识是如何可能的论题，或纯粹知性是什么，但仍然回答了关于经验的某种先验可能性的论题。也就是说，它仍然带有康德论题的特征。在他看来，塞拉斯认为经验具有实在性，即经验具有客观的意图（经验内容承载客观的判断内容）的论证也是康德式的，或一种最小限度的康德式的论证，它的根本目的是把经验从属于知性，即认为经验本身具有它所希望拥有的客观性。②

---

① "当我们说和意指如此这般的事情是实际存在的，我们以及我们的意思除了基于事实，不会根据任何其他情况，但我们又意指：事情是这样的。"（Wittgenstein, *Philosophical Investigation*, Oxford: Basil Blackwell, 1958, 95, p.44ᵉ）

② Cf. "The Disjunctive Conception of Experience", in J. McDowell, *The Engaged Intellect*, Harvard University Press, 2009, p.240.

第七章　匹兹堡学派的观点分歧

　　匹兹堡学派这一名称把麦克道尔与塞拉斯和布兰顿联系在了一起。"匹兹堡学派"这个名称之所以也能成立，是因为麦克道尔在其思想发展中还与布兰顿一道受到塞拉斯哲学的影响，他们还共同接受了黑格尔哲学的绝对观念论：他们的哲学共同代表着"分析哲学的黑格尔转向"。麦克道尔的确与塞拉斯和布兰顿共享了某些基本的立场。比如，他们都认为分析哲学有必要从其狭隘的经验主义和自然主义方法论信念挣脱出来；他们因此都否认被给予的神话。麦克道尔继承了塞拉斯哲学的一些核心的思想，他把理性的空间视为理解世界不可缺少的前提。但在如何理解经验概念上，麦克道尔与塞拉斯和布兰顿则有很大分歧：麦克道尔虽然没有否认塞拉斯最初提出的理性的逻辑空间在断言的形成方面的作用，但在什么是理性的逻辑空间、理性空间如何发挥作用的问题上，他则有着完全不同的看法。麦克道尔与塞拉斯和布兰顿同样认为，要形成一种知识断言（信念）就必须处于理性的逻辑空间中，但一些根本的分歧还是把他与塞拉斯和布兰顿区别开来。

　　麦克道尔与塞拉斯和布兰顿关于概念理性思维与经验的关系的争论涉及了当代知识论的许多关键问题。他们之间的理论争论有助于回答困扰哲学本身的哲学如何存在或能否存在的问题。麦克道尔对塞拉斯的批评则主要集中在什么是理性的逻辑空间，它如发挥作用，以及如何理解经验概念的问题上。麦克道尔认为，塞拉斯所犯的错误与戴维森一样，他把理性的逻辑空间看作是自成一体的，这使得经验失去了构成一个法庭的功能。①
这就是说，塞拉斯攻击经验主义被给予的神话，却使经验丧失了判定知识
的功能。布兰顿是忠实的塞拉斯主义者，这一点可以从他对塞拉斯的代表
作（《经验主义与心灵哲学》）非常全面的解读中看出。但麦克道尔对布兰
顿的塞拉斯解读有许多批评，这当然是他们彼此之间的理论或哲学观点不
同的表现。概而言之，匹兹堡学派的分歧首先集中在感知经验及其推理主
义的问题上。而为了表明塞拉斯在感知经验及其推理主义问题上的错误，
麦克道尔重新反思了塞拉斯对经验主义的重建的意义，并指出塞拉斯的新经
验主义陷入了混合型知识论的悖谬。在塞拉斯之后，布兰顿提出了他的带有
后塞拉斯思想特征的规范—功能的真理探究模式，但麦克道尔认为，布兰顿
的真理探究模式同样因为不正确的感知和推理的理论而陷入了错误的混合知
识论之中。

第一节　匹兹堡学派的观点分歧（一）：
感知经验的问题

麦克道尔与塞拉斯的分歧首先是从对康德的感知概念的理解开始的。
麦克道尔接受了塞拉斯有关理性的逻辑空间的基本定义，他认为塞拉斯的理
性的逻辑空间就是康德的判断的自由或自发性这个领域。塞拉斯正确地把理
性的逻辑空间定义为作出证明和能够对某人的话作出证明的认知领域，它完
全与没有任何证明的话语不同。但在麦克道尔看来，塞拉斯在论感受性经验
时则出现了不该有的错误。麦克道尔认为，塞拉斯对感知做了一种容易产生

---

① "探照塞拉斯的原理，要把某物定义为印象，就是把它置于逻辑的空间中，而不是把它
置于属于知识的讨论中，……或属于有关世界的直接性的讨论中。按照这样的原理，讨
论印象的逻辑空间，就不是诸如一个事物通过另一个被证实或修正的有关事物相互关联
的关系逻辑空间。因此，如果我们认为经验是由印象构成的，根据这一原理，它就不能
作为一个法庭，一个经验的思维可以作出应答的法庭。"（J. McDowell, *Mind and World*,
with a new introduction, Harvard University Press, 1996, p.xv）

误解的康德主义的解释。

塞拉斯划分了处于理性逻辑空间中的语言与之外的纯然的感受性：他用界限之上的（above the line）和界限之下的（below the line）的区分来表示纯然感受性的特殊性。界限之上的直观具有概念思维的因素，并且处于理性推论的逻辑空间中。但界限之下的概念直观（纯然的感受性）则具有感知的成分，并且处于推论的逻辑空间之外。而这样一来，如果概念的语言是完全处于理性的逻辑空间中的，那么，这个时候，词语的含义是并不拥有超语言的外部所指（在这一点上同于蒯因的观点）。但这却是麦克道尔反对的一种观点（这与他对融贯论的批评一致）。问题是，正像塞拉斯本人也意识到的，混合的或双重的理论会带来一些令人迷惑的现象，因为它意味着，存在具体为知性概念的运用所确定的事物（这一个）与纯然作为感受存在的"事物"。比如，对一个立方体的认知，就会存在一个表征性的立方体与知性概念判断的立方体，而根据直观的理论，表征性的立方体是首先获得的，而具体的概念应用获得的立方体则是后面才得到的。塞拉斯区分带有纯粹感知的概念与完全没有感知的概念表明，塞拉斯仍然接受了康德的先验约束，即认为有一个独立的外部对象的约束（尽管他反对被给予的神话）。麦克道尔认为，康德没有视直观为两层，一层是纯粹的概念思维式的推论，另一层是加入了概念思维的感知。而塞拉斯则认为康德应做此区分：在他看来，康德的界限之上的直观有误，因为它与界限之下的直观混淆在一起，这就是说，康德的纯粹感知的东西也应同样存在这一层面。界限之上的直观不存在纯粹感知的东西，它只存在由概念或知性解释的感知。这样，按照塞拉斯的理解，在康德的直观中就应存在这两种形式：存在一个先于我们直观判断的立方体，我们的直观只是对它作出直观判断的处理。但康德的时空直观指的是外部时空直观吗？塞拉斯把康德的时空直观等同于外部直观了。当康德在分析论中运用了知性概念来分析外部性时，感性论中的直观就具有了完全不同的意义。直观不仅运用了形成或建构外部性的能力，它本身也带有运用知性概念的能力。

按麦克道尔的看法，我们应像在经验分析论中的康德那样，把经验的知识理解为感性与知性的统一，才能摆脱经验感受性与概念自发性之间的矛盾。一个关键因素是，概念内容是概念思维的结果，是自主性的运用概念的结果，这与一般理解的概念不同。塞拉斯正确地认为，概念从来都不是形式逻辑意义上的概念，概念一词是从命题内容上的推理方面使用的。但塞拉斯并未注意到概念思维作为一种推理能力所表现出来的经验的自主性。

当我们转向麦克道尔与布兰顿的理论分歧时，首先必须注意到的是，布兰顿继承了塞拉斯的新的经验的观念。在布兰顿那里，表征同样被区分为两个方面，即作为一般生物存在的感知性反应的表征与作为说理的陈述形式的表征。前一种表征纯粹是一种生物性的感官刺激性反应（人与生物分享了同一种表征能力），它缺少任何说理或相关的陈述说明的部分，但它具有不同的观察者之间指称共享的特征（删因对感知刺激性反应的注重也是因为看重它具有共享的可交流性）。布兰顿以此加强了意义共享的推理的性质，他始终认为，尽管可靠的感知性刺激反应具有共享的特性，它只有通过推理性的推论，即塞拉斯的"提出理由和要求理由"的话语形式才能超出一般直指式的共享，从而进入概念的共享。可靠的感知性刺激性反应只有对它提出推理性的资格（是否具有观察的根据）和授权（是否表明获得了他人认可的证明）的要求，才能达成意义理解上的共享，但前者（刺激性的生物式的感知）始终是一个不可缺少的指称性条件。

我们从布兰顿的推理主义语义学或语义学推理主义的基本观点中看到，布兰顿在这一点上还是一个坚定的达米特主义者。布兰顿认为，达米特的语言哲学在根本上从语义学断言主义出发，不是把指称的内容当作语义分析的直接对象，而是为它建立一门可行的语义学理论是达米特的最大的贡献。与达米特一样，布兰顿也并不是在传统的带有实在论倾向的经验主义的"真理"概念的意义上谈真理，但也不是简单地放弃对这一实在论的经验主义传统的"真理"概念，而是把它的意义的客观性问题区分开来分别对待。与达米特相同，作为一种通过指称的关系显示的"真理"，并非不被考虑，而是被置于与语义内容的断言性的客观性考虑之中。为此，布兰顿在其语言哲学中专门用推理主义的方法处理了像"真理"和"指称"这些传统语义学词汇。用他的话来说就是，这些带有实在论视角的传统的逻辑词汇只有转换为具有表达功能的推理主义词汇，比如，转换为回指（可推理性重复的"是真的"表达性词汇）和赞同句的形式才有意义。包括后期弗雷格的语义学在内，这些传统的逻辑词汇完全是一些基于实体实在论承诺之上的表象主义词汇。布兰顿这样做，清楚地表明了他的真理概念不同于表象主义推理的真理概念，即不同于那从笛卡尔开始一直发展到塔尔斯基的表象主义推理的真理论。表象主义的真理论通过实体性实在论的真值和真理性条件来使用"真"，并以这种方法构建关于句子的语义分析的方法，以及用"指称"来表示它代表的表象的关系和述谓（后期弗雷格开创的传统）；此外就是关于一阶语言的真理性定义的讨论，它为"真理"和"指称"或"指示"的相互之间的关系应如何理解所提供的范式（塔尔斯基式的）。

但在布兰顿这里，把表象主义的传统逻辑词汇转换为推理主义的表达性词汇并没有使问题变得更简单，因为一些与表象主义相关的问题不是被放弃了，而是必须采用新的方式予以解释。布兰顿的推理主义仍然要处理与表象主义语义学对"真理"和"指称"的关注相关的对外延与意向（内涵）的区分，后者的中心观点是它把自身归属于命题态度的语言表达（……我相信或我认为……）——这本身也是表象主义情境中最难解决或根本不能解决的一个问题。对这两种语义学的表达式的区分需作出解释。用传统的术语，它们的区分可以归为，一方面是只有那些表象之物才是句子所要展示的推理意义之所在，另一方面是表象本身与决定这种推理的意义的关联。

除了在表象主义的传统中由自我意识理论构造的这种技术性的语义学概念之外，还存在相应的日常语言的表达，比如关于人们所谈论的或所想的（talking or thinking about）。在主要的表象主义的用语或表达式中，存在的是使用"有关……的"（"…of"或"…about"）这种涉及命题态度的所谓就事论事的（de re）的描述。像"罗伊斯相信（believe of）《精神先知者之梦》一书的作者是一位伟大的哲学家"等。最后，还有一个关键的对判断和推理的客观表象的观念。上述考虑的所有表象主义的类型，都可以找到它的语义学内容与可替换的表达式联系——主要是与单项词和谓词联系，但关键的是，在布兰顿看来，表象主义本身的真理概念是不能证明这些表达式的客观性，即那种不同于个人主观的表象的、带有判断和推理的客观的表象的观念。因为真，总是认为是真的（作为推理性回指和赞同句的结果），而不是描述为真的（指称的真是没有的）。

但在麦克道尔看来，经验主义并不是一个可以简单加以否定或替代的理论。我们只能对经验的概念作出新的释义，而不能放弃经验的概念。经验主义带有直接的因果证明秩序的经验概念是不可取的，但这并不意味着我们可以放弃经验的概念。布兰顿反对经验主义，乃是因为他认为，经验概念的外部主义承诺只能带来表象主义，这样的外部"经验"只能让我们陷入被给予的神话，在这种情况下，在我们对经验思维作出判断时，经验根本不能担当审判者的角色。结果是，布兰顿只是把经验主义当作不合适的东西：布兰顿的推理主义并没有对经验主义作出新的理解，他们采取的都是放弃带有外部主义世界的直接关联的经验概念，而采取了一种间接的推理主义的方式，从而使直接的经验表象失去作为一种主体的自我感受性的本性。麦克道尔认为，这种理解经验概念的方式是不正确的，我们不能只把经验视作传统经验主义的类型加以抨击，而放弃建构新的经验概念。

麦克道尔在与布兰顿的多次争论中都明确表示，他反对用任何形式的内部主义取代经验主义的外部主义做法。在他看来，一旦我们承认知识的经验性，我们就不得不承认它与世界的关系，即它与作为心灵的另一面（不是相互对立的一面，而是可以相互解释的不同的一面）的世界的关系。用麦克道尔的话说就是，我们必须承认一种最低限度或最小化的经验主义。从这个意义上说，布兰顿基于对感知的贬损和怀疑之上的推理主义带来了不必要的理论建构，它与后期维特根斯坦的理论静默主义是格格不入的。

在麦克道尔看来，塞拉斯和布兰顿看待纯粹感知的方式是成问题的，它暴露了他们并没有真正走出康德在讨论概念与直观时所陷入的矛盾性：在康德那里，直观既与对象的意向性相关（意向性对象总是必然地处于时空关系中），其自身又是纯粹概念的（又总是必然为先验观念所引导）。麦克道尔认为，这实际上表明，布兰顿和塞拉斯也接受了一种先验约束概念，即认为物自体的外在性必然对直观带来先验的约束。

第二节　匹兹堡学派的观点分歧（二）：
推理主义的问题

匹兹堡学派的观点分歧并不局限在感知经验的领域：麦克道尔还批评了它的推理主义的话语建构理论。按照塞拉斯和布兰顿的推理主义的方法，我们与外部世界接触的这一过程不能真正进入理性空间，只有相互认定的记分过程才是决定我们获得外部世界语义内容的决定性因素。这种推理主义带来了对主体的感知感受性经验的不相信，这导致了我们只能把相互评价的模式作为真理的替代概念。这一模式的真理概念是成问题的。试想，推理主义内在的相互评价模式如何表明一个基于感知的断言是可错的？如果不基于一种主体的感知，它如何作出判定？判定最终还是要回到具体的感知经验，这就是说，依靠相互之间的推理性认定程序的操作或证明是做不到这一点的。真信念的证成是基于"我看见那……"这样的证明形式之上的，直接的感知经验在理性空间的证成模式中是不可或缺的因素。

麦克道尔拒绝推理主义认知外部世界的方法，是因为他认为，推理主义的"内在化有使我们丧失类似证明'我看见那……'这样的证明形式的危险。……'我看见那……'这种陈述形式在给出理由的游戏中需恰当地引用，而且它们的真实性清楚地表明它们代表提出内嵌命题的资格。"① 麦克道尔拒绝推理主义认知外部世界的方法还因为在话语建构的方法中，"一个理性的动物在拥有概念能力的情况下却不能运用其概念的能力，除非他把自身紧密地与社会实践结合起来。但按我的理解，概念能力已经是一种个人的能力，他可以通过自己的努力立足于拥有资格的空间中……"② 对于麦克道尔而言，这里存在一种特殊的个体主义：个人多少是通过张开自己的眼

---

① "Knowledge and the Internal Revisited", in J. McDowell, *The Engaged Intellect*, Harvard University Press, 2009, pp.279-280.

② "Knowledge and the Internal Revisited", in J. McDowell, *The Engaged Intellect*, Harvard University Press, 2009, p.287.

睛而立足于社会性的理性空间之中的。话语理论有遁入怀疑主义的嫌疑，内在论把感知视为不确定的，类似最高共因论者把感知当作不可分辨的感知现象。话语论者要求把感知置入理性的推论程序之中，这无异于剥夺世界的感知呈现在获得感知资格上的功用，即否定了个人世界的感知真实性的存在。

比如，布兰顿始终认为，认为某人是认知者，即赋予他这种地位，此人就必须表明他需要证明的信念是真的。但如何做到这一点呢？把证明中信念视为真的，并不是归属或认定的事（与归属并无关联），而是他承担的东西：他自己确定。因为认为某信念为真就是相信什么，也就是作出承诺，采取一种姿态或立场。布兰顿用下述例子为其立场做了辩解：如果一个人在一个黑暗房间看见前面十米开外有一支蜡烛，那么会认为你相信前方十米开外有一支蜡烛，所以会做承诺（看见十米开外有一支蜡烛）。但也有可能在你前面是一面镜子，你所看到是一个影像。因此，人们并不能就你所做的看见某物的承诺作出确认。因为认为某人成功地处于认识某物的立场上涉及三个不同的姿态：认定一种承诺，认定一种资格，以及承担一种承诺。这里的信念评价模式并没有什么神秘的，被评价的过程也是如此。只有当处于理性空间中，知识才是可理解的，人们可以在要求理由和提出理由的游戏中获得其信念的证明。但在认定他人的信念和承担一种信念（自己）之间是社会的状态，一种社会性的相互合作。如果人们把理性空间个人化，忘记了它是一个我们彼此相互采取一种姿态的社会分享的领域，人们也就不会理解什么是处于理性空间中的知识。

麦克道尔拒绝了这里的所有理由。社会构造论的理论带来的争论是个人的感受性经验是否能从根本上还原为推理中的资格的获取，即我们是否能把个人的感受性经验置于社会内部的不同主体之间的相互承认的关系中来证明。有关在观看中没有意识到镜子的干扰而出现幻觉的例子的确表明了观察者资格证明的重要性。在这种情况下，人们当然有义务表明是否真有一支蜡烛在他面前。但即使这样，真实的经验也并不是与由他人的证明所决定的资格证明分不开的。麦克道尔在具体的感知问题上是一个现象主义者，因此承认某种程度的可错论。但他的现象可分辨的经验析取理论又使他坚持认为可错的感知是偶然的也是可纠正的。① 而且这里的纠正更接近自我纠正，而不是依赖外部的推理程序，即他的资格不可能外在于观察而获得。"我坚持认为在最好的情况下，个人看见有一支蜡烛在他面前，他有资格表明这一事实。或换句话说，主体在最好情形下，在他面前有支蜡烛，是蜡烛的显现，是蜡烛自身出现在他面前。这不能与这里不存在蜡烛的情况相比。在镜子面前的他没有这种资格，因为这里并没有蜡烛存在，尽管他可能会认为有。"② 幻觉的存在表明，感知亦有一个真实性获得的资格问题，我们无法排除错误。但在某些情况下，直接感知的不可能性"并不能表明，'我看见那……'作为给出理由的游戏的恰当的一步的资格，如果人们可以保证其真实性，也就可以表明人们拥有提出带有内嵌的命题内容的断言的资格"③。

麦克道尔认为，描述性的东西可以进入理性空间概念之中。从感受一种印象就是在自然中进行交换的理论来看，感受一种印象的观念完全可以与理性的逻辑空间相容。理性的逻辑空间的概念能力，不仅可以在判断中发挥作用，也可以在与自然持续地给感受的主体以一种印象的自然交换关系的运作中发挥作用。"印象可以是对主体的一种感受性上的（perceptually）显现，（它是透明的）它向主体显示事情是如此这般的（things are thus and so）。"④"在接受印象时，主体可以感受到（open to）事物显示的方式。这对于通过经验的可回答性表明世界的可回答性的那种情形带来了一种令人满意的解释。"⑤ 也就是说，如果我们有第二自然的概念便会发现，感知印象的世

---

① 可分辨的或析取的经验不是一个没有任何概念或先于概念的纯粹感知。在传统经验主义中始终存在这样的观念，经验内容是基于先于判断或概念的被感知的内容构成的，没有被感知的内容，也就没有相关的经验的判断或概念。

② "Knowledge and the Internal Revisited", in J. McDowell, *The Engaged Intellect*, Harvard University Press, 2009, p.281.

③ "Knowledge and the Internal Revisited", in J. McDowell, *The Engaged Intellect*, Harvard University Press, 2009, p.282.

④ J. McDowell, *Mind and World*, *with a new introduction*, Harvard University Press, 1996, p.xx.

⑤ J. McDowell, *Mind and World*, *with a new introduction*, Harvard University Press, 1996, p.xx.

界经验处于理性的逻辑空间之中。它们并非与理性的逻辑空间不能兼容，因而是处于之外的东西。

麦克道尔相信，从第二自然的角度审视认识，即把概念思维视为社会—历史实践的规范概念的活动，展现在我们眼前的将是一个全新的世界概念。如果我们正确地认识第二自然对传统意义上的自然这一概念所带来的改变，那么，我们会发现，在理性与自然或心灵与世界之间并没有所想象的那种沟壑，相反，我们将会看到它们的一种联合。换言之，如果我们有第二自然的概念，便会发现，感知印象的世界经验是处于心灵的理性的逻辑空间之中的。它们并不是与理性的逻辑空间不兼容，因而是处于之外的东西。这也就是说，经验内容本身就是概念性的东西（它是概念思维的一种形式），经验独立地存在于理性思维的空间之外乃是主观意识的一种幻觉。① 在这一视角中，经验的内容是在思维中发挥规范作用的元素，它不是一种限制理性思维的东西。作为感知印象的经验并非是一种被触发的感知感受性，相反，它涉及自我的感受性意识的参与。感知印象作为世界作用于可感知主体的感受性，其本身就是一种概念的活动。概念的能力不仅运用于判断之中，也运用在世界作用于印象的感受性中。印象是感受的显示，通过感受印象，主体认识世界是如何显示出来的。② 对于麦克道尔而言，黑格尔的观念论也是一个重要的启示：黑格尔的观念论就是一种概念无界论，它是对康德所揭示的世界与心灵的二元性关系（概念与直观、现象与本体、自发性与感受性、知性与理性以及自由与自然等）的克服。黑格尔的观念论来自精神现象学的分

---

① Cf. J. McDowell, *Mind and World*, *with a new introduction*, Harvard University Press, 1996，p.xx. 麦克道尔对现代哲学的病理特征的一个基本诊断是：正因为我们不再相信我们的心灵与世界的关系只能从心灵与经验的关系来理解这一基本事实，我们因而产生了对知识的客观性的焦虑。消除这里的焦虑是麦克道尔的哲学的一个努力方向。我们看到，在其最低限度经验主义中，麦克道尔致力于唤醒的正是这样一种正常的经验信念。麦克道尔认为，尽管我们与蒯因拥有不同的经验概念，但我们仍然可以像蒯因那样，把经验视为知识的"经验的审判所"，只要我们首先打破传统经验主义的实在论，即那种把语义外在性的事实归于对象的理论。

② 我们的判断或断言（信念）必须是直接指向对象的，即它们是有关事情是如此这般的具体事态的。因此，麦克道尔甚至认为，不存在弗雷格哲学常见的那种含义与指称的区分。

析，而这一分析系统地表明了概念的无界性。麦克道尔以更为明确的方式分析了经验发生的现象学上的实在性和原发性，其目的在于打消普遍存在于分析哲学中的那种"经验内容"似乎是重要的或不可或缺的，但又难以表明其是实在的焦虑。

后期维特根斯坦哲学之后，人们在反思这个问题的时候已经清楚地看到了这种可能性，即体系化的世界自身内在实践规则的经验的实在性（这似乎也可以理解为是黑格尔的一种解释）。总是生活于特定时空中的主体具有解释的知识，即具有言说和行动的能力，因此能加入实际生活中的优良实践之中，并作出相应的业绩。这里所涉及的已不再是经验判断的东西，而是合乎语法的句子、几何学的对象、手势或姿态、言语行动、文本、合法性、具有逻辑性的话语、行动、社会关系或社会交往，以及一般而言那些基本的规范调节的行为。后期维特根斯坦学派用"遵守规则"的概念作为解释来分析这类基础性上实践的特点，或解释那"自我转换的秩序"，亦即一种在直觉上已非常熟练的知识，它使我们能从实践中掌握那些生成的规则或在实践中做到自我理解。这种隐藏的有关规则的知识能使每一个生活社会联结在一个基本的实践和事业中，并以此使它的生活形式明晰化。由于其隐蔽性并且有历史的性质，胡塞尔把主体间性相互参与的生活世界理解为一种非主题化的"背景"。

麦克道尔也紧跟后期维特根斯坦：他从第二自然的角度把对所有与知识的证明相关的要求都视为是多余的，即他否认我们需要有关知识的评价。当然，对于麦克道尔而言，什么可以称之为真知识的标准也不是随意获得的或意外获得的（比如，靠投硬币确定的）。真正重要的是，被称为知识的东西必须出自可靠的信念形成机制，也只有从这种机制中产生的知识才有可能是真的。在某种正确的条件下，在理性空间中作出适当的推理可以被视为这种机制。但它并没有特殊的地位：知识可以从一种与理性空间相关的关系中形成，但绝不可能这里的推理主义认为的那样需要一个获得资格的过程，似乎我们在与外部世界的接触中，我们所能获得的仅仅是某种表象式的感知（非概念的感知），是一种处于最高共因之中的难以分辨真假的表象。①

---

① Cf. "Knowledge and the Internal Revisited", in J. McDowell, *The Engaged Intellect*, Harvard University Press, 2009, p.284.

麦克道尔因而认为，我们有理由支持可靠主义：他认为，可靠主义的方法论变革同样为摆脱传统真信念辩护理论的内在困境提供了一条出路。可靠的真信念的形成过程是种种外在条件构成的：信念者的资质、资格和成功的经验等，在这里无须内在的理由，它的理由就是外在条件的可靠性，在这种情况下，信念者甚至不用去考虑其自身的信念是否可靠，只要各种外在条件满足了，就可以不去作出此考虑。而传统的真信念辩护理论是内在论的，它们往往求助于信念者对内在的理性认知形式（诸如逻辑的同一性和合理性等）的遵循。但内在论仍没法逃脱基础主义证明的无限倒退悖论，这使得它处于一个十分尴尬的位置上。

总的来说，对于推理主义的最致命的反对意见是：内在推理的要求将使整个的感受性经验的真实性变为令人怀疑的。如果每一个观察报告者都把自己报告的真实性结论交由相互的推理过程来决定，那么，他又能如何表明他自己作为一个观察者是可靠的？实际上，在所有的推理相互授权过程之前都一定存在一个作为观察者的个人如何表明其自身的观察报告的真实性的问题。推理主义的相互授权的方式使个人对其报告真实的证明环节丧失了。但一旦缺少一个表明其作为观察报告者的观察真实性的证明，也就没有推理的相互授权的真实性。一个观察报告者如何表明他所观察的东西是真实的？理解可靠性在理性空间中的担保作用的关键是，如果可靠性本身是一个推理的概念，它是基于何种理由的一种推理。

麦克道尔认为他的反对意见是基于维特根斯坦的理论静默主义思想之上的。"对我来说，我关于事物的可靠性，更像是维特根斯坦在《论确实性》一书中所表明的那种状态。通过我对世界的接触所形成的整个概念而由我自己所坚信的东西，而不是来自其他概念的推理所得出的结论。"① 在涉及个人的感知信念真实性的问题上，麦克道尔这里的理论静默主义又非常类似可靠主义的思想。可靠主义认为，把个人的可靠性本身视为真信念证成中的理由是极为关键的。可靠主义把真信念视为在信念形成过程中表现出来的可靠性

---

① "Knowledge and the Internal Revisited", in J. McDowell, *The Engaged Intellect*, Harvard University Press，2009，p.283.

的产物，而没有把信念者是否有能力对其信念作出证明当作一个条件。可靠主义对传统的真信念辩护理论的方法论倒转具有十分重要的意义。因为从许多方面来看，这种方法论的倒转都更符合具体认识实践的特点。的确，任何一项成功的实践总是带来它基于其上的真信念。但是，成功本身就足以说明一种信念的真理性，如果是这样的话，我们直接去描述这一成功的实践过程就可以了，寻找区分知识与信念的证明关系是多余的，为什么我们不相信真信念是知识呢？

第三节　重新反思塞拉斯对经验主义的重建

1956 年塞拉斯在伦敦大学举办的讲座上宣读了《被给予的神话：关于经验主义和心灵哲学的三篇讲演》，后来它们以题为《经验主义和心灵哲学》的专题论文发表在《明尼苏达科学哲学研究》第一卷上，它立即成为了那个时候最有影响力的文章。论文不只是对经验主义提出批评，它还涉及内在论和外在论的关键论题，并提出了一种可以涵盖两种观点优势的积极的替代性认识论，即一种新的经验理论。

在塞拉斯眼里，经验主义犯有两个错误，一个是逻辑规则主义的错误，另一个是对模态或一般的归纳法的理解和运用的错误。针对经验主义第一个方面的错误，塞拉斯提出了理性的逻辑空间的概念。这一概念强调，在对事物的认知中，不是通过经验的描述，而是通过把经验置于说理（对所说作出证明）的空间中。这一概念推翻了经验主义的基础：摧毁了被给予性（经验内容）与心灵自身的二元性的区别，亦即后来戴维森所说的，概念框架与材料的区别。之前蒯因摧毁了分析的与综合的区别。塞拉斯对被给予性，即"被给予的神话"的攻击，也是把分析哲学与逻辑经验主义区分开来的最重要的一步。针对经验主义第二个方面的错误，塞拉斯揭示了模态真势语言的推理的本性。现代自然科学剥夺了任何规律、反事实或倾向性这样的模态概念，即剥夺了所有用模态的真势语言所表达的概念。在塞拉斯看来，这是现代经验主义自然主义化的结果。只有推理地运用非推理报告（观察词汇），把它们当作推理的前提，并由它们引导出相关的结论，否则就不能说我们掌握和使用了非推理的观察词汇。基于相同的理由，缺乏相应的得出结论的推理实践，也不能说我们推论的实践包括了非推理的观察所获得的前提。因此，单独的或缺少任何推理推论的规定性使用观察词汇并不能构成任何有意义的语言认知活动。对经验主义的逻辑规则主义的批评（1），以及对模态或一般的归纳法的理解和运用的修正（2），构成了塞拉斯的新经验主义概念的两个基本特征。

（1）在罗素以后，分析哲学获得了很大的发展，其间分析哲学早期的一些主要观念已不再流行。在罗素阶段，分析哲学还带有理性先验哲学的色彩，在罗素的哲学中，由于认为逻辑与实在有着必然的联系，逻辑的知识在某种意义上也是先验的知识。但分析哲学在二战后的发展呈现出一种自然主义化的倾向：先验的、实在的概念或逻辑与先验知识的关系等命题被彻底放弃，取而代之的是一种自然科学的态度，认为所有有意义的概念和问题都属于经验的或描述的科学，包括人类行为的科学。① 从卡尔纳普到蒯因，分析哲学已不再接受有关世界的逻辑知识的先验论的论证，而只接受更直接的可实证的经验说明。

分析哲学在这个阶段出现了从康德向休谟的回归。在罗素否定了康德的先验综合的知识之后，卡尔纳普提出了一种类似休谟的真理二分法：后验综合的真理和先验分析的真理。对于卡尔纳普而言，没有先验综合的真理，有的只是一种是在经验观察或试验范围内的经验知识，以及另一种是为语言逻辑句法的规则制约的先验的或分析的知识。蒯因对这种划分感到不满，因为在他看来，分析的知识的说法简化人类知识的基本性质，它等于说，知识是完全由某种规则得出的或有某种规则，它可以直接确定什么是知识。它还有可怕的地方：一旦人们把它当作规范来应用，它就会成为一种教条、一种把知识简单化的教条。这不是有关逻辑或数学是否是分析的争论，而是有关

---

① Cf. P. Redding, *Analytic Philosophy and the Return of Hegelian Thought*, Cambridge University Press, 2007, p.62; B. Brandom, *Between saying and doing: Towards an Analytic Pragmatism*, Oxford University Press, 2008, pp.219-220.

我们的知识是否可以按照一种规则（它包括语言、逻辑或数学的规则）来获得的争论，因此，蒯因争论的意义不是技术上的，而是认识论上的。

塞拉斯在蒯因之后进一步对分析哲学所迷信的分析的真理展开了批评：他直接用逻辑规则主义一词来形容这种把逻辑的知识或逻辑化的知识直接等同于知识的方法。之所以把这种方法称为逻辑规则主义，是因为塞拉斯认为，这种分析的方法的思想宗旨是：一旦人们掌握了他们的（逻辑的）语言规则，人们就能获得有关实在的确定知识。这种看法实际上与罗素早期的方法有相似的地方。逻辑规则主义从对象语言上升到元语言的规则，即把具体的经验的语言与元语言规则联系起来，或通过确定它们两者的关系，以表明经验的语言的真理性，因为它认为元语言规则的分析具有使经验语言保真的功能。而早期罗素对语言的理性直觉，使他得出了有关逻辑与实在的关系的理论，该理论由经验语言下行到语言实在，它通过把有关对象的经验语言与本体论意义上的（逻辑的）语言实在联系起来，以表明经验语言的真理性。①

逻辑规则主义也有它的一些独到之处，比如，它的认识论基于语言规则分析的必然性之上，而不是建立在任何先验知识的承诺之上。在罗素和摩尔阶段的早期分析哲学的柏拉图主义实在论承诺仍然是与先验的知识联系在

---

① 布兰顿用语义逻辑主义（*semantic logicism*）一词表达了相同的意思。布兰顿把对弗雷格的《算术的基础》中数学的性质的逻辑主义解释、罗素和怀特海的《数学原理》关于数学与逻辑词汇之间的语义关系的描述，都看作是这种意义上的语义逻辑主义的典型形式。按布兰顿的看法，这里的方法论观念类似两种早期代表性的研究所表明的那种分析的观念，比如，在数论的词汇中可表达的东西，以及用限定性摹状词可表达的东西，在带有恒等式的一阶量词逻辑词汇中也早已是可表达的。——我们可以根据后者的措辞的意义使前者的措辞的意义变得可理解。语义逻辑主义使分析哲学把逻辑词汇本体化，即把它视为分析的唯一手段。"在分析哲学的历史中，词汇之间的语义关系的关键部分的性质曾被做过各种的描述：作为分析、限定、释义、翻译、不同种类的还原、求真以及各种依附性的性质——仅举这些内容为例。然而，分析哲学的典型特征是，在每一种情形中，逻辑的词汇在有关这些语义关系的具体阐释中都被赋予了最重要的功能。因此，在解释被分析项和分析项（目标词汇和基础词汇）之间的关系时，求助于逻辑词汇总是被认为至少是恰当的。"（B. Brandom, *Between Saying and Doing：Towards an Analytic Pragmatism*, Oxford University Press, 2008, p.2）

一起的，它要求在逻辑之外还要有实在的知识，而在卡尔纳普开始的规则主义阶段，柏拉图式的实在论承诺就不再需要了。仅从这一点看，这一阶段的分析哲学也不是没有革命性的变化。但这种逻辑规则主义的方法，在蒯因对它的"两个教条"的批评之后，其根本的弱点也充分暴露出来了。逻辑规则主义注定要在科学的经验面前低头，因为或许根本没有一种可以用来保证经验真理性的分析的规则，有的只是基于观察之上的具体的可实证的科学。

一个根本的问题是，逻辑规则主义对逻辑词汇的依赖使它排斥模态的语言、解释的语言和推理的语言，只相信经验现象的语言（一种被给予的数据：事物在认知主体面前的显现，这是一种与事物本身实际上是怎样不同的被给予的现象。它们是未加解释的被给予的感知之物）、表征性的观察的语言（它是非推理的有关事物或事态的报告）和关于事物的主要性质的描述性的语言（它包括理论的语言和非理论的语言，以及用来表达自然的法则的概率性词汇等）。

塞拉斯对经验主义的这三种语言词汇提出了批评。与经验主义的看法相反，塞拉斯特别强调了现象学意义上的感知材料或数据必须基于对象语言之上的重要性。比如，非推理地使用绿色这一概念，必须至少做到以下两点：首先，对所呈现的绿色事物作出可靠的分辨，这是一种拥有语言词汇但色盲的人无法作出分辨的，它是一种鸽子和鹦鹉虽没有语言却可以辨认的事物。其次，人们必须能够运用绿色的概念来表明他对绿色事物的辨认应用了概念说明。因此，人们必须相应地掌握概念，即理解和把握概念。把握概念就是理解一个词的用法。而从他的推理主义的角度看，这还意味着人们还必须知道，一个词的推理性的用法。即知道说一个事物为绿色的意味什么，以及证明一个事物为绿色的证据是什么。拥有语言运用能力的人能做到这一点，而具有颜色辨别能力但没有概念语言的鸽子和鹦鹉却做不到这一点。在这个例子中，只有既能运用概念的说明，同时又有颜色分辨能力的人才能表明一个事物是什么的断言，即才能表达一种具有语用学意义的推理，从而能对事物作出概念性表达。

塞拉斯的分析表明，如果我们要就有关对象事物说些什么，就必须满足一些基本要求。现象主义意义上的感知数据、有关事物的第二性质的描述或有关事物的第一性质的说明，都不能表明关于对象事物我们真正说了在什么。只有通过推理，即把我们有关对象事物的感知和所说置于推理中才真正表明关于事物我们说了些什么。塞拉斯的推理主义有关对象事物的认知的说明，推翻了经验主义基于直接感知或事物的性质是什么的说明之上的理论，即推翻了经验主义的下述信念：基本的感知性的词汇是直接指示事物的，它们具有独立的指示事物的语义内容。

基于一种推理主义语义学，塞拉斯进而认为，经验主义的非推理观察的词汇在语用学上是无效的，即没有语用学的意义，观察的语言词汇是我们在基本的推理活动中非法使用的词汇。出自观察的非推理报告不能构成语言的一种独立的功能。这就是说，除非我们推理性地使用观察的词汇，否则这些词汇就没有任何语言上的说明作用。除了在推理中我们把这些观察的词汇当作推理的前提，或作为判断的前提以及作某种非观察的承诺，我们根本不能获得关于这些词汇的独立意义。只有能发挥一种说理的作用，有助于形成判断、信念或断言，这些词汇才具有认知的和概念的意义。关键的是观察词汇如何运用于推理或说理，而不是它作为一种语义内容的基本特性，作为一种观察词汇的语义内容只是偶然的东西，它们不能对事物作出任何具有实质的认知意义的说明。

对于塞拉斯而言，根本不存在非推理的信念这种东西（经验主义在论证经验知识的基础时假定了某种非推理的信念，比如直接的感知经验）。一种知识可以假定另一种知识。理解一个陈述就是把它置于理性的推理空间中，没有处于这一空间之外的任何直接的感知性陈述报告。陈述就是推理，即赋予它在话语（给出理由和要求理由的游戏）中推理的角色，这意味着推理要引用其他的推理（不与之相互冲突），并能使所给出的推理能成为（其他人的）另一个推理的前提（被他人接受）。经验主义的陈述报告是前语言的，因为它直接来自非推理的感知（在特定时空条件或情境中对事物的感知），它是以非推理的方式引出或得到的陈述报告。它根本没有与其他的陈述有任何相互关系，它也没有任何话语推论的层面（discursive stratum）。

塞拉斯对经验主义和现象主义的批评是基于他的推理主义语义学的信念之上的，而推理主义语义学的一个最重要的革命是对经验概念的重释（不是简单地放弃感知的经验概念）。塞拉斯的推理主义语义学用非推理的报告来表示感知经验这一概念，并且提出了一个完全不同的理解。该理解认为，就像信念本身并没有权威性一样，非推理的报告也一样。这种措辞改变的一个重要不同是，它带来了下述两点区分：记号的反身形式是不可重复的（它就是特定时空或条件的产物或所发生的事情），而句子类型则是可重复的。因此，只有记号可以被视为有经验主义所依仗的直接的证明，而句子类型则没有。大多数的非推理的信念来自反身记号（"那辆汽车是红色的"、"我现在饿了"等）。① 但这些直接证实的非推理的报告并不能成为经验知识的基础，只有它同时是可推理的，即能转换为非反身记号的陈述性的句子类型，才可以作出类似的假定。

　　塞拉斯对经验主义对三种语言依赖的批评也可以归结为针对经验主义提出的一个问题，即"经验的知识有一个基础吗？"经验主义相信存在"不能再分析的材料"，因为它相信，世界存在可感知的（sensible）的东西，而"可感知的"这个词意味着有某种可感知之物在未被感知时存在。但这无疑是感知理论的一个容易引起争论的地方。② （比较康德的先验实在论这个概念）经验主义迫使人们相信内在感觉，但内在感觉完全是个人的经验，完全不可靠，但被给予的感知经验又只能是个人的。私人的感受（private episodes）必须通过理性的话语之网的筛选。——笛卡尔用"思想"一词概括了包括感官经验和情感在内的所有"观念"。笛卡尔和洛克都把感官经验视为思想的一部分。但今天看来，这是完全错误的。③

　　经验主义认为所有的知识最终都必须还原为类似的非推理的信念或报告，即所有经验的知识都建立在它之上。塞拉斯并不否认非推理报告的存在

---

① Cf. W. Sellars, *Empiricism and Philosophy of Mind*, *With an Introduction by Richard Rorty and a Study Guide by Robert Brandom*, Harvard University Press, 1997, p.70, and "Study Guide", pp.155-156.

② Cf. W. Sellars, *Empiricism and Philosophy of Mind*, *With an Introduction by Richard Rorty and a Study Guide by Robert Brandom*, Harvard University Press, 1997, p.15.

③ Cf. W. Sellars, *Empiricism and Philosophy of Mind*, *With an Introduction by Richard Rorty and a Study Guide by Robert Brandom*, Harvard University Press, 1997, p.57.

或经验主义所关注的知识的直接来源，但他否认直接产生的非推理的报告或信念是经验知识的基础。① 关键是怎么做才正确对待了非推理报告，即如何做既可以保留感觉材料又不会陷入被给予的神话之中？换言之，如果说作为真正具有认知意义的推理报告不能把它的权威性基于非推理的感知直接性上，那么，什么是推理报告的权威性呢？塞拉斯提出的替代方案是推理者的可靠性，由可靠的推理者来形成"可靠的推理"（reliability inference）。塞拉斯求助的是内在可靠性，不是外部的可靠性（比如，可靠主义的做法）。推理者需要有相关的其他知识。观察浸透了理论：没有相关的知识或以某种知识为基础，就不可能有可靠的观察报告。从这种意义上说，经验的知识并没有经验主义设想的"经验的"基础。

在这里，塞拉斯提出的是一种感知的社会理论。塞拉斯的理论的一大洞见是：观察完全不像经验主义（实证主义）认为的是一种前概念的感知（awareness）。观察不仅浸透了理论，而且是通过概念的使用与推理结合在一起的。对理论对象与观察对象的区分，是一种方法论的区分，它与本体论无关。比如，这里的区分只涉及我们用推理的和非推理的方式谈论对象，而根本不涉及任何外部对象。以这种方式说存在某种理论的概念，也就是说它们只能用推理的方式来使用，因此，它们与任何行为性的描述（它只能用于观察）完全不同。② 受过训练的鹦鹉可以对不同颜色作出不同的反应，但它不能具有概念性感知（conceptual awareness）的能力。概念性的感知不是刺激或触发（awake），而是一种与概念性的解释结合在一起的感知。在塞拉斯那里，"概念的东西"也可以等同于"推理的东西"。③ 概念的感知不仅仅对事物作出归类，而且通过推理使归类显得合理或有意义。只有在这种方式中，对事物的陈述才开始，特别是那种把个别性纳入普遍性中来指称的方式

---

① Cf. W. Sellars, *Empiricism and Philosophy of Mind*, *With an Introduction by Richard Rorty and a Study Guide by Robert Brandom*, Harvard University Press, 1997, p.69ff.

② Cf. W. Sellars, *Empiricism and Philosophy of Mind*, *With an Introduction by Richard Rorty and a Study Guide by Robert Brandom*, Harvard University Press, 1997, p.174.

③ Cf. W. Sellars, *Empiricism and Philosophy of Mind*, *With an Introduction by Richard Rorty and a Study Guide by Robert Brandom*, Harvard University Press, 1997, p.151.

才开始。

塞拉斯坚持认为，概念内容通过推理才得以表达。但推理又只是在"给出理由和要求理由的"话语中才有，没有单个的或私有的"推理"。① 这是一个规范的领域，它要求作出断言的承诺和资格，以及获得同意和作出证明。这一概念推理的过程也就是塞拉斯所谓的"认知的"（epistemic）过程。被给予的神话则认为有某种被给予的材料或内容，它们是完全内在的，它们具有直接的真实性；它们直接构成了推理的前提，是经验知识终极的推理基础或前提。这里存在一个经常被忽略的事实，即：语言本身就是具有关于事物的意义和概念，语言是"有关"事物的，而不应认为，思想有其意义（洛克和笛卡尔的观念论）。只有通过语言的话语（社会性的语言实践），语言的思想意义才能显示出来。事物或对象通过语言给予我们，思想不能先于语言而存在，言谈先于语言。但在因果的解释中，思想总是被想象为先于语言而存在。

（2）经验主义对经验词汇的纯粹现象主义的用法直接影响了对模态逻辑的正确认识。休谟—蒯因的经验主义语义学把科学视为纯粹描述性的，它不涉及任何模态的承诺，它对模态词汇的使用的合法性表示强烈的怀疑，认为经验的话语是完全独立的，不受制于任何其他形式的语言的影响。尽管在刘易斯的模态逻辑出现以后，有关基本事物对象分析的现象主义—经验主义语义学盛行，认为我们对外在事物的性质和关系的谈论，可以用模式、规则或一般化的方式谈论或处理现象主义给出的事物的感知特性的方式来谈，但由于接受了经验主义的规则主义，模态逻辑对概念世界的模态特性的揭示，并没有区分模态实在论与任何用蕴涵的模式来解释模态的客观性的理论。塞拉斯的一个根本的理论动机就是要打破这种经验主义思维。塞拉斯并没有否定描述性词汇的纯粹描述意义，比如它独立于模态词汇的那种纯粹性。这里的问题的复杂性在于，尽管描述和解释（断言、理解等）是可以区分的，但在一种重要的意义上而言，它们又是不能区分的。描述不是给事物贴上一个标签，或直指事物，它本身就包含解释。因此，描述的词汇本身有它的纯粹性或独

① Cf. W. Sellars, *Empiricism and Philosophy of Mind*, *With an Introduction by Richard Rorty and a Study Guide by Robert Brandom*, Harvard University Press, 1997, p.151.

立性，我们可以把它与模态等非描述的词汇区分开来，但在实际的科学活动中，语言描述和解释的词汇是同时出现的，即没有单一使用一种词汇的情况。

塞拉斯认为，为了更好地认识模态词汇的作用，必须区分"恒常的结合"（constant conjunction）和"蕴涵"（entailment）。从蕴涵的角度看，模态到底蕴涵着什么？它也可能是一种"自然的"和"物理的"蕴涵，如果它们是逻辑的蕴涵，我们就可以从它们的关系中知道，一个是另一个的蕴涵，一个不是出自蕴涵。这是一般的逻辑和形式逻辑或数学研究的。而从另一方面来看，经验的自然科学所寻求的是法则，即它所寻求的是与逻辑的蕴涵不同的"自然的"或"物理的"蕴涵。这种蕴涵可能采用的语言是，a 可能在物理上蕴涵 b。这里没有形式逻辑或数学中的必然的蕴涵。但这种蕴涵并不是一种推理的模式，它本身也带有太多的不确定性。因此，我们应放弃用蕴涵来解释模态，而是用语用学的推理解释模态词汇的使用。① 人们用模态的

_____

① 布兰顿根据塞拉斯的意见提出了更为明确的看法。他比较了黑格尔的模态实在论与模态逻辑的模态的观念。在他看来，对概念世界的模态特性的揭示，使黑格尔的模态实在论与任何用蕴涵的模式来解释模态的客观性的理论完全不同。在黑格尔那里，人们用模态的词汇作出断言，也就是指出概念实在的不兼容关系。这样，一些复杂的和难以解决的可能的世界的形而上学难题就不复存在了。而 20 世纪 50 年代发展起来的模态理论由于采用的不是概念推理的形式而是蕴涵的形式，则仍然陷入了一些不能解决的形而上学问题之中。克里普克针对 D. 刘易斯的模态问题，用彻底的外延性的语义学元词汇，为创立意向性的模态逻辑词汇提供了基础，它回答了在语义学的逻辑方面，一阶逻辑无法解释的逻辑词汇的外延的特性。这一理论经由蒙太古（R. Montague）、司格特（D. Scott）、开普兰（D. Kaplan）和斯泰内克（R. Stalnaker）等人的发展（包括刘易斯的贡献），形成了一个具有很大影响的模态理论流派，但布兰顿认为，"……这种形式的发展并没有对残余的经验主义对模态概念的合理性的担忧作出充分的回答，因为有关模态的语义元词汇的外延性，是以任意使用模态的初始物，即主要是任意使用可能的世界（以及在这种可能的存在物中的可触及关系）的概念为代价的。"（B. Brandom, *Between Saying and Doing: Towards an Analytic Pragmatism*, Oxford University Press, 2008, p.94）与塞拉斯所考虑的情况一样，最终的结果是，无论这种形式的发展把可能的世界理解为是一个在时空上与我们没有联系的抽象对象，还是把可能的世界解释为一个特殊的自成一体的世界，它都很难排除删因所担忧的那种概念的必然性的问题，即它并不能表明，它在用模态词汇表示一种推理时，一定是对一种经验性质的揭示。实际上，可能世界的语义学并没有对于我们应如何理解这类存在的可能性，以及是否可以通过相关的语义陈述，使它的存在看起来多少是合理的等认知的问题作出回答。

词汇来作出断言，也就是给出一种推理的模式，模态词汇可以使推理具有新意。反对经验主义对模态词汇的拒斥，并不一定要回到模态的论证形式上，用推理的模式就足以说明一种蕴涵的关系。这反过来也表明，对描述这种非模态词汇的使用也必须同意，它的使用是以推理为前提的。知道如何使用描述性的词汇，也就是知道应该怎样做才能使用模态的词汇。休谟的观点肯定是站不住脚的。实际上，在不知道该如何使用模态的、反事实的和特定性的词汇（"活着的猫必然要呼吸"）的情况下，人们也就不知道怎样应用事实描述的词汇（"一只猫在垫子上"），也就不会去领会语言的模态的意义（"如果猫看到一只老鼠，它会离开垫子"）。

从一种康德哲学的角度来看，我们关于经验的世界已有了许多概念，比如，在使用像"质量"、"刚性"或"绿色"这些经验主义词汇之前，我们已有了关于它们的概念，即已有了有关它们的模态词汇所清楚表示的基本性质的概念。正因为如此，康德的纯粹知性概念或范畴就包含了表明因果律的必然性和可能性的真势模态概念，它是先验具有的，它们是使用经验的描述性词汇的基础。

根据这里的看法，塞拉斯否认存在归纳上可以确定的一般化的说明，即完全基于规则的蕴含的模态。归纳上可以确定的一般化说明之所以是不可行的，乃是因为在我们的过去的经验中，实际感知内容的所选定的复合模式已经假定了我们作为感知者的常识知识，作为我们感知的特定的物理的外部环境和一般原理。我们选用这些符合我们与特定对象的感知关系。

经验主义要么关心模态词汇的语义学如何用来表达自然的法则，以及哲学上的概率性词汇规范词汇等，要么把科学视为纯粹描述性的，认为它不涉及任何模态的承诺（它对模态词汇的使用的合法性表示强烈的怀疑，认为经验的话语是完全独立的，不受制于任何其他形式的语言影响）。而塞拉斯基于一种语用学的立场认为，基本的描述性词汇并没有独立的意义，只有在它被使用（作为模态释义或解推理的前提）时才有意义。科学的方法论是多样的，除了基本的经验词汇还包括模态的语言、解释和推理的语言。这是因为词汇的描述性使用是以表明其意义的推理表达为前提的，此时，描述性的词汇是作为推理或解释另一个事物的理由出现的。要理解这些描述，也只有把它们置于这一解释的空间中才有可能。从语用学的角度看，任何词汇的使用都不可能脱离引证、解释，把一种说法看作是另一种说法的理由这些言语活动。这种言语活动必然涉及模态的词汇。直接使用模态的表达式就是对事态作出解释或对一种断言作出证明。解释、作出断言和同意一种推理，也就是人们使用模态表达式的目的。因此，当我们说 a 是 b 的一个必然条件，就是同意从作为 a 的任何事物推论出作为 b 的任何事物。

可以这么说，塞拉斯反对传统的经验主义的一个中心思想是：知识只能属于具有概念运用能力的理性的人，而在这种情况下，感性中的感知作为一种被给予之物其身并不能构成知识，我们更不能把它视为知识的基础或根据。塞拉斯据此批评了经验主义。经验主义始终相信存在直指的知识，那种不带命题内容的直接通过指示词或索引的结构给予的知识。从洛克的感知到罗素的"亲知"都建立在直指的感觉经验之上。这也就是说，他们都相信直指的感觉经验它认识的最小单位。但塞拉斯联系康德的思想表明，最小的认识单位是判断，而不可能是直指的感觉经验。感觉经验没有独立的、具有完全的认知意义的语义意义，它不能与认知的更高阶段（命题内容的确定）发生联系。

第四节　混合型知识论的悖谬

上述分析表明，塞拉斯反对经验主义知识论的证成模式，即反对那种逻辑规则主义所运用的归纳的一般法则，是因为他认为，这种证明程序有赖于感知经验的本体论，或有赖于感知经验作为知识之基础的自明性信念，它完全基于塞拉斯称之为的"被给予的神话"之上。塞拉斯在《经验主义与心灵哲学》中所要推翻的正是这种经验主义知识论，他试图借助康德哲学建立一个推论的逻辑空间，把纯粹的感知转换为认知性的陈述（诸如观察报告或认知性陈述），一方面消除感知的被给予性，另一方面使观察报告或认知性陈述成为推论的逻辑空间的一部分。麦克道尔接受了塞拉斯反对经验主义的逻辑规则主义和反对被给予的神话的基本立场，他与塞拉斯一样认为，只有通由语言的陈述表明的断言才具有认知意义，而语言本身又是理性的逻辑空间的一部分，因此，推论的逻辑空间本身也与语言联系在一起。拒绝经验主义自然主义化的方法论是匹兹堡学派的一个重要的共同点，麦克道尔毫不例外地站在了这一阵营当中。但不能不看到的是，麦克道尔在根本的理论方面又拥有其完全的独立性，其理论的基本性质远远超出了匹兹堡学派。从麦克道尔与塞塞拉斯的理论关系上看，麦克道尔和他的根本不同是，他完全不接受推理主义，他不能接受塞拉斯在其推理主义中对感知经验的理解方式。在他看来，推理主义和塞拉斯的理解方式一方面仍是传统经验主义的方式（或者说没有真正跳出传统经验主义解释模式的窠臼），另一方面也是对康德的经验理论的一种误解。

因此，我们看到，在《把世界置于一种观点中》以及《心灵与世界》中，麦克道尔在对塞拉斯的理论作出积极肯定的同时也提出了许多批评。麦克道尔直截了当地指出，塞拉斯用推理主义的经验概念替代经验主义的经验概念是不成功的，因为推理主义内置的经验概念带来了对经验外部实在性的否定。推理主义的内部主义还有可能使我们游离于整个自然之外，遁入膨胀的柏拉图主义或超自然主义（麦克道尔始终认为，理性的逻辑空间不能脱离自然）。推理主义语义学及其对经验概念的重建使我们陷入了一种难以自圆其说的"混合型的知识论"之中。

塞拉斯关注于"感知印象的推理"，其中的根本原因是他对推理性认知的客观性的担忧。塞拉斯相信存在一种康德式的"先验约束"，即尽管人类的概念具有无限的自由（自主性），但一个宇宙论意义上的世界仍然是不可逾越的边界。塞拉斯相信，在康德讨论概念与直观的相互制约的关系时所要表明的是同一种思想。但康德的先验哲学是否这样理解概念与世界的关系，即在康德那里，概念的逻辑空间指向的是一个非概念的外部世界吗？这是一个有争议的问题。但塞拉斯的二层次划分却明显存在一个非概念的外部世界（它作为视觉上的感性杂多的来源）。这样的理解无异于认为，存在一种"自然的事实"，而认知主体的所有认知都只能从它开始，即只有在首先获得直接的事实的情况下才能建立"认知的事实"。实际上，塞拉斯正是这样做的。

由于做了这样的划分，在塞拉斯那里，作为一种自发性的概念框架就有了其特殊的双重任务：一方面它是作为把事物置于推论的逻辑空间中的概念机制（认知者及其与他者形成的相互认定的规范的话语活动），而另一方面，它则是一种应对自然事实、使自然事实转化为认知的事实的概念机制。因此，麦克道尔指出：

> 塞拉斯的论点是，我们把事物置于逻辑空间中的概念机制，不能还原为没有用来置事物于推论的逻辑空间的概念机制。因此，这主导思想似乎是划了一个界线，界线之上的是推论的逻辑空间的位置，界线之下的是一些没有这种特性的区域。①

基于"混合型的知识论"之上的新经验主义的知识论是不合理的或成问题的，对感知经验的双层划分使塞拉斯的推理主义留下了一个尾巴，即非概念的对象内容或纯然感知的存在这个不适宜的成分。在塞拉斯推论的逻辑空间中，说理的概念是包括感知的感受性经验在内的，因为塞拉斯的双层划分表明，感知的感受性不只是概念的或认知的（推论活动），它还带有视觉上的感知的成分（与外部空间的物理存在相关的感性杂多）。在《经验主义与心灵哲学》中，塞拉斯用了许多篇幅来论证非推理的感知感受性何以能成为推理的认知概念的一部分，以及反过来，纯然推理的认知概念又何以是与代表了外部世界的对象性存在的纯然的视觉上的感知联系在一起的。——甚至塞拉斯在证明心灵的意向性活动时，他也是从概念的片段与非概念的片段（感官感知的）两个方面入手的。塞拉斯认为，在这两个片段中，我们都可以看到推理的与非推理的认知活动。在第一阶段，我们可以看到，概念的推理活动是如何被引入的，主体自我和他人是如何相互认定非概念的片段。在第二阶段，我们可以看到，相关的概念架构是如何使用了非概念的、直接的观察报告的形式。

---

① J. McDowell, *Having the world in view*: *Essays on Kant*, *Hegel*, *and Sellars*, Harvard University Press, Cambridge, Massachusetts, and London, England, 2009, p.5.

麦克道尔认为，塞拉斯对感知的理解与他对康德先验感性论中的感知的理解有关。塞拉斯认为，康德称之为直观的东西是带有知性概念的运用在内的，但出于先验的考虑，他又承认有感性的杂多：康德特别指出了感知从外部对知性在经验认知上的限制，因此，经验概念中有感性杂多的成分。① 塞拉斯虽然非常强调理性的逻辑空间中的概念在认知上的重要性，但他也不认为感知对理性存在物而言是某种奇怪的或不能接受的东西。问题的关键是如何避免传统经验主义的方式去论证感知。塞拉斯显然认为，在康德的理论中，感知作为一种感官意识为具有理性主体的概念能力引导，它并没有独立的领域。属于知性的概念能力是塞拉斯用来解释感知如何在认知中发挥作用的根本因素，但塞拉斯还通过他称之为"纯然的感受性"，把作为感官意识的感知视为一种外在的约束。

塞拉斯认为康德的时空直观理论太过于抽象，它并没有把经验中作为纯粹感受性的部分表达出来。而麦克道尔则认为，或许康德时空直观理论的根本意图就有不同，因为康德可能根本不打算建构塞拉斯心目中的总是包含了纯粹感受性与概念（知性）的运用的经验理论。塞拉斯的看法是，从纯粹直观的角度看，直观中必然带有"关于具体某物"的纯然感受性的知觉或感知的部分（因为这里的直观不是知性直观），在这种情况下，我们才可以想象直观中的概念使用的情形。但康德的感性论在论述直观时似乎根本没有把这里的复合的或双重的关系充分显示出来。② 塞拉斯由此认为康德的直观的理解有误，因为它与界限之下的直观混淆在一起。这就是说，康德的纯粹感知的东西也同样存在这一层面。按塞拉斯的理解，界限之上的直观不存在纯粹感知的东西，它只存在由概念或知性解释的感知。这样，在康德的直观中就存在这两种情形：关于立方体的认知，就存在一个先于我们直观判断的立方体，一个我们的直观对它作出直观判断的处理的立方体。

---

① Cf. J. McDowell, *Having the world in view*：*Essays on Kant, Hegel, and Sellars*, Harvard University Press, Cambridge, Massachusetts, and London, England, 2009, p.24.

② Cf. W. Sellars, *Science and Metaphysical*：*Variations on Kantian Themes*, Routledge & Kegan Paul, 1968, p.4ff.

但康德的直观中的空间直观指的是外部空间直观吗？我们可以把康德的空间直观等同于外部空间直观吗？当康德在分析论中运用了知性概念来分析外部性时，感性论中的直观就具有了完全不同的意义。直观不仅运用了形成或建构外部性的能力，它本身也带有运用了知性概念的能力。麦克道尔认为，康德并不像塞拉斯那样谈感性的直观，塞拉斯对康德的直观的理解有误，塞拉斯认为康德的直观包括了纯粹的感官接受的一面（在塞拉斯这里即为界线之下的认知），它来自外部对象的存在的先验约束。但麦克道尔认为，康德把感性直观视为经验的直观：康德的直观是一种有关感官意识的概念性能力。这就是说，康德的直观不是关于外部的感官的意识。① 在康德那里，直观是用以证明"我们所看到的事物"的真实性的，比如，我们（心灵）所处的环境或相关的真实的情境条件等。② 直观表明的是概念与对象的关系，或表明概念在直观中，它不再是反思的，而是指向对象的。在直观中，我们并非受制于外部对象，因为直观只是引导我们直面对象。直观是对事物的建构，它也表明概念并非在杜撰。从这个角度看，塞拉斯的意向性的概念与康德不同，或者说，他的意向性概念无法用康德的意向性概念来解释。塞拉斯不能接受这一点：意向性的直接所指，既可以与真实的世界秩序相关，也可以与概念发生的内在特性相关。因此，他也就没有看到，指谓（denoting）可以是表明真实的事物的秩序与概念秩序中的元素之间的关联的一种关系。③

塞拉斯显然受到了他所理解的塔尔斯基的理论的影响，因而他把纯粹的感知性的元素视为感知经验固有的组成部分；他也因此反对黑格尔，认为他的观念论搞混了康德的意向性概念。塞拉斯把康德的先验约束理解为是纯

---

① 只有笛卡尔和贝克莱谈这种感官的表现，但康德早已把他们的感觉论视为一种经验观念论，并且认为它带来超感知的先验实在论；康德用"经验观念论等于先验实在论"的推论证明了这种经验观念论的谬误。

② Cf. J. McDowell, *Having the world in view：Essays on Kant, Hegel, and Sellars*, Harvard University Press, Cambridge, Massachusetts, and London, England, 2009, p.45.

③ Cf. J. McDowell, *Having the world in view：Essays on Kant, Hegel, and Sellars*, Harvard University Press, Cambridge, Massachusetts, and London, England, 2009, p.60.

粹的外部感受性的一种约束，因此他认为这一约束是不能取消的，这是塞拉斯不能接受黑格尔把感知置于理性活动中的做法的原因。[①] 但问题是，这样的直观理论在经验认识中的运用会产生一种混乱：经验认知在性质上的"双重性"会带来一些令人迷惑的现象，因为它意味着，存在具体为知性概念的运用所确定的事物（这一个）与纯然作为感受存在的"事物"。在这种情况下，外部的语义内容必须从属于理性的空间，其真理性才能获得。一方面是语义的外在性，即有关"事情如此这般的"的感知，另一方面是理性空间，即理性推论的信念形成过程。这是一种混合的知识概念。麦克道尔指出了这一知识概念的不合理性。语义的真与信念形成的理性推论过程的可靠性，一个是外在的，一个是内在的，这里的外部主义与内部主义是不能做到合理的。

首先，外部主义的感知概念本身就是基于一种不确实的信念之上的。语义外在性并不是一种可以确定的真。怀疑主义已经迫使人们在外部主义的证明中另辟蹊径。比如，语义析取的概念便是一种代表性理论，它打破了语义外在性与纯粹感知的关联，它把语义外在性视为是通过带有概念思维的感受性获得的感知，一种对事物的"概念式的"析取。而混合的知识概念仍然把语义外在性视为一个独立的部分，它具有非概念的纯粹的外部性。推理主义的知识概念并没有真正回应怀疑主义对纯粹感知的知识（语义外在性）的质疑。

此外，塞拉斯似乎没有注意到，如果理性的空间是概念推理的，那么，在一个概念推论的理性空间中就没有非概念的、纯粹外在的语义事实的空间。如果非概念的语义内容根本不能进入理性的空间，那么，理性的空间又如何能有确实的依据，来形成它有关信念和习惯的可靠性的知识评价的呢？

混合型的知识概念明显地具有不确定性，它把真理分为不同的部分，某些被称为外部的因素，而信念形成的习惯和可靠性策略被视为

---

① Cf. J. McDowell, *Having the world in view*: *Essays on Kant*, *Hegel*, *and Sellars*, Harvard University Press, Cambridge, Massachusetts, and London, England, 2009, p.64.

内在的因素，而真理的要求是加上去的部分，因为理性空间的内在性意味着存在它之中的东西不可能只是出自客观事实的认知，比如，人们感受的东西或记忆中认为是什么的东西。但如果理性空间中不可能存在这些东西，理性在评价信念形成的可靠性策略和习惯又根据什么来做此评价呢？①

如果在理性空间中首先存在的是感受性知识，真理是后来的要求，那么不同的主体会同时拥有各自的感知感受性观点，但在理性空间的认知程序中，目标是其中的某个观点，这就造成了只有其中的一个人是认知者，即那个携带自己观点的人，也只有其中一个人知道事情是怎样的。在这种情形中，对于这个认知者而言，理性空间中的判断不在于他自身。但如果在理性空间中作出的判断是外在于他的掌控的，那么所作出的决断必然是超出他的理性能力之外的。而如果这一切都在他的理性能力所及的范围之外，那么，他所拥有的感知感受性事实在他的认知中又如何能成为一个关键的部分？又是什么因素使他不同于其他的认知主体？这里的矛盾是：主体的感知感受性是被认为真实的外部内容，即他处于理性空间中的最充分的认知立场，但他的立场又不能认为在认知上是有效的，因为理性空间是内在化的，外部的个人感知感受性只能纳入其中。令人困惑的始终是：这个原本是外在的独自而来的感知感受性又如何能在理性空间发挥一种认知的作用？换言之，在理性空间中的联合如何能在作为认知者的个人之上提供更多内容？

理性空间的理论需要表明信念为真的额外程序，因为真理的相似性是真理空间能获得的最好结果，因此，塞拉斯总是认为，我们需要表明信念为真的这额外的一步。以这种方式，理性空间的内在化能帮助我们更接近事实。知识的内在化概念的观念是：外部世界的知识不能仅仅被置于理性空间中，它还必须借助于概念来证实。但与此同时，混合的知识概念又不得不承认，知识部分是需要依赖运气的（因为它需要观察和经验的内容），而这

---

① J. McDowell, "Knowledge and the Internal", in *Meaning*, *Knowledge*, *and Reality*, Harvard University Press, 1998, pp.402-403.

些带有运气成分的东西是在理性的控制之外的。这种理论有赖于语义外在论，即与可靠的习惯或策略不同的外部的语义支持或"世界的垂青"（这要保证外部世界没有让我们陷入幻相）。但在理性空间中，概念理性仍占主导地位，我们是在概念理性占主导地位的条件下接受运气的眷顾的。在这种情况下，如果我们试图用这种混合的内在论来构建我们的认知，那么陷入下述困境是必然的：真信念与知识被彼此分开，二者始终处于相互矛盾之中。不仅如此，它们在下述意义上也是一种矛盾，即信念者拥有真理是偶然的，而在理性空间中则不是如此：按照理性空间的理论，置于理性空间中的观点是真的，只要他的感知感受性的观点是真的。

知识的混合型概念一直被视为是理所当然的，但通过上述分析不难看出，这一概念没有很好地思考概念认知的根据问题。混合型知识概念之所以看起来是不言自明的一种选择，主要是因为除了极端的外在论，混合型知识概念似乎是避开怀疑论的唯一选择。但人们没有意识到，这里存在着幻觉，即我们对概念在认知中的功用所抱有的期望是一种幻觉。我们总是觉得概念思维本身就可以帮助我们摆脱单纯凭运气的感知认知和经验认知模式。因此我们也总是认为概念可以保证我们在理性空间中作出决断，帮助我们判定哪一个认知和经验内容是正确的（这似乎表明我们有能力不求助外部世界的垂青）。借助于理性，我们可以使我们在理性空间中拥有正确的立场。但概念的理性真有这样的能力吗？即它能在它的范围内对正确内容的真作出决断吗？在麦克道尔眼里，概念理性更像是用来做一种自我安慰的，其实它并没有这样的能力，就像在实践理性的领域，在有限的或弱软无力的实践理性中，概念的理性同样只起一种安慰的作用。①

必须认识到，我们不可能排除被混合的知识论认为是异己的经验内容，认识到这一点能帮助我们消除对概念理性的幻觉。在麦克道尔看来，不管怎样，我们都得依赖外部世界的垂青或眷顾，这不只是因为它提供了表象的内容，而是因为它提供的就是事物所是的样子。处于理性空间中的东西必须直

---

① Cf. J. McDowell, "Knowledge and the Internal", in *Meaning*, *Knowledge*, *and Reality*, Harvard University Press, 1998, p.405.

接是外部世界垂青的东西，即我们不能视其为不完整或有待检验的东西。一旦我们获得这样的眷顾，就不再需要额外的帮助了，即不再需要确定它是否为真，因为在这种情况下，理性空间与我们所相遇的世界的观念已是同一个东西，即实现了一种"联合"：

> 如果我们把理性空间的概念从幻觉中拯救出来，那么，在各种相关的认知模式中，世界眷顾我们并赐予我们某种东西这一特殊的事实的确造就了我们所发现的理性空间。它所带来的结果是，我们所发现的理性空间与我们所相遇的世界的观念的一种联合。①

当然，无论从哪个方面看，我们都会犯错。在发现理性空间上会犯错，我们在与世界相遇时也会犯错（我们不只是接受眷顾恩赐）。世界能够予我们真实的东西，但在某些情况下，我们并没有真正接受到。当我们考虑到世界使我们犯错误这一点时，我们认为它只是向我们呈现表象的东西，而不是向我们表明某种事实。而当世界真的向我们呈现事实时，它这样做时用的还是表象。换言之，当我们陷入外部世界的幻相时，我们认为我们看到的仅仅是表象，但我们的确感觉到外部世界向我们展示了某种事实时，外部世界还是以一种表象的方式呈现给我们。这说明，即使我们不能把表象的东西当作评估理性空间中观点的真的程序，我们也不能因此把理性空间的概念思维（推理）视为起点，否则，我们就是把自己重新置于二元论之中。"所以，我们可以看到，理性空间的内在化呈现的是一种我们所熟悉的倾向：一种倾向于把客观世界描写为是与退回到自足状态的'概念框架'对应的东西，理性在其中发挥主导作用的理性空间的怪异是，它本身是这种二元论的复杂的病因的一种原因。"②

这里的二元论是我们熟悉的理论，物质的领域给我们的冲击是所谓被

---

① J. McDowell, "Knowledge and the Internal", in *Meaning*, *Knowledge*, *and Reality*, Harvard University Press, 1998, pp.406-407.

② J. McDowell, "Knowledge and the Internal", in *Meaning*, *Knowledge*, *and Reality*, Harvard University Press, 1998, p.408.

给予的东西，而它面对的是一个形式的领域，这也是一个思想的领域，一个主体掌控的领域。混合型的知识论如果把理性空间置于这种二元论之上，它就是毫无希望的，它只是重复了早已为罗蒂所深入揭示的本体论二元论的错误。本体论的二元论相信存在一个处于主体的概念世界与外部世界的沟壑，而我们所要做的努力就是填平它。而且混合的知识的概念夸大了理性空间的作用。不能认为理性空间有关外在经验的任何说明都不会出错。实际上，理性空间作为一种概念的空间也是会出错的，不能认为它对外部经验的解释是完全无误的。特别不能形成这样的观念：外部经验世界是与理性空间对立的，而理性的空间又具有完全的自主性，即不应把理性空间视为一种与感知经验对立的概念框架，从而使它成为某种形式的东西，否则就会落入概念框架与内容的二元论之中。

在混合的知识概念中，真是外在的，而可靠性则是内在的，这带来了内在与外在、主体与对象的区别，它与区分经验内容与概念框架的二元论极为相似。混合的知识概念把外在的语义内容视为一种可以注入概念的理性空间的东西，而理性空间内的概念推理工作是处理这些外在的内容。但这样一来，理性空间的推论所要做的就是把表征的外在内容转化为可推理的，因此也是可靠的内容。表征性的外在语义成为推理的前提。一旦我们意识到，只有我们对某物有超出直接感知的知识，我们才能真正感知某物（具有外部的语义性），即没有概念性的感受性，我们就不能有外在的语义内容，那么，混合的知识的概念就完全不能成立了。麦克道尔认为，塞拉斯实际上也表明了这一点（尽管他并未意识它的重要性），即实在性要先于表象性。此外，在这个问题上，休谟对归纳理论的批评仍然具有启发意义，因为该理论并没有导致内部主义。但由休谟最初引进的归纳的怀疑论带来了许多忧虑，比如，归纳基于感知之上，这一点一直是个矛盾。塞拉斯的疑问是：纯粹的感知或先于任何归纳推理步骤之前的感知能作为知识的证明程序的起点吗？由于事实上接受了怀疑主义的论点，混合的知识概念把感知之物视为不完全的东西，即完全不相信一种我们在未采取任何归纳推理步骤前的感知的完整性。

现象主义一般都有怀疑论的倾向，但现象主义并不一定要接受怀疑论，它完全可以在承认怀疑论的某些"事实"的情形下逃避怀疑论。但塞拉斯的思想明显地表现出了他对怀疑论的担忧，他之所以采取混合的知识证明模式正是因为他认为该模式是走出怀疑论的最好的方法。人类的感知可以从两个方面看，一个方面是它与动物相似，来自外部事物的刺激，另一个方面是概念的运用：比如人类在感知某种颜色时拥有不同的颜色的概念，因而可以用概念来作出推理（针对一种颜色的感知）。按照怀疑论，这种观点否认了感知的东西可以是完整的世界之显示，这样，在缺少概念运用的情况下，感知完全不能视为是世界向我们的一种呈现。因此，麦克道尔一针见血地指出："到目前为止最重要的一点是，如果我们拒绝把直接向世界呈现的开放的观点变得可理解，我们就会完全摧毁处于理性空间的概念……如果客观世界不能直接呈现于我们的感知，那么，也就不可能有感受性的表象（一个人感受到某物的证明）。"[1]

在麦克道尔看来，摆脱这种不利局面的一个最好的方法是回到那个熟悉的观点上，即认为真实的信念完全没有必要上升为知识，即完全没有必要去证明一种信念是否是一种真知识。[2]"我认为，这里的教益是：如果我们看不到接受塞拉斯的整个观点的理由，那么就应该拒绝它，就像彻底的外在论认为的那样。支持下述观点并不是一个好的选择：认为有某种令人满意的观点处于理性空间中但又不是整个的知识。"[3]

第五节　布兰顿的规范—功能的真理探究模式

尽管布兰顿与后期维特根斯坦一样，把反表象主义和消解意义逻各斯

① J. McDowell, "Knowledge and the Internal", in *Meaning, Knowledge, and Reality*, Harvard University Press, 1998, p.411.
② Cf. J. McDowell, "Knowledge and the Internal", in *Meaning, Knowledge, and Reality*, Harvard University Press, 1998, p.403.
③ J. McDowell, "Knowledge and the Internal", in *Meaning, Knowledge, and Reality*, Harvard University Press, 1998, p.404.

中心主义视为语言哲学的根本任务，但他不仅反对蒯因的处理表征内容的自然主义方法，也反对把描述的语用学视为唯一可取的语用学分析方式，即反对把表征的语义内容直接还原为隐含的实践中的"经验"。布兰顿与达米特和塞拉斯一样认为，我们需要一种规范和系统的普遍语用学，并在这种基础上对包括表征在内的一般的语义内容进行推理主义的还原。

布兰顿的代表性著作《使之清晰明白》一书之所以是语言哲学的一个里程碑，其中一个重要原因就是，该书在拒绝了经验主义的因果—功能的真理证明方法之后，通过阐明和揭示语言与思想、语言与心灵的关系和逻辑的表达主义的本性，对规范—功能的真理证明模式做了重要的贡献（澄清和解决了其中的疑难）。通过区分二种表征：纯粹刺激性的反映与作为一种断言形式的感知，以及通过实质推理（material inference）、替换（substitution）和回指（anaphora）这些带有规范语用学视角的推理主义语义学原理，布兰顿解决了实用主义一直回避或不承认的表征的难题，为解决自康德以来就没有真正解决的表征问题作出了贡献。布兰顿继而发展了一种内置于话语推论中的道义的记分模式，既避免了经验语用学的描述性分析，又没有遁入真理的非推论的舆论一致性理之中（比如，戴维森意义上的意义融贯论，即I-we 的意义共享模式）。由于有了道义的记分模式，在处理蒯因提出的推理断言的可交流性这个同样十分棘手的问题时，布兰顿可以在不求助于外延的意义相似性的条件下，建构一种规范的指称交流的方式：他把一些由附带承认所带来的理解的差异，置于 de re 指称的规范的记分方式中来处理。正是以这种方式，布兰顿把他的指称交流模式与简单的观念共享的交流模式（洛克式的）区分开来。

一个重要的方面是，布兰顿把规范的语用学与推理主义语义学紧密地联系在一起，不仅解决了表征的难题，而且也解决了带有原初意向性的断言的客观性问题。布兰顿表明，断言者只有加入了一个提出理由和要求理由的理想的话语游戏中，断言者才能被视为是能够说自己想做什么的人，即在形式上采用何种话语推论的方式，话语者才能以明确的方式把隐含的实践的适当性表达出来，并且因此可以表明所做的断言的客观性。

为此，布兰顿认为，我们应该接受语义紧缩论（semantic deflationism），把观察可能有的表征的语义意义限定在可推理的范围之内，但并不因此否定观察。为此，布兰顿对观察做了二层次的解释（two-ply account of observation）：一方面，观察带有它固有的直接性，它是一种感官的刺激性反映，它是非语言生物以及一些机械装置也有的一种分辨事物的反应能力；另一方面，观察还有它的第二层次。第二个层次是在观察报告中应用概念，即用推理的方式进行观察：这是只有语言的存在物或理性的存在物（sapient）才有的一种能力。它是一种可靠的分辨式的反应能力（reliable differential responsive disposition：RDRD）。它是一切所谓浸透了理论（theory-ladenness）观察的基础，它在本质上是根据已知的东西来观察未知的东西，即运用概念思维来观察。——非语言的生物仅仅是感知的存在物（sentient），它们不能以这种方式来观察。①

如果观察同样是可以推理的，那么概念就不只是理论推理的，即不是纯粹理论的东西，它还可以用于观察推理之中。这就是说，有些概念运用了 RDRD，而不是采用理论推理方式建立起来的，但它本身也是推理的。只要概念发挥着推理的作用，任何刺激性的反应都应作为可以推理的前提和结论提出（可以作为进一步推理的前提来使用），而不是作为与概念推理不同的不需推理的因素提出。布兰顿赞同达米特的观点：任何与经验内容相关的概念都必须赋予其经验内容以推理的特性，即任何给定的概念内容都必须是作出了推理承诺的内容，保证概念内容可以从任何适当应用情境（appropriate circumstances of application）的概念中推论出任何适当的应用后果（appropriate consequences of application）的概念。

这样，这里的概念推理就会是塞拉斯意义上的实质推理（material inference），而不是任何种类的形式推理，即它推理的前提和结论是实质的而不是形式的。这就是说，这里的概念推理已经放弃把概念当作形式，把概念内容作为来自表征世界的质料的形式推理区分。一切都是作为推理来使用

---

① Cf. R. Brandom, "Reply to John McDowell's 'Brandom on Observation'：Chicken-Sexers and Ryleans", in *Reading Brandom：On Making It Explicit*, Edited by Bernhard Weiss and Jeremy Wanderer, Routledge, 2010, pp.320-321.

的，没有可以超出推理使用的、直接可以作为概念的推理内容的表征内容。在这里，概念推理中没有不兼容或异质的成分，所有的推理内容都是概念的，推理只是从一个概念到另一个概念，绝没有借助于与概念本身不同的另一种材料（纯然的感知）来推理的现象（因为表征内容亦是作为可以推理的概念内容来使用的）。这样，把概念当作形式的东西，把概念内容当作质料的形式推理就被排除在推理之外。但这里的推理也不是纯粹的理论推理，它只是把总是带有表征的语义内容（RDRD）转换为实质的推理内容的推理，因此，它仍然要处理由单项词和谓词所构成的小句子（subsentence）、指示词和索引所反映的表征性的语义内容。关键是如何使这些原本是非推理的语义内容成为推理的语义内容，从而发挥推理的作用？

布兰顿认为，首先必须弄清楚的是，只有断言（claim）才能作为推理中的前提和结论，因此，只有句子（不是小句子）所表达的内容才具有推理的功能，并能够进行推理表达。因此，若小句子要发挥推理的作用，它就必须作为句子中的一部分，通过间接推理发挥推理的作用。这就是说，小句子是在替换（substitution）中，即在不同的句子中的出现发挥推理作用：通过被替换，它发挥确定一个句子是否有完善语义内容的间接推理作用。——即使把单项词与小句子分开，单项词也不等于对象，因为只有首先知道该如何使用单项词，才知道对象的观念，因此，单项词不能直接指出对象，也只有通过替换，它才能确定一个对象。对于谓词来说也是如此。因此，单项词与谓词的区别并不像弗雷格式的二元论认为的那样，前者表明个别事物，后者是对个别事物共性的说明，相反，就它们都以在概念推理中发挥一种间接的推理而言，它们没有根本的区别。①

---

① 单项词与谓词在替换中的不同仅仅是，前者是以对称的方式替换的：比如从"本杰明·富兰克林说法语"推理出"著名的避雷针的发明者说法语"就是很好的推理，即对称的或可互换的；后者的替换则是不对称的，即不可以互换的：比如从"本杰明·富兰克林会跳舞"推论中"本杰明·富兰克林能走动"是好的推理，但反过来就不是：这里的谓词的互换没有意义，因为"能走动"并不等于"会跳舞"。(R. Brandom, *Making It Explicit*: *Reasoning*, *Representing*, *and Discursive Commitment*, Harvard University Press, 1994, pp.619-620)

从推理主义角度看，指示词也可以是推理的，即那些不能重复的直指词也可以是推理的，比如"这个"或"那个"也可以是概念的表达。布兰顿认为，如果不是作为推理表达来使用，指示词就没有任何认知的用途。正像推理需要进行小句子的替换，以便把小句子纳入推理中一样，指示词则需要回指（anaphora），以便把不能重复的指示词纳入推理中。"认为一个表达式是回指式依赖于另一个，就是认为它从作为它的回指的先行词的记号中继承了它的替换推理的角色。"① 因此，回指在本质上也是一种替换性的推理：回指使作为回指的先行词的记号具有推理的功能。摹状词和专名等也只有作为回指的先行词才有意义，即可重复，否则它们就是不能重复的。从这个意义上说，回指比直指（deixis）更重要，语言可以只有回指的机制而没有直指，但绝不可以只有直指的机制而没有回指。没有回指就没有直指，直指是以回指为条件的（"deixis presupposes anaphora"）。②

布兰顿用三种方式解决了自康德以来就一直没有解决的概念与直观（表征）的难题：用实质推理的适当性来处理推理的表征内容，避免了形式推理处理表征内容的形式语义学的方式，通过包括单项词和谓词在内的小句子的替换，把个别性融入推理之中，以及通过解释由不能重复的记号开始的回指链是如何在替换推理中作为可重复的类型发挥作用，把所有因果条件下的直指式表征的不能重复性纳入推理中。

在这之后，在解释如何把隐含的东西变为公开和明确可表达的东西时，布兰顿则试图发展一种I-thou的对话模式。该对话模式具有下述特点：它的主体间性的观点不带有任何调节论的色彩，即它没有假设可能存在的信念模式具有任何观点上的优先地位，它要求做到表达的彻底性和解释的平衡，排除把整体的信念模式作为话语解释的参照，去除解释的不平衡性和表达的不彻底性。③ 这也意味着这一模式将把带有原初的意向性的断言性推理命题内

---

① R. Brandom, *Making It Explicit*：*Reasoning*, *Representing*, *and Discursive Commitment*, Harvard University Press, 1994, p.621.

② R. Brandom, *Making It Explicit*：*Reasoning*, *Representing*, *and Discursive Commitment*, Harvard University Press, 1994, pp.458, 465.

③ Cf. R. Brandom, *Making It Explicit*：*Reasoning*, *Representing*, *and Discursive Commitment*, Harvard University Press, 1994, p.641.

容置于首要位置。

从 I-thou 的主体间性的解释模式角度看，把客观性等同于主体间性意味着，任何一个解释视角在具体的概念应用情境中都具有它特定的优先性，因为承认不同观点的优先性，就等于把不同的观点并置，这样就能够避免把客观正确的概念应用与主观认为是正确的概念应用混淆起来。当然，把不同的观点并置的平等主义，并不是要放弃或取消对唯一的客观正确观点的寻求，之所以对不同的观点采取平等主义的态度，是因为 I-thou 的主体间性的解释模式试图寻求的客观的正确性，正是一种基于不同视域的组合之上的观点。

但走向 I-thou 模式的话语推论前提是，说话者必须处于语言实践的规范状态和拥有一种规范的态度，即一方面说话者能够对推理作出承诺并具有相应的资格（能够表明自己有做推理的承诺的资格）；另一方面说话者承认他人所作出的推理承诺和资格。用布兰顿的话来说，前者是一种道义的状态（deontic statuses），后者是一种道义的态度（deontic attitudes）。这两种规范形式的重要性是，它们可以用来表明，如果语言的隐含的规范实践是话语推论的，它们总是相互关联的，不存在独自的表达或独自作出承诺和承担的责任，一切都是相互给定的。也正因为如此，话语推论的实践的规范的状态，必然伴随着实践者的规范的态度，我们甚至可以根据实践者的规范态度去认定规范的状态。在这种情况下，我们把某种承诺和资格归属于某人，即承认某人作出了承诺具有了某种资格。因此，我们也就可以对违背承诺的行为作出惩罚：他人可以根据某人所做的承诺没有真正付诸实践而对某人作出惩罚，即"这种状态的归属者，可以惩罚那些做了他们没有资格做的事，以及那些没有做他们（被认为是）作出了承诺要做的事的人。"[1]

在进行这种认定和评价中，道义的记分（deontic scorekeeping）将发挥重要的作用。在道义的记分中，表明了说话者是否有资格作出"p"的断言的命题"p"的状态，取决于解释者（评价者）如何对说话者所提出的真的论断作出评价——他是接受还是不接受归属于说话者的有效论断。在断言活

---

[1]　R. Brandom, *Making It Explicit*：*Reasoning*, *Representing*, *and Discursive Commitment*, Harvard University Press, 1994, p.166.

动中，作出了（推理的）承诺的断言可以根据它在给出理由和要求理由的游戏中是否被认可来判定。每一个语言游戏的参与者通过比较自己的记分和对每一个人记了多少分的跟踪，对他人的有效性论断作出评价。

布兰顿的道义记分方式改变了按照传统的证明真信念的方式。按照传统的真信念证明方式（JTB）的理解，如果要证明 S 知道 P，必须满足三个条件：认为 S 相信 P，认为 S 的信念是正当有效的，以及认为它是真的。而布兰顿的记分方式则完全不同，它依赖的是断言者之间的相互作出承诺和相互评价的关系。证明所要做的首先是（通过一个断言者）认定（attributing）S（另一个断言者）对 P 做了承诺，其次，认定 S 有资格作出对 P 的承诺，最后，认定者同意或承认对 P 所做的承诺。在这种证明方式中，认知者的信念是通过道义的记分这种规范的语用学实践方式来认定的。在这种证明模式中，JTB 证明模式中的信念不再只是作为认知者本身的一种信念来看待，而是被当作一种被认定的（attributed）信念来看待，因此，JTB 证明模式中的真值条件已被断言者之间的承认和同意的可能性条件所替代。JTB 证明模式依赖的是因果—功能的模式，它求助于基础主义的认知"信念"和实在论或表象主义的真值条件或"真"概念，而布兰顿的道义的记分是一种规范—功能的证明模式，它依赖的是社会性的规范的认知实践。布兰顿通过道义的记分，把一般经验的或习惯性的话语行为与规范的话语行为区分了开来。它不仅走出了把语言实践寄生于隐含的经验实践中的经验语用学，而且颠覆了传统的真理证明模式。这是布兰顿对规范—功能的真理证明模式的一个重要贡献。

布兰顿对规范—功能的真理证明模式的另一个贡献是：他通过 de re 命题既具有指称透明性，又可以在回指中进行推理的功能，建立了一种认知性的意义交往模式，保证了 de dicto 的命题内容可以通过记分在不同语境中获得意义的共享。交往这个概念涉及两个人或多人之间达成一种观点共享的是什么的问题。最简单的观点的共享是观念的共享：一个人把一种有关事物的经验观念向另一个人传达，只要听者拥有相同的语言知识和经验，观念就会被他所接受。——这就是洛克最早研究的一种基于观念的传达之上的交往。但问题是，交往不只是观念的交流，它还涉及命题和意义等思想的交流。交往的概念必然涉及理解这一概念：要传达一种思想，就要求听者能对它作出正确的理解，即听者也必须具有推理的能力，他能够对此作出辨别：说话者所要传达的论断性的命题是否是出自一种正确或合理的认知承诺。但不同的附带的承诺会有不同的推理意义和不同的理解和意义，它们不可能是共享的。因此，自费耶阿本德以来，一般认为，要实现意义共享的交往，求助于意义的内涵是不可行的。内涵的概念在共时性和历史性上的意义沟通方面都存在问题。也正因为如此，蒯因放弃了他认为的带有这种困难的内涵的概念，转而求助于外延的概念。在他看来，对于语义学而言，重要的不是意义而是指称——我们表征和所谈论的东西而不是我们所说之物，即 de re 的命题。布兰顿与蒯因一样肯定了具有指称透明性的 de re 命题的重要性，但他认为，蒯因对 de re 的指称透明性的功能的理解忽略了它的认知推理的方面：蒯因只相信基于一般的内涵与外延的两分法之上的指称交流理论。因此，蒯因采用的是较为简单的"共同分享某种共同的事物"交往模式。一句话在我说来有一种意义（比如，太阳神的信念），在听者那里则完全是另一种意义，但由于谈论的是同一个事物，即指称同一个对象，别人仍可以从我的话中获得相同的内容。因此，祆教或拜火教的 Zoroastrian 一词虽然有完全不同于 sun 一词的含义，这是它附带的承诺中的区别带来的（它在祆教或拜火教中有特殊的意义），但它同时具有 de re 的形式，它仍然可以谈论与 sun 同样的事物。

按照布兰顿的理解，de re 命题的指称透明性，不应只是用来作为获取对共同的事物的认同，它还应该发挥它可替换的推理功能，从而在不同 de dicto 的命题之间形成交流，促进相关意义共享的实现。在蒯因的交往模式中，说话者和听者分享的东西不是观点集合的内容，而是对共同拥有或承诺的内容的分享，因此，这种共同的内容不是"视角的"（perspective）。而对于布兰顿而言，"推理的内容在本质上是视角的——它们在原则上只能通过一种观点（a point of view）具体化。所分享的是驾驭和横跨不同的观点的能力，以及从不同的观点对内容作出具体解释的能力。"① 因此，一方面，通过

---

① R. Brandom, *Making It Explicit*：*Reasoning, Representing, and Discursive Commitment*, Harvard University Press, 1994, p.485.

把不同的表达当作相互可替换的（可回指的），从而由推理的意义走向外延；另一方面，通过把这些推理的意义看作是相对于出自背景承诺的所有信念的，而把推理的意义与内涵联系起来。这样就能够通过道义记分的方式揭示 de re（有关外延的）和 de dicto（有关内涵的）的命题态度的区别和相互之间的推论关系，从而把（费耶阿本德和蒯因认为是不存在的）带有视角的、真正认知的交往模式的特点显示出来。

第六节　麦克道尔对布兰顿的批评

麦克道尔与布兰顿有三次争论，第一次是关于感知的二层次划分的争论；第二次是关于感知与理性的限制的争论；第三次是关于感知与知识的内在性的争论。对于麦克道尔而言，这三次争论实际上涉及两个重要的问题：一个是布兰顿的自上而下的语义推理主义处理感知感受性的方式是否恰当的问题；另一个是建构性的"有动机的"推理主义的问题。第一个问题我们在麦克道尔批评塞拉斯时候已经遇到，但这个问题在布兰顿升级后的推理主义之中表现得更为突出。这里的第二个问题涉及麦克道尔病理治疗的哲学与语义推理主义的冲突。对于布兰顿而言，病理治疗的哲学太保守消极了，而麦克道尔则认为，布兰顿着力发展的建构性的推理主义带有为黑格尔和维特根斯坦所批评的传统认识论的僭妄。我们可以把麦克道尔的质疑归为以下几点：

（1）概念的逻辑内容如何独于感知内容？我们何以能在把实质的概念的逻辑内容视为意义根本来源的情况下谈感知经验内容？

（2）感知二层次划分实际上默认了存在一个"事物的"、非命题概念的世界，即认为存在一个与 de dicto 完全不同的 de re 的世界。在世界的概念中存在"可陈述的"与"不可陈述的"事物的区分；而称之为事实的东西只是因为它在原理上是可以陈述的。

（3）在语义推理主义模式中，作出断言又必须是一种推理，即能够把自身置于"给出理由和要求理由"的交互推理的关系中的推理。如何理解推理之前发生的断言,如果断言是先于推理存在的(没有断言,就没有推理的内容)?同样地,如何理解推理这个环节呢?没有断言的推理存在吗?

(4)记分式的处理经验感知内容的推理主义方式能真实地反映推理与经验世界的关系吗?

(5)我们能否在对相关的语言概念和语义内容不做任何假定的情况下构想一种语言实践模式?

布兰顿始终认为,表象主义把表征的概念视为根本性的东西,它因此把所有语言表达都与表征性的事实联系起来,并相信基于表征事实的因果解释,在这种解释中,判断和概念推理是置后的,即是以表征的事实为根据的(布兰顿认为,表象主义把表征概念视为先于推理存在的事实)。布兰顿的推理主义就是要改变这种解释顺序,它提出了把概念推理视为首要的环节,并认为,表征的事实离开了推理并不具有单独存在的语义内容。为此,在推理主义中,我们首先要明确单项词或小句子(在小句子中还包括谓词)与实质推理,以及由此形成的命题内容的关系。① 在推论中,为了把表征概念转化为推理内容,我们可以使用弗雷格的推理性的替换概念和赞同句理论的交往性回指的方式。这是一种完全颠倒了表象主义语义学解释顺序的推理主义语义学的解释顺序。而麦克道尔则认为,与塞拉斯一样,布兰顿在表达他的

---

① 布兰顿指出了推理主义语义的实质推理的要求。他引用了塞拉斯关于实质推理的六个概念。(R. Brandom, *Making It Explicit*:*Reasoning*,*Representing*,*and Discursive Commitment*, Harvard University Press,1994,p.102)在他看来,内容和推理的关系值得再次予以关注,在讨论逻辑概念是如何能使隐含于推理的实践性质中的概念内容明确显示出来之前,特别值得这样做。布兰顿相信,与形式的规则一样,实质的规则对于意义(因此对语言和思想)是最根本的。若其对意义不是本质的,推理的实质规则具有的一个权威来源就不是来自形式的规则。这就是说,推理的实质形式具有一个纯粹来源性的权威,虽然它只是一种推理的形式。只是逻辑的有效性推理精简的形式。被认为是受制于"推理的实质形式"的一系列想法根本就不是推理,而是模仿推理的有意的联系,是盗用"因此"隐瞒起来的智力上的无知(intellectual nudity)。

推理主义的"顺序概念"时表明他同样接受了一种被曲解了的康德的先验约束。

在麦克道尔看来，布兰顿看待纯粹感知的方式是成问题的，它暴露了他（与塞拉斯一样）并没有真正走出康德在讨论概念与直观时所陷入的矛盾性：康德表明，直观既与对象的意向性相关（意向性对象总是必然地处于时空关系中），其自身又是纯粹概念的（又总是必然为先验观念所引导）。麦克道尔认为，这实际上表明，布兰顿也接受了一种先验约束概念，即物自体对直观的约束。麦克道尔否认存在这样的先验约束，他甚至不认为康德也承认这一点（在他看来，陷入直观—概念的二元位悖谬的只是通行的康德解读版本中的康德，真正的康德并没有陷入这样的困境）。布兰顿继承了达米特和塞拉斯的推理主义，在他心目中，表象主义的语义解释对意义理论毫无帮助，因此，必须改变解释顺序。布兰顿的推理主义也就是要明确地表明一种颠倒的解释顺序，并在这一推理主义的解释顺序上把推理主义语义学系统化。

布兰顿在问题（1）上的错误导致了在问题（2）上的错误。布兰顿认为 de re 的对象指示功能是不完整的或片段的，虽然它指示了某物；而后者由于带有命题态度和思想内容，因而是一个相对完整的表达。这种区分的结果是，de re 指称成为了一种思想表达之外的东西，即它没有命题态度也不能完整表达一个命题内容，而只有 de dicto 含义句子才能完整表达思想或一个命题内容。这带来了下述理解：de re 指称仅仅是单项词所指示的对象，因而它只能成为含义的命题句的一个部分。按照麦克道尔的看法，这并不符合弗雷格的思想，因为弗雷格明确否定单项词可以是含义的命题句的一个部分："我们不能说，对象是思想的一部分，就像我们不能说专名是相应的句子的一部分一样。"① 这就是说，对于弗雷格而言，de re 的指称形式并非只能成为 de dicto 含义句的辅助部分（形式上是外在的），它同样可以用于思想表达，形成有关思想，即形成带有命题内容的 de re 形式的完整的句子。②

---

① H. Hermes, F. Kambartel, and F. Kaulbach, eds. *Gottlob Frege: Posthumous Writing*, University of Chicago Press, 1979, p.187.

② Cf. J. McDowell, "De Re Sense", in *Meaning, Knowledge, and Reality*, Harvard University Press, 1998, p.215ff.

麦克道尔拒绝了康德式的基于物自体不能取消的有外部世界的"先验约束"，因此，他也不接受布兰顿（以及其他一些人）有关弗雷格的语义二元关系的理解。① 麦克道尔认为，一种普遍的观点是，弗雷格认为语言表达可以表达具体的命题内容，而实际指称的对象是否存在并无关紧要，即认为弗雷格在其有关"思想"的论文中表达了这样的观点，因为在《思想》一文中，弗雷格明显地区分了句子所表达的含义（命题内容或思想）与具体的指称对象。但如果语言表达的思想是直指事物的，它本身就具有一种 de re 的性质，那么，弗雷格在《思想》一文中表达的理论就与其区分含义与指称的理论相互冲突了。麦克道尔认为，产生这种矛盾的原因是大部分弗雷格解读者的误解造成的。他认为，有两个原因，一个是人们对弗雷格的指称这个概念有误解，认为它只是有关对象的、是某种语境中的具体所指，它不带任何命题态度，人们因此认为它与含义是完全对立的。布兰顿也误解了弗雷格的"思想"与"de re"的关系。当布兰顿认为世界首先可以理解为是由一系列的事实（facts）构成，而不是由事物（things）构成时，实际上默认了存在一个"事物的"、非命题概念的世界，即认为存在一个与 de dicto 完全不同的 de re 的世界。在他们的世界的概念中，都存在"可陈述的"与"不可陈述的"事物的区分；而他们称之为事实的东西只是因为它在原理上是可以陈述的。正因为认为指称只是有关对象的、是某种语境中的具体所指，它不带任何命题态度；人们因此认为它与含义是完全对立的（含义被视为有关内容的，它属于 de dicto 范畴）。这一看法也是人们机械地区分 de re 与 de dicto 表达式的原因。

麦克道尔认为，弗雷格的含义与指称更像是两种同样直指世界的命题态度，而不是处于不同世界的两种不同的语言形式。从这个意义上说，语言是彻底自主的，在语言中不存在超感知的实在形式。语言是我们拥有一个"经验世界"的真正的原因。在这里，弗雷格的语言哲学与黑格尔的"彻底

---

① 塞拉斯和布兰顿的立场较为接近：他们在强调世界的概念事实的性质的同时，仍保留了一种康德式的来自事物的先验约束。在解释弗雷格的含义与指称的概念时，布兰顿根据达米特的看法坚持认为，弗雷格区分这两个概念，是因为他相信语言表达的思想是直指事物的，而其中含义与指称的区别包括了 de dicto 与 de re 两类不同语言表达的区别。

的观念论"（绝对观念论）并不矛盾，就其同样避免了经验直观与概念的矛盾而言，它们是一致的。经验世界就是一个概念的世界，如果并没有先验的"被给予的"特性的话。麦克道尔始终认为，彻底的观念论（绝对观念论）的理解并不是反常识的，因为它并没有忽视实在世界的独立性，它的根本意图是打破感知经验被给予的被动性或先验性，恢复感知经验乃是概念活动的自主性的一部分的常识。

被给予的神话的诱惑力是，当我们试图证明某物时，我们便会依赖它，认为它能提供最好的解释。问题还有，用感知性的概念来约束或限制自发性，我们便会认为我们不会犯错，似乎因此有了终极的解释。麦克道尔认为，他不想以一种简单的方式来弃绝被给予的神话，比如，以经验是被动的，它会极大地限制自主性为理由，而是试图表明，即使经验是被动的，它也卷入了真正属于自发性领域的概念的应用过程中。① 在处理感知经验的问题上，布兰顿犯了与戴维森相同的错误，他们都认为经验是在理性的空间之外的，感知经验只是与信念和判断有某种偶然关联的东西，它们不值得相信。"没有任何东西能算持有一个信念的理由，除非是另一个信念。（戴维森）"因此，感知经验不能成为我们持有一个信念的理由。

布兰顿强调推理与断言的关系也暴露了另一个矛盾，即问题（3）。布兰顿认为我们可以首先从归属于句子的实质的指派性（断言性的命题内容）开始，然后再把多元的值（小句子）指派给句子以及句子的复合机制。在这种方法中，通过对单项词的替换性确认，我们可以确定一种断言句的指派性（命题内容）是否是有意义的，即是否是一个实质的推理。在这里，单项词的替换包含了用一个断言句子来检验另一个断言句的意图。其基本原理是，如果两个断言句子具有相同的多值性，那么，一个替代另一个就不会改变这些多值性出现于其中的这类复合句的指派性（复合命题内容）。布兰顿认为，他的整体论方式处理纯粹感知的方式是"自上而下"（Top-down）的，而传统分析哲学的（经验主义的）方法则是"自下而上的"（Bottom-up）。分析

---

① Cf. J. McDowell, *Mind and World*, *with a new introduction*, Harvard University Press, 1996, p.13.

哲学的经验主义传统的方式是首先从与能够融合到句子中的多值的集合（单项词或小句子）开始，再通过句子的指派值赋予句子以一种形式的有效性。换言之，它首先提供与单个的和一般名称相关的概念的意义的解释（以一种唯名论的表象的方式：以名称所代表的事物为依据），然后通过与这些名称的关联建构一种判断，并最后根据这些判断给出推理的特性。① 在这里，单项词不是作为句子的语义替换的角色出现的，相反，它们是被当作实体性指称词来看待的。

可见，布兰顿相信，只有作出断言（claim）才能表明推理不是一种"对表征内容的表征"。② 断言是带有实质的命题内容的判断（在作出断言的环节，一切表征的内容都转化为了判断的内容，即转化为所谓"声称的表征"）。但当布兰顿试图探讨这里的关联时难免会有令人困惑的方面。比如，如何理解在推理之前发生的断言，因为断言是先于推理存在的（没有断言，就没有推理的内容）。同样地，如何理解推理这个环节呢？没有断言的推理存在吗？按照布兰顿的推理主义，推理是用来证明断言的有效性的，麦克道尔对此表示怀疑：他在布兰顿的断言—推理的模式中发现了一种在他看来是人为的推理主义的形式化要求。按照麦克道尔的理解，布兰顿的推理主义模式的困境出自它对语言的认识的错误，带有 that 从句的语言词汇本身是有经验内容的（这也是维特根斯坦的经验语用学的基本观点）。这意味着，我们不可能在脱离这些本身具有经验的语义意义的表征性词汇谈论断言（布兰顿的感知的两层次概念试图抽去表证词汇的表征的功能）。从语言固有的社会实践性质看，布兰顿的推理主义所运用的抽去了原始表征内容的表征，乃是没有内容的形式性的东西，他用断言—推理的语言模式取代表征主义的语言模式的理论变革，乃是人为制造出来的。确切地说，布兰顿的推理可以先于表征性词汇的运用或把表征性词汇做推理主义的运用，但在做断言时则不能（因为断言必然要指称事物），除非我们把这里的表征性词汇当作与真实的语

① Cf. R. Brandom, *Articulating Reasons：An Introduction to Inferentialism*, Cambridge, Mass.：Harvard University Press, 2000, pp.12-13.

② 元表征（meta-represtation），作为一种内在的表征性的言语行为乃是一些改良的经验主义的产物。

言实践无关的形式化的东西，并把断言性的词汇建立在形式性语言表达式之上。

麦克道尔认为，布兰顿的推理主义出自对我们感知的错误理解。在感知感受性中，感知或知觉的信念因为以理性的方式（概念的方式）显示而充满了智慧，它并非一种完全主观的感知或知觉。我们可以把它与知觉经验联系起来加以解释，而使之变得可理解。如果某人具有基于知觉上的信念，他会相信这些信念，因为经验会把这样的信念显示出来。这里的因果条件说明了基于某种合理性之上的观念的解释的存在。赋予我们的知觉经验以这种合理性的性质具有相同的一般类型的内容，而判断的内容当然是概念的。康德把知性视为自我创造表征的一种，而知识的自发性概念是建立在自发性的思想之上的。① 所以经验直观的概念与客观的意旨是联系在一起的，它使事物直接呈现在我们面前。这归于我们具有自发的自我决定的思想。②

由此我们可以理解为什么麦克道尔有理由认为把推理主义与表象主义对立起来是不正确的。布兰顿反对表征主义，并把它与推理主义对立起来。在他看来，我们不能以表征的方式与世界建立联系或"表征"世界，因为所有的指示词和谓词都没有独立的表征世界的功能，除非它们被置于推理的指示关系中（回指链中）。布兰顿认为，"所有的直指都是回指"，只有在由回指构成的推理中，直指才能指示世界。但布兰顿对表征的理解仍然是传统经验主义的，比如仍然是那种洛克的"反映式"的表征观念论（布兰顿也正是以这样的方式把推理主义与之对立起来）。麦克道尔从实用主义的经验论出发提出了完全不同的看法。他并不认为这里存在布兰顿所显示的选择，即在

---

① I. Kant, *Critique of Pure Reason*, Translated by N. Kemp Smith, Macmillan and Co, Limited, 1929, A51/B75, A68/B93.

② Cf. J. McDowell, *Having the world in view: Essays on Kant, Hegel, and Sellars*, Harvard University Press, Cambridge, Massachusetts, and London, England, 2009, pp.127-128. 麦克道尔始终认为，感知经验如何具有这种自发性知性的性质涉及对概念能力的解释。为了说明这一点，还需对合理性的概念作出解释。一般而言，人与动物不同就在于人的理性，人有能力在某种危险面前不退缩，本能上的明确信号或像动物一样作出反应，人的行为与动物在危险面前逃走完全凭本能的感知是不同的。(p.141)

与世界建立联系的认识过程中，我们所能采取的方式"要么是推理主义，要么是表象主义"，而且似乎选择了推理主义，我们就只能接受词语与世界的推理关系，而不能接受词语与世界的表征关系。

从传统理论上看，并不存在布兰顿所认为的推理主义与表象主义的对立，从当代理论上看似乎也得不出这一结论。再说，布兰顿为反对表象主义所建构的推理主义的表征概念（这包括把命题内容或判断置于单项词之前的推理主义解释顺序）是形式性的东西，它并不符合真实的语言实践。布兰顿的推理主义语义学与实际的语言实践是脱节的：它完全脱离了实际的语言实践，特别是维特根斯坦在《哲学研究》中所明确表明的语言的社会生活实践的特性。麦克道尔认为，维特根斯坦对传统理论的批评从未集中在表象主义与推理主义谁是谁非的判定上，他也并不认为存在这样的对立，因而他也没有任何关于语义的解释顺序的疑问。对于他而言，传统语言哲学的错误完全在于它看待语言实践的方式。维特根斯坦指出，传统语言哲学中的名称与载体的理论并不是问题的根本，根本的问题来自看待它们的方式或态度。这也就是说，语言的名称与载体或它的意义的赋值并不是什么问题，关键的是看待语言实践的态度。在维特根斯坦眼中，那种认为词语具有指称世界的令人赞叹的性质的看法倒是值得警惕的，因为这样的观点会带来语言神秘主义，会把语言的世界指称能力与人类的心灵能力联系起来，即视为心灵能力的结果，这样也会产生对语言表达事物的能力的盲目迷信。① 实际上，按照维特根斯坦的经典理论：只有在社会语言的游戏中，一个对象才能有一个名称，而在这一领域之外，探讨语言的名称与载体的问题没有意义。② 在真正的语用主义的语言哲学中，没有任何布兰顿想象的那种需求，即我们需要颠倒语言的解释和表达顺序，以推理主义的方式建构一种普遍语言学。

在麦克道尔看来，一旦把语言实践置于一种抽象的形式性的推理模式中，布兰顿的推理主义颠倒解释顺序的命题要求只能使语言实践神秘化。从语言实践的角度看，语言实践本身并不存在错误选择指称世界的方式的问

① Cf. L. Wittgenstein, *Philosophical Investigation*, Oxford：Basil Blackwell, 1958, p.132ᵉ.
② Cf. L. Wittgenstein, *Philosophical Investigation*, Oxford：Basil Blackwell, 1958, p.24ᵉ.

题，它可能犯的错是：它想当然地认为语言一定指称了世界，以及由此产生名称与载体存在固定的语义关系的实在论的幻觉。维特根斯坦的批评主要集中在语言哲学在这一方面的错误，而根本没有认为语言实践选错了表达或指称世界的方式。麦克道尔从其认为的维特根斯坦的观点出发否定了布兰顿的观点。布兰顿认为，根据塞拉斯，实质推理对意义用法的内容是最根本的，但麦克道尔则认为，并非所有的语言实践都基于实质推理之上，尽管实质推理的确是语言的一种实践方式，但绝不可能用实质推理为语言实践提出统一的要求。有许多经验的语言表达并非是推理的，也不一定有"可推理的实质的内容"，一些描述性的或表意性的语言也只是描述和表达，其目的也不是在作出推理。布兰顿有理由根据塞拉斯，把实质推理视为语言实践的一种重要形式，但他由此提出的普遍的语义推理主义要求则是错误的。①

根据布兰顿的实质推理，推理是从实质的（与推理者的判断相关的）命题内容出发的，它不是一种形式逻辑推理，后者是用来处理与表征内容相关的词语的逻辑。实质推理因其完全基于判断者的判断之上，而又被布兰顿视为一种推理表达。这也是布兰顿所提出的旨在改造传统逻辑的逻辑表达主义的基本理论根据，逻辑表达的能力被看作是一种概念表达的能力。但与此同时，布兰顿认为他的推理主义并不属于那种封闭的推理主义，比如数学领域中的推理主义，因为它包括对一切非推理内容（特定语境中的指称性言语行为）的推理，他只是要求感知经验的报告人用推理的方式表达自己的观点。只有那些数学与形式逻辑的推理才会认为，一些经验感知的东西不需要推理，而他的推理主义则不这样认为。因此，布兰顿认为，他坚持的是一种强的推理主义（包括要求把感知的报告者纳入推理的记分评价的推理主义）。

麦克道尔本人也持一种概念表达主义的观点，即他也十分重视概念表达的能力在理性的逻辑空间中的能力，但他还是对布兰顿基于实质推理之上的表达主义提出了质疑（4）。在他看来，逻辑表达主义也有可能像融贯论一样遁入语言观念论之中，即有可能使推理的内容失去与经验世界的联系。麦

---

① Cf. "Motivating Inferentialism", in J. McDowell, *The Engaged Intellect*, Harvard University Press, 2009, p.298.

克道尔的根据是：从布兰顿的话语推论的证明模式中可以看出，规范—功能的证明模式依赖的是规范的相互评价、一种超出经验的语用意义的判定模式，即所谓道义的记分模式。推理者作出推理的承诺、作出推理的资格是在一种相互打分的情况下进行的，推理者既是记分者（对他人的推理作出判定）也是被记分者（接受别人的记分判定）。即使这里的相互记分涉及个人内在的推理继承关系，这也是通过互主体的关系决定的。推理者的规范态度与规范状态被置于十分重要的位置上，对他人（在承继推理关系中）的推理判断作出归属或认定，而不是盲目接受或独自依赖推理承继关系。布兰顿的确没有排除感知报告，但麦克道尔指出，记分式的处理经验感知内容的推理主义方式是外在于经验感知的，因为感知的报告人与事实的关系在推理主义中被拓展为三元的，即增加了记分者（评判者）这个人，而且评价的主体是记分者而不是报告者。麦克道尔认为，感知经验一旦与感知者和事实的直接报告关系分离，感知经验的真实性也就丧失了。这就是说，推理主义的话语的感知经验评价方式歪曲了感知经验产生的真实过程。布兰顿以评价者为中心的话语模式带来了不同的感知者构成的"相互关联的感知"。这使得整个有关感知的评价是独立于真实的或具体的感知的，这就是说，它完全由处于感知者感知的外部的话语评价决定。

　　布兰顿只相信理性空间之内的推理性证明，一切外在的证明是无效的。布兰顿的看法是，任何一种感知的判断都有可能出错，屋里的蜡烛也可能是镜中反射的影像，实际上在屋内根本就没有蜡烛，感知的经验完全有可能是建立在幻觉之上的。因此，对布兰顿而言，知识的资格授权完全不能根据直接的感知的经验判断。但麦克道尔强烈地反对这种观点。麦克道尔认为，推理式的承诺同样会出错。"如果你在一个黑暗的屋子里，你看见在十尺开外，屋里有支蜡烛，那么，我有理由相信你有充分的根据或理由说屋子里有一支蜡烛，因此认为你有资格作出这样的承诺。"这里有可能出现另一种情况，即"你发现在你面前五尺开外有一面镜子，蜡烛只是镜子反映的影像，屋内根本没镜子，而对这一点你却根本不知情。在这种情况下，我就无法接受你认为屋内有镜子的承诺。"我们有可能给予某种感知经验以真实性的承诺，但实际上是不真实的。

在麦克道尔看来，在给出推理理由的活动中并不能排除"我看见……"这类感知经验的活动，尽管在这类感知经验的活动中存在犯错的可能。但毫无疑问，"我看见……"的感知经验同样可以带有内嵌的命题内容。仅仅限于推理的资格与授权的推理本身有极大的局限性的。布兰顿的推理主义只依赖证明的内在主义的方法（一个资格授权依赖另一个资格授权的方法），他只在一些"不证自明的"感知经验中才承认存在非推理的"证明"。麦克道尔反对内在主义的资格（推理的资格授权的环节），这主要是因为内在主义拒绝了默认的世界在推理中的作用。① 这也是麦克道尔不接受属于内在主义的布兰顿的推理主义的原因。推理主义的资格授权来自另一个资格授权，它承认某种默认的资格，并不直接与世界发生联系，推理主义带有典型的内在主义的特征。

在问题（5）中，麦克道尔对布兰顿的普遍语用学的成真条件，即道义的记分模式提出了批评。布兰顿的推理的资格授权必须满足的相互认定关系，亦即那种布兰顿认为是来自于黑格尔哲学的普遍语用学的成真条件具有很强的形式性的要求。比如，在断言的承诺（commitment）、资格（entitlement）与认定（attribution）的三元关系中，推理认知者做断言承诺的资格是可以被剥夺的，它处于一种不确定状态，因为在"认定"的环节中，资格可以获得授权或被认可，也可以被剥夺。但认定者是否真的具有认定能力？如果认定者只能按他或她所理解的来认定，那么就有可能出现所认定的资格不完全是真的可能。用麦克道尔的话说，认定的环节是一个充满意外的（accidental）环节。作出断言的承诺和资格是在社会性的交往评价中进行的，但它是在对相关的语言概念和语义内容不做任何假定的情况下所构想的一种语言实践模式。这就是说，它是一种脱离了具体的语言实践的形式化的语言游戏，它的断言（作出承诺）、推理和记分完全只是在其自身的形式化的语言游戏中有效，它们都是服务于道义记分的游戏的。从这一点上看，没有理由不认为，这里所做的断言与推理就并非真正意义上的断言与

---

① Cf. "Knowledge and the Revisited", in J. McDowell, *The Engaged Intellect*, Harvard University Press, 2009, p.284.

推理。

麦克道尔认为，布兰顿完全不必用社会交往的词汇去规定理性的逻辑空间，因为人完全可以独自地使用自己的概念能力，人并不像布兰顿认为的一定要加入社会交往的话语才能运用概念能力。麦克道尔认为，概念运用显示的是一种个人的能力，进入社会性的理性空间带来的是个体能力的表现，换言之，社会性的理性空间是有助于个人表现的舞台。但在布兰顿建构的社会说理的话语形式中，社会性的理性空间被说理性的话语空间所替代，具有概念运用能力的个人被第三人称的他（她）的角色所淹没。

对一种理由作出反应或找到一种理由是理性的人表明其行为的合理性的依据。在这里，作为有理性的人，它并不是在证明某种理由，它只要给出一种理由就行了。设想一个人按照指示路牌行走的行为，他或她经过分岔路口时之所以向右拐，而不是向左拐，理由是路牌所指向的地点是他或她所要去的地方。作为理性的动物的人无须在这种情况下做任何说明或辩护。麦克道尔认为，关注行为的合理性就是对某种理由作出反应：如果我们能表明我们的行动是基于某种理由的，我们也就表明了我们的行动是合理的。以这样的方式对理性作出反应就是一种说理。这里的说理表明，我们应相信什么或应做什么，在决定一种信念和采取一种行动时提供理由对此作出解释，在合理性行为中，概念思维或判断的能力就显示其作用了，也只有人能在其说理中应用概念的能力时，才能表明，概念的能力是在其掌控之下。不管怎么说，"求助于说理，也就是寻找一个类似的我能把对理性作出反应的观念置入其中的情境"。这也就是说，概念能力并非在说理中才显示其作用。"如果某人相信某事或打算采取某种行动，他或她无须通过推理的步骤来表明他或她的信念和行动。"① 这也就是说，人们可以凭借经验认识事物，而不必有相关的信念。根据经验，信念的获得也可以解释为是理性的，这也是合理性发挥作用的表现。理性主义的推理主义传统总是认为，只有在给出理由或获取某种资格的情况下，信念的获得才是理性的，也只有在这种情况下，经验行

---

① J. McDowell, *Having the world in view*：*Essays on Kant*，*Hegel*，*and Sellars*，Harvard University Press，Cambridge，Massachusetts，and London，England，2009，p.131.

为才是合乎理性的。但麦克道尔坚持认为，人类的感知经验就是概念能力的表现，因而其本身也是一种信念，这也正是人类作为理性的生物不同于非理性生物的地方。

所有的分歧都可以归结为麦克道尔的经验概念与布兰顿的经验概念的差异。对于麦克道尔而言，感觉与概念并非两种完全不同的呈现世界的方式，而且我们也没有能力证明感觉中没有概念能力的表现。感觉与概念的二元区分剥夺了人类在其感知和认识世界中的自主性行为。戴维森的一个著名的说法是，"没有什么东西可以视为持有一种信念的理由，除了另一种信念。"而麦克道尔的说法则是："没有什么可以被视为一种信念的理由，除了某种具有概念形式的东西。"① 麦克道尔用这句话的思想原则来表明其对人类的感知意识的看法。针对布兰顿的推理主义，他认为，感知意识可以迫使人们相信所看到或感觉到的某事（布兰顿错误地否定了这种可能性），作为有自我决定能力的主体的人，他（她）并没有在感知意识中失去理性的思考。相反，我们仍然能理性地控制我们的思想。人类作为理性的动物，它与非理性动物一样也必须通过感知感受世界，但在这一过程中，我们运用了概念的能力，比如，我们相信或接受我们所看到的感知到的东西。通常我们接受我们的经验的感觉意识时似乎并不做更多的反思，但这与非理性动物对其感觉意识的接受是完全不同的。我们不会愚蠢地认为，动物按其感觉意识行动是因为它相信并接受了它的感觉意识。但作为理性的动物的人，它接受一种感知意识，却正因为它相信这一感知意识。也正因为人类的感觉意识本身就是概念能力的一种表现，所以我们并不是在任何时候都需要对其真实性作出反思（推理性的证明）。我们的概念能力表现在感知意识中，这也正是我们与非理性动物不同的地方。

---

① J. McDowell, *Having the world in view：Essays on Kant，Hegel，and Sellars*，Harvard University Press，Cambridge，Massachusetts，and London，England，2009，p.137.

第八章　意义理论的认知主义僭妄

　　分析哲学的语言学转向之前，意义理论完全是基于指称因果理论的心理主义的假设条件之上的，这种意义理论可以从柏拉图、笛卡尔、布伦塔诺一直追溯到乔姆斯基。分析哲学的语言学转向之后，特别是在后期维特根斯坦的语言哲学的影响下，实在论的指称因果理论的心理主义假设条件被彻底放弃了。

　　后期维特根斯坦的语言哲学指向了一条意义理论的经验语用主义的道路。经验语用主义认为，意义理论必须把意义视为由经验给定的，放弃无必要的外部理解的要求，一旦把意义归属于原始语句，充其量所要做的只是求其真值而已。戴维森的意义理论是沿着这条道路发展的意义理论，在戴维森的意义理论中没有事后理解这一概念的地位，或者说，它根本就不需要一个额外的认识论的理解概念。戴维森从技术的意义上引进的关于一种语言的意义理论，是一种对语言的原始表达句所表达的概念不做说明的理论，它完全不同于达米特的那种理想的无条件的（full-blooded）意义理论。① 由此产生的争论是：达米特不同意戴维森赋予意义的证明理论的哲学目标。由于对弗

---

① 关于这两种意义理论的区别，达米特的具体说法是："要求意义理论应把新的概念向那些并没有这些概念的人解释，对它来说是一项负担过重的工作，因此，对于这种意义理论我们所能要求的只是，它向那些已有了所要求的知识的人对语言作出解释。让我们把目的旨在完成这项有限的工作的理论称为适度的（modest）意义理论，而把实际上是在寻求对语言的原始词项所表达的概念的解释的理论称为无条件的意义理论。"（M.Dummett, "What is a Theory of Meaning?（Ⅰ）", in *The Seas of Language*, Oxford, 1993, p.5）

雷格的理解不同于戴维森，达米特对语言在认识中的功用的理解也有很大的不同。在他看来，尽管戴维森所承袭的蒯因的整体论的意义理论的出发点是革命性的（它彻底摆脱了逻辑实证主义的意义理论的教条），但他把一种真值语义学作为意义理论意义的证明方法的做法却是不能让人接受的，这样的意义理论只能是适度的（modest），即有条件的，因为它把意义视为给定的，而只去求证它的真值。达米特认为，只有与意义的理解联系在一起的无条件的意义理论才是正确的。无条件的意义理论与适度的意义理论的不同，主要表现在它们关于我们应以何种认知性的意义理论作为心理主义因果实在论的替代的分歧上。

在这场意义理论的争论中，麦克道尔站在了戴维森的立场上。麦克道尔认为，达米特对适度的意义理论的定义是错误的，因为只有适度的意义理论的假定才真正是语言学中的康德主义的理论，而不是达米特假定的无条件的意义理论。根据后期维特根斯坦，哲学的意义理论必须依赖 T—语句，而不是像达米特那样，仍然从原始语句去考察意义。达米特坚持把寻求语言的原始词项所表达的概念的解释称为无条件的意义理论，但他这样做是与整个哲学的语言学转向格格不入的。由于适度论的理论基础是整体论和真理冗余论，它们也更接近维特根斯坦的语言哲学。达米特的无条件的意义理论试图从"外部"解释语言，但这种从外部考察语言的做法是错误的，因为这必然会导致语言表象主义，而这恰好是语言学的康德主义所反对的。任何一种理论都必须假定它使用了某些已知的概念名称或已知的句子。因此，适度的意义理论是对的。麦克道尔对达米特的批评分两个阶段。在早期的文章中他讨论了为适度的意义理论辩护的理由和根据，在后来的文章中他又结合实在论的问题做了批评。为了说明这场争论对于意义理论的自我理解的重要性，以及公平地看待这场争论双方的立场，我将首先讨论意义理论的认知转向的理论意图，其次，我将扼要地对达米特的理解的意义理论作出分析，然后回到麦克道尔对达米特的理解的意义理论批判以及他为意义理论的适度性所做的辩护上来。

第一节　意义理论的认知转向

意义理论中最一般、最具有实在论倾向的无疑是因果指称或标签式的语言—世界的关联理论。但这种意义理论尽管一再以不同的形式为人提及（比如克里普克的指称的因果理论），它的缺陷还是非常明显的。弗雷格很早就看出了这种意义理论的缺陷。在他看来，我们不可能在独立于句子确定词语的指称意义的情况下完整地说出句子的关系中词语的指称意义。这就是说，语言与世界的意义关联只有在一种语境原则下才能得到说明。因果实在论形式的意义理论提出的只是一种词语或词组单独地指称外在对象的观点。除了弗雷格之外，布伦塔诺和迈农都对意向与外在对象或意识与外在的实体性存在的关系做了一种抽象的联系。或许最重要的变革就是语境原则的提出。由于语境原则的提出，弗雷格认为，即使一个普通的专名，我们也不能说它有固定不变的含义；或许一个专名有它的共同指称，但其含义却不相同。之所以我们不能说普通专名的含义是固定不变的，从而无法真正把专名与限定摹状词区分开来，完全是因为，即便是专名，它实际上也只有出现在句子中，即出现在说话者带有明确认知目的的句子中，其所指的含义才能被确定。离开了具体说出的完整句子，对专名的分析是没有意义的。这就是说，像暮星和晨星这样的专名，离开了它出现于其中的句子，可以认为它们具有共同的指称对象，而且指称的含义固定不变（它们用了不同的名称，这只是用法不同的问题），在这种情况下，我们的确可以像克里普克那样，认为它们的含义就是有关它们的指称的因果说明，认为它们实际上只有指称（指谓）而没有含义，但一旦它们出现在句子中（语言使用的"语境"中），这些说法就不能成立了。

弗雷格在《算术基础》一书以及在其他一些地方都明确指出，被当作关于是指称的语境原则是禁止我们把可数项当作专名来理解的，因而否认它指示着某个外在的对象。而与语境原则同样不同的观点则是，它代表着某个对象，但这种对象只是存在而非真实的实存（existence）。这种看法引进了一个十分特别的哲学意义上的"存在"，它完全不同于可量化的存在：它迫使我们承认存在一种3的三次幂，但又没有这样的数真正存在。这也就是说，弗雷格确实认为，数和逻辑对象一般而言是客观的（objektiv）而不是现实的（wirklich），① 对于词语而言亦如此：我们也可以说，词语是客观的而不是现实的。在弗雷格这里，"客观的"一词只表示一种不为主观的个人心智支配的事物的存在方式，比如处于某种恒定的关系中，或具有自己特定的秩序或结构等；而"现实的"一词则有作为物体的东西而实际存在的意思，比如空间中的可触摸的东西。因此，我们可以说，物理的定律是客观的，但不是"现实的"，或我们可以说"地轴、太阳系的质心是客观的，但我们不能把它们像地球本身那样称为现实的。"② 弗雷格的语言哲学中对词语的分析显然与他对数的分析是一致的。可以这么说，他的"数是外在事物的性质吗"的提问也可以当作"词语是外在事物的性质吗"的提问来看待（就数和语言都是对世界的一种表达而言，它们都可以被当作一种"语言"来看待，因此它们的问题是相同的）。我们知道，弗雷格并不同意康托尔把数称为一门经验科学的观点，即他并不认为数最初是考虑外在世界的事物，从对象事物的抽象才形成了数。他的这一看法转换为对语言哲学的定义则是：一门关于语言分析的理论也同样不是一门经验的科学（以经验归纳为基础的科学），因为语言也并非是对外在事物的抽象。当然，弗雷格也不同意康德对数所做的先验综合论的解释以及心理主义对数所做的主观论的解释。弗雷格注意到，康德的二元论和意识分析必然使他持一种特殊的直觉性的数学观，因此他否定了康德认为数的概念可以通过表象和直觉来获得的观点。在弗雷格看来，不管是"对量的直觉"还是"对量的纯粹直觉"这种说法都是错误的，我们只有在一种关系中才能得到数：他的解答所依赖的正是语境原则。弗雷格对数的先验综合论的批评，以及对分析的观念论（主观论）和归纳论（经

---

① Cf. M.Dummett, "The Context Principle", in *The Interpretation of FREGE'S Philosophy*, Harvard University Press, 1981, pp.386-387.

② G. Frege, *Die Grundlagen der Arithmetik*.1884, English translation, *Foundations of Arithmetic*, by J. L. Austin, Northwestern University Press, 1959, Sec.26.

验论）的批评同样可以应用到语言哲学中。弗雷格的语境原则，作为他在《算术基础》一书中对数的分析的三条原则中的一种，既是对数的分析的一条指导性原则，也是对语言分析的一条指导原则，即它在两个方面同时起作用。在语言哲学的理论历史中也一直存在观念论、归纳论和先验综合论的观点，对于弗雷格而言，这几种解释模式的最致命的缺点是，它们都导致我们接受一种特殊的哲学意义上的对象的存在，即接受一种可以与我们的思想正确的表达模式区别开来的对象的存在。

　　达米特也曾因为这个原因批评了克里普克的指称的因果理论。克里普克在其理论中构造了两个世界：一个是由具体的说话者的话语构成的、处于特定情境的偶然的世界，另一个是超越了任何特定的语境和具体话语的必然的世界；按照克里普克的意思，我们若要确定一个名称的意义，理解它在偶然世界特定语境中的含义是不够的，因为这种含义有很大的局限性（即使像"亚里士多德"这样一个名称，在特定语境中的含义也是不确定的或多样的，单个的或多簇的摹状词都不能真正指称它）；语言中关于对象事物的名称在特定语境中的含义，即使我们把它当作名称的一种内涵，但也不是说名称是由内涵构成的；确切地说，名称根本就没有内涵。如果名称没有内涵。或名称不能从内涵方面去规定，那么，弗雷格关于含义不同于指称、含义是理解指称的必要条件的观点就毫无意义了。克里普克由此提出了"超世界的同一性"的概念。克里普克的观点是，语言中的名称和句子的意义都不是由含义决定的，而是由超越特定语境和历史的"因果的传递链"决定的，除非一个人是最早给该对象或事物命名的人。否则我们就不能认为，他说出的句子或命名的含义决定了句子或名称的意义。① 对于达米特而言，这个理论的一个优点是，它揭示了罗素的限定性摹状词直接指谓事物的方式的局限性，同时也否定了实体性指称理论关于对象事物的先验存在的假定，但其缺点也是致命的，我们可以用一句话来简单说明它的缺点：因果的传递链的意义解释是一种反认知的历史解释理论，因为它对在弗雷格的语境原则中语句含义所具有的优先地位的否定，等于取消了对语言的认知功能的

---

① 参见克里普克：《命名与必然性》，上海译文出版社 1988 年版，第 60 页脚注。

说明。①

达米特的批评表明了其对意义理论认知功能的强烈关注。语境原则使弗雷格传统的意义理论都带有明显的认知的意图。达米特考察语言作为意图—交流工具的目的是表明语言是如何能够在具体的交流和使用中构造新的思想和意义，而不仅仅是考察语言作为意图—交流的工具如何保证我们获得引入语言的名称的本真性（考察引入语言中的名称如何获得它的指称的本质以及它的"超世界的同一性"）。正因为继承了这一弗雷格的"认知的"意义理论的传统，达米特感兴趣的并不是一种可以从外部去观察语言的使用现象的意义理论；他不能容许一种意义理论站在语言的外部去描述语言的使用：在他看来，意义理论乃是站在说话者一边的关于说话者认知的一种思想的

---

① 因此，可以这么说，为什么对于达米特来说，克里普克的理论是不能接受的，就是因为它并没有对语言的认知功能作出任何说明。实际上，对于达米特而言，因果的传递链解释还是反认知的（它至少是反对弗雷格意义上的那种认知的），因为它暗含一个消极的假定：语言中的名称和语句的意义具有一种不能更改的或可以预料的历史决定性，即专名有为其指称所规定的意义（本质），没有特定语境中说它的说话者所赋予它的含义。其指称物的个体存在的本质特征不能更改。如果克里普克是对的，那么，我们就没有任何理由赞同弗雷格的语境原则了，因为根据因果命名理论，语言中专名的认知意义是由使用它的语言的社会链条决定的，专名的意义就与特定的句子的意义没有直接的关系，相反，此时的专名是在一种固定的意义上使用的，只要一个专名获得了它最初的命名，它就不仅有了固定的指称，而且具有了固定的意义。因此，达米特并不认为这种超语境的因果指称链的描述有多少认知的价值：虽然在某些很少的情况下，像原先的说话者那样获得同一个指称的意图是一个根本性的部分，即使在一个近乎已没什么好再说的名称的使用中也是如此。如果存在某种出自远古历史的一种单个的文本，提到了某个人，关于他，文本除了告诉我们他的名字外，没有告诉我们任何关于他的其他信息，那么，在获得更多有关此人的信息之前，对该名字的任何使用，都只能被视为是指那个古代作家所提到的那个人。然而，这种情况是非典型的：我们思考这个问题时，认为我们这样就揭示了指称的真实机制是错误的。"在指称链中，完全有可能出现指称在不知不觉中改变了的情形。一旦承认这一点，指称链的解释就土崩瓦解了。剩下的只是：如果存在一种交流链，名称就指称一个对象，它追溯到最初提出的作为那个对象的代表的名字，在交流链的每一个阶段，都能成功地保存它的指称。这样的看法当然是对的，但几乎没有任何启发性的意义。"（M.Dummett, *FREGE: Philosophy of Language*, Harvard University Press, 1981, p.151）

理论。①

弗雷格的语境原则的提出是意义理论发展中的一个转折点。语境原则改变了我们对句子与词语的关系的理解，或改变一般的语言语义分析的一些习惯性的方法。由于句子是语言的最小单位，通过说出它才可以表达任何事物，词语必须按照它对句子的意义的贡献来解释，这一直是弗雷格理论的一部分，也一直是达米特系统理论的一块基石；因此，达米特一再强调，我们从构成句子的词语的意义中获得一个句子的意义，但句子的意义的一般观念是先于词语意义的。而且，达米特也认为，这种认为词语的意义是与说出的完整句子的意义关联的系统分析的观点，实际上并未被维特根斯坦和其他人所反对，尽管维特根斯坦本人始终持一种语言哲学的殊相论。就这一为达米特所支持的观点来看，罗素的限定性摹状词显然并非真语句，相反，它与真实的语境中说出的句子分离。如果这一点是可以确认的，那么罗素所做的语言分析的意义也就受到了很大的影响。显然，对于语言哲学的语义分析而言，关键的问题是如何看待词语和词语词组的语义指称的问题：到底是词语和词组本身有其固定的指谓意义，因而我们总是可以通过类似限定性摹状词的方式把其所具有的指谓意义显示出来，还是说，词语和词组本身并没有独立的指谓意义，脱离了其所运用于其中的句子，它们的指谓意义就是无法确定的？

在回答这里的问题时，达米特的理解的意义理论强调意义理论认知功能的重要性。在他看来，一种意义理论如若不能随即产生一种理解的理论，它就不能在哲学上满足我们对意义理论提出的要求。这也就是说，一种意义理论必须让语言的运作展示于我们的眼前。达米特反对用真值语义学的方式去分析任何概念名称，而是极力主张和理解者的理解结合起来的概念名称分

---

① "一种意义理论并不是从语言使用的外部去描述的，而是站在说话者一边的关于说话者的知识对象的一种思想。说一个说话者把握了他的语言，它的意思是：说话者知道了一种关于该语言的意义理论；正是这样，他才在话语中把他的话语的含义表达出来，而且两个说话者把语言视为有相同规则的或视为具有相近的规则，通过这种语言，他们就能相互交流这种意义理论。"（M.Dummett，"What do I Know when I Know a Language?"，In *The Seas of Language*，Oxford，1993，pp.100-101）

析的意义。在他看来，戴维森等人则只满足用 T—语句分析概念名称或句子的意义。戴维森认为，通过使用塔尔斯基的真理论，我们能为语言建立一种意义理论，即弄清楚自然语言的表达在何种条件下具有断言的真（通过所谓真值条件确定语言的意义）。达米特认为适度的意义理论对塔尔斯基的真理论的使用只构建了一种意义狭隘的（不能衡量概念表达的意义）真值条件意义理论，从人类语言表达思想的层面上看，它是一种失败的、意义极为有限的意义理论。如果没有把理解包括进来，而是直接对话语和名称进行分析的话，就不能满足一种意义理论的要求。

在意义理论范围内，达米特对真值条件意义理论的批评非常有影响。他指出，语言分析不能忽略或不顾语言与思想的关系，即不能只从语言的本体结构上关注语言，比如只从它的语义的逻辑常项的表征形式上关注语言，只满足于或止步于对语言的表征内容（指称）的分析。意义理论还应该把分析推进或深入到断言性的命题内容（思想）的分析，不只是探究句子的指称关系或它的语义值，而是关注于句子的断言性的含义。在达米特之前，弗雷格已经指明了这一做法的重要性，但只是到了达米特这里，基于逻辑常项的量化分析之上的语义学，才真正转化为带有对说话者的意图和思想（断言）的分析的语义理论。达米特要求首先把观察者或语言的使用者视为独立的能够作出判断的主体，加强意义探究的认知力度。达米特希望通过对隐含的知识的承认，重建一门集认识论、逻辑学、行为主义和心理主义于一身的意义理论，并在此意义上，从一个全新的、也更加广泛的层面上重新探讨意义理论与形而上学的关系。在下一节中，我们将看到达米特是如何用系统性的理论建构来实现意义理论认知的目的的。

第二节　达米特理解的意义理论

在达米特看来，意义的指称的因果理论所依赖的实在论一个不能接受的方面是它认为句子的意义存在于它的真值条件中。从早期维特根斯坦到后期弗雷格和戴维森都做了这样的承诺，这是达米特所不能接受的。在他看来，"去理解一个句子的意义，就是去了解使它成真的条件。"① 我们根本不能认为，一个句子的意义就存在于它的真值条件中。说话者隐含的知识对句子意义的理解十分重要。意义理论不仅要确定什么是说话者必须知道的，而且必须确定说话者拥有那种知识包含了什么，即什么可算作是那种知识的一种表达。这样的意义理论既要求说话者拥有超出一般"言辞的知识"（实际运用中的语言的语法知识）的知识，即要求说话者拥有能够形成命题内容的知识；在这种情况下，认知者不只是一般地拥有如何获取指称的知识，还具有如何形成相关的判断或作出断言的知识。因此，达米特认为，只有区分了不同类型的句子，比如区分指称句、含义句或带有语力的命令句，我们才能明白，为什么说理解一个句子的意义就是理解它的成真条件。② 不同的句子类型，它们的成真条件是不一样的。在达米特关于意义理论的理解的认知本性的那段著名的话中，他特别针对实在论单一的意义理论提出系统的意义理论的要求。

把真理概念当作其中心观念的意义理论由两个部分组成的。它的理论核心将是一种真理理论，即用归纳法对语言的语句的真值条件加以明确化的真理论。它的理论核心最好称为"指称的理论"（the theory of reference），即对语言的句子的真值条件的一种归纳化的详尽分析。……围绕着指称理论的是一种初始程序，它帮助形成含义的理论（the theory of sense）：它通过把说话者特定的实践能力与某种理论命题联系起来，规定何种说话者有关任何一部分的指称的知识是包含在内的。指称的理论和含义的理论共同组成一个意义理论的整体：作为补充的另一部分是语力的理论（the theory of force）。③

---

① M.Dummett, "What is a Theory of Meaning？（Ⅱ）", in *The Seas of Language*, Oxford, 1993, p.35.

② Cf. M.Dummett, "What is a Theory of Meaning？（Ⅱ）", in *The Seas of Language*, Oxford, 1993, p.40.

③ M.Dummett, "What is a Theory of Meaning？（Ⅱ）", in *The Seas of Language*, Oxford, 1993, p.40.

这是达米特的意义理论针对基于实在论的意义理论（它只有指称的理论，而没有相关的含义的理论和语力的理论）而提出的系统的意义理论。达米特的这种系统的意义理论是反实在论的。语力的理论在由指称的理论和含义的理论指派的句子的意义之间建立联系，并构建话语的实践。指称的理论递归式地决定在给定的意义理论中被当作中心的概念在每一个句子中的应用：如果真理是中心概念，它确定在每一个句子具体描述的条件以它为条件而真（如果证明是中心概念，对每一个句子而言，它指明它所能被证明的条件）；因此，当中心概念是真理，一阶谓词的指称就是对象的一个集合（或从对象到真值的涵项）；如果中心概念是证明，它就是一个有效的辨别性手段，对于任何给定的对象，结论性地作出证明，即证明谓词已应用于那个对象，或当中心概念是可错性，则最终证明，它（谓词）根本没有应用于它的对象。

这里同样非常特殊的是含义的理论，它的根本目的是对那些涉及归于一个说话者的指称理论的知识作出具体的说明。当指称的理论采用真理论的形式，无论公理或 T—句子是否假定了一个表面的形式，都需要这种说明，因为只有这样才能把说话者隐含的知识到底包含了些什么展示出来，除非当中心概念是有效的一个，即应用它的条件，说话者可以辨认为是已经获得的像证明的概念或可错性的概念，那么，这里看起来就不需要一种含义的理论来对指称的理论作出补充；我们可以说，在这样一种意义理论中，指称的理论和含义的理论融合了。达米特的系统的意义理论在这个意义上是证明主义或可错论的（它只在一种归纳法的意义上使用真理的概念）。

除了区分指指称的理论和含义的理论，达米特还强调了下述认识的重要性：语力是语言的基本元素所拥有的一种意味，它用来指示何种类型的语言行为已被使用或被接受：是说话者做了一个能被接受的论断，表达了一种可以实现的希望，还是提出一种切实的要求，提出一个中肯的建议，或提出一个实在问题等，因此，尽管语力总是与语气（tone 或 mood）结合在一起的，但它却是一种客观的东西——就在不同的语境中，其话语是一种具有同样的语用学意义的言语行为的意义上而言。因此，"语力的理论是意义理论中的最重要的一部分，因为它是把其余部分与句子在对话中的实际使用联系起来的部分，而且可以这么说，它可以告诉我们什么是真理。"①

对于达米特的意义理论而言，对语力(force)与含义的区分，以及构建一门使这种区分成为有规则的语力理论是十分重要的，我们甚至可以说，达米特意义理论的一个与众不同之处就在于它认为在一个句子的所说（含义）与它的语力之间存在区别。他明确地指出，整个意义理论也可以看着是对下述问题作出回答："句子的意义包含在必须使它被认为是真的条件中"的问题，现在等于："把真的观念当作承认在含义和语力之间有区别的意义理论的中心概念，是一种正确的选择吗?"②

因此，如何把句子所说的基本内容（句子的含义或思想）与它的语力（能被领会和接受的意图）区别开来，对于达米特而言其重要性怎么强调也不为过。③ 但意义理论的形式语义学分析方法则从一个完全不同的角度来理解句子的含义，并否认有一个能够帮助我们正确地把语力与含义区分开来的规范。因此，戴维森并不认为有必要建立一门独立的语力的理论。但达米特与戴维森不同，他希望对语力这一范畴作出独立的解释，指出它与含义或指称不同的地方在哪里，以便进一步证明，为什么我们需要一门与含义和指称的理论平行的语力理论，并对它们之间的关系作出说明。

区分含义与语力的重要性在于，它能帮助我们确定一个句子的含义到底是不是它的意义的组成部分（我们可以设想，在相反的情况下，句子的含义或许仅仅是某种语气的表达），除了含义与指称所构成的特定关系之外（它们之间的关系当然是句子的意义的根本来源），含义与语力的这层关系是不容忽视的，如果希望建构一种弗雷格式的完整的意义理论的话。形式语义学或实在论的意义理论当然反对建立一门含义的理论——对它而言，建立一

---

① M. Dummett, *The Logical Basis of Metaphysics*, Harvard University Press, 1991, p.114.

② M. Dummett, "What is a Theory of Meaning? (Ⅱ)", in *The Seas of Language*, Oxford, 1993, p.42.

③ 达米特甚至说，我们不知该如何构建一个没有区分含义和语力的系统的意义理论。(M. Dummett, "What is a Theory of Meaning? (Ⅱ)", in *The Seas of Language*, Oxford, 1993, p.41)

门从语言的内涵方面解释指称的理论是不可思议的。这样，语力的理论将一样被视为是多余的。对于形式语义学或实在论的意义理论来说，心灵的知识来自经验的言语行为，经验的言语行为中的感受性的内容直接就是心灵的隐含的知识的内容，因此，表现在语言的可交流的内容中的东西，也就是心灵隐含的知识所拥有的东西。这样就决定了意义理论所能做的是去描述语言中的具体可交流或可使用的内容。但在达米特看来，这样作出的语言分析是简单化的。行为主义或出自语言的社会性的整体论都不能真正把我们的语言的特点揭示出来；知识的概念固然重要，但同样重要的是意义的概念。有些东西在语言中已成为一种知识，它是确定的，并能够为我们所把握：我们至少能对它作出确切的描述，但这并不意味着语言不再与意义的问题相关；与心灵的理解一道构造意义仍然是语言的一种功能，这一点是无法否认的。只要自然语言存在，语言的问题就不能还原为逻辑的问题。①

达米特由此认为，"意义即使用"的语用主义法则与实在论的信念是不能相容的，因为实在论把意义理解为是由直接指示的对象或指称决定的，即认为词语的意义由实在的谓词赋予真值。实在论求助真值条件的办法在本质上仍是柏拉图主义实在论。达米特始终认为，实在论的指称的因果理论在意义的判定中，有许多句子的真假是无法辨认的（比如数学中的语句），尽管一些具有直接指示关系的语句我们可以确定其真值。在这种情况下，掌握了有关词语的真值条件就是无用的。我们只能认为，意义是理解的产物，只有通过句子在使用中所显示的那种可理解性（不仅仅是意会），我们才能确立

① 在这个问题上，达米特对蒯因做了批判："众所周知，蒯因和其他一些人选择了绕过这里的问题的方法：他们对语言结构下的原理的探究并不采用意义理论的方式，而是采用把它转译为其他已知的语言的制定翻译手册的方式。这样做的好处是我们知道应采用何种形式来制定翻译手册，把对应的句子翻译成另一种语言的句子，已存在有效的确定的规则；我们可以全心关注我们如何达到在翻译手册中的系统的翻译的问题，什么样的可接受的条件能满足这里的要求。它的不利的方面是，我们无法确定，翻译的研究结果对意义观念有何影响……完全有可能这么认为，除了一种语言的彻底的意义理论之外（它对语言的工作作出完整的说明），没有其他东西可以作为对所提出的翻译的概念框架作出判定的恰当的基础。"（M.Dummett，"What is a Theory of Meaning?（Ⅰ）", in *The Seas of Language*，Oxford，1993，p.2）

其意义。达米特认为，要求得到句子的意义就必须求助于理解者和说话者的认知性理解，这就是说，既然真值条件不能表明句子所表达的意义的真假（许许多多的句子根本找不到这样的条件），那么，说话者或理解者（听者或读者）就应有这样的能力：在不求助任何真值条件的情况下，把句子隐含的意义显示出来（以可交流的方式）。①

因此，对于达米特而言，什么是使句子成真的条件有赖于我们隐含的知识来判定，缺少了相关的知识，我们就不会知道使一个句子成真的条件是什么；不知道使句子成真的条件，我们也就不能真正或完整地理解语言及其表达式的意义。因此，意义理论的核心问题是对语言的意义和理解者的知识之间的关系作出解释。达米特说，一种意义理论就是一种理解的理论，他所要表达的也就是这个意思。在这种情况下，把对指称的纯粹知识归于说话者是愚蠢的，指称也可说是一种机械的指示，如知道某个事物是某个专名的对象等；这类知识是毫无意义的。指称的理论并不能充分说明一个说话者理解一个表达他所知道的东西是什么，这里的主要命题才是说话者所要真正了解的。再说，由于说话者的知识都是一种隐含性的知识，含义的理论就不仅要把说话者的具体所知展示出来，而且把这种知识是如何显示出来的做具体的展示。如果意义（meaning）的知识包含了纯粹指称的知识，该意义的句子就等于没有任何信息内容。因此，表达式或句子的含义的观念是与知识联系在一起的。而关键的是，如何从对一种语言的句子的意义知识（通过指称和含义的理论所获得的）过渡到对说一种语言的具体实践的理解。

由于把含义与指称区别开来，达米特十分重视语言作为思想的载体与作为意义的交流工具的统一的问题。他一再指出，与戴维森和后期维特根斯坦的看法相反，语言不仅具有交流的功能，而且还具有承载思想的功能。从表面上看，语言似乎仅仅是交流的工具（作为一种编码化的符号体系），它除了通过编码化的符号体系传达某种指令以外，并不具备思想的功能，因为思想是心智内在的活动，它是与旨在传达某种指令的语言的编码符号体系不同的东西。然而，事情并不这么简单，语言实际上还与思想有关系。那么思

---

① Cf. M. Dummett, *Truth and Other Enigmas*, Harvard University Press, 1978, p.224ff.

想是什么呢？我们当然不能认为，思想就是作为编码化的语言符号体系所传达的信息。因为如果是，思想就只能通过语言的语义结构的分析来解释（像戴维森那样），脱离了语言的编码化的符号体系，我们就不能说，"我们赋予了语言以某种思想。"因此，我们既需要通过思想来解释语言，也需要通过语言来解释思想，而这种双重要求正是我们需要一种意义理论的真正原因。

达米特的这个想法的意思是，如果我们要获得思想（命题内容），对一种语言的适当说明就还必须"从语言的外部来进行"；在他看来，这正是我们对于命题内容的全面性的把握所要求的。但这要求我们在外部多远呢？我们能想象一个用一种特别的语言给出的语言理论，一种语言理论在对它自身所使用语言的推论性句子进行解释时，它如何可能是一种"外部的"解释？如果说它对一个表达式的解释能从该表达式的语言的外部来进行，那么它就是一种无条件的解释，但它的解释能够是无条件的吗？难道那种以语言指称的语义内容为条件的适度的解释不是更合理吗？达米特的回答是，由于含义独立于指称，我们仅仅根据指称的语义内容来解释含义就是不够的。这种解释不是说毫无意义（指称的理论也是不可或缺的），而是在根本上不足以帮助我们把握语言的命题内容。如果解释没有把说话者的理解显示出来，它所揭示的意义就十分有限，因为重要的是派生的含义，而不是寄生的含义（在公众语言中的确意指一个语句所要说的，我们可以称它为一种寄生的"含义"。——依赖寄生的含义，使戴维森走向了一种整体论）。只有在派生的含义中，即由说话者或理解者的理解显示出来（"派生出来"）的含义中，词语才展示了它所具有的意义（它就完全不同于电脑展示的词语）——这样就不会像是程序的作者去展示词语。

第三节　达米特意义理论批判

对于达米特而言，意义理论必须首先是一种基于理解之上的系统的理论。理解的意义理论关注人们在听到句子或说出句子时对句子的实际理解。从哲学上看，它的描述是概念的（即非心理学的），它的目的是对实践知识加以澄清。达米特的意义理论的基本宗旨可概括如下：

（1）实在论的意义解释完全违背了句子的意义也必须表现在句子的使用中的语用原则。"意义即使用"的语用主义法则与实在论的信念是不能相容的，因为实在论把意义理解为是直接指示的对象或指称决定的，即认为词语的意义由实在的谓词赋予真值。实在论求助真值条件的办法在本质上仍是一种柏拉图主义实在论。

（2）存在着某种确定句子为真的东西，但我们不能把有关如何获得句子的真值条件的知识与关于什么是句子的证实（verification）的知识区分开来。只有涉及具体情境条件下的理解的证明才能决定一个句子的真假，证明并不是针对某种实在的东西，这里也没有能使我们作出真假判断的实在的东西。

（3）不存在彻底的可证明性，即并没有结论性的证明，这里始终存在有关句子何以为真的解释性要求：句子在何种条件下为真，在何种条件下能获得有关句子的证明形式。二值性原理是无效的。

（4）只有区分了不同类型的句子，比如区分指称句、含义句或带有语力的命令句，我们才能明白，为什么说理解一个句子的意义就是理解它的成真条件。

（5）除了指称的理论之外，我们必须拥有含义的理论（the theory of sense）和语力的理论（the theory of force）。通过它们把说话者特定的实践能力与某种理论命题联系起来，并规定何种说话者有关任何一部分的指称的知识是包含在内的。

（6）意义是理解的产物，只有通过句子在使用中所显示的那种可理解性（不仅仅是意会），我们才能确立其意义。要求获得句子的意义就必须求助于理解者和说话者的认知性理解，说话者就应有这样的能力：在不求助任何真值条件的情况下，把句子隐含的意义显示出来（加以证实）。

（7）意义理论必须是一种无条件的意义理论，这也就是说，我们不能仅仅满足于对语言固有的意义的解释。要获得思想（命题内容），对一种语言的说明就必须"从语言的外部来进行"。一种语言理论在对它自身所使用的语言的推论性句子进行解释时，必须是一种"外部的"解释。

在（1）、（2）和（3）中，达米特的直觉主义意义证实理论要求放弃二值原理，并要求把语言的表达视为一种断言性表达，它必须由实质的命题内容和判断构成。达米特进而认为，在直觉主义的推理性证明过程中，可以完全从其相互推论的可能性表明一个断言的真，即求助证实性（verification）。

针对上述（1）、（2）和（3），麦克道尔认为，任何断言都是通过语言来进行的，它不能脱离对语言的使用，因此，断言同样要受制于语言的理论，而语言的理论也不能超出塔尔斯基的真理论的范围。由此而言，达米特并不能真正放弃二值原理，这就是说，直觉主义的证明理论仍然需要基于二值原理的真理论。[①] 麦克道尔承认，达米特揭示了数学柏拉图主义的弱点，比如，它假定的实在性并不存在，因而它的证明过于依赖假定性条件。但麦克道尔否定了达米特把数学的直觉主义的证明引入意义理论的证明可行性。达米特的基于同意与不同意的话语之上的意义理解模式出自数学直觉主义的证明显示模式。在达米特称之为"证实主义"的证明模式中，同意与不同意的证明类似于直觉主义数学证明中的具有推理演算之资格或没有这种资格的证明。在数学直觉主义证明中，一旦一个数学演算推理能成为另一个演算推理的前提，它便是可使用的，因此是有意义的。达米特试图通过这种数学直觉主义的证明方式表明在语言的意义理论中意义不可能超出使用（意义即使用中的意义）的反实在论原则。达米特因此建构了一种话语式的证明，即一种由他人的同意与不同意构成的相互理解的过程。达米特希望通过这种方式把所说的句子的意义显示出来，使之不带有任何不能理解的成分或无法获得证明的成分。达米特还认为，只有这种意义理解方式能摆脱意义理论的循环论证（question-begging）的怪圈，即一种我们只能根据彼此熟知的语义意义进

---

① Cf. J. McDowell, "Truth-Conditions, Bivalence, and Verificationism", in *Meaning, Knowledge, and Reality*, Harvard University Press, 1998, pp.13-14.

行理解的怪圈。

但麦克道尔指出了这种类比的不恰当之处。在他看来，尽管它们之间存在相似的地方，但在这种类比中仍可以看到明显的不同：在数学的证明中，证明可以依赖数学公理，即它可以在具体的证明中以数学公理为前提，但在语言的意义理论的证明中却不能用"世界观"作为证明的前提（公理），在具体的语言的意义理论的证明中，我们必须寻找被视为独自能做证明的东西。这里也根本不存在纯粹数学证明中的自明的原理这类可参照物。再说，在纯粹数学的证明中也不存在真正的"相互理解"的因素：数学家只是直接把作为纯粹的数学事实的结果告诉其他数学家。特别是，数学的证明模式所指向的并不是一个实在，但语言实践却有一个指向的实在。因此，"任何有关额外的数学式的语言实践的类比性论断都将是错误的。数学之外的语言能力实际上包含了一种现实地感受到的实在的观念。"① 麦克道尔认为，如果意识到这一点，我们就应拒绝达米特反对柏拉图主义的方式（达米特用数学的方式对柏拉图主义的反驳），我们可以在数学之外，即在一种非数学式的证明方式之外，用真正的经验实在论来反驳柏拉图主义。

传统实在论，特别是柏拉图主义实在论错误地解释了认知主体与世界的认知关系，但达米特任意使用的反实在论的否定性解释也有错误。麦克道尔从事物的第一性质和第二性的关系论证一个句子与认知主体的关系，以表明它们之间仍存在一种实在的关系。比如，尽管事物的第二性质（颜色或气味）是一种现象性的东西，它们会因认知条件的差异而在认知主体的感知中不同（光线、距离或外物的影响都会带来知觉上的错误），但事物的第一性质（空间大小、质地等）却不是这样，它们是可以直接感受到的，它并不受认知条件的影响，即关于它的认知不会因认知条件的改变有不同。事物的第一性质无疑与第二性质一样也是一种现象，但其存在的性质又完全不同。但反实在论却无视这里的区别，它完全取消了这里的区别。麦克道尔据此对实在论重新做了定义。在放弃了达米特的数学类比之后，什么是实在论？麦克

---

① J. McDowell, "Mathematical Platonism and Dummettian Anti-Realism", in *Meaning*, *Knowledge*, *and Reality*, Harvard University Press, 1998, p.354.

道尔的回答是：首先，我们可以认为，实在论就是承认存在一个在我们触及的范围之外却又有决定性作用的实在。因此，实在论并不一定与经典逻辑的语义证明有必然的关系，甚至可以与它完全不同。① 实在论在语义判断时仍可以以二值性原理为基础，但我们必须放弃这类观点：逻辑（特别是经典逻辑）一定是意义的正确表述形式。麦克道尔认为，维特根斯坦暗示了他这里提出的新型实在论的观点，因为维特根斯坦没有提出彻底取消二值原理的要求。②

达米特在（4）和（5）中提出了意义理论必须有其完整的系统，即它必须系统地处理指称、含义和语力的关系。但在麦克道尔看来，达米特这种系统的意义理论对"真理"的原子论的处理方式难以令人信服。首先，如果这里的意义理论遵循的是含义决定指称的原则，指称的理论对意义的真值条件的归纳法分析就显得十分奇怪，因为按照它的原则，指称的理论是意义理论的核心，但它却必须服从含义的理论，或至少与之相对应，但含义的理论从其自身上看涉及心理的东西（隐含的知识），而指称的理论是反心理主义的（达米特在这里只赋予它归纳分析的功能）。另外，作为补充原理的语力的理论也十分奇特，因为它如何表明自己与作为意义理论的核心的指称的关系呢？如果指称的理论是归纳的，其可错性的真理如何在完全依赖行为主义语用特性的语力理论中反映出来？

按达米特的理解，含义的理论是从"外部"获得的，即不是直接根据指称获得，如果意义的知识包含在纯粹指称的知识中，含义的陈述将无论如何不会有信息内容，这里总是存在理解的某种特殊困难。假设含义的观念是从外部与它的知识联系在一起的，那么，这样的意义理论需要我们从句子意义的知识（即由含义的理论和指称的理论，通过给定的意义理论的中心概念所一块指明的知识）走向对说语言的真实实践的理解。为了表明语言不是指称以及相关的含义的理论建构就能说清楚的，达米特用火星人学习人类语言

① Cf. J. McDowell, "Mathematical Platonism and Dummettian Anti-Realism", in *Meaning, Knowledge, and Reality*, Harvard University Press, 1998, p.355.

② Cf. J. McDowell, "Mathematical Platonism and Dummettian Anti-Realism", reference 26, in *Meaning, Knowledge, and Reality*, Harvard University Press, 1998, p.355.

为例，以表明促成人类语言的理解性认知的话语实践（交流）的重要性。火星人为了学习我们的语言，它一开始肯定是试图掌握相关的某些指称和含义的理论；但如果说他的最终目的只是假装为人类（表明其真正掌握了人类语言），他就需要有说这种语言的实践能力，而不是理论上理解它；他不仅要知道他应说些什么，以及什么时候说，不暴露其外来间谍（或只是装置了人类语言的智能软件的机器人）的身份，而且在这样一种条件下，知道如何运用语言作为工具，达到其获取知识和影响他周围的人类行为的最终目的。显然，要达到这个目的，掌握了指称和含义的理论是远远不够的，他还必须通过了解我们的、其意义被认为是早已知道的句子表达，以及通过了解我们对这些句子的回应，对我们的语言实践作出明确描述。

这就是说，火星人不可能在没有任何与人类相同生活形式的情况下仅仅通过对话式的理解掌握人类语言的实践方式，因为语言实践方式是与生活形式联系在一起的。达米特错误地认为，对语言实践的观察可以替代真正的生活。火星人可以通过了解和观察人类语言实践方式，理解人类语言在具体表述情境中的含义（这是假定火星人已事先具有了人类语言中的指称和含义的知识）。火星人也可以通过人类语言的话语实践中的语力关系，明白词语在运用中的所指（所做的断言或论断），比如通过观察人类在下棋中如何使用一些语言，明白这些语言的特殊含义："执白先走的胜"、"僵局"或"白子输"等。从语言实践的常识上看，火星人真的能通过对语言实践的观察掌握人类语言在实践中的具体所指或表述吗？从达米特描述的作为附带的语力理论角度看，这似乎毫无问题，但脱离了语言实践的生活形式，实际上根本不可能做到。试想，如果在火星人的世界从来没有竞技体育这样的项目（假设火星人持有的是一种特殊的与地球人不同的价值观：在它们眼里，竞技的输赢丝毫没有我们想象的价值，它只不过是一种活动而已），那么，从这样一种宇宙的视角上看，无论火星人如何对下棋及其相关语言的使用做了详尽细致的观察，它也不会明白这里的语言实践所表述的意义（因为从它们的非工具主义的宇宙观看，根本不存在此类活动的意义）。在这种情况下，即使我们告诉它们在这里词语的意义，它们的脑子也仍然会一片茫然，即它们仍然不会明什么是下棋。①

拥有自己特殊的生活形式的人类并不是火星人，它自然也不需要额外的语用的话语实践来理解它自身的语言实践活动。这也就是说，达米特所设计的那种系统的意义理论，以及具有外部来源的理解就完全是多余的。火星人的例子只能帮助我们说明人类的语言是如何获得其语用效力的。我们只能通过训练培养火星人学会人类的生活方式，以这种方式使它们学会下棋，就像人类训练小孩帮助它们学会下棋一样。这就是说，不是通过话语推论的理解，而是生活的实践！如果说话者之间存在不同的生活形式（类似火星人与人类的不同），那么，我们只能通过寻找它们之间生活形式的相似性来达成某种相互理解。"如果我们坚持消除事先依赖已拥有的生活形式，我们也就消除了理解的可能性。"② 只有找到火星人的生活中有类似下棋的活动，我们才能向它们显示什么是下棋活动。而按照达米特的语力理论，勾画或理解特定的语言实践的意义是从一种宇宙的视角来进行的，因为借助于固有的生活形式是无效的，火星人只能依据所要解释的语言实践直接去解释该语言实践的意义。但如果一种人没有经历过任何与另一种人已经拥有的相似生活，它就不可能理解该类人的语言实践的真实意向性活动。总之，在完全没有或完全不顾及先前早已具有其特定意义的语言知识的情况下，我们就不能够对相关的语言实践作出理解。

反映在社会实践中的语言的"语法"与语言认知具有不可分割的关系。麦克道尔认为，这也是后期维特根斯坦哲学中的一种观点。而在命题（6）中，达米特的反实在论所提出的理解的认识论却要求一个"地球外的类存在物的视角"，这样的要求完全违背了语言与生活世界的关系。对于麦克道尔而言，实在论与反实在论的区别并不像达米特认为的，前者从语言的指称的真值条件及其真理的二值性来理解语言的认知意义，而后者从语言的含义和语力的角度理解语言的认知意义。实际上，达米特在这里所指的实在论只

---

① Cf. J. McDowell, "Anti-Realism and Epistemology of Understanding", in *Meaning*, *Knowledge*, *and Reality*, Harvard University Press, 1998, p.328.

② J. McDowell, "Anti-Realism and Epistemology of Understanding", in *Meaning*, *Knowledge*, *and Reality*, Harvard University Press, 1998, p.329.

是他根据弗雷格语言哲学批判，从带有分析哲学特征的语言分析中分离出来的。这样的实在论固然在传统认识论中存在，但其现代形式并不明显，特别是经过维特根斯坦在哲学领域的"拨乱反正"之后。从某种意义上说，达米特假想了实在论这个敌人：一个总是纠缠于指称的关系以及关注于真理的二值性的实在论。实际上，实在论也可以是蒯因和戴维森那种形式，即分析哲学在维特根斯坦之后经过了实用主义转向以后的语用主义实在论。按照麦克道尔的看法，达米特承认语用主义是意义理论很重要的一个方面，他实际上也就等于接受了语用主义实在论，否则，他的理解的认识论要达成相互理解是完全不可能的。① 这就是说，达米特理解的认识论并不像达米特自己认为的是"无条件的"或超越任何理解的前提的。②

在麦克道尔看来，在语言的实际的使用中，任何话语的理解都离不开理解的前提。从表面上看，话语（一句话）的言语行为可以通过具体的行为实例来传达（被理解），但表现为对某一话语的认可行为的背后还是存在理解的框架的，这就是说，它不仅仅是一种猜测。达米特接受一种"语言的理论"，即相信语言本身是一个独立的结构，一个早已充满意义的结构，这意味着，在语言的使用中早已存在意义理论。达米特似乎也承认，如果我们不假定这一点，要在理解认知的意义理论中达成相互理解，即对一个断言的认同与反对是完全不可能的。但达米特的根本目的是使语言具有理解认知的意义：通过主题化以使语言具有构成实质的命题内容的意义，而不是只具有一般的可交流的意义。在他看来，基于指称关系的实在论的意义理论完全达不到这里的标准，因为在实在论的意义理论中，语言只起到一般描述或观念的传达作用。但在麦克道尔看来，达米特如此运作的意义理论是站不住脚的。

麦克道尔为了反对达米特的意义理论还特别以蒯因为例。在他看来，达米特寻求意义理解认知的基础，蒯因崇尚自然科学的方法，因而把意义的客观性放在第一位，他们都试图不求助于任何前理解，只在语言的语用关系

---

① Cf. J. McDowell, "Anti-Realism and Epistemology of Understanding", in *Meaning, Knowledge, and Reality*, Harvard University Press, 1998, p.338ff.

② Cf. J. McDowell, "Anti-Realism and Epistemology of Understanding", in *Meaning, Knowledge, and Reality*, Harvard University Press, 1998, p.340.

中建立意义的理解，但这都给他们的理论带来了矛盾。蒯因一方面在初始解释中把意义的理解（对一个断言的认同与不认同）与语言背后的理解的概念框架联系起来，另一方面，他又借助基于纯粹感知"刺激"的概念对认知的客观性做了规定。蒯因似乎完全没有想到，初始解释的概念框架的假定与纯粹刺激性的感知的客观性要求是不兼容的。糟糕的是，刺激性的感知概念又不能没有一个意义理论的基础，即它同样也要求助表达认同与不认同的意义理论。实际上，蒯因基于刺激的客观性理论并不像他认为的那样具有严格的科学性。一旦我们认为，没有任何句子具有其自身的经验内容（它仅仅具有一种指示的性质），我们就无法指望还能有达成某种意义的可理解性的意义理论：蒯因因此使自己陷入了一种自相矛盾之中。达米特的理论框架与蒯因不同，但结果却完全一样。①

麦克道尔也针对命题（6）中的"隐含知识的显示性原则"提出质疑。这是一个麦克道尔在最初与达米特的意义理论交锋中首当其冲提出的批评性质疑。首先，麦克道尔指出，达米特求助于抵制实在论的真值条件论的"隐含的知识的显示原则"是心理主义的，它使达米特自己也陷入了与"意义即使用"的语用主义原则的冲突之中。麦克道尔要问的是，达米特如何可能在求助于行为主义的同时又转向求助于心理主义的原则呢？即他如何能从行为主义转向心理主义？② 在麦克道尔看来，达米特所陷入的矛盾与他区分含义的理论与语力的理论有关。根据达米特的理解，弗雷格区分了含义与指称的同时也区分了含义与语力。含义的理论是意义理论的核心（因为"含义决定指称"），它处理的是句子的断言所可能表达的命题内容，简单地说，它处理的是"思想的表达"的问题，因此，含义的理论要求回到说话者的心理"内部"，即认知和理解的思想过程，当然，它必须最终能表达。而语力的理论则处理语言的可传达或可交流性问题，即所表达含义的普遍的有效性问题。在这个环节中，任何内部的或心理的东西都是不允许的，语言表达的

---

① Cf. J. McDowell, "Anti-Realism and Epistemology of Understanding", in *Meaning, Knowledge, and Reality*, Harvard University Press, 1998, pp.338-339.

② Cf. J.McDowell, "Anti-Realism and the Epistemology of Understanding", in *Meaning, Knowledge, and Reality*, Harvard University Press, 1998, p.317.

效力是最根本的。但达米特无法真正做到这一点。首先，在目的使意义得以显示的同意与不同意义的话语中，理解者的意义理解不能离开理解者对语言的理解，即使撇开求助于熟知的语义意义这一点不谈，理解者也还需对句子所涉及的情境条件有所了解。这完全有赖于理解者对具体的言语情境条件的敏感，如果理解者缺少对情境条件的敏锐洞察力，句子的意义就仍然不能完全得以理解，在这种情况下，句子的意义就不像达米特所理解的那样是完全外显的。这也说明了，一般的理解是不能使句子的意义完全显示出来的。再说，一旦认为，同意与不同意的话语式理解能穷尽句子的意义，也就等于承认，句子的意义可以在当下获得确认。这也排除了同意与不同意的话语理解可以是多轮的甚至无穷的可能性。达米特只把句子的意义视为是对当下的话语开放的，似乎当下的话语即可穷尽句子的意义（使之完全显示出来）。这实际上就排除了这种可能性：句子所赋予的意义是可以逐步地（通过多轮的话语）在将来某个时间显示出来的可能性。①

达米特的"隐含知识的显示性原则"是其意义理论认知转向的一个充满矛盾的标签，它多少反映了达米特的意义理论的认知转向是有问题的。在麦克道尔看来，达米特的理解的意义理论（作为其意义理论的认知转向的结果），是基于对具有其自身的自然形成史的语言的一种误解之上的产物。达米特认为语言实践的本质是理解性的认知，因此，我们不能只从语言字面上的表意功能层面上去理解一句话或一个断言，我们更应该看到的是语言作为一种"思想表达"的工具的特性，因为人们运用语言所表达的思想或命题内容是最根本的。但达米特从其所接受的分析哲学的信条中又划分出了语言作为纯粹语义学分析的层面，即一种从语义学上看具有独立完整的语义内容的语言。分析哲学一直有针对语言的语义传达功能的"语言学"研究，达米特称之为"语言的理论"指的就是这种理论研究。而达米特认为语言具有作为思想的载体功能的看法则源自他的弗雷格研究：他认为，语言作为思想载体的认知意义是弗雷格思想发展的一些关键阶段所关注的根本问题。这也是根

---

① Cf. J. McDowell, "Mathematical Platonism and Dummettian Anti-Realism", in *Meaning, Knowledge, and Reality*, Harvard University Press, 1998, p.352.

据一种他认为是弗雷格的思想而得出的结论。达米特认为这里存在一种不可分离的关系：语言固有的交流功能（语义传达的功能）是服务于语言的思想表达功能的，即语言作为一种交流的工具它所固有的表面的或字面的语义意义是服务于由说话者"隐含的知识"构成的内在的语义意义的。达米特坚持认为，语言不只是意义交流的工具，它本质上是思想的载体，因此，对于他而言，语言的字面上的语义意义必须被放弃，我们在理解话语的意义时不应简单地求助被视为语言表面的（清晰可理解的）语义意义，实际上，既不需要也根本不存在这样的求助。

麦克道尔指出了达米特这种理解的意义理论的一些悖谬之处：从人类学习和使用语言的历史看，语言一直是我们把握世界和认识自我的方式，在语言的学习（这本身也是语言的发展和成熟的过程）中，我们通过语言理解世界和自我：从一开始的片段性认识逐渐形成一种整体的认识。① 这里并不存在达米特认为的那种似乎缺乏认知意义的"编码化的"的语言，即那种与我们认识世界和认识自我分离的、只起传达信息作用的语言。如果这里的分析是正确的，那么，既不存在达米特认为存在的"思想与语言的区分"，也不存在达米特认为我们不得不小心面对的语言的行为主义的信息传达（它总是表面上的、清晰的）与心理主义的命题内容的表达（它总是内在的、隐晦的）的两难（这里没有作出选择的可能）。按照麦克道尔的看法，达米特的认知理论从根本上无法摆脱这里的两难，因为达米特要求实现的是理解性的认知，一种似乎是从宇宙之外的存在物的视角对话语的理解（他不满足于语言表面语义内容的理解，因而不会求助于说话者所使用的语句固有的实在论意义上的语义所指）。但问题正在于我们如何表明我们理解了一个句子的非表面语义认知的内在语义？我们如何表明我们做了如此的理解？如果我们不借于实在论意义上的语义感受（这些所谓表面的语义），我们能表明我们做了真实的理解吗？如果我们不取实在论意义上的语义的表面价值，就可能出现这样的情形，我们自认为理解了说话者的意思，但实际上完全误解了说话

---

① Cf. J. McDowell, "Anti-Realism and Epistemology of Understanding", in *Meaning, Knowledge, and Reality*, Harvard University Press, 1998, p.333.

者。离开了实在的语义感受性，我们就好像在跟一个完全陌生的人说话，你无法真正明白话语的意思。除非借助语言的实在论意义上的表面语义，因为这才是我们成为彼此可以沟通的对话者的条件。从这种意义上说，理解的认知根本不可能像达米特反实在论要求的，能够从语言实在的语义内容之外进行理解。

命题（7）的意义理论的无条件性要求也引起了麦克道尔的不满。麦克道尔坚持概念无界论，这使他根本不能接受任何区分语言与思想的二元论。麦克道尔断然否定我们可以像达米特那样从语言的"外部"解释语言。在他看来，外部的释义必然会使意义理论超出我们实际的语言能力，而且从外部考察语言必然会导致语言的表象主义，即导向对语言的经验主义研究，而这恰好是语言学的康德主义所反对的。如果从一种典型的维特根斯坦和戴维森的立场上看，达米特对语言所做的分子论式的理解是对语言学转向的倒退。

麦克道尔认为，任何理论都要运用某些概念，因此需假定，在表达对象时，听众已事先把握了它们。这也就是说，任何有关一种语言的意义理论都必须确定，在那种语言中至少有某些概念是可以表达的（否则，表达或解释就无从开始）。由于必须假定所使用的语言和概念有其所表达的意义，我们总是必须屈从于适度性，至少屈从于部分的适度性。在麦克道尔看来，只要达米特提出一种意义理论，他就必须至少在某种程度上接受适度性。这也就是说，达米特没有充分的理由要求意义解释必须是无条件的或纯粹的，他的意义理论也必须建立在某些已知的概念上。如果一种意义理论缺少这样的适度性，它的一切解释将无从开始。①

对于麦克道尔而言，把语力理论当作派生的矛盾是明显的。如果像达米特那样要求我们从语言的"外部"解释意义，那么，要求我们在外部多远

---

① Cf. J. McDowell, "In Defence of Modesty", in Barry M. Taylor editor, *Michael Dummett*: *Contributions to Philosophy*, Martinus Nijhoff Publishers, Dordrecht, 1987, p.59. 达米特认为，在意义的真值论中，应把语力理论认定为是派生的（具有超出了语言之外的能力）——达米特认为这一点很重要——它出自从句子的"核心"的成分出发的推断内容，即出自对意义成真条件所做的具体的解释。但麦克道尔否认语力理论的派生性，对他而言，在语言的意义系统中并没有这样的派生物。

呢？看起来，我们能想象一个用一种特别的语言给出的语言理论，并且在这种意义上，该语言是从它所使用的语言的"外部"给出的。但问题是：我们如何区别该语言的解释不是根据第一种语言的语义内容来推断的？很明显，如果一种语言使用了它所使用的语言的句子的推论，它就不是从"外部"进行的解释了。达米特意义理论中的"外部主义"的立场根本是站不住脚的，一种语言理论的解释只能依赖它自身所使用的语言的推论，这里没有"外部的"解释，因为根本走不出去。

基于这里的"内部主义"的理由，麦克道尔认为，戴维森的意义理论至少在这一点上是正确的，即它屈从了适度性。根据适度性的要求，意义的真值条件是哲学中的一个健全的有关真理的概念。意义的真值条件概念的基础是这样一种思想：在适合于推断性表达的句子中，对所要做的推断具体化，就是对句子（由此说出的）是真的条件作出具体说明，在这里并没有由额外的语力理论构成的求真要求，一切都是对说出的语句的一种判定。从这个意义上说，意义的真值条件概念也包含了使思想成真的真理概念，但没有超出句子的语力所带来的真理。这种真理概念不同于语言学转向之前的任何"前语言的"真理概念，它抓住了那种有关句子所表达的"……是真的"观念的正确性，它起一种去引号的作用，或更一般地说，它消除了语义追溯。[①] 而达米特的无条件的意义理论在强调语言概念的原始含义的情况下，已退回到了"前语言"的真理概念，这一做法将陷入语义追溯的无穷循环中。

在麦克道尔看来，戴维森式的意义理论是从内容中间开始的，而达米特的无条件的意义理论则把内容当作取得的（achievement）东西来显示。把内容当作取得的东西，即把富有意义的内容视为是通过某种外在的定理性的解释所获得的东西，而不是由说话者的表达所显示的东西或语言实践本身所获得的东西，这样的意义理论是错误的。隐含的知识的概念本身就是一个成问题的概念，语言首先是交流的工具，它的求证命题之真伪的功能因此是

---

① Cf. J. McDowell, "In Defence of Modesty", in Barry M. Taylor editor, *Michael Dummett*: *Contributions to Philosophy*, Martinus Nijhoff Publishers, Dordrecht, 1987, p.60.

受制于语言本身所表达的内容的，它不像达米特认为的那样，存在某种从语言内容的外部理解的过程。表达一种观点的思想并不是隐匿的，而是公开的，即说话者能把他的思想放入他的词语中，让他人能听明白或理解。适度的意义理论最优雅的地方就是，它是"同声的"：它使要表达的观念与语言的字面意义没有任何差异。它表明语言的思想表达的功能一点都不神秘。思想的表达是语义透明的，它并不假定包含了任何隐含的原初的意向性，就像说"那里有张桌子是正方形的"，能被他人通过句子"某种桌子是方的"听懂并理解。①

第四节　为意义理论的适度性辩护

按照达米特意义理论的划分标准，那种把意义视为由经验给定的，因而把意义理论限制在对给定的意义的解释之上的意义理论都是适度的意义理论，而把实际上是在寻求对语言的原始词项所表达的概念的解释（这意味着它不接受意义已被给定的假设前提）的理论都是无条件的意义理论。② 按照这个划分标准，塞拉斯和布兰顿的意义理论都属于无条件的意义理论（刚好与戴维森所发展的意义理论相对）。

这个意义理论的划分标准有助于我们理解当代意义理论争论中的本质问题。塞拉斯令人注目的新经验理论不仅表达了与达米特理解的意义理论类似的思想，它还突出了语言在实质推理带有实质的命题内容的推理）中所具有的意义表达的功能。塞拉斯认为，不存在语言—世界的简单关联，语言与世界是一种认知关系。对于塞拉斯而言，这也意味着，语言的意义只能在语用关系中才能得到说明。即只有弄清楚"当我们说一个句子有什么意义时我们在做什么"才能确定句子的意义。"我们在做什么"包括说话者的话语式

---

① Cf. J. McDowell, "In Defence of Modesty", in Barry M. Taylor editor, *Michael Dummett：Contributions to Philosophy*, Martinus Nijhoff Publishers, Dordrecht, 1987, p.69.

② Cf. M.Dummett, "What is a Theory of Meaning？（Ⅰ）", in *The Seas of Language*, Oxford, 1993, p.5.

的解释和说明。话语推论是一个规范的领域，它要求作出断言的承诺和资格，以及获得同意和作出证明。这一概念推理的过程也就是塞拉斯所谓的"认知的"（epistemic）过程。而相比之下，标签式的或因果的语言—世界关系或带有被给予的神话的经验概念则认为有某种被给予的材料或内容（可被标签或具有因果关联的对象），它们完全内在的，它们具有直接的真实性；它们直接构成了推理的前提，是经验知识的终极推理的基础或前提。

麦克道尔在批评达米特的意义理论时指出，达米特的意义理论的认知主义要求意义理论完全脱离语言实践已有的意义形式来操作是极不合理的。麦克道尔用"宇宙外来存在物的视角"来形容达米特的建构性的意义解释理论。一方面，（从方法论上看）认知的意义理论必然会遁入心理主义。一旦我们接受语用主义反心理主义的立场，而在讨论断言性的知识时，我们就不可能要求断言者进行实质的推理，因为，实质推理不可避免地与说话者的"隐知识"相关。尽管我们仍可以像达米特那样，强调隐知识在语用推理中的证明，这里的矛盾始终是存在的。另一方面，麦克道尔始终认为，带有认知意图的意义理论都是一种不切实际的或多余的认识论的僭妄。从其病理诊断和治疗的哲学立场出发，麦克道尔视揭示意义理论的认识论僭妄为己任。

麦克道尔所支持的适度的意义理论的一个主题是：语言是人类应对世界的方式，它是人类第一次运用自己的心灵的表现。我们知道，达米特曾提出了一种在后分析哲学时代很有代表性的语言的观点。该观点的一个基本命题是：语言既是思想的载体，同时也是交往的工具，语言的这两种功能是同时发挥作用的，我们不能把其中的一种视为更重要，因为这两种功能是不能分开使用的，因此，它们是同样重要的。但对于麦克道尔而言，语言的重要性并不表现在这两种功能上。语言的重要性体现在它的历史和社会实践的意义上。语言作为人类把自己的智慧第一次表现出来的方式，它是传统的积淀物，是我们解释世界的一种历史的积累起来的智慧。语言在这个意义上是受制于不同时代的使用者的反思性的使用的。① 麦克道尔赞同伽达默尔的观点，

---

① Cf. J. McDowell, *Mind and World*, *with a new introduction*, Harvard University Press, 1996, p.126.

人只能通过其生活于其中的传统才能运用自己的心灵，因为他或她的思想属于一种传统。

麦克道尔认为，戴维森之所以把意义视为给定的（意义理论只求所给定的意义的真值），是因为戴维森从不认为除了对自然语句的证明或"寻找证据"之外，我们还有必要对意义本身是什么作出推断。戴维森因此看重的是意义的解释即翻译。的确，在戴维森理论中包含了这种思想：意义是某种给定的东西。但这不是一种不能接受的思想。在实用主义思维中，我们多少接受这一原初的假定。我们不能认为这里的承诺决定了意义的解释必然是有限的。戴维森一开始就把命题性的判断归于说话者，而没有去探讨说话者所做的命题性判断本身，因为在戴维森这里，说话者的命题性判断是以他已先掌握和理解的一种语言及其概念为前提的——戴维森假定这里的语言及其概念是真的（他把它视为是位于塔尔斯基的真理定义的递归模式左边的T—语句）、是命题性判断的依据。

按照达米特的高的标准来看，一种意义理论不能只对语言中能表达的概念作出解释，即不能只对已知的概念所表达的意义作出解释，因为这会使得它只能为那些熟悉它在一种语言中的表达的人所把握，它还必须把概念与词语的具体用法联系起来，即指明或说明哪一个概念可以用哪一个词语表达。而适度的意义理论，指的就是没有做到这一点的意义理论。适度的意义理论之所有是有限的，是因为它并没有真正把自己与翻译手册区别开来，它把它所要解释或证明的原始语句（一般的经验内容）看作是给定的；对它而言，原始的自然语句中所使用的概念不仅是不需解释的，而且针对它的整个语句的意义的解释或证明还必须以它为依据。这样一来，原本一种意义理论应该着重加以解释的两个方面都没有显示出来：第一，原始语句的说话者对他（她）所要表达的概念或含义的理解，第二，一个原始语句的理解者对一个给定的原始语句的理解是如何可能的。因此，在达米特眼里，适度的意义理论是一种保守的或缺少认知价值的意义理论。但麦克道尔并不这么认为，在麦当道尔看来，适度的意义理论关心意义的解释，并不等于它不关心语言与世界的关系，即不关心对象如何具有内容或客观描述如何反映世界的"认知过程"。一种适度的意义理论所要反对的仅仅是下述理论立场：断言所给予我们的哲学任务就是从一种宇宙外来者的视角对我们断言的实践的可理解性作出解释。麦克道尔在"为适度的意义理论再次辩护"一文的结尾对为什么无条件的意义理论是不可取的给出了一个非常清楚的理由：

> ［无条件的意义理］反映了一种熟悉地看待内容的哲学态度。这种态度是一种我们对语言表达思想的能力感到惊奇的态度；我们把语言表达思想的能力视为一种只能在很神秘的情况下才能发现的东西，除非我们可以用概念上独立的词汇对它加以重建，并认为只有如此，我们才可以把它融入并未明显地为其留有位置的世界图景中。①

麦克道尔这里的"熟悉地看待内容的哲学态度"指的是他在对适度的意义理论所做的第一次辩护中提到的启蒙运动以后出现的语言工具论。麦克道尔指出，孔狄亚克最早在其历史哲学中用语言表达思想的观点来解释语言的起源，在这样做时，他把思想的内容看作是语言之外的东西。但赫尔德随后对孔狄亚克的回应表明，这种解释方法显示了这种语言观不仅把自然客观化（通过证明语言是世界的认识工具而赋予自然以一种客观性），而且把人类主体客观化（把认知主体与其生活于其中的语言分开）。但把人类主体客观化并不能把保证语言内在地充满了客观的内容，同样，把自然客观化也不能保证自然内在地存有某种目的性。用客观化的方法来看待语言的行为，语言的行为也可以是有内容的，但很难避免这些内容的主观性或片面性。赫尔德的表现主义拒绝了对语言的客观化，因为他认为这会使我们把它所带有的任何内容都视为是通过存在于它之外的思想所取得的。在赫尔德眼里，隐匿于语言的外衣背后的"赤裸裸的思想"是没有存在的理由的。语言的功能是对世界的揭露，我们称之为"概念意识"的东西并非由收集到的种种外在的数据构成的，而是具有表现活力的语言的把握所获得的。如果退回到语言工具论，就会把思想的内容视为某种特殊的部分，即会认为思想是完全外在于

---

① J. McDowell, "Another Plea for Modesty", in *Meaning*, *Knowledge*, *and Reality*, Harvard University Press, 1998, p.131.

语言的可交流的内容的。无条件的意义理论所犯的正是启蒙运动时期语言客观化的错误。

麦克道尔支持赫尔德对语言工具论的批评，在他看来，我们应该彻底避免产生这样的观念：真正理解一种语言意义的方式就是用完全不同的词语（推理的概念性词语）对它加以解释。只有适度的意义理论才能避免一切"客观化"的幻想，因此，也只有这样的意义理论才能为我们所承认和接受。对于哲学而言，除了去理解世界的内容（它存在于语言中）之所在，即去理解概念意识之所在，就不可能还有什么更好的计划了。在关于人以及人与自然的关系的观点占支配地位的启蒙运动时代，对语言共同体的世界揭示的理解被放在了一边。但赫尔德的表现主义做得还不够，尽管它对启蒙运动的客观真理概念的怀疑具有非常重要的意义，但那个时代仍然像黑格尔认为的，人们根本没有去理解一个由语言共同体显示的心灵是如何实现的过程，因此他也就不可能去想象一种适度的意义理论。

意义的无条件性的要求（推理的要求）远远超出了一门统一的意义理论的极限，因此这种语言理论根本无法去展现"语言共同体显示的心灵是如何实现"的过程。实际上，在建构一种意义理论上，无条件性非但不是必需的方法，反而是一个障碍。意义理论只有适度的才是最好的，只有屈从于这一点才是有益的，对于意义理论而言，屈从于适度性是一个绝对的本质性的前提。①

---

① Cf. J. McDowell, "In Defence of Modesty", in Barry M. Taylor editor, *Michael Dummett: Contributions to Philosophy*, Martinus Nijhoff Publishers, Dordrecht, 1987, p.76.

第九章　理论静默主义

　　麦克道尔思想的典型特征是视哲学为病理治疗和诊断，他要求哲学不应做过多的理论建构性的工作，或者根本不做这样的工作，因为他的一个根本信念是哲学应让事物保持它原来的样子。在一般的麦克道尔哲学的评价和研究中，我们也可以看到，一些评论家用理论静默主义来称谓他的哲学，尽管麦克道尔本人从未宣称自己是一个理论静默主义者，但他的确明确地把后期维特根斯坦哲学视为理论静默主义的哲学，并为之进行了辩护（他把自己提出的自然化的柏拉图主义与之相提并论）。

　　麦克道尔为理论静默主义辩护与他的第二自然的自然主义思想有密切的关系。麦克道尔的自然概念综合了亚里士多德和黑格尔的自然概念的意旨，他的自然主义不同于实用主义转向之后充斥于分析哲学中的还原论的自然主义，或蒯因那种强的自然主义，但他的自然主义也不同于一般的开明的自然主义。理论的焦点在他的自然主义的性质，麦克道尔求助于亚里士多德的实践哲学，是因为他认为，亚里士多德的"教化"的概念是开明的自然主义必然需要接受的本体论的一个关键概念，否则我们就会在坚持某种反科学主义和反还原论的自然主义的同时遁入超自然主义，或用他的述语来说，遁入"膨胀的柏拉图主义"，而后期维特根斯坦的理论静默主义的要求正是麦克道尔实现其反膨胀的柏拉图主义目标的保证。因此，对于麦克道尔而言，哲学的病理治疗的功能还体现在"祛魔"上，它应尽可能地驱除由传统哲学而来的所有"哲学的"的迷惑。麦克道尔的哲学"祛魔"工作实际上也改变了对心灵、语言和价值的理解。我将首先对什么是理论静默主义的问题做一个简要阐述，以表明在何种意义上我们可以把麦克道尔的思想归为理论静默主义。我还将讨论麦克道尔对后期维特根斯坦的理论静默主义的捍卫，以及他由此表明的理论静默主义的积极意义。

第一节　什么是理论静默主义？

20 世纪中叶发起的实用主义的挑战，似乎在某种意义上早已印证了斯特劳逊的观点，即在分析哲学的语言分析的领域，元理论的语义分析已失去了独立的方法论的意义。斯特劳逊在接受了后期维特根斯坦哲学后意识到现代理论建构性哲学的困境。比如，斯特劳逊提出了"描述的形而上学"的概念，并把它与"修正的形而上学"做了区分。描述的形而上学带有明显的理论退却的意思，它与仍然带有某种理论的使命的修正的形而上学不同，因为"描述的形而上学满足于对我们关于世界的实际的思想结构的描述，而修正的形而上学所关心的则是产生一个更好的结构。"① 斯特劳逊试图通过这一划分，放弃传统的哲学的元理论建构的观念，因为他很清楚，现代哲学再进行系统的元理论建构已没有什么意义了。一个摆在面前的根本的事实是：康德之后，如果我们再以理性主义或经验主义的方式重构哲学，我们必然会陷入哲学的困境。

但由于康德的理论本身的缺陷，以及分析哲学起源上的经验主义的特点，康德之后，为康德所批评的实质的（传统的）二元论模式仍然顽强存在着，而在这种二元论中始终存在对知识的确实性的怀疑。因此，在分析哲学中，元理论建构是一种根本的需求。只有在分析哲学把集中于对意义概念的关注改为对意义的使用的关注时，一个根本的改变才显示出来：语用学获得了相对于语义学的压倒性地位。蒯因提供了一种广泛的语用主义的挑战，不只是针对经验主义的理论，而是针对整个分析的语义学方案的根本方面，因为他反对的正是它假定的意义的观念。蒯因的整个意义理论的观点就是去解

---

① Peter Strawson, *Individuals: An Essay in Discriptive Metphysics*, London, 1959, p.9.

释、规定或揭示语言表达的使用特征。他同意这样的比较：意义就是使用，就像理论就是观察一样。他认为，假定一些词汇具有某种意义只能带来坏的话语推论的理论。——蒯因也反实在论：意义只有在使用中才能确定，而不是它句子的基本词汇所指示的意义。表达式在使用之前，句子的词汇并没有它固定的实体性指称的意义。此时的分析哲学开始意识到，分析哲学的元理论建构的方案是长期基于根本的错误之上的一种疾病——只有通过设计出一种能用对使用的关注代替对意义的关注的方法，这种疾病才能消除或加以改善。蒯因之后的一个趋势是，人们不得不承认，对于哲学而言，值得采纳的哲学态度是描述的特殊主义（descriptive particularism）、理论静默主义（theoretical quietism,）和语义消极主义（semantic pessimism）。①

当然，之所以今天的哲学并没有全部转为理论静默主义的哲学，乃是因为与弗雷格、罗素、卡尔纳普和塔尔斯基数学化的传统相关的模态理论和可能世界的语义学仍然顽强存在着，它与目的旨在把我们的话语实践去神秘化的人类学的、自然历史的和社会实践的探究方式形成了一种胶着状态。②但当代哲学倾向于把这两种不同的哲学立场绝对化，把它们两者视为相互排斥的，因此要求人们在它们之间作出选择，这样在学科上就带来两种截然不同的社会学的分类。那些对语用学思想有兴趣的人一般倾向于接受维特根斯坦主张的特殊主义和理论寂静主义。而那些承认某种形式的语义学分析理论的人，则觉得有必要否定这种意义上的语用学的意义，或至少把它当作与适当的语义考虑无关的东西排除掉。为了解决分析哲学的矛盾，塞拉斯和布兰顿把分析哲学的主题与黑格尔的方法联系起来思考。这种尝试一方面可以看作是大陆哲学与分析哲学的一种交融，另一方面也可以看作是分析哲学的后经验主义信念及其形式语义分析方法在处理像"指称"和"真"这些传统概念的时陷入困境的表现。这一切都使分析哲学开始觉察到，对于解决一些传统的认识论问题，分析哲学本身固有的方法是无法满足其要求的。

---

① Cf. R. B. Brandom, *Between saying and doing*：*Towards an Analytic Pragmatism*, Oxford University Press, 2008, p.7.

② Cf. R. B. Brandom, *Between saying and doing*：*Towards an Analytic Pragmatism*, Oxford University Press, 2008, p.8.

　　但与塞拉斯和布兰顿不同，麦克道尔并不认为这里存在着一种"分析哲学的重建"的可能性。他批评了普遍存在于分析哲学中的认识论的焦虑。麦克道尔并不认为有什么理论可以帮助我们解决这些问题，相反，我们唯一可以依赖的是思想观念的改变，打消或清除传统哲学的怀疑主义情结所带来的焦虑。而一直以来，哲学的焦虑是有关心灵与世界之间的认知关系的焦虑，这一焦虑是所有其他哲学焦虑的根源。从这个角度看，理论静默主义并非什么也不做或放弃解释任何哲学问题，相反，它仍然带有哲学的理论介入和干预的企图。唯一不同的是它不以元理论的方式建构任何理论，它也不认为我们需要建构性的哲学理论（似乎理论可以帮助我们走出思想的困境）。这就是说，在理论建构上它是不作为的，它要求在这一方面保持沉默。

　　在这方面，麦克道尔对自然主义思想的运用不仅像他自己认为的是（后期）维特根斯坦式的，也非常类似黑格尔对自然主义思想的运用。黑格尔早在他针对康德的元理论批判中就已经做了类似麦克道尔的工作，因为他已经清楚地提出了对一切认识论僭妄的批判（它类似于麦克道尔对膨胀的柏拉图主义的批判）。就像麦克道尔认为的，所有认识论的僭妄都源自怀疑，黑格尔在其对认识论僭妄的批判中首当其冲的目标也是怀疑。黑格尔指出，哲学问题源自怀疑，它是长期以来的虚假的怀疑主义传统的一种延续，而一旦我们找到或揭示了哲学怀疑主义的根源，那么，由它而引起的哲学焦虑也会随之烟消云散。黑格尔非常详尽地对以怀疑论为出发点的康德的认识批判进行了批判。

　　黑格尔认为，一切认识论的僭妄都是把认识当作一种工具（werkzeuges）的结果。把认识当作一种探索真理之光的工具，必然会促使我们在认识之前要求对认识的可能条件加以了解。从表面上看，似乎我们有理由这么做，即对自身的认识能力进行反思。但这里的反思是基于一种虚假的怀疑论的前提之上的，因为它根本没有意识到这一点：当我们把认识当作一种工具，我们就永远只能认识到真理在媒介物里（工具中）所显现的样子，而不可能认识到真理本身。把认识视为工具，我们就不得不承认，认识总是有限的、片面的，真理作为某种自在之物总是在我们的认识之外，我们所能认识到的只是一种相对的真理。在黑格尔看来，即使我们把真理视为相对的，也不能掩盖这种认识的矛盾。从方法论上来讲，把真理视为相对的似乎是正确的，因为人们会相信，我们可以通过对工具作用的认识而不断改进我们的认识。但是，在黑格尔看来，这种补救的办法是无济于事的，它只能把我们带回到我们的认识开始的地方，"因为，如果我们用工具将某一个东西加以改造，然后又把工具所做的改变从这个改变了的东西那里予以取消，那么这个东西——在这里指绝对——对我们来说就不多不少重新恢复了它没经过这一度多余的麻烦以前的样子。……再或者，如果我们将其想象为一种媒介物的认识，从而认清了这媒介物对光线的折射规律，然后把光线的折射从结果里抽除出去，那么这样的抽除折光作用的办法也完全是无用的；因为认识不是光线折射作用，认识就是光线自身，光线自身才使我们接触到真理，而如果光线被抽除出去，那么，指点我们的岂不只还剩下一个纯粹的方向或空虚的地点了吗?"①

黑格尔的批判是决定性的。认识论由于把认识当作工具来看待，实际已经暴露出，在认识论中，一些前提是可以不要前提的，即为认识论所确定的一些前提并没有真正经过前提批判就已经被当作前提了。认识论正是在它确定了认识的怀疑主义前提之前已悄悄接受了一些前提。康德相信，认识是获得真理性知识的工具，因此他已经确认，必然存在着把握正确知识的认识范畴。比如，康德事先就已经把具体存在科学作为一种范例来证明认识范畴的先天有效性。在他那里，数学和现代物理学的认知概念就是先验范畴及其先验自我的有效性根据。这样，尽管表面上康德认为认识批判的怀疑论起点是从批判一切固有的前提开始的，但他最终还是把具体存在的科学的认识原理的成功当作认识的先验有效性的判定标准。就此来说，康德的认识批判所确定的认识的可能性前提是一些"有条件的"前提，它们并不像康德所认为的那样是纯粹的。康德的认识批判从批判认识的可能性前提出发，最终又回到了具体存在的知识。

认识批判总归是有条件的，康德以怀疑论为出发点的认识批判并不能像他所希望的那样是纯粹的。这一切都表明，探求认识的可能性前提的怀疑

---

① 黑格尔：《精神现象学》上卷，商务印书馆 1997 年版，第 52、55、59、56 页。

论是站不住脚的。黑格尔的现象学经验正是在这种意义上直接与康德的认识批判相对抗。在黑格尔看来，认识批判最终不得不以某种现存的前提（知识）为前提，这就很好地说明了，一种怀疑论的认识批判如果仅仅针对某一个个别的精神领域，它就是毫无意义的。对于黑格尔来说，如果存在一种以怀疑论为起点的批判的话，那就只有一种对整个的精神领域进行怀疑的怀疑论批判。这就是说，怀疑论的批判意识自身也必须被怀疑才合乎情理。一种意识并没有能力径直去审查另一种意识的真理性，特别是当这种意识自身还只处于一种自然观念的阶段的时候。

康德认识批判的第一个绝对的前提（即范畴及其认知图式的先验性）是成问题的，这也就表明了，康德认识批判的第二个绝对的前提——先验统觉之下的绝对自我的规范概念——也是成问题的。康德把绝对自我当作判定经验判断正确与否的尺度，当作构成一切正确知识的条件，乍看来似乎是无可争议的。但是，由于这个前提建立在第一个前提之上，所以同样是站不住脚的。在黑格尔看来，康德的第一个前提使科学这个概念与具体存在的科学之间的区别变得含糊不清。然而后者只是前者的一种初生形态，这一点是很清楚的。因此，我们不能说，某种具体存在的科学能给我们提供确定真理性知识的"本质的尺度"。同样，在把一种绝对的自我当作尺度来看待时，我们就必须意识到，这个尺度只能是相对的。绝对的自我无论由什么最高原理所统摄，都只能是人类意识形成史的一部分。一种固定不变的绝对自我是不存在的，自我意识不可能外在于整个意识形成史而存在，作为一种尺度的自我只能内在于意识形成史。因此，我们不可能从意识之外给意识带来某种确定它自身的真理性的尺度，作为一种尺度的东西只能是意识在自我确定中自己给自己设立的东西，这就是说，没有现成的尺度。认识的真正起点并不是抽象的自我，而是建立在整个人类意识形成史之上的现象学的观察点。正是这种现象学的观察点标明了知识本质化的程度。

从今天的哲学发展趋势这个大背景下看，黑格尔的认识论批判以及他试图指明的理性概念的精神现象学的道路，似乎特别符合麦克道尔着力于揭示的今天的哲学发展趋势。

从康德的理性批判理论到后期维特根斯坦的语用主义，这里的理论历史指明的是一条元理论消亡的道路。这印证了黑格尔的认识批判的正确性。但对于现代哲学而言，荒谬的是，哲学仍然在理性主义和经验主义的传统上构建系统的新理论。这里的矛盾和理论悖谬依然如故：从理性主义传统看，一旦我们认为经验的表征是非实在的，那么，我们就会认为证明和辩护的理性的逻辑空间带有其自身的规范约束，它可以独立于自然的逻辑空间的约束。一旦出现理性的逻辑空间与自然脱节，理性的逻辑空间便会丧失它与经验的方面的关联。从经验主义的角度看，当我们把感知与概念对立起来，必然会把感知视为概念判断的基础，即把感知视为一种在概念思维之前存在的无须证明的初始之物或被给予之物。斯特劳逊转向"描述的形而上学"多少表明了现代知识的窘境和它需要改变的方面。尽管斯特劳逊并没有使用理论静默主义这个概念，但他的思想还是非常接近理论静默主义，至少是非常接近麦克道尔的理论静默主义的观念。

麦克道尔被视为一个"自我标榜"的理论静默主义者，他的哲学往往被称为一种理论静默主义的哲学。麦克道尔的哲学之所以被称为理论静默主义与他对维特根斯坦后期哲学的解读有密切的关系。对于麦克道尔而言，后期维特根斯坦哲学就是一种理论静默主义的哲学，维特根斯坦的所有理论努力都是要树立这一哲学观念。在为理论静默主义辩护时，麦克道尔把理论静默主义等同于一种具有抵制膨胀的柏拉图主义功能的自然化的柏拉图主义。麦克道尔树立了一个根本的对立：膨胀的柏拉图主义与自然化的柏拉图主义的对立。从膨胀的柏拉图主义的角度看，世界总是存在某种神秘性，但如果从自然化的柏拉图主义的角度看则完全相反，世界在很大程度上由第二自然呈现在我们面前，对于我们，它并非一个完全异己的或完全陌生的世界，因此，并不存在关于什么是它的意义的问题，提这样的问题是多余的，也是没有意义的。

第二节　麦克道尔的理论静默主义

一般而言，理论静默主义不提供任何解决方案，因为它并不承认存在需要解决的问题，它也不提出任何新理论。它的目的是消除理论的困境，它试图消除类似"什么是意义理论"这样的问题所带来的困境。对现代哲学的焦虑和矛盾作出诊断，针对这些焦虑和困惑提供治疗的方案或进行"医治"。但我们看到，今天的主流哲学都带有特殊的理论意图：从还原论或自然科学的自然主义到一些开明的自然主义。考虑到这一点，在讨论理论静默主义的时候，把麦克道尔的第二自然的自然主义与其他类型的自然主义作出正确的分辨仍然是非常重要的。对于麦克道尔而言，第二自然并不是一种可以作为引导我们去回答什么是理性的逻辑空间的引导，它并不是建构性的理论思想的工具。麦克道尔清楚地表明了他对这个问题的看法：

> 当我描述由第二自然而成为可能的放松的柏拉图主义时，我所说的是：理性空间的结构并不是与任何是人类的东西完全分开的构造。如果正确理解维特根斯坦的"静默主义"的话，那么它对这句话的一个最好的强调是，我们不应提出"什么构造了理性的空间"这样的问题。如果我们试图提出这样的问题，我所引入的第二自然（尽管是非常概要和不系统的）会看起来像是对这个问题的一个合适的回应。但那样就根本没有理解我的观点。①

今天已经多少形成了这样两种哲学流派，即自然主义和维特根斯坦的理论静默主义两种形式。后者被形容为是一种只给出哲学的病理诊断和治疗，拒绝解决实质问题的哲学。前者的哲学态度则稍有不同，因为它认为困扰哲学的问题是真正存在的，并不只是我们的哲学思维犯病的结果。但尽管今天有许多哲学家都被认为是自然主义者，他们的自然主义的概念有很大的不同，对于是否存在困扰哲学的问题，以及困扰哲学的问题是什么，他们也有各自不同的看法，因为他们对"自然"一词的理解有很大的差异。

---

① J. McDowell, *Mind and World*, *with a new introduction*, Harvard University Press, 1996, p.178.

对于麦克道尔称之为贫乏的自然主义（还原论的自然主义）而言，"自然"这个词主要指世界理解的客观性，它与自然科学对世界的理解一样带有世界指称的意义；因而对于这种自然主义而言，我们是自然环境下的自然存在物的意思是，我们不能把自己在行为方式和生理上与一般生物的行为方式区分开来，即我们不应区分具有"意向性"、"意识"和"表征"能力的生物和仅仅是本能地行动的生物。而对于像麦克道尔和后期维特根斯坦的自然主义而言，"自然"这个词则指人类在其自然历史中对自然的应对方式，因此这里根本不存在我们的世界理解如何能与自然科学的世界理解一样具有客观性的问题。这种自然主义强调，人类从远古的氏族社会到文艺复兴的理性社会之间的发展是一个连续的、没有非理性的断层的统一的历史过程。

在麦克道尔看来，也正是由于今天的还原论的自然主义，即贫乏的自然主义是一种没有第二自然概念的自然主义，它始终把经验主义视为一个威胁，即它始终不能理解经验主义中的印象或感知如何能与理性的逻辑空间相容。它不承认这一点："自然"这个词的意思不能完全从科学的自然主义的角度来理解，这就是说，自然一词不等于自然科学意义上的法则的自然（因果法则的自然）。还原论的自然主义在表达其哲学的自然主义化时，总是把理性空间的自然主义化理解为自然的科学化。在麦克道尔看来，尽管还原论的自然主义可以用属于自然科学理解的逻辑空间来重建理性的逻辑空间，但还是做得太绝对了，他不想以如此狭隘和偏激的方式来理解"自然"这一概念，虽然他不否认，"自然"一词包含了这一层意思。①

为了更好理解为什么上述自然主义带来了理论重建的僭妄，麦克道尔要求我们思考的一个问题是，为什么亚里士多德的伦理学完全没有现代自然主义的理论重建的焦虑，以及对理性的概念是否同时是自然的（自然的概念是否同时是与理性相契合的）担忧？因为亚里士多德表明，一旦我们意识到人类带有概念思维特征的感受性经验已经构建了一个带有其自身规范特征的

---

① Cf. J. McDowell, *Mind and World*, *with a new introduction*, Harvard University Press, 1996, p.xxiii.

世界，我们也就不会再有这种担忧。但今天，贫乏的自然主义（还原论的自然主义）却仍然在一个更大的范围内陷入理性与自然的矛盾的担忧之中。在这里，由于存在着担忧，"自然主义"往往意味着对概念的自然主义还原。毫无疑问，这里的自然主义错误地理解了我们的理性与自然的关系。

　　另一方面，在被称之开明的自然主义的阵营中，"自然"这一概念也被做了特定的解释。比如，哈贝马斯提出的自然概念就非常特别。在反对蒯因的自然主义的前提下，哈贝马斯提出了一种弱的或温和的"自然"概念：在他看来，我们可以承认我们自身有一个自然的起源，即作为一种生物有机体的现代人和它的文化生活方式有它的自然的起源，因此从根本上是可以用一种进化论来解释的，因此，温和的自然主义应以此拒绝任何蒯因式的科学的自然主义的承诺，即不应把人类视为一种只能通过经验的方式才能解释的存在物。对此，哈贝马斯做了一个比较："'严格的'自然主义的方式是，通过自然科学的方式来分析生活世界的实践，比如用对人类行为的神经病学的（neurologische）或生物发生学的解释代替对人类的智力活动的解释。与此相反，温和的自然主义只满足于这样一个基本前提：作为一种生物有机体的现代人和它的文化生活方式有它的'自然的'起源，因此从根本上是可以用一种进化论来解释的。"① 根据这一划分，哈贝马斯不仅区分了从内部透视文化生活世界的方法和从外部剖析文化生活世界的方法，而且还区分了"外部世界"与"内在世界"。作为生物的现代人和它的文化生活方式有它的"自然的"起源，并不等于说，它拥有的"自然的"起源的历史是一个完全封闭的历史，它还受到了"外部世界"的制约，因此，它在社会文化的发展层面始终存在一个认识的进程。作为一个开明的自然主义者，我们应作出区分，即在区分从内部透视生活世界和从外部剖析生活世界的方法的前提下，坚持文化和自然之间的联系，以使相互对立的理论观点重新回到元方法论的层面上。

　　但麦克道尔的自然概念并不存在"内部"与"外部"的区别。对麦克

---

① J. Habermas，*Wahrheit und Rechtfertigung*：*Philosophische Aufsätze*，Frankfurt am Main：Suhrkamp Verlag，1999，S.38.

道尔而言，作出区分只会带来一种不必要的社会构造主义（合理性重建的理论），而促使哈贝马斯这么做的也正是这个原因。一个重要的反对理由是，麦克道尔认为，这里不可能存在任何温和的或开明的自然主义的调和论，即我们不可能在科学和还原论的自然主义与超自然主义（理性主义的人本主义）之间找到一条中间地带。任何这种自然主义的立场都要么与科学的和还原论的自然主义相冲突，要么与理性的逻辑空间中的人本主义思想相冲突。这也就是说，它不可能在反科学和还原论自然主义的同时表明它是一种自然主义的思想。这里的自然主义也不能在拒绝接受理性的逻辑空间是一个自足和独立的空间的条件下，表明它是人本主义的。这里并不存在一个介乎于自然主义和超自然主义之间的中间地带，因为那种把自然与理性对立起来或加以区分的观念是不真实的，从根本上说，无论是在两者之间作出区分还是把它们对立起来，都是缺少正确的第二自然概念的分裂的现代性思维的产物。

的确，谁把使对客观世界的认识成为可能的生活世界的结构视为是世界本身显现的东西，谁就会遁入那著名的"物自体"的难题中。按康德的说法，我们的感知总是由外物的刺激而产生，由此说明了世界存在着某种东西。但麦克道尔强调，第二自然是历史性的存在表明，我们的理性概念能力是通过卷入经验的自然发生的过程中形成的。因此，从第二自然的角度看，外部世界的问题不会是一个威胁（因此没有"内部"与"外部"的区分），印象完全可以被视为是一种与第二自然融为一体的存在，因而它是渗透了理性概念思维的。对感知的感受是在自然中来处理的，这意味着没有直接的或由单个的人与对象之间的感知，因此，这里并不存在感知的感受性与理性的逻辑空间的不兼容性。概念的能力不仅运用于判断之中，也运用在自然作用于印象的感受性中。把理性的逻辑空间视为拥有两个不同的和对立的方面，即理性的方面与经验的方面是错误的，实际上，理性的逻辑空间只能属于自然，如果我们保留经验主义，而经验的思维又必须与经验相关，那么，理性的逻辑空间实际上就是自然的逻辑空间的一部分。

对于麦克道尔而言，后期维特根斯坦的自然主义的基础是理论静默主义，就其自然主义的基本性质而言，它是一种自然化的柏拉图主义，它反对的正是他称之为的膨胀的柏拉图主义的思想。许多的维特根斯坦研究所犯的错误就是它们仍然用一种膨胀的柏拉图主义的眼光看意义理论的问题。① 麦克道尔认为，"维特根斯坦的'静默主义'，如果正确理解的话，它提供了一个很好的表达方式，即它强调了像'是什么构成了理性空间'这类问题是不应提出的。"②

麦克道尔的自然化的柏拉图主义的思维前提是，存在着由文化、历史构成的第二自然，理性空间并不是与第二自然分离的存在，后期维特根斯坦的观点很好地表明了这一点。对于维特根斯坦的理论静默主义而言，它要我们保持沉默的正是这个问题。像"实在的本性"或"真的世界"这类概念是完全可以丢弃的。对于麦克道尔而言，自然化的柏拉图主义符合维特根斯坦思想，因为这里的"主义"所要表明的正是哲学不应建构性的为意义或规范提出认识论要求的理论静默主义。这里涉及的一个关键问题是对教化的理解。对教化而言，社会无疑是一个很重要的范畴，没有制度性的社会建构，也就不会有教化，但我们又不能认为，是社会的制度性的建构带来了意义，毋宁说，教化和意义是人的实践的产物。麦克道尔指出，当维特根斯坦认为，"命令、质疑、叙述，如同吃喝游玩，是我们的自然史的一部分"③，维氏这里提出的"自然历史"就是一种第二自然，人类生活、人类的自然存在方式早已为意义所浸润，因此，我们不必把我们自然的历史与作为法则领域的自然联系起来，而是应把它们与第二自然联系在一起。

麦克道尔始终认为，理性的逻辑空间只能属于自然（第二自然），如果我们保留与经验主义相关的经验概念，而这样的经验思维又必须与经验相关，那么，理性的逻辑空间实际上就是自然的逻辑空间的一部分。从这个意义上说，推理主义和融贯论都是一种退缩。这种退缩带来了一个不好的后果，人作为自然存在物的属性被歪曲了，人的理性的逻辑空间不再是自然的

① Cf. J. McDowell, *Mind and World*, *with a new introduction*, Harvard University Press, 1996, pp.176-177.

② J. McDowell, *Mind and World*, *with a new introduction*, Harvard University Press, 1996, p.178.

③ L. Wittgenstein, *Philosophical Investigation*, Oxford: Basil Blackwell, 1958, p.12ᵉ.

东西，心灵与世界的关系因此丧失了它们互为解释的自然的或经验的本性。推理主义和融贯论都强调人的理性的逻辑空间的自主性（它们都有遁入麦克道尔称为"膨胀的柏拉图主义"的危险）。

另外，麦克道尔也指出，为什么康德以及整个继承康德哲学遗产的哲学始终把建构性的认识论视为重要的理论？其中的一个根本原因仍然与自然主义的思想有关。麦克道尔始终认为，一旦康德的理论从第二自然的角度来理解，那么，建构性的认识论的要求就会显得多余。康德因为缺少第二自然的概念，即缺少后来黑格尔所指明的那种社会—历史的视角，他并没有意识到，在自然的法则领域，认知主体的自发性行为也是一个需要自然化的概念，他所提供的经验和行为的认知方式，只是表现在作为单个的和抽象的"我"身上，即表现在一个带有伴随的表象的能思想的主体身上。从这个角度看，康德根本不可能用他的哲学取代传统的哲学。笛卡尔的意识哲学设置了主客体的二元认识论模式，但如何表明主体与对象之间存在必然的关系一直是困难的问题。康德同样受制于这一点。如果我们只有单个的"自我"的累积，一种抽象的组合，而没有社会作为主体的概念，我们就没有感受和认识世界的真实主体。如果我们赋予康德的认知概念以一种第二自然的性质，他的解释就会变得有意义。在这一视角中，康德所指明的认知的自发性概念，就会被当作社会实践本身的一种自发性来理解。这也就是说，如果我们正确地意识到第二自然的存在，那么，我们也不会再相信个人主义的意识思维模式，我们就会转而去关注拥有特定语言和经验概念的社会实践主体。脱离社会的以个人的自我意识为轴心的世界认知模式实际上并不存在。康德时代的新教个人主义精神，使康德在其认识中采取了一种个人主义的认识模式。在个人批判传统的模式成为了看待自然的一种方式的时代，脱离传统的单个的思想家的认识成为了唯一可信赖的方式。当传统被视为腐朽死板的时候，这显然鼓励了放弃对传统的依赖。批判传统的结果是个人的理性成为了主宰。这样就完全难以去想象，理性的认识和反思是必须基于某种经验模式之上的，因而总是处于某种"被动"状态的特性。

在麦克道尔看来，康德以后，人们还没有形成这样的共识，即尽管理性的逻辑空间是独特的或自成一体的，它与由自然科学的描述或定律规定事物的逻辑空间不同，它们也都是自然的东西。现代科学革命迫使我们形成了一种特殊的观念，即自然科学可以帮助我们理解这个世界，我们倾向于把理性的逻辑空间视为由自然科学的描述或定律构成的单维的世界。而另一方面，带有超自然主义色彩的理性主义的构想同样没能真正意识到这一点。塞拉斯与戴维森看到逻辑空间与理性的逻辑空间是不相容的，在理性的逻辑空间中，存在的是一种特殊的理解，即由合理性构造的理想制约的概念与规范的科学制约的概念完全不同。但塞拉斯和戴维森都没有第二自然的概念，因此，意识到这里的区分却没有使他们看到理性空间的自然属性。

亚里士多德的自然概念的单纯性是前科学的，因此它不可能直接成为当代理论的范本。我们不可能回到那一时代，在现代自然科学对自然做了高度形式化的区分之后，我们对自然概念的理解不能不考虑这里的强烈的概念分化的情况，即不能不考虑实际存在的自然科学的法则的自然与存在于理性空间中的自然的差异。也正因为自然的概念的分化，我们对自然的理解的要求变得高了，而这意味着，要弄清楚什么是可以置入法则的自然领域来理解的自然，以及什么是可以从理性的空间来理解的自然变得更难了。但麦克道尔认为，在前科学的自然概念的单纯性中，仍然有一些珍贵的观念，因为在那里边多少已包含有一种建构第二自然的意图。比如，它寻找自然法则的意义的方式，即它试图建立一个完全具有可理解性的自然的方式，尽管我们不可能把这里所建构的具有完全的可理解性的自然等同于自然本身或把它看作是真实的世界。麦克道尔的第二自然的概念并非一定需要一个亚里士多德式的单纯或未分化的自然的概念，他只是试图寻找类似的观点。其目的是想表明，存在一个与我们的理性空间相适应的自然，反对简单的自然主义的还原论策略，不把自然仅仅当作一个法则的自然来理解。当然，对于麦克道尔而言，我们对自然的理解也不应超出第一自然的限度，这就是说，我们承认人作为自然存在物，以及它固有的自然的历史起源，我们不会剪断人与作为法则的自然的联系。① 只有膨胀的柏拉图主义才会这么做，即

---

① Cf. J. McDowell, *Mind and World*, *with a new introduction*, Harvard University Press, 1996, pp.109-110.

把我们的概念能力完全置于自然之上，或者说，把人的概念能力完全与人的自然能力分开。

最后，或许最值得我们注意的是，麦克道尔并没有要求一个统一的自然，即要求第一自然与第二自然的统一，他也没有要求去证明教化是如何与自然法则相适应的（它们二者何以能够如此协调地相互一致）；他唯一希望表明的是，今天被视为人类的理性的东西不外乎是自然的产物，它并没有什么超自然的特殊性或其他特别的地方。

哈贝马斯在提出哲学的启蒙和批判的意义时曾提出了一种观点：他从区分知识的本源性（Genesis）与有效性（Geltung）的启蒙入手，把寻找知识的本源性与有效性的统一定位为哲学的目的。其目的在于打破还原论的自然主义的独断论。在他看来，黑格尔对整个理性概念的现象学探索有一个根本的主题是还原科学或真理的本源性。黑格尔的现象学表明了一个今天可以称之为后形而上学的科学和真理观：只有当哲学把自身置于生活世界中，哲学才能有一个立足点并反过身来把科学当作一个整体进行反思，这就是说，也只有这样，一种在科学理论和一般的科学方法论之外的对科学的反思才有可能展开。哲学重新恢复它与生活世界的联系，才能使我们可以确定与科学的形而上学基础完全不同的科学的本源性的意义基础。而科学这个本源性的意义基础，是我们在任何传统的或今天的科学的方法论批判中所看不到的。但只要哲学侧身于生活世界中，它就能够把科学的本源性折射出来。

但在现代经验主义知识论中，科学的本源性是被遮掩着的。这实际上也从另一个侧面助长了哲学的焦虑，因为现代经验主义只关注于科学作为一种知识有效性的一面。但是，从另一方面来看，即使在现代经验主义占主导地位的时期，对科学本源性的探究也从未停止过，这就是说，在现代经验主义内部，对科学的哲学反思并不总是一种单一形式的反思。黑格尔之后，当现代经验主义向它的"后性"时期转化后，这一点就更加明显。实际上，一方面，从皮尔士到蒯因的实用主义、从库恩的后经验主义科学理论到梅罗－庞蒂，另一方面，从狄尔泰到伽达默尔的哲学解释学以及胡塞尔对生活世界的有机型态的分析，科学作为一种知识的本源性和有效性的内在关系已经被清楚地揭示了出来。①

　　回到事物自身或让哲学侧身于生活世界中，也可以看作是麦克道尔的理论静默主义原则的核心，但对于麦克道尔而言，这里不再有建构元理论的任何必要。哈贝马斯与布兰顿仍然保留了元理论的要求。但从麦克道尔的角度看，这里并不存在回到元理论层面的需要。麦克道尔并不否定这一点：我们可以把与我们自然的进化的方式理解为一种学习的机制，即一种在社会文化的发展层面才有可能发生的学习的能力，或一种"解决问题"的思维，而不是把我们的学习能力视为一种无意识的、完全适应环境的纯粹自然进化的能力，但一旦我们从概念无界论的视角去看这里的"学习"问题，我们的学习能力总是趋向更高水平的学习能力，作为一种一直向着更复杂层面发展的学习过程是一个经验积累的过程，而不是任何带有元理论介入的学习过程。麦克道尔在这里坚持一种彻底的现象学的黑格尔主义。因此，在麦克道尔这里，哈贝马斯的下述观点是不能接受的：经验的自然科学和解释学都必须把人类自我学习的能力与某种理论框架联系起来。麦克道尔不会同意在这个问题上的任何实质的实在论解释。传统意义上的、甚至是康德的实在论的一个基本立场是：这里始终存在世界和内在世界的区分。尽管麦克道尔也认为，我们并非生活在一个完全封闭的存在历史的领域，但外部世界只是作为一种合理性的约束而存在，即它只是一种我们的概念的"另一面"（"外部世界"只能理解为是我们的概念的世界），并仅仅作为概念的另一面而对概念有限制；这里不存在任何形式的概念之外的限制。麦克道尔无条件地接受了黑格尔的绝对观念论（而哈贝马斯则对它加以拒斥）。在这样的绝对观念论（"概念无界论"）的前提下，我们把自然进化视为一种类似于学习的进程，是因为我们认为，使我们的学习进程成为可能的自然形成的结构自身是始终带有认知内容的。对于麦克道尔而言，坚持元理论和建构性的认知理论有遁入膨胀的柏拉图主义的危险。作为一个开明的自然主义者，我们不应（也没必要）去区分有关客观世界认识的必然的或一般性认识的方面和偶然的（特定

---

① Cf. J.Habermas, *Nachmetaphysisches Denken*, *Philosophische* Aufsätze, Suhrkamp, 1988, S.57ff.

历史条件下的）认识的方面，因为这里不存在脱离历史特定情境的"必然的和一般的"理论观点。

第三节　对后期维特根斯坦的
理论静默主义的捍卫

对于后期维特根斯坦哲学的基本性质一直存在争论。争论的焦点是：后期维特根斯坦哲学是一种像麦克道尔所认为的那种有意图的或刻意为之的理论静默主义，还是它只不过是一种自然主义的思想，理论静默主义只不过是他自然主义的某种消极思想的流露？按照主流的看法，后期维特根斯坦的确表达了一种类似麦克道尔所说的那种理论静默主义的思想，但理论静默主义并不是后期维特根斯坦思想的中心意旨，它本身也是消极的和站不住脚的，因为从根本上排斥任何系统的意义理论的做法不会带来任何有意义的意义理解。包括克里普克、赖特、布兰顿和哈贝马斯等人在内，他们在解释和运用后期维氏的思想时都持这一观点。他们都认为，后期维特根斯坦哲学是一种试图以一种社会构造主义的自然主义方式解决自柏拉图—笛卡尔以来的意义理论的难题（因为这一传统的意识哲学的意向性理论充满了内在矛盾）的哲学，只不过维特根斯坦本人似乎又总是处于一种怀疑主义的情结中，以至于他的理论又融入了某些消极的成分。

克里普克、赖特、布兰顿和哈贝马斯的后期维特根斯坦的理论释义非常有代表性，他们的理论反映了今天看待后期维特根斯坦哲学的一种特殊的态度。这一理论释义认为，后期维特根斯坦并非真正的怀疑论者，他的根本目的是试图表明，作为一种自然现象的人类生活形式是如何早已具有意义，作为意向性状态的主体是如何不能脱离与这一社会形式的关系。这种观点可以概括如下：

（1）后期维特根斯坦哲学的哲学批判揭示了占据哲学两种理论倾向的悖谬：一是柏拉图主义的符合论，它促使我们认为任何图画都有一个与之相关的图像，而图画所指向的正是它的图像（实在论），因此我们不得不去探讨它们之间的符合关系。

（2）后期维特根斯坦哲学的哲学证明了笛卡尔式的把自我知识置于指导认识的法则性地位的认知理论是建立在幻觉之上的，因为私人语言的存在表明，自我知识是受限制的。

（3）后期维特根斯坦揭示了传统的心灵哲学，也就是笛卡尔式的心灵哲学把心理的意向性层面同化为意识的发生现象的谬误，并摧毁了笛卡尔式的意识的发生现象（通过私人语言论辩）的概念本身。

在这种类型的解释中，赖特认为，后期维特根斯坦哲学为我们提供了一种解决怀疑主义的社会构造主义的模式。① 维特根斯坦所关心的远远不止规则解释的难题，因为《哲学研究》有一个根本的主题是反对自笛卡尔以来在认识论中根深蒂固的主体的概念。笛卡尔的主体是一个充满了种种矛盾的主体，它基于第一人称的"我"之上，并把自我意识或意向性视为意识的起点，但却缺少有效的证明。这里唯一的辩解是，我们的非推理的意向性状态是来自于我们的意识的反思或内省。赖特根据这里的分析认为，维特根斯坦所批评的自我意向性状态的第一人称自省的性质可以追溯到柏拉图的理性的自我。维氏所要放弃的正是这种把自省的意向状态视为思维的起点的意识哲学，他所要指出的是，思维只是一种机能，它是在语言游戏中被规定的东西。在语言游戏中存在相互解释的框架，第一人称的我的意向性状态只有置于其中才能被规定，它不能做独自的解释。因此，赖特认为，"我的自我表

---

① 克里普克的维特根斯坦哲学释最早提出了怀疑主义的论题，赖特接受了怀疑主义的论题，但不同意克里普克的解释。在赖特看来，克里普克在这一点上是对的，即维特根斯坦通过遵守规则这个例子说明了一个很重要的哲学难题：哲学如何理解意向性状态的实质。这也就是说，维特根斯坦从一开始就怀疑意向性状态的真实性，但克里普克却错误地认为维特根斯坦把解决规则的无穷解释的悖论的难题视为逃出怀疑主义的办法。实际上，维特根斯坦只是认为我们应该否认存在这样的事实，即意义的确定性是由解释决定的，即否认"意义的确定性有赖于解释"这一所谓的"事实"。（C. Wright, *Rails to Infinity*, Harvard University Press, 2001, p.85）对于维特根斯坦而言，真正的问题的根本不在于遵守规则的难题，而在于遵守规则意味着什么。

达的有效性……是被我在我的话语共同体中能使自己在他人看来是可理解的构造性的约束之下的。"① 但赖特也由此留下了怀疑主义的尾巴："我们想要获得的意义的客观性是无法获得的。"② 这也就是说，意义不可能一次性地获得或永久拥有，不管是个人还是共同体，意义也只能在作为理性的说话者及其语言共同体的交流中获得，这意味着交流是永远存在的，意义也会由此改变。

以赖特为代表的解释是有问题的，因为人们仍然会问：是否我们应该以一种完全不同的方式来领悟维特根斯坦后期哲学的意旨，为什么不能认为，后期维特根斯坦反系统的理论描述是有深意的，它本身就是维特根斯坦试图提出的新哲学的一种表现方式？后期维特根斯坦真的认为我们需要一种建构性的基于社会构造论上的意义理论吗？为什么不能认为，他的意思是希望我们从理论的建构和传统认识论的认知信念中走出来，以便发现本身已经具有意义的世界？

麦克道尔明确地反对赖特的解读，即反对赖特的这一基本观点：后期维特根斯坦哲学为我们提供了一种解决怀疑主义的社会构造主义模式。在他看来，赖特把社会构造主义者的身份加在后期维特根斯坦身上是对后期维特根斯坦哲学的误读所致。麦克道尔认为，对维氏哲学的社会构造主义者的解读带有传统理论的视角，它们想当然地认为维特根斯坦的哲学研究也带有这一视角，因而认为维氏的哲学意图是构建一门独立的意义理论。麦克道尔指出，赖特关于后期维特根斯坦哲学的理解正是这一错误解读的典型。如果维特根斯坦具有怀疑主义的思想，即他不相信主体的理解的真实性和可能性，而只相信语言游戏构造的东西，那么，对于主体而言，意义就成了完全不能理解的东西。③ 如果意义是语言游戏构造的东西，理解只是把自己置入语言游戏中把握规则，那么，我们所有的有关"事情是如此这般"的经验的感知

---

① C. Wright, *Rails to Infinity*, Harvard University Press, 2001, p.88.

② C. Wright, *Rails to Infinity*, Harvard University Press, 2001, p.142.

③ Cf. J. McDowell, "Wittgenstein on Following a Rule", in *Mind*, *Value*, *and Reality*, Harvard University Press, 1998, p.223.

感受性就不可能存在了，因为我们根本没有资格去这么做。① 在这种情况下如何保证意义的客观性？此外，赖特的错误是把语言游戏置于一个本身没有规范的社会活动之上，并以此认为，语言游戏的目的是建构规范的东西，以达到对第一人称的意向状态的制约，并建构共享的理解。但殊不知，社会实践早已是一个成熟的规范性实践，赖特认为是建构起来的规范早已存在。

这也就是说，赖特的观点错误地假定了维特根斯坦所讨论的社会是一个没有其固有的社会规范存在的社会，所存在的只是一个个非推理的、不确定的个人的意向性状态，因而个人的意向性状态需要改变其非推理的意识状态并成为语言共同体中的一种观点或态度，这样才能为他人所理解。但维特根斯坦的自然主义视角所看到的是这样一种事实：我们在传统的意义（知识）证明理论中无法证明的知识，完全可以通过阐明认知在具体生活实践形式中的"自然的"表现来证明。在生活实践中存在规则，我们完全可以通过把握这些规则来运用规则，从而达到一种意义解释的目的。这也就是说，维特根斯坦试图表明，传统哲学认为是建立在规范的讨论和解释之上的意义和知识，是完全建立在有关实际的人类实践形式的认识之上的。

因此，维特根斯坦并没有这样的想法，即通过把意义释义的问题与习俗或生活形式联系起来建立一种有关理解和意义的理论。当维特根斯坦说，我们必须接受某种给定的东西，可以说就是生活这个东西，他的意思并不是试图通过确定这样一种关系，以便对意义与理解或意向性的问题作出建设性的解释，而是提醒我们注意，我们在面对意义与理解或意向性问题时如何能作出更恰当的理解，即提醒我们注意，作为一种自然现象的人类生活形式是如何早已具有意义和意向性的。我们是去"感受"意义，回到它身旁，而不是用习惯的意义去构建新的意义，即把已存在的意义作为一个论辩的理由或依据，像一些社会构造论者所做的那样。因此，维特根斯坦并未否定意向性的内在性质。麦克道尔认为，相关的解释夸大了后期维特根斯坦哲学有关心灵的部分。这些解释都认为维特根斯坦的看法是，内在的心灵世界是作为感

---

① Cf. J. McDowell, "Wittgenstein on Following a Rule", in *Mind, Value, and Reality*, Harvard University Press, 1998, p.222.

受者的主体才能领会的世界，哲学的解释对此是无能为力的。但维特根斯坦并不这样看待内心的世界，即他并不认为内在心灵的世界是哲学应该远离的对象。维氏说过这样的话：

> 显然，对你而言，所有这些事都存在（现在所有我要做的是理解我们对这些表达的使用），它们一直在那里，我不对它的任何特定例子的有效性提出争辩，我所要做的是理解它们的使用。[①]

维特根斯坦这段文字透露的看法没有引起人们的注意，相反，人们形成了维特根斯坦认为主体的意向性状态是无法理解因而必须否定它存在的意义的观点。的确，从表面上看，没有任何事态可以成为意向性的内容，即它可以构成一种意向性状态。因而，赖特认为，维特根斯坦批评了柏拉图主义的符合论，即那种认为任何图画都有一个与之相关的图像，而图画所指向的正是它的图像的理论。从而也抨击了把心理的意向性层面同化为意识的发生现象的做法，以及笛卡尔式的意识的发生现象（通过私人语言论辩）的概念本身。

赖特以及流行的解释还把后期维特根斯坦视为一个反实在论者，但后期维特根斯坦是一位反实在论者吗？从康德哲学到黑格尔哲学及其后的确存在一种反实在论的倾向。康德之后的德国哲学一般也称为"德国观念论"。但后康德哲学也并不真正是观念性的，即它并不一定显示为某种明显的观念的依赖性，因为也只有在超验的世界构成的解释中，在世界与思想的相辅相成的关系中，观念才被视为在这个关系中发挥重要作用的方面。黑格尔之后的观念论，由于并没有正确理解黑格尔的现象学分析视角，"观念论"被理解为一种对实在论的放弃，因而在这里带有一种退缩的意思，即一种试图从世界与思想相互牵制的关系走出来的企图。尽管在康德那里，代表另一端的"事物自身"或物自体的概念的矛盾也被揭示了出来，康德（至少在其经验概念中）已经看到，这一概念对认识可能毫无作用。在麦克道尔看来，维

---

① L. Wittgenstein, *Philosophical Investigation*, Oxford：Basil Blackwell, 1958, p.126°.

特根斯坦在关于意向性与内在性的讨论中所反对的正是这样一种退缩。维特根斯坦的根本目的就是揭示，这种退回到内在性的荒谬性是一个应该给予抨击的对象。后期维特根斯坦哲学的一个根本目的是推翻实在论的意义证明模式，但这并不等于他拒绝了实在论。

　　克里普克认为，维特根斯坦反实在论，是因为他看到实在论要求一个句子的意义理解的真值条件是得不到的。克里普克的维特根斯坦的怀疑主义释义持这种观点。该观点认为，维特根斯坦反对实在论的意义理论模式是因为他否认了意义理论的证明理论，即那种认为意义解释的一般形式就是某种真值条件的确定。维特根斯坦看出了意义理论难以摆脱怀疑主义的悖论的事实，因而他的后期理论在否定了实在的意义真值解释模式之后，着重于寻找走出怀疑论的悖论的可能途径。维特根斯坦接受了这里的怀疑主义悖论，但他解决这一悖论的方法是否定性的，即他认为，怀疑主义的悖论是无法消除的（没有解决方法），我们只能用怀疑主义的方式予以抵制。一个明显的事实是：没有任何事实可以表明，我们可以把一种意义赋予一个语句而不是另一个语句。我们实际上只是根据它的使用方法接受一种意义：接受语言共同体当下使用它时所已经接受的意义。的确，我们可以根据这一符号的使用而使之成为可理解的，从而把个人的理解置于共同使用这一符号的语言共同体的理解之中。

　　把个人的理解置于语言共同体的理解之中是克里普克关于私人语言论辩的核心思想。但这一怀疑主义的解决办法是否成功？的确，后期维特根斯坦的哲学变化也是因为他意识到基于真值条件的意义理论是不成立的。如果意义的真值条件是不成立的，那么，个人似乎就无法单独理解一个语句了。这也就等于说，对于像加号这样的语言符号，个人不可能有自己的理解。这完全有可能带来难以置信的自我否定的结论：所有的语言都是没有其固有的意义的结论。成为语言共同体内的成员，以接受公共的理解，能走出这里的意义的自我否定的困境，即怀疑主义的困境吗？

　　麦克道尔认为，克里普克的维特根斯坦怀疑主义主要根据《哲学研究》第 201 节那段著名的话，但麦克道尔认为，如果更完整地读，克里普克的结论就值得推敲了。可以清楚地看到，维特根斯坦在这段话的后半部指出的

"一种解释的规则"中的解释并不是指带有恶性循环论证的解释，因为维特根斯坦明确地说："这里有一种把握规则的方法，这不是一种解释……"①

排除怀疑主义，只有通过风俗、实践和制度。麦克道尔认为，维特根斯坦的真正目的是要避免这两种倾向：第一，理解就是不断地解释。这样的观念要么带来了实际的语句没有其意义的怀疑主义，要么认为它们都有固定的意义的尴尬。摆脱这种尴尬就是学会在词语的使用关系中（比如，在什么情境下我们喊"救命"，即用这个词语）。第二，认为在使用词语中没有规范的存在，所以必须有一种规则，以便我们按规则去理解。代替这两种倾向的是一条中间道路，即不偏向没有任何规范的简单的意义使用概念，也不使用直接运用规则的方式，而是依赖习惯（custom）或一种制度（institution）和实践。

上述流行的释义的第一个方面涉及生活于理性空间中的人的心灵问题。的确，维特根斯坦不赞同单独地考察人的感性生活形式中的难题，相反，他认为我们必须把意义的概念和理解置于共同体实践的框架内。理解一种实践的规则就是加入相应的实践，而不是寄希望在先的解释，即不是寄希望于现有的实践规则发挥解释的功用。② 但维特根斯坦并没有否定个人的认知活动，这就是说，在维氏的哲学中，个别主体的心智状态并没有被剥夺认知外部世界的能力，它仍然能对具体的感知感受性经验负责。③ 所不同的只是，在这些感知经验活动中，它不再像传统认知模式那样借助知识的解释证明模式，而是通过把自身置于现有的实践规范形式中作出理解，以避开解释的无穷倒退。"我们把某物称为'绿色的'正像我们喊'救命'一词一样，只要知道了实际情形中该词的使用规范，我们就正确地使用了这个词。"④ 这也就

① L. Wittgenstein, *Philosophical Investigation*, Oxford: Basil Blackwell, 1958, p.81ᵉ.

② Cf. J. McDowell, "Wittgenstein on Following a Rule", in *Mind, Value, and Reality*, Harvard University Press, 1998, p.238.

③ Cf. J. McDowell, "Intentionality and Interiorty in Wettgenstein", in *Mind, Value, and Reality*, Harvard University Press, 1998, p.320.

④ J. McDowell, "Wittgenstein on Following a Rule", in *Mind, Value, and Reality*, Harvard University Press, 1998, p.242.

是说，比如，关于颜色，这里并不存在脱离已有的理解之上的解释（证明），因为我们早已有规范的知识。在这个情况下，个人作出颜色的判断乃是在这种规范引导下的行为，我们充分利用了已有的知识和技能。我们是处于麦克道尔称之为第二自然之中的，即处于一个成熟的规范的世界之中的，因此，个人的意向性是在充分利用了这种关系的一种显示，个人的隐含的意向性必须通过语言的公共性来表达。我们概念思维的能力和规范运用的能力是人类实践的历史产物，只要单个的人没有脱离它所处的社会实践，它便能拥有真实的意向性状态。

通过对以上理论的反击，麦克道尔驳斥了认为维特根斯坦后期哲学中的理论静默主义立场不是其哲学的本意而是其理论缺陷造成的观点。麦克道尔认为，回避任何实质性的哲学建构乃是维氏后期哲学的目标。维氏后期哲学揭示，意义只存在于它的使用的语境当中，没有脱离这种使用语境的意义，所以，像"什么是意义"这样的问题是非常奇怪的。① 麦克道尔认为，后期维特根斯坦的哲学就是要打破这种奇怪的幻觉，彻底揭露意义需要一个与其使用的语境不同的理论解释的观点的谬误。

在关于维特根斯坦的"遵守规则"的论辩中，麦克道尔因此反对那种把遵守规则视为一种获得意义的理解和证明的构造主义解读。

> 如果人们认为维特根斯坦提供了一个关于意义和理解是如何可能的建构性的哲学，求助于被认为是可以描述的但却缺少意义和理解的人们的相互交流，那么我们就完全忽视了他关于哲学不包括理论学说，也不提供实质的断言的隐含的观点。②

麦克道尔相信，维特根斯坦要告诉我们的是，规则是直接把握的，它并不需要一个解释的过程，即我们并不是通过相互表明（解释）如何遵循了

---

① Cf. J. McDowell, *Mind and World*, *with a new introduction*, Harvard University Press, 1996, p.176.

② J. McDowell, "Meaning and Intentionality in Wettgenstein's Later Pholosphy", in *Mind*, *Value*, *and Reality*, Harvard University Press, 1998, p.277.

规则来证明我们遵守了规则。把握规则并不是解释，解释只会把我们引向构建某种理解规则的理论构造主义，解释不仅是多余的还会带来偏见。这里的解释的欲求是必须予以清除的，我们必须保持一种有节制的哲学态度。① 从这个角度看，我们遵守规则就像按照一个指示牌行动一样，这里不存在任何解释的需要，只要我懂得所写的文字的语言。在第二自然中，惯例、习俗和规则已成为一种文化和概念运用框架，运用它们也已成为了我们的一种概念能力。

作为一个理论静默主义者的维特根斯坦对于麦克道尔具有重要的意义，因为维特根斯坦的理论静默主义的思想支持了他关于意义的理解与第二自然的特殊关系的理论。对他而言，维特根斯坦间接地表明了，一种意义理论不需解释或证明的使用规则，并不等于是不正确的使用。遵循或使用一种规则就是加入一种社会实践。而由于我们本身的概念能力就是社会实践的产物，我们没有理由认为我们还需要额外的解释或证明来表明我们加入了这种社会实践。另一方面，社会实践本身或生活形式本身已是为解释和理解塑造的存在，它本身是规范的，因此，我们没有理由担心是否存在错误的规则的问题。② 担心错误是没有必要的，因为从第二自然的角度看，遵守规则还意味着我们是以一种社会性的规范概念的方式来看待和理解外部世界的，不存在缺少这一概念视角的感知经验。

麦克道尔的自然化的柏拉图主义继承的正是后期维特根斯坦的这一思想，因为它的思维前提是，存在着由文化和历史构成的第二自然，理性空间并不是与第二自然分离的存在。就像后期维特根斯坦哲学注重从人类自然的实践史探讨意义等传统哲学的概念，因而把"语言游戏的理论"建立在一般的自然的事实之上（即基于"事物实际所是的样子"③）一样，自然化的柏拉图主义认为，生活形式、语言游戏的概念都指向人类工具性实践和语言的能

---

① Cf. J. McDowell，"Wittgenstein on Following a Rule"，in *Mind*，*Value*，*and Reality*，Harvard University Press，1998，p.258.

② Cf. J. McDowell，"Meaning and Intentionality in Wettgenstein's Later Pholosphy"，in *Mind*，*Value*，*and Reality*，Harvard University Press，1998，p.277.

③ L. Wittgenstein，*Philosophical Investigation*，Oxford：Basil Blackwell，1958，p.56ᵉ.

力，它是教育和文化的自然的历史的一面。这里没有传统意义上的表征主义的实在论或意义证明的理论，有的只是对人类实践中实际所做或能做的事情的讨论和解释，以及我们所关心的意义或知识与这里的实践或所能做的事情之间的关系。维特根斯坦看待生活于自然的实践模式中的人的行为和思想的方式完全不依赖实在论或任何外在的理论（解释），而是与实践的生活形式结合在一起，以此思考人们的行为和思想。用维特根斯坦的话来说，"这里存在一种不是通过解释而掌握规则的方法。"①

第四节　理论静默主义的积极意义

从麦克道尔对哲学焦虑的诊断来看，它的整个过程非常类似一种思想的启蒙和对幻相的解蔽。麦克道尔对现代哲学的全方位的病理诊断与治疗当然是一种思想的诊断和治疗。从其认真对待幻觉的解蔽和思想启蒙的角度看，麦克道尔的"理论静默主义"实际上具有某种积极的意义。在这个方面，我们不能忽略麦克道尔受到康德和黑格尔哲学的强烈影响这一点。

分析哲学的康德和黑格尔哲学回归让人想起了两大哲学传统融合这一现象，即关注世界指称的分析哲学与关注世界揭露的欧洲大陆哲学传统的融合这一现象。罗蒂在为 W. Sellars 的 *Empiricism and Philosophy of Mind* 一书所写的导论中指出，从分析哲学中的黑格尔哲学的复兴来看，未来这两种哲学传统将走向彻底的融合，以往它们的对立和分离只会是哲学历史发展中的一个小小的插曲。在未来的发展中，塞拉斯与哈贝马斯，戴维森与伽达默尔，普特南与德里德，罗尔斯与福柯都会成为同道。② 但罗蒂的融合论带有一种哲学形态的彻底消亡的意味：罗蒂否定了哲学的整个认识论企图，即他并不认为哲学有必要关注认知的客观性的问题。在罗蒂心目中，带有认识论

---

① L. Wittgenstein, *Philosophical Investigation*, Oxford: Basil Blackwell, 1958, p.81ᵉ.

② Cf. W. Sellars, *Empiricism and Philosophy of Mind*, *With an Introduction by Richard Rorty and a Study Guide by Robert Brandom*, Harvard University Press, 1997, p.12.

企图的分析哲学已经过时，就像带有认识论意图的大陆哲学也已完全过时一样。人们不会完全赞同罗蒂的这种说法。罗蒂的反认识论只是一个例外。麦克道尔并没有提出反认识论的主张，即没有提出彻底放弃对外部世界认识的客观性的探讨。麦克道尔转向康德和黑格尔哲学，是因为他认为康德提出了知性自发性的理论，填补了主客体之间的认识的沟壑，而黑格尔则彻底推翻了主客体二元论，取消了任何形式的理性与自然之间的中介，并提出了系统论证了主客体或理性与自然的同一性的思想。麦克道尔还以同样的方式来解释后期维特根斯坦哲学，他把"后期维特根斯坦的理论静默主义"与他的自然化的柏拉图主义联系在一起，从类似于黑格尔理性的历史经验（第二自然）的角度对心灵与实在的本质做了新的理解。

罗蒂发展的黑格尔哲学选择的是更为激进的主体性转向，比如罗蒂的反哲学认识论视主体受制于外部世界为自我背叛（自我否定），他激进的反哲学思想认为，自我决定的主体没有必要对外部的客观性作出回答，主体可以通过其社会交往形式建构一种互主体性，即团结起来，用充满了协作性的团结（通过平等的对话）建立其自身可以依赖的信念。因此，对于罗蒂而言，相互协作的交互主体的自我决定要重于对外部世界的回答而建立的客观性。在罗蒂看来，放弃受制于外部世界的客观性类似于放弃对非人类的神性的权威性的服从，这是现代世俗化社会的一种必然的抉择。罗蒂的互主体论题也是麦克道尔的主体自我决定的理论主旨的一部分：麦克道尔承认，由客观性转向互主体性的黑格尔主义的思想无疑也是他所关注的主体自我决定的理论的一部分。[1] 就像这一思想同样为戴维森和布兰顿等人所继承一样，但麦克道尔的不同是，他提出了被罗蒂整个放弃的世界的外在约束的问题：麦克道尔在承认由社会实践的规范授权的思想的意义的同时做了最低限度经验主义的承诺。[2]

麦克道尔与罗蒂的分歧，迫使我们关注这样一个问题：理论静默主义如

---

[1] Cf. J. McDowell, *Having the world in view*: *Essays on Kant*, *Hegel*, *and Sellars*, Harvard University Press, Cambridge, Massachusetts, and London, England, 2009, p.103.

[2] Cf. J. McDowell, *Having the world in view*: *Essays on Kant*, *Hegel*, *and Sellars*, Harvard University Press, Cambridge, Massachusetts, and London, England, 2009, p.105.

何能运用于处理有关外部世界的现象主义的约束这一传统认识论难题？从罗蒂的视角看，接受了理论静默主义就不应该再存在这样的问题，即我们就不应再介入任何有关世界的认知关系的哲学探讨。但罗蒂多少是小看了这一认识论的核心问题始终如一的吸引力。麦克道尔的理论静默主义极为不一般的地方就是他对这个认识论的核心问题领域的介入。麦克道尔并没有因为反对经验主义的"被给予的神话"而整个地否定经验主义把经验与经验的对象性世界联系起来的意图。

　　与罗蒂不同，麦克道尔反对的是构造主义的哲学，而不是反对对认识论问题的探讨。"理论静默"或哲学沉默等于放弃理论（特别是建构性的认识理论），但并不等于放弃与认识论相关的任何认知的问题。这一点对于麦克道尔而言特别重要。放弃认识论或理论，对于麦克道尔而言也具有特殊的意义：麦克道尔认为，他更愿意把维特根斯坦所要表达的理论静默主义的思想理解为一种他称之为自然化的柏拉图主义的思想。① 麦克道尔并不赞同取消所有有关哲学认识论问题的思考，从而把哲学贬为一种文化或社会理论的思想。这也就是说，他完全反对罗蒂反哲学方案所提出的取消任何对认识论问题的思考的要求。麦克道尔承认，他理解罗蒂的反认识论的动机，但他认为，对认识论问题的彻底消解是没有必要的，我们在批评传统的认识论同时，并不一定要采取全然否定的态度。在他看来，罗蒂批判传统认识论的理论，实际上要求他更应该把某种可以看作是认识论的反思视为不可或缺的，或更应该以一种包容的态度对待它。② 为了深入理解麦克道尔的理论静默主义思想的积极一面，我们不妨首先从麦克道尔对罗蒂的批评开始。

---

① Cf. J. McDowell, *Mind and World*, *with a new introduction*, Harvard University Press, 1996，pp.176-177.

② Cf. J. McDowell, "Towards the Rehabliating Objectivity", in *The Engaged Intellect*, Harvard University Press, 2009, p.204. 麦克道尔认为，罗蒂放弃笛卡尔式和大不列颠传统的认识论的要求是正确的，我们不应把这一认识论传统视为一个未竟的事业，以至于试图去回答这一传统提出的问题。同样地，我们也应该区分传统认识论认为存在的世界概念与人类存在的特殊性的（divine）概念，我们不应混淆它们之间的关系。但在麦克道尔看来，我们完全不必为了避免陷入上述传统认识论的概念，只接受关于我们作为特殊存在的思考，排除任何与作为特殊存在的"我们"无关的问题。

罗蒂反认识论是出了名的，对他而言，像笛卡尔和英国经验论这样的认识论建构是应该被彻底放弃的。罗蒂反认识论是彻底的，他表明的是一种极端的理论态度，他主张，作为试图寻求认识客观性理论的哲学形态应该彻底消亡。罗蒂呼吁放弃任何形式的认识论的建构，转而把真正的哲学问题与历史和社会政治的问题结合起来考虑。对他而言，哲学的问题是真实存在的，只不过它们的问题是历史和文化政治的问题。罗蒂提出的是哲学范式的转换问题，即他所提出的并不是用一种认识论取代另一种认识论的革命，而是对哲学自身长期以来担当的任务的否定。麦克道尔尽管赞同哲学的自然主义化，即赞同他对认识论在哲学中的意义和作用的否定，但他并不认为任何有关认识论问题的思考都是没有意义的。麦克道尔承认，他理解罗蒂的反认识论的动机，即他对认识论的消解，但并不同意他对认识论问题所采取的敌视态度。在"走向客观性的复兴"一文中，麦克道尔试图纠正罗蒂的立场，因此在文章的开篇中他写道：

> 在那些批评笛卡尔和大不列颠经验论传统的认识论的哲学家中，罗蒂是名声显赫的一位。但这一看法低估了罗蒂评价认识论的极端视角。对于罗蒂而言，他所批评的上述认识论的认识方法就是所谓的"认识论"所做的事情。他并没有分心去区分那些仍可称为认识论的某些不同的或有用的反思。我在这篇论文中的主要目的是指出，我所持赞同态度的罗蒂的基本观点，完全不必对认识论的观念采取完全排斥的立场。实际上，我认为，罗蒂的基本方案，对可以称为认识论的反思完全需要一种更友好的姿态。①

麦克道尔认为，从某种意义上说，罗蒂认识论也可以看作是美国古典实用主义思想的极端化的表现。杜威在其哲学中，清楚地表明了传统的西方文化的转型或趋向成熟的规律：由传统所赋予的文化内涵随着文化自身走向

---

① J. McDowell, "Towards the Rehabliating Objectivity", in *The Engaged Intellect*, Harvard University Press, 2009, p.204.

成熟，并最终被卸除，特别是那种造就了人类服从规则的宗教信仰传统。对于杜威而言，文化走向成熟类似人走向成年，它必然会抛弃妨碍它成为一种独立的人的外在桎梏。而罗蒂所看到的不只是宗教和文化的问题，他关注的是传统认识论带来的种种有关生活实践和科学的现代标准的问题。在理解生活实践和科学的问题时，罗蒂不能接受与此相关的认识论上的服从关系，就像杜威不能接受文化和宗教所赋予的信念模式上的服从关系一样。

罗蒂拒绝认识论，因为认识论关注实在的方式是把一切对象都当作客体来认识，而这样的认识方式是非人类的（因为人类也被当作与物体一样的认识对象）。罗蒂认为，我们应拒绝由此形成的有关意义客观性的解释，放弃这种科学主义化的认识论，回到人类生活实践中去理解人类、理解相关的意义客观性的问题，拒绝任何认识论构建的有关人类和意义客观性的解释或已有的标准。这样做意味着去解释作为一种社会生活的统一性或协作性的方式，即伦理生活方式，而不是从认识论上寻求它的存在的客观意义。罗蒂并不认为，人类社会和世界是一个认识的对象，对于它们，我们可以通过建构客观性的话语来回答什么是它们的客观意义的问题。他要求放弃任何话语的词汇，放弃客观性，关注人类社会的统一的生活形式。在他看来，探讨意义的客观性是传统认识论的弊病，它建构的服从的客观性与文化中信仰的客观性是一样的，而拒绝这些客观性的意义标准是人类走向成熟的表现。

罗蒂认为关注客观性，而不关注历史的统一性是现代哲学另一个不成熟的地方，即它表现出来的盲目的自信，不愿承认追求客观性所面临的种种困境。在罗蒂看来，现代哲学追求客观性词汇，反映出它试图维护自己一直以来的自信，拒绝承认传统追求有关世界的客观性的困境。现代哲学相信，实在本身会在我们努力表现出来的修正性态度中弥补自己的缺陷，如果理性的存在者没有看到这一点，他们就不可能以一种与世界相符合的方式恰当地运用人类的普遍能力。现代哲学认为，如果我们不这么认为或缺少这样的信念，我们就有可能求助某种高于人类能力的全能之物（神）。罗蒂认为，我们所要跟随的就是我们的伦理生活，因此他像尼采一样反对求取正当性的形式的伦理学。在他看来，柏拉图的道德理论的缺点是，它忽视或排挤了人类自身的伦理生活，从形式上考虑生活的动机，似乎可以有一种无须借助伦理生活动机的生活态度，这样就把人类逼入了死角，被迫思考一些并不属于它的东西。

但麦克道尔认为，罗蒂对现代哲学的柏拉图哲学源头的反思并不完全符合柏拉图的原意。把伦理生活与形式的理论结合起来，并不意味着脱离伦理生活，相反，它可以在伦理生活中寻找什么是正确的行为。

> 与形式相联系，并不意味着用思考如何作为替代，相反，形式是一个形象的参照，它可以让我们坚持这样的观点：这里存在着让事情变得正确的事情，在缺少方法时，它可以精确地使对伦理问题的回答获得普遍的说服力。使某人与形式接触，就是在原则上使某人在与那些足够理性能参与讨论如何生活的问题上选择服从，这并不是柏拉图的思想。①

罗蒂在这一点上是对的，即我们不能置我们的生活伦理的偶然性于不顾，片面地为之提供艰难的认知目标，但罗蒂因此否定伦理生活是可以讨论的（作为一个可以回答的问题）则是错误的。麦克道尔同意罗蒂对外部寻找客观性词汇的表征主义的批评，但他不能接受罗蒂把对指称内在使用的内在实在论与世界隔绝的融贯论立场。

麦克道尔对罗蒂批评的另一方面是罗蒂在知识论上的融贯论立场，这种立场也是他反客观性的根据。根据普特南的内在实在论的解释，指示语言与非语言之物关系的指称，都是内在于我们关于世界的观点的。罗蒂认为坚持寻找客观性词汇的一定是表征主义，表征主义在语言的内在指示关系中，像表征、指称这样的词汇是不能放弃的，但这是一种幻觉，只有寻求公共词汇才是唯一的出路。表征主义以外在于语言的方式寻求客观性是完全不可能的，尽管罗蒂没有说一定要把表征的词汇排除在外，但对于一切在普特南所指明的那种内在实在论之外的使用都是不能接受的，即以这种方式讨论客观

---

① J. McDowell, "Towards the Rehabliating Objectivity", in *The Engaged Intellect*, Harvard University Press, 2009, p.210.

性是不可取的。

内部主义并不是代表与世界的隔绝，它仍然是对外部世界的回答。罗蒂的考虑是，一旦在我们关于世界的语言内部指涉中使用表征性词汇，我们便会掉入试图走出我们心灵之外去寻找客观性的困境。表征主义不能接受纯粹的内部主义的观点，因为在它看来，这样的内部指称是局部的（与世界本身的独立性和全体性相比），因而有可能是主观的，这也是表征主义要求独立地使用"真"和"指称"这样概念的原因。

罗蒂认为，有三种对"真"的潜在的用法，即规范或命令性的用法，去引号的用法和谨慎的用法。麦克道尔不同意罗蒂通过对真理的谨慎用法的否定取消"真理"的概念的做法。罗蒂的观点是，因为共同体的普遍有说服力的概念并不是一个真正的规范概念，不管它怎么表明它是某种现有的最好的概念。从这种意义上说，它试图表明的真理的概念也不存在。杜威的实用主义的一个根本意图是，把哲学和真理概念从至高无上的理论的逻辑世界拉回现实的生活世界的实践中，它试图揭示，真理就是我们身处其中的社会生活实践中的概念，它并不是一个艰深的或难以企及的概念。从这种意义上说，杜威的实用主义并没有否定真理概念。在麦克道尔看来，罗蒂否认真理概念是得不偿失的。如果说古典的真理论在社会实践之外寻求理论的真理概念，因而完全脱离了具体的社会实践，那么，罗蒂通过对古典的理论的（逻辑的）真理概念的否定而得出的"反真理论"同样脱离了具体的社会生活世界。与杜威不同，罗蒂认为，他可以通过消减哲学的僭妄达到一个理想的结果，即我们可以愉快地相信，相关的真理概念根本不是我们能企及的。[1] 但对于麦克道尔而言，治愈我们对哲学的不切实际的幻想，即摆脱认为哲学可以为我们提供某种基础性或根本性的真理概念的基础观念，并不等于说一定要放弃有关世界客观性的词汇，即否认存在有关世界的理解的客观性问题，相反，应把对世界的客观性的回答视为一个成熟人类的问题。

---

[1]　Cf. J. McDowell, "Towards the Rehabliating Objectivity", in *The Engaged Intellect*, Harvard University Press, 2009, p.222.

结　语

　　当我们承认，今天不是形而上学而是自然科学告诉我们世界是怎样的，哲学如果要生存下去的话，只有两条道路可以选择：要么像黑格尔那样转向对知识的历史的关注和社会文化批判，像后来的海德格尔、阿伦德、柏林、杜威和哈贝马斯所做的那样——这是一种主要为欧洲大陆哲学家所选择的一条哲学道路；要么选择另一条道路：继续像康德那样讨论和分析知识论问题，为哲学保留一个独立学科的位置。① 新康德主义、英国哲学或整个后来发展起来的分析哲学是这一选择的结果。从德国的新康德主义和英国的经验论传统开始，"经验"和"意识"就始终作为认识论的一个分析研究的对象而存在。后来弗雷格和皮尔士又发展起来对"语言"和"符号"的研究。前一种传统把对意识和经验的研究视为一种类似自然科学研究原子的性质一般的研究；后一种传统则以同样的态度把语言和符号的研究视为一种具有与科学研究类似性质的研究。而且这两种传统的哲学观念都排斥历史的和文化批判的哲学研究路径。但维特根斯坦哲学的揭露却在很大程度上影响了这里的哲学信念。人们开始怀疑哲学作为一门独立的科学学科的地位，即怀疑它对经验、意识或语言和符号的研究是否具有像科学研究原子的结构那样的科学的意义和价值。这种怀疑主义的立场逐渐影响扩大，人们开始把它称为"理论静默主义"。

---

① Cf. R, Rorty, "Naturalism and Quietism", in *Naturalism and Normativity*, Edited by Mario De and David Macarthur, Columbia University Press, 2010, p.56.

　　我们看到，麦克道尔不接受罗蒂的观点，因为罗蒂的观点暗示着传统的哲学仍可以以一种历史文化批判的方式出现，它仍然可以用理论的方式干预现实世界。在这种情况下，它表明了罗蒂对理性与自然的对立的默认。另一些比较有代表性的看法是，今天概念的自发性思维的世界已为自然科学（神经科学和物理学）所压制，这意味着我们很难像以往那样用概念自发性思维去思考诸如真理、自由、意识、责任、善和价值。哲学的特殊之处是它不得不思考这样的问题，即科学所揭示的世界是怎样与日常社会实践自发地感受的世界调和。而还有一些更强的思考则认为，今天的哲学要思考的问题是科学的世界观如何与我们自发的概念思维所构想的世界调和的。我们看到，所有的这些问题都不在麦克道尔考虑的范围之内。麦克道尔已经表明，所有这些调和的企图都基于一种幻觉，即理性的逻辑空间与自然的逻辑空间分离的幻觉。

　　罗蒂也同意，对科学与常识的不同世界的划分是多余的（因而对他而言，这里同样没有任何哲学推论的必要），但他却接受了塞拉斯的两种逻辑空间分离的分析，这也正是他转向历史和文化，试图以某种退缩式的历史文化的"哲学姿态"以抵消它们的分离所带来的压力。因此，罗蒂在把他自己称为理论静默主义者的同时，也称自己为主观的自然主义者。主观的自然主义者就是一种退回历史文化以促成某种缓和状态的姿态。但麦克道尔的理论静默主义并不带任何退缩主义的痕迹：他的第二自然的自然主义起一种理论祛魔的作用，即它是用来化解一切试图以理性重建的方式回答"什么是理性空间"的哲学推论的。这也就是说，对于麦克道尔而言，真正的理论静默主义者不会承认任何不同世界的世界观的存在。换言之，它会认为对世界的概念划分是一种哲学式的误导。作为社会实践的一部分的科学是统一于社会本身之中的，我们不能认为这里存在不同的描述世界的语言或不能相互沟通交流的不同的语言模式。

　　但麦克道尔的理论静默主义与罗蒂的理论静默主义在下述问题的看法上存在相似性，即它们都反对超自然主义（膨胀的柏拉图主义），即他们都认为，超自然主义的下述看法是错误的：日常生活或科学实践本身的趣味并不能替代哲学的概念自发性思维。因此他们也不同意这一看法，即我们不可能去迎合现实世界的趣味，而应多少保留概念的世界构思，即那种根据语言—世界的真值关系来表明的世界概念。今天仍有不少自然主义者并不愿放弃哲学提供规范的世界思维的传统。关于这一现象，麦克道尔完全会同意罗蒂对此所做的辛辣的评论。按照罗蒂的说法，这种仍试图保留哲学的概念思维特殊地位的意图非常类似 17 世纪的亚里士多德主义者仍然无法放弃亚氏的形质论（统一和有机的世界概念）一样。在罗蒂的眼里，这种仍试图寻求世界理解的统一性，即寻求自然科学的世界解释与理性概念的世界解释的统一的自然主义就是所谓客观的自然主义。

麦克道尔的第二自然的自然主义不寻求所谓解释或语句的真值条件，客观的自然主义认为我们仍然必须考虑客观的外部世界的指称的问题，我们仍然必须像戴维森那样区分被认为是真和事物实际上为真。麦克道尔并不否定存在这样的语义关系，而是认为，当哲学试图去思考或探索这样的问题时，它就完全弄错了它自己的使命。麦克道尔也不认为，这里不再存在"被认为是真"与"实际上为真"的区别，即不存在"使真为真"的真值条件，而是认为，如果你仍然相信词语有一个与其具体的使用分离的表征式的真值条件，它不能脱离这一条件为真，那么，你便会遁入还原论的自然主义，即你就必然会试图去改变或修正词语的用法：你就会赋予哲学以一种理论的使命。在这种情况下你就会去区分实在的内在性质与主观表征的世界，你会死抱着传统的认识论不放。从第二自然的自然主义的角度看，任何这样的理论追求的残余动机都是荒谬的。我们可以这样想，作为自然存在的生物的人，它早已表明它能够使用像"真"、"价值"、"意义"、"原因"这些词汇，那么，还有什么不明白的地方需要解释？如果你不仅知道这些词语的用法，而且也知道使用它们的意图和目的，那么，还有什么东西需要哲学加以解释和论证的？[①] 或许我们可以请教一下人类学家或历史学家，他们会告诉我们，人类如何从没有完整语言的原始的刀耕火种时代迈向语言、文化和科学的时代的

---

① 在这里，麦克道尔与罗蒂持相同的立场。Cf. R. Rorty, "Naturalism and Quietism", in *Naturalism and Normativity*, Edited by Mario De and David Macarthur, Columbia University Press, 2010, p.61.

过程，其中人类是如何应对外部世界的。

但麦克道尔理解自然与理性的融合的方式是否在无意中夸大了自然科学的主导地位？他凸显的第二自然是否仅仅是一个被自然科学化的第二自然？麦克道尔关注于常识这一被哲学的讨论所忽略的领域。在这一点上他试图回到"事物本身"，以及从理论上回到生活世界。从胡塞尔现象学的角度看，麦克道尔是否混淆了看待先验事物的不同的方式？根据现象学的观点，回到事物本身，意味着我们必须看到哲学、常识和自然科学看待事物的三种方式的不同。是否可以这么说，由于麦克道尔完全没有做这种区分，他似乎陷入了把常识与科学混同，从而反过来抵制哲学的反哲学立场。在麦克道尔那里，我们的确可以发现这样一种解构哲学的理论方式：通过指出常识是一个规范上封闭自足的第二自然，从而剥夺哲学看待事物的权力。

由哲学和常识带来的不同的一个经常引起争论的问题是，意义与使用的关系只有在特定的词语的表达语境中才会有清楚的含义。在某种情况下，使用决定意义的定义是清楚的，比如在"用'不'这个词来表达否定"或"用恺撒这个词语来指称恺撒"。但在另一种完全相反的情况下则完全不是如此，举一个极端例子：如果此时的语言是在描述物质粒子的运动的物理语言，那么使用就不可能决定意义，无论是如此刻画的语言还是其他，它的意义都不能简单地在语言的使用中显示出来：因为这里是在探求一个完全不同的未知领域。的确，在本质上使用的规范词汇还是有的，在表达某种命题以及概念内容时隐含着规范，它决定如何恰当地使用语言表达式、以及它的正确使用。"尽管这种语言实践的规范性是不可消除的，但却不能把它们当作原始的和不可释义的东西。"① 一旦我们非反思地依赖规范性的概念，我们就会剥夺对规范性概念进行释义的权力（规范概念被视为与原始的生活形式相关的意义自足的封闭概念）。要使规范的概念变得不再神秘，在这里只有两条途径可走：第一种是把语言规范当作是由社会实践活动构成的，不同的言语行为的意义可以从它对承诺（以及有权作出承

---

① R. Brandom, *Making It Explicit*：*Reasoning*，*Representing*，*and Discursive Commitment*，Harvard University Press，1994，p.xiii.

诺）的影响来评价；另一种是语言实践中隐含的规范是以一种道义的或认知的（deontic）方式呈现出来的。但这种道义的或认知的方式反过来是作为一种社会状态来理解的，由那些对社会状态作出归属和承认的实践态度构成的。

如果承认这一点，就没有理由认为我们可以通过制约语言使用的公共适当性原则来理解意义、信念或意愿，并因此可以把这些意向性状态的表现形式视为主体的社会感知和实践的结果。这样理解意义、信念或意愿的方式是消极的。何况麦克道尔的最低限度经验主义否认存在着我们对外在世界的理性推论的反应（概念思维）与功能性的反应（表征）的区别。此外，尽管我们可以用规范的语言去解释一个统一的结构或系统之间的联系，但是，只有区分了认知的规范与非认知的规范，才有可能得出真正意义上的规范。如果不能区分这一点，规范的解释就无法分辨其应用的对与错：我们很可能会把不同状态之间的协调或系统的自组织当作一种规范的显示，或把生活形式与各种不同的意向性状态的协调统一视为规范的，这种理解潜藏的危害是，它很有可能把包含着认知要求的规范还原为没有认知要求的规范。

还原论的自然主义试图表明理性是自然的，以打消人们认为理性与自然的隔阂，但它所要表明的自然是法则性因果的自然；麦克道尔同样试图表明理性是自然的，但他的自然是他所认为的第二自然，一个由人类的概念能力构建的自然，这个自然是包括概念能力把握的法则的因果自然在内。还原论的自然主义从表面上看，似乎也解决了理性与自然的对立，但它的代价是完全使人类的自发性的概念能力变得不可解释。而麦克道尔的第二自然的理解方式则使他避免陷入这种困境。因此，麦克道尔以他特有的方式打消了人们的另一个理论的焦虑，即概念的自发性与经验的实在性的冲突的焦虑。由此，麦克道尔由揭示感知感受性的真理性的焦虑的幻觉到清除概念自发性能力的经验的实在性的焦虑的幻觉，彻底消除了一切哲学式的"何以可能"的问题。但这里的问题是：如果像麦克道尔认为的，第二自然的自然本身是一种概念的能力，那么它就不只是一种没有任何分辨性的意向性行为。概念能力必然不会停留在常识上，即它不会只表现为是一种纯然对其历史社会环境作出反应的行为。这似乎表明，理性概念的能力并不仅仅是一种自然的东西。实际上，概念能力所表现出来的实践智慧从来不会把自己压缩到对环境的应对这一空间当中。概念能力还包括对科学与常识的不同作出区分的能力。我们也可以把这一能力视为我们所获得的第二自然的一部分，没有理由把这种能力排除在我们的自然形成的概念能力之外。第二自然发生在行动者身上的概念能力表明，我们不可能取消概念的使用和判断与吸取环境信息的概念使用的工具性的干预活动的区别。概念的使用和概念本身是存在区分的，麦克道尔没有理由同化它们。一方面，意向性状态是对外在世界或具体的社会生活形式（规范）的感知或接受，即规范的意向性状态是对公共的生活形式的一种反应，但另一面，概念能力绝不可能只是这样一种能力。麦克道尔有理由认为，人类的概念能力就是知道其自身处于何种位置。但人类的概念能力必然还包括当处于与经验的外部世界的碰撞中所作出的感受性反应，就像麦克道尔用概念能力去解释他的最低限度经验主义时，他必然会碰到的那种概念能力。即使人们认为，哲学中独立的命题态度是没有意义的（规范的意向性状态是受制于公共的生活形式的），也没理由排除概念能力在把握经验的外部世界中的能力。

　　人们很难避免会提出这样的问题：但麦克道尔对第二自然的使用仅仅像他认为的只是一种用来告诫回到构造性理论的有害性的警示吗？还是说他的第二自然的概念是否本身就是一种理论？理论静默主义是否真的只是完全放弃理论？一个明显的事实是，麦克道尔本人在提出他的第二自然的概念时，他是在根据一些传统哲学中被认为是建构性的理论为依据的，比如他运用了亚里士多德的自然的伦理的理论、黑格尔的教化的理论、伽达默尔的对使用概念思维的人与作为动物的人的区分的理论，以及康德的知性自发性的理论。如果按照麦克道尔的理论静默主义的定义，这些理论都不应出现，因为它们都明显的是一种理论，一种帮助我们如何正确地理解世界、社会和人本身的构造性的理论。如果这么看，能不能说，麦克道尔的以第二自然的概念为核心的整个理论的分析本身也是一种理论？麦克道尔反对怀疑主义提出的任何关于经验的真实性的问题，也拒绝回答这样的问题，因为他知道这是个陷阱，而且接受怀疑主义的问题就等于否定了我们的经验的世界的开放性的假定。麦克道尔在反对怀疑主义的种种疑问时已经指出经验的世界的开放性

（"如果人们没有被误导的话，如此这般的内容也是世界呈现自己的一个侧面"）。但这似乎同样不能够成理论静默主义的一个理由，因为我们同样需要有关经验如何可能是世界开放的理论解释，类似于胡塞尔的现象学所做的那种工作。这么看，这里同样有理论存在的必要。

一旦像理论静默主义那样承认"概念实在论"或"客观的实在论"，我们不可避免地会陷入语义的消极性之中。就第一种而言，把认知的使命想象为对前存在的事实（pre-existent facts）的发现，会把认知局限于仅仅是被给予的接受的过程中：它好像是让世界直接呈现在我们面前。如果这样的话，它就低估了我们在世界中发现事物是如何的积极的干预的能力所具有的重要功用。我们并不仅是观察，而是作出实验，我们形成理论和假设，测试它们，并相应地对它们作出修正。

理论静默主义必然会把认知者视为被动的观察者，但它是否一定要把认知使命视为是把事实摆正？事实上，理论静默主义完全可以与下述事实兼容：我们必须作出某种行动，以便去发现事物是怎样的（或早已是怎样的）。虽然在我们的认知中有接受的成分，但能动性或自发性仍是一个可以发挥重要作用的角色。因为我们必须从我们的那些备选的信念承诺中获得推理的结论，包括获得对于那些如果我们以某种方式行动，会发生或应该发生的实践的结论，然后是对这些结论性的论断的真理性作出评价。做这些事（包括实验性的干预）是对备选的承诺的信用的评价的一个根本因素。把我们的推论的实践看作包含了独立于这种实践的事实世界，并且把我们的论断看作是为了这些事实的正确性而对它们所做的回应。关于这一点，下述评论或许是有道理的："避免在常识与科学之间的两极分化，所能依赖的并不只是个人的良好意愿，它还需要依赖的是探讨常识与科学之间的关系的方法论的手段。这里的方法必须依赖日益具有自我反思特性的事实，即基于科学的常识或日常生活世界的立场是通过本身既不是常识也不是科学的哲学的立场实现的。换言之，麦克道尔在《心灵与世界》中所提出的论断必须基于更明确的表达。"①

---

① M. D. Barber, *The Intentional Spectrum and Intersubjectivity*：*Phenomenology and the Pittsburgh Neo-Hegelians*，Ohio University Press，2011，p.148.

参 考 文 献

J. McDowell, *Meaning, Knowledge and Reality*, Harvard University Press, 1998.

J. McDowell, *Mind, Value, and Reality*, Harvard University Press, 1998.

J. McDowell, *Mind and World, with a new introduction*, Harvard University Press, 1996.

J. McDowell, *The Engaged Intellect*, Harvard University Press, 2009.

J. McDowell, *Having the world in view: Essays on Kant, Hegel, and Sellars*, Harvard University Press, Cambridge, Massachusetts, and London, England, 2009.

J. McDowell, "In Defence of Modesty", in Barry M. Taylor editor, *Michael Dummett: Contributions to Philosophy*, Martinus Nijhoff Publishers, Dordrecht, 1987.

J. McDowell, "Anti-Realism and the Epistemology of Understanding", in *Meaning, Knowledge, and Reality*, Harvard University Press, 1998.

J. Habermas, *Wahrheit und Rechtfertigung: Philosophische Aufsätze*, Frankfurt am Main: Suhrkamp Verlag 1999.

J. Habermas, *Nachmetaphysisches Denken, Philosophische* Aufsätze, Suhrkamp, 1988.

J. McDowell, "Response to Graham Macbonald", in *McDowell and his critics*, Edited by Gynthia Macdonal and Graham Macdonald, Blackwell Publishing, 2006.

L. Wittgenstein, *Philosophical Investigation*, Oxford: Basil Blackwell, 1958.

P. F. Strawson, *Individuals: An Essay in Discriptive Metphysics*, London, 1959.

P. F. Strawson, *Skepticism and Naturalism: Some Varieties*, Columbia University Press,

1983.

R. Brandom, *Reason in Philosophy*：*Animating Ideas*, Harvard University Press, 2009.

I. Kant, *Critique of Pure Reason*, Translated by N. Kemp Smith, Macmillan and Co, Limited, 1929.

W. Sellars, *Empiricism and Philosophy of Mind*, With an Introduction by Richard Rorty and a Study Guide by Robert Brandom, Harvard University Press, 1997.

W. Sellars, *Science and Metaphysical*：*Variations on Kantian Themes*, Routledge & Kegan Paul 1968.

Redding, *Analytic Philosophy and the Return of Hegelian Thought*, Cambridge University Press, 2007.

R. B. Brandom, *Between saying and doing*：*Towards an Analytic Pragmatism*, Oxford University Press, 2008.

B. R. Brandom, *Articulating Reasons*：*An Introduction to Inferentialism*, Cambridge, Mass：Harvard University Press, 2000.

R. B. Brandom, *Making It Explicit*：*Reasoning, Representing, and Discursive Commitment*, Harvard University Press, 1994.

R. J. Bernstein, The *Pragmatic Turn*, Cambridge：Polity Press, 2010.

R. B. Brandom, *Tales of the Mighty Dead*：*Historical Essays in the Metaphysics of Intentionality*, Cambridge, Mass：Harvard University, 2002.

D. Davidson, *Truth and Predication*, The Belknap Press of Harvard University Press, 2005.

D. Davidson, "The Myth of the Subjective", in *Subjective, Intersubjective, Objective*, Oxford, 2011.

D. Davidson, *Inquires into Truth and Interpretation*, Clarendon Press, Oxford, 1984.

H. Robinson, *Perception*, Routledge：London and New York, 1994.

M. Dummett, *The Logical Basis of Metaphysics*, Harvard University Press, 1991.

M. Dummett, "what is a Theory of Meaning? (Ⅱ)", in *The Seas of Language*, Oxford, 1993.

M. Dummett, *Truth and Other Enigmas*, Harvard University Press, 1978.

M. Dummett, *The Interpretation of FREGE'S Philosophy*, Harvard University Press 1981.

S. Knell, *Propositionaler Gehalt und diskursive Kontoführung: Ein Untersuchung zur Begründung der Sprachabhängigkeit intentional Zustände bei Brandom*, Walter de Gruyter Berlin New York, 2004.

C. Taylor, *Source of the Self: The Making of the Modern Identity*, Harvared University Press, 1989.

Reading Brandom: On Making It Explicit, Edited by Bernhard Weiss and Jeremy Wanderer, Routledge, 2010.

H. Hermes, F.Kambartel, and F. Kaulbach, eds. *Gottlob Frege: Posthumous Writing*, University of Chicago Press, 1979.

R. B. Brandom, "Perception and Rational Constraint: McDowell's 'Mind and World'", In *Philosophical Issues*, Vol. 7, Perception (1996).

G. Frege, *Die Grundlagen der Arithmetik*.1884, English translation, *Foundations of Arithmetic*, by J. L. Austin, Northwestern University Press, 1959.

C. Wright, *Rails to Infinity*, Harvard University Press, 2001.

M. D. Barber, *The Intentional Spectrum and Intersubjectivity: Phenomenology and the Pittsburgh Neo-Hegelians*, Ohio University Press, 2011.

R. B. Brandom, "Fact, Norms, and Normative Facts: A Reply to Habermas", in *European Journal of Philosophy* 8: 3, 2000.

Huw Price, "Naturalism without representationalism", in *Expressivism, pragmatism and representationalism*, Huw Price with Simon Blackburn, Robert Brandom, Paul Horwich, MichaelWilliams, Cambridge University Press 2013.

后　记

对某家某派的哲学进行解读或诠释，作为了解或洞悉哲学意义的一种途径，始终没有失去其固有的哲学研究的意义。如果我们抛开那种肤浅的偏见，即认为研究某家某派的哲学不是原创性的哲学研究，因而它的意义是有限的；而是从严肃的学术研究的角度来看待这类研究，那么，不难看到，某家某派的哲学研究也是属于整个哲学研究范畴的，它是作为整体的哲学研究的重要组成部分，它的哲学解释是属于哲学本身的。

纯粹本文解释上的哲学研究一直是充满了挑战的，尽管再现式的本文释义或介绍在获取本文的客观的语义内容上始终具有它的意义，但这显然不是整个哲学研究的真正目的，甚至根本就不是它的目的。由于这里的本文解读或研究集中在某家某派的哲学本文或理论上，这就使问题变得更为特殊了，因为任何被认为是属于本文的客观的语义内容，实际上都是一种极难把握或极难获得的东西。从某种意义上说，既使客观的语义内容这个东西是存在的，它也并不是完全属于作者的。用在本书的研究上，这就等于说，即使我们相信存在一种属于麦克道尔的著作本文的客观的语义内容，但它也不是完全属于他本人的。某些本文的语义意义完全有可能超出了作者本人所赋予的意义。用标准的哲学解释学的话说，本文的意义超出它的作者所赋予它的意义并非偶然，相反，它总是如此的。这就是为什么说理解并不仅仅是重复，同时也是创造的缘故。①

————————

① 伽达默尔：《真理与方法》，上海译文出版社 1999 年版，第 380 页。

本文研究或解读在整个哲学研究中的重要性通过现代哲学解释学得到了充分的揭示。现代哲学解释学的一个非凡的洞见是：本文的语义意义是在整个理解和接受（解释）的诸环节中存在的，因为它只能在这一理解和接受的过程中显示出来。在这里，本文是没有独立存在的客观的语义内容。解读者与作者之间存在不可避免的区别，而这种区别的意义在于，向解释者展开的本文的实际意义，并不取决于作者的偶然的条件以及那些最初写了它的人。至少，本文的意义并未被他们所穷尽，因为本文也总是部分地为它的解释者的历史条件所决定的，因此也是为历史的客观过程的总体所决定的。从这个意义上说，任何一个本文作者都必须接受这一点，向解释者展开的本文的实际意义并不完全取决于作者本人。以本书的解读为例，麦克道尔的著作本文的语义意义也只能存在于理解和接受（解释）的诸环节中，而不是存在于别处。

本文与解读者之间的哲学解释的关系表明了，本文解读也不是件简单的事，所有试图对本文意义作出解释的解读都需满足一些特定的要求。一个根本的要求是，解释者是否真正把自己置入本文产生的整个历史背景和条件下，或者说解释者是否事先拥有与本文相关的整个思想运动的知识？必须看到的是，解释者对本文的诠释是否有意义是由他或她所拥有的上述资历条件的深浅决定的。但在那些以考证的方式进行解读的本文解读中，这一点常常被忽略。① 就本书的麦克道尔本文的语义释义而言，它的解读的意义同样存在这样一种关系。若缺少对自语言学转向以来的分析哲学的发展逻辑的把握，所做的解读就难以把麦克道尔的"被魔式的"理论批评的意义体现出来。同样地，如果缺乏有关大陆哲学与分析哲学的异同和它们近几十年来一

---

① 在自然科学的研究或在那些属于自然哲学的研究中，这一点从未被忽略。仅从自然哲学的研究的角度看，假设出于某种特殊的需要，我们必须就某部古典物理学的著作进行解读，很难想象这种解读不是基于解读者所拥有的现代物理学的发展及其本质特性的前理解的基础之上的。难道哲学的著作本文的解读可以是一个例外？难道我们的著作本文的解读，可以无须掌握整个当代哲学发展走向及其本质特征？因而可以在缺乏足够的有关当代哲学的知识的情况下，仅根据我们的"阅读"对某个属于这一传统或历史的著作本文作出诠释？

直呈现的互补的趋势的知识，以及有关这一切在"回归康德和黑格尔哲学"的思潮中的表现的认识（这本身还要求对康德和黑格尔哲学的深入的理解），所有的解读只能流于表面。

由此可见，对本文的解读决不是一项简单的工作。在一些时候我们是在一种不称职的情况下极为勉强地展示我们的解读的。在这种情况下，我们的唯一的安慰是所谓忠实的解读（这是一种把本文视为一部大戏，因而心安理得地对其中的情节加以复述的做法）。由于在一些时候，我们极容易为客观主义的幻觉所捕获，因而往往会认为本文具有某种可以为忠实的语言考证所再现的"原意"。这是一种极为有害的解读本文的方法或信念，它的愚昧之处是，它忘记了解读者所应有的资格条件以及本文的意义的存在方式。

在这里，现代解释学对基于本文解读的哲学研究无疑具有重要的意义。极为重要的一点是：正是现代解释学建构了一种与古典客观主义解释学完全不同的意义的真理理论。如果一个著作本文是有思想意义的，而不只是拥有①它的语义意义，那么，著作本文的意义便是一个意义的总量，它必然具有这种可能性，即它可以代表一种由新的回顾性的观点不断积累起来一种意义的总量，否则该著作本文便是没有思想意义的（在这种情况下，它也就谈不上有所谓意义的总量）。其他一些非正统解释学阵营的客观主义的反对者也表达了相同的观点。②

此外，尽管本文解读不是跨文化概念之差异性的思想哲学的解读，这里仍存在着一种联系。它们的关联点在于，阐释者或解读者必须表明其具有"介入性状态"的主体性地位，换言之，阐释者或解读者不可能扮演一个非介入的观察者的角色，他（她）决不可能像一个考古学家观察和研读手中的文物那样，想象他（她）可以运用某个标准（或自认为自己掌握了一个标准）对其手中文物作出鉴定。这便是所谓的考证式的本文解读。而考证式的

---

① 在《真理与方法》的第二部分，伽达默尔对解释学中的移情的浪漫主义进行了批判：他针对施莱马赫尔和狄尔泰带有客观主义倾向的历史反思，巧妙地应用了黑格尔的洞见，即对已逝去生活的恢复的可能性，取决于在多大程度上能从现在的过去来构建现在。

② Cf. J. Habermas, *Zur Logik der Sozialwissenschaften*, Erweiterte Ausgabe, Suhrkamp 1985, S.286.

解读是一种典型的客观主义的幻觉，① 在本文整个的意义向量中，唯有一种"立场"或"视角"能够处于它之中。这就是说，如果没有介入或缺乏介入，你就形成不了一个"观点"，而解读也就根本不存在。真正的解读总是与本文的意义总量联系在一起的。

解读越是趋向于意义总量（这是个无限的量），解读就必须在更大程度上对可能存在的意义作出揭示。意义总量的存在决定了这里总是存在这样的可能性：后来的解读优于先前的解读。就本文解读进入了总量的意义矢量的范畴而言，解读本身实际上就是一种意义的显示。在这种意义上我们的确可以说，康德的柏拉图哲学释义要优于柏拉图本人的哲学释义。拓展性的本文解读是哲学解释学意义上的诠释的最高要求。由于它的高要求，本文解读的意义批判是一项十分艰难的任务。但我们仍然可以这样认为，既使本文在很多时候无法真正超越本文作者的理解，这里的解读还是可以被视为一种与本文的意义总量联系在一起的解读，因为只要解读满足了哲学解释的要求，它就可以被视为是置入了意义向量之矢中的解读。

不管怎么说，真正的本文解读是创造性的解读，它不仅可以成功地展示本文所可能有的意义总量，而且还可以以一种本文作者所没有预见的方式展示这一意义总量的矢量。当我把《被魔与追魅：麦克道尔的最低限度经验主义》置于这里的哲学解释学的视域中来审视时，我不得不自问：我在解读时的思想投入的程度如何，以及我到底在多大程度上拥有解读者的资格？我不得不承认，拥有良好的哲学解释学的意识并不能保证一定拥有一个真正的解读者的身份。我非常感谢在本书的写作过程中所受到帮助和鼓励。感谢我妹妹 Lydia.Liu 女士为我惠寄所需的一些图书资料；感谢老同学刘晓红女士对整个写作计划的鼓励和支持。

刘　钢

2018 年 12 月 7 日

---

① 近来在我国盛行的所谓句读试的本文解读是此类客观主义幻相的一种典型形式。

责任编辑:李之美

图书在版编目(CIP)数据

祛魅与返魅:麦克道尔的最低限度经验主义/刘钢 著. —北京:
人民出版社,2018.12
ISBN 978－7－01－019940－5

Ⅰ.①祛…　Ⅱ.①刘…　Ⅲ.①麦克道尔-哲学思想-思想评论
Ⅳ.①B561.6

中国版本图书馆 CIP 数据核字(2018)第 242872 号

祛魅与返魅:麦克道尔的最低限度经验主义

FUMO YU FANMEI:MAIKEDAOER DE ZUIDI XIANDU JINGYAN ZHUYI

刘 钢 著

人民出版社 出版发行
(100706　北京市东城区隆福寺街99号)

北京汇林印务有限公司印刷　新华书店经销

2018 年 12 月第 1 版　2018 年 12 月北京第 1 次印刷
开本:710 毫米×1000 毫米 1/16　印张:21
字数:320 千字

ISBN 978－7－01－019940－5　定价:59.00 元

邮购地址 100706　北京市东城区隆福寺街99号
人民东方图书销售中心　电话 (010)65250042　65289539